经济管理精品教材
金融学系列

Behavioral Finance

行为金融学

杨晓兰 张雪芳 等 编著

清华大学出版社
北京

内 容 简 介

行为金融学是一门金融学、心理学等学科交叉的新兴学科,旨在突破传统金融理论对理性人的假设,为真实金融市场提供更为有力的解释。本书系统介绍了行为金融学的基本理论,讨论了行为金融学的主要研究方法,并在部分章节提供了实验指南。本书引入基于中国金融市场真实情况的实证研究和案例分析,以及一些基于中国被试的行为实验结果,加深读者对行为金融理论的理解。此外,本书介绍了行为金融学的前沿研究领域,包括大数据挖掘与行为金融、互联网金融中的行为金融以及神经金融学。本书适合作为高年级本科生和研究生的教材。

本书封面贴有清华大学出版社防伪标签,无标签者不得销售。
版权所有,侵权必究。举报:010-62782989,beiqinquan@tup.tsinghua.edu.cn。

图书在版编目(CIP)数据

行为金融学 / 杨晓兰等编著. —北京:清华大学出版社,2019(2024.7重印)
(21世纪经济管理精品教材. 金融学系列)
ISBN 978-7-302-52712-1

Ⅰ.①行… Ⅱ.①杨… Ⅲ.①金融行为—高等学校—教材 Ⅳ.①F830.2

中国版本图书馆 CIP 数据核字(2019)第 063174 号

责任编辑:左玉冰
封面设计:李召霞
责任校对:宋玉莲
责任印制:刘海龙

出版发行:清华大学出版社
网　　址:https://www.tup.com.cn,https://www.wqxuetang.com
地　　址:北京清华大学学研大厦 A 座　　邮　编:100084
社 总 机:010-83470000　　邮　购:010-62786544
投稿与读者服务:010-62776969,c-service@tup.tsinghua.edu.cn
质 量 反 馈:010-62772015,zhiliang@tup.tsinghua.edu.cn

印 装 者:三河市龙大印装有限公司
经　　销:全国新华书店
开　　本:185mm×260mm　　印　张:17.25　　字　数:395千字
版　　次:2019年7月第1版　　印　次:2024年7月第6次印刷
定　　价:49.00元

产品编号:063256-02

本教材入选浙江大学经济学院本科生系列优秀教材编著与出版计划

前 言

行为金融学是一门金融学、心理学等学科交叉的新兴学科,旨在突破传统金融理论对理性人的假设,为真实金融市场提供更为有力的解释。从2012年起,我和张雪芳老师在浙江大学经济学院本科生教学中开设了《行为金融学》这一课程。在授课过程中,我们选取了海内外一些经典的行为金融教材,从中汲取了丰富的养料。随着教学素材的逐步积累,我们也萌发了编写一本教材的想法,目的在于进一步梳理行为金融的理论脉络和实践应用,为教学过程提供更为丰富的案例、数据和实验指南。

相较于已有教材,本教材在阐述理论的过程中尽可能突出以下几个方面的特点:

第一,突出中国市场背景,围绕行为金融理论,介绍了很多中国市场的情况和案例,其中包括近年来本团队利用中国市场数据、中国实验被试在行为金融领域取得的研究结果,有助于学生通过中国情景、中国元素来加深对行为金融理论的理解。

第二,讲述前沿方向,随着现代技术的发展,行为金融学的研究方法得以更新,理论的应用边界也得以扩大,本教材在各个章节中都介绍了国内外相关研究的最新进展,并在第四部分专门介绍行为金融前沿进展,包括大数据挖掘与行为金融、互联网金融中的行为金融以及神经金融学。

第三,介绍实验指南,我们在《行为金融学》课程实践中将实验方法引入课堂,引导学生参与实验,以激发其探究性学习的热情,取得了良好的教学效果,本教材中介绍了一些相关实验的设计指南,供师生参考。

本教材是集体工作的成果,除了我和张雪芳老师之外,参与本书编写的还有高媚、陈紫晴、林依洋、楼晓霞、石琼旖、童昌希、王伟超、伍韵(按姓氏拼音排列),最后由我统稿。教材的编写过程持续多年得以完成,感谢各位编著者的付出。

本教材在写作过程中,参考了国内外已有教材和相关文献,在此向作者表示衷心感谢,特别是中南大学饶育蕾教授、南开大学贺京同教授、中国人民大学周业安教授,他们主编的行为金融、行为经济学相关教材,一直是我们的重要参考资料。同时也感谢浙江大学经济学院对本教材出版的资助,感谢多年来参加我们课程学习的同学们。最后感谢清华大学出版社及左玉冰编辑高效而仔细的工作。

疏漏之处,敬请读者指正。

杨晓兰
2019年1月

目 录

第1章 导论 ··· 001
- 1.1 行为金融学的定义和发展历史 ····································· 004
- 1.2 行为金融学的主要研究方法 ·· 006
- 1.3 本书的主要结构 ··· 011

第一部分 微观行为金融学

第2章 行为金融的心理学基础 ··· 017
- 2.1 判断与决策中的认知 ··· 018
- 2.2 启发式与偏差 ·· 022
- 2.3 框定依赖与框定依赖偏差 ··· 031

第3章 投资者心理与行为偏差 ··· 037
- 3.1 心理账户 ·· 038
- 3.2 损失厌恶与禀赋效应 ··· 041
- 3.3 证实偏差 ·· 043
- 3.4 后悔厌恶与处置效应 ··· 045
- 3.5 模糊厌恶与本土偏差 ··· 046
- 3.6 跨期选择与时间折扣 ··· 046

第4章 期望效用理论与前景理论 ·· 049
- 4.1 期望效用理论 ·· 050
- 4.2 心理学实验对期望效用理论的挑战 ······························· 057
- 4.3 前景理论 ·· 065

第二部分 宏观行为金融学

第 5 章 并非有效的市场 079
- 5.1 有效市场理论的基本内容 080
- 5.2 行为金融对有效市场理论的挑战 083
- 5.3 套利的有限性 085
- 5.4 有效市场理论的实证检验 088

第 6 章 证券市场中的异象 092
- 6.1 股权溢价之谜 093
- 6.2 封闭式基金折价之谜 095
- 6.3 日历效应 097
- 6.4 规模效应 099
- 6.5 账面市值比效应 100
- 6.6 投资者关注度 101
- 6.7 本地偏好 102
- 6.8 无信息反应效应 104

第三部分 行为金融学应用

第 7 章 过度自信 109
- 7.1 过度自信的表现形式与测量方法 110
- 7.2 过度自信与投资者行为 115
- 7.3 过度自信与公司行为 119

第 8 章 过度反应 129
- 8.1 过度反应的界定 130
- 8.2 过度反应的心理学解释 132
- 8.3 过度反应的理论模型 134
- 8.4 过度反应的实证检验 137
- 8.5 交易制度对过度反应的影响 139

第 9 章 投资者情绪 ·· **142**

- 9.1 投资者情绪的含义 ·· 143
- 9.2 投资者情绪的度量方法 ·· 144
- 9.3 投资者情绪影响股票市场的理论分析 ·· 149
- 9.4 投资者情绪影响股票市场的实证检验 ·· 150

第 10 章 金融市场羊群行为 ··· **154**

- 10.1 羊群行为的含义 ·· 155
- 10.2 羊群行为的心理学解释 ·· 156
- 10.3 羊群行为的理论模型 ··· 159
- 10.4 羊群行为的实证检验 ··· 162
- 10.5 羊群行为的实验经济学检验 ·· 164

第 11 章 金融市场价格泡沫 ··· **169**

- 11.1 金融市场泡沫概述 ·· 171
- 11.2 金融市场泡沫的标准金融学解释 ·· 175
- 11.3 金融市场泡沫的成因 ··· 177
- 11.4 个体心理与金融市场泡沫 ··· 181
- 11.5 金融市场泡沫的实验经济学检验 ·· 184

第 12 章 行为公司金融 ··· **189**

- 12.1 行为公司金融概述 ·· 190
- 12.2 非理性对融资行为的影响 ··· 191
- 12.3 非理性对投资行为的影响 ··· 194
- 12.4 非理性对股利分配的影响 ··· 195
- 12.5 非理性对并购行为的影响 ··· 197
- 12.6 未来展望 ·· 199

第四部分 行为金融学前沿

第 13 章 大数据挖掘与行为金融 ··· **205**

- 13.1 大数据时代的崛起 ·· 206
- 13.2 社交网络大数据挖掘 ··· 209

- 13.3 基于大数据挖掘的投资者关注研究 ... 212
- 13.4 基于大数据挖掘的社会舆情研究 ... 215
- 13.5 基于大数据挖掘的社会互动研究 ... 217
- 13.6 基于个人行为数据挖掘的信用风险评估 ... 220

第14章 互联网金融中的行为金融 ... 224
- 14.1 互联网金融概述 ... 225
- 14.2 P2P网贷中的行为金融 ... 229
- 14.3 众筹中的行为金融 ... 232
- 14.4 亲社会网贷中的行为金融 ... 234
- 14.5 其他互联网金融模式中的行为金融 ... 237

第15章 决策、不确定性和大脑：神经金融学 ... 241
- 15.1 神经金融学简介 ... 241
- 15.2 不确定性相关的金融决策 ... 243
- 15.3 情绪相关的金融决策 ... 246
- 15.4 神经金融学的展望 ... 248

主要参考文献 ... 251

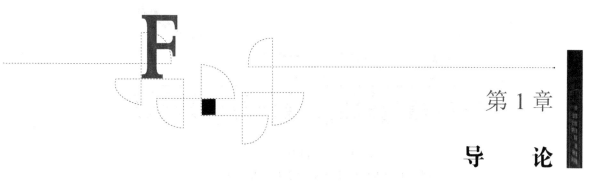

第 1 章

导　论

　　经济学是社会科学的王冠,而金融学无疑是这顶王冠上灼灼发光的宝石。从字面上理解,金融即资金融通;从学科的定义来看,《新帕尔格雷夫金融大词典》对金融学的定义是:"金融以其不同的中心点和方法论成为经济学的一个分支,其中心点是资本市场的营运、资本资产的供给和定价,其方法论是使用相近的替代物给金融契约和工具定价。"由此可见,金融学的核心问题是金融资产的定价,而这个价格则影响市场资源的配置。在一个有效的金融体系中,各种金融资产均得以合理定价,市场资源均得以充分、有效地配置。

　　金融市场如何进行资源配置?举一个科技行业的例子。近年来,随着互联网技术的不断发展和网络用户数量的猛烈上涨,全球科技公司的股价持续攀升,美国五大科技巨头FAAMG(Facebook,Amazon,Apple,Microsoft,Google)在2017年的总市值已经突破3万亿美元。FAAMG的市值超过了2016年世界GDP(国内生产总值)排名第五的英国。如果这种高定价是有效而合理的,越来越多的资金就会被吸引到与此相关的产业,产品创新、产业升级将进一步得到推动,经济体系的产业结构也得到优化。也就是说,通过金融资产的价格信号功能,更多的资金将配置到效率最高的产业。

　　金融市场优化资源配置的功能有一个假设前提,那就是投资人是理性的,能够对公司股票作出合理的定价。然而,在金融市场的发展历史上,定价偏差屡见不鲜。同样以科技股为例,在2000年网络经济的浪潮中,众多网络公司尚不具备盈利能力和盈利前景,但其股价却被狂热的投资者不断推高,最终导致股价泡沫的破裂,造成3万亿美元账面财富的蒸发、500多家企业破产,对实体经济的发展产生了负面影响。图1.1显示了追踪美国S&P500科技类股票(Technology Select Sector Index)ETF走势,在2000年4月达到高点60,直到2017年10月才重回高点。据《财经》杂志的报道,2000年全球互联网用户不到2亿,而2017年全球智能手机用户在30亿以上,科技公司的基本面发生了根本性的变化。

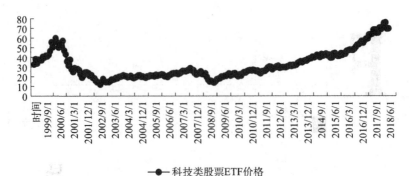

图 1.1　S&P500 科技类股票 ETF 价格走势

长久以来,主流金融学理论以理性人为假设前提,认为投资者能够利用市场信息对股票进行合理估值;即使有部分非理性个体存在决策偏差,市场中聪明的投资者也可以通过套利活动来消除非理性因素的影响,使市场价格保持在完全理性的水平。这就是现代金融理论的基石、有效市场理论的核心观点——股票价格已经包含所有信息,市场的定价是有效的、合理的。例如,假设有投资者错误高估了股票价格,理性的投资者能够立刻根据市场信息发现这一偏差,他们可以通过卖空使股票价格下跌,回到合理的水平。芝加哥大学教授罗伯特·席勒(Robert Shiller)在一篇论文中估算了美国股票市场历史的理性最优价格,发现长期以来股票价格都偏离了理性价格水平,如图 1.2 所示。席勒从心理学的角度来解释这种偏差,他用"动物精神"描述投资者反复无常的态度变化,与理性人假设存在本质的差别。席勒的研究结果在主流金融学界掀起了轩然大波。引入心理学方法的"行为金融学"和坚持理性人假设的"主流金融学"开始了持续数十年的大辩论。

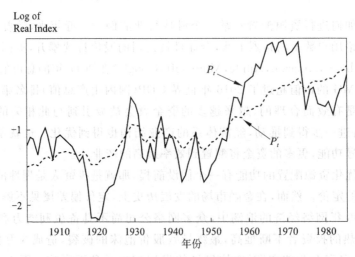

图 1.2　美国股票真实价格 P_t 和理性最优价格 P'_t 的对比

资料来源:Campbell J Y,Shiller R J. *Stock prices,earnings and expected dividends*[J]. *Journal of finance*,1988,43(3):661-676.

随着时间的推移,越来越多的证据揭示了个体的非理性偏差和市场的非有效。例如,同一家公司如果拆分成两家完全相同的公司在不同市场上市,股票价格会存在差异,并且在长期内也无法消除,荷兰皇家和英国壳牌公司正是这样的例子。再如,封闭式基金通常以每股 1 元进行发行,发行价格等于基金的净值。然而在上市之后,基金价格却长期低于资产的净值,这被称为"封闭式基金折价之谜"。这些"异象"对有效市场假说提出了挑战,是有效市场理论所无法解释的。

在我国股票市场,投资者的非理性行为也比比皆是。如表 1.1 所示,看到以下三组股票的名称,会不会认为每组中的两个股票有一定的联系呢?我国 A 股市场中有很多这样名称类似、实际上却没有任何联系的股票,但投资者往往简单地根据名称就误以为它们之间存在联系。李广子等(2011)的研究发现,如果两只股票名字类似,它们的股价会存在一定的联动性。例如,当人们发现"金马股份"上涨时,会关注到"金马集团",金马集团的股票也随之上涨,虽然两家公司没有任何关系。另一个例子是我国股民的"数字崇拜"。赵静梅、吴风云(2009)专门研究了我国股票市场中代码尾号为 8 的股票,发现投资者会追捧这些有发财号码的股票,以 8 为尾号的股票在上市首日和上市后 12 个月内的市盈率都远远高于其他尾号组合的股票。

表 1.1 名字类似的股票

组别	股票名称	地区	行业
1	金马股份	安徽	制造业
	金马集团	广东	信息技术
2	安泰集团	山西	炼焦业
	安泰科技	北京	制造业
3	北方股份	内蒙古	制造业
	北方国际	广东	建筑业

普遍存在的各种市场"异象"不断地激发人们从多个角度进行新的思索,并对有效市场假说的理论缺陷寻找改进的方法。将心理学与传统金融学相融合的行为金融学由此得到了蓬勃发展。到 2017 年,已经有卡尼曼(Danial Kahneman)、席勒、塞勒(Richard Thaler)等多位行为金融学家问鼎诺贝尔经济学奖,行为科学在金融研究领域的应用已经得到了广泛的认可,展现出强大的发展前景。本章将介绍行为金融学的发展历史、研究方法和主题。

专栏 1.1 行为经济学大师——理查德·塞勒

2017 年的诺贝尔经济学奖授予了芝加哥大学的行为经济学大师——理查德·塞勒。塞勒 1947 年出生于美国新泽西,父亲是一名保险精算师。1974 年,他获得罗切斯特大学博士学位,先后执教于罗切斯特大学、康奈尔大学,1995 年至今任芝加哥大学商业研究生院行为科学与经济学教授。

和一般的经济学教授喜欢用艰涩的语言论证高深的理论不同,塞勒致力于研究人们在生活中、经济决策中常犯的"错误"。他擅长用诙谐幽默的方式将这些"错误"娓娓道来,引人入胜,发人深思。这里的"错误"是相对传统经济学而言,传统经济学假设个体有能力作出完全理性的决策,也就是"最优的、正确的"决策,但事实并非如此,人们常常犯错。例如，我们计划控制体重，却禁不住美食的诱惑；我们一次次在股票投资中亏损，却深信自己投资能力高于一般人，亏损只是运气不好。

"心理账户"是塞勒从1979年至1985年持续研究的主题，是指人们会根据资金来源和用途等因素对资金进行心理上的归类，也就是说"钱和钱不一样"。例如，从股票投资中挣到的收益和固定的工资收入，虽然都是钱，但人们在心里会把这两类钱放到不同的账户里，对于在股票账户里的钱，人们更倾向于将其用于风险更大的投资活动。

1.1 行为金融学的定义和发展历史

1. 行为金融学的定义

作为一门新兴的学科，行为金融学并没有形成一个统一定义。Statman(1987)将行为金融学定义为一种有关在不确定性下如何进行选择的描述性理论。Olsen(1998)认为行为金融学是科学的一部分，它是从基础的原理出发，探索建立在此原理上的能解释金融市场行为的理论。Thaler(1993)则给出了更为宽泛的定义，称行为金融学为"简单地开放思维的金融学(simply open-minded finance)"。尽管对行为金融学的定义尚未达成一致的意见，但是人们普遍认同行为金融学是金融学和心理学的交叉学科，行为金融学结合心理学有关个体认知决策的研究成果，放宽了理性假设的约束条件，从更加接近真实个体的角度来分析现实生活中的投资者行为。

2. 行为金融学的发展历史

从1571年伦敦皇家交易所成立以来，金融市场中参与者的心理行为对市场运行的影响一直是投资者特别是投机者关注的重要因素。1852年，Mackay在《非同寻常的大众幻想与群众性癫狂》一书中详细记载了密西西比计划、郁金香投机潮及南海风波等金融危机的历史。该书是记录金融市场中由群体行为而导致金融危机的经典作品。此后，该类历史记载性的文献不断增多。1978年，金德尔伯格(Kinderberg)在其首版的《金融危机史》中对历史上由个体行为引发的金融危机的事件进行了系统而深刻的总结研究。在经济学领域，马歇尔、凯恩斯等经济学家均十分重视经济与市场运行中心理和行为因素的作用，凯恩斯曾认为市场价值在某种程度上由群众心理决定。然而，这些作品却仅限于描述性的思考。

将心理学研究与金融学研究进行科学结合的早期工作来自Burrell，他于1951年发表了 *Possibility of an Experimental Approach to Investment Studies*。在该文中Burrell提出了用实验方法进行投资研究的可能性。其后，1967年，Scott发表了 *Scientific Investment Analysis: Science or Fiction?* Burrell和Scott共同提出开辟新的将定量投资模型与行为研究方法相结合的金融研究领域。此后，心理学家Slovic对投资过程的行为方式进行了系统性的科学探索，Slovic(1972)正式发表了个体是如何对风险产生错误感知的研究成果。

较为公认的行为金融学领域的奠基性工作来自两位心理学家特沃斯基(Tversky)和

卡尼曼。特沃斯基和卡尼曼在1974年的研究中提出了个体决策过程中的启发式(heuristic)偏见,在1979年提出了前景理论(prospect theory),并研究了个体决策中的框定(frame)效应。这些研究对行为金融学的发展产生了深远的影响,可以说从此正式确定了行为金融学的成立。

自20世纪80年代,特别是进入90年代后,行为金融学获得了迅猛的发展。金融学家结合心理学对个体行为决策的研究成果在行为金融学领域进行了大量的探索性研究。从而使行为金融学获得了日趋广泛的影响力。

3. 行为金融学的理论体系

在对传统金融理论进行挑战的同时,行为金融学理论以心理学中关于投资者系统性决策错误形成机制为出发点,对金融市场系统性异常现象(anomaly)进行了解释,逐步构建起自己的理论体系。到目前为止,学者普遍认同行为金融学的研究应该包括微观和宏观两大研究主题,如图1.3所示。

图1.3 行为金融学的两大研究主题

第一个主题是微观行为金融学(behavioral finance micro,BFMI),主要是基于认知和决策相关的视角来研究投资者的心理偏差。行为金融学理论强调投资者是受认知能力限制的,而并非是完全理性的。这一领域的研究与心理学的结合最为紧密,集中探讨了个体决策如何偏离了经典金融学的理性人假设。

第二个主题是宏观行为金融学(behavioral finance macro,BFMA),主要利用市场宏观数据,对有限套利进行研究。行为金融学理论认为由于市场套利力量受限,市场并非是完全有效的,也就是所谓的无效市场模型。这一领域的研究主要探讨金融噪声理论以及引入心理和行为因素的资产组合与定价问题。

围绕着微观行为金融学和宏观行为金融学这两个主题,行为金融学研究金融市场中投资者的心理与行为,研究和探讨在引入心理和行为因素后,如何对传统金融学理论和模型修正与改进,以使其更加符合实际和更具有解释力。正如Statman(2014)的观点,行为金融学是用普通的人(normal people)代替标准模型的理性人。行为金融学最大的理论和实践意义在于,它为金融市场的运行和金融主体的活动提供了内在的心理与行为机制解释,也就是说使金融学的理论体系具备了一个合理和完善的微观基础,不仅可以解释和说明现实金融运行中出现的所谓"异常"现象,如封闭式基金折价之谜、红利之谜、期权之谜等,还给投资者提供了一种新的证券投资的分析方法——行为投资分析方法,同时也为证券市场的监管与政策的制定提供了理论依据。

1.2 行为金融学的主要研究方法

作为一门交叉学科,行为金融学的研究范式与标准金融学存在较大的差异。标准金融理论以理性经济人为假设前提,基本研究方法是通过严谨的计算和推导,从最优化决策的角度出发,建立金融资产定价模型。行为金融学则把完全理性的经济人还原成真实的、有决策偏差的个体,从个体认知的角度出发,理解真实个体的思维决策过程及其对金融资产定价的影响。为了描述真实个体的决策行为,行为金融学在发展初期的研究方法主要来自心理学,包括观察方法、实验方法等,如卡尼曼和特沃斯基的前景理论就完全建立在实验基础之上。随着包括行为金融学在内的行为经济学的不断发展,经济学家探索出在经济学领域进行实验研究的方法,系统性创立了有关经济学实验的新范式,并逐步与心理学实验相区别,形成实验经济学这一相对独立的研究方法,进一步推动了行为金融学领域的理论创新。除采用实验方法之外,更多的经济学家用他们所擅长的计量经济学方法对金融市场的数据进行探究,论证市场存在的种种异象,从而对有效市场理论提出挑战。目前,在计算机科学、神经科学的发展背景下,大数据挖掘、神经实验等前沿方法也已经应用到金融市场的行为研究领域。

从行为金融学的两大研究主题来看,计量经济学、计算机大数据挖掘方法主要应用在宏观行为金融学领域,即利用宏观数据发现套利的有限性,为证明市场非有效性提供证据;心理学、实验经济学、神经科学实验等方法主要应用在微观行为金融学领域,旨在描述、解释投资者的非理性行为,如图1.4所示。

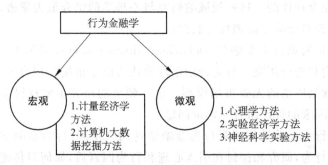

图1.4 行为金融学主要研究方法

本节将简单介绍行为金融学常用的心理学方法以及实验经济学方法。本书第13章和第15章将分别介绍计算机大数据挖掘方法和神经科学实验方法。

1. 心理学方法

心理学研究方法可具体分为六大类:观察法、实验法、模型法、测验法、统计法和其他研究方法[①]。与行为金融学理论进展密切相关的三类方法是实验法、测验法和问卷法。

---

① 对心理学方法的系统论述可以参考:王重鸣.心理学研究方法[M].北京:人民教育出版社,2001.

1) 实验法

从科学意义上,"实验"是指在确定的条件下,如实验室中,检验某种科学结论或者假设的活动。在科学发展的历史上,实验成为人类认识世界、解释世界的重要工具,它是科学理论的源泉,也是检验科学真理的标准。实验法不仅帮助研究者确认或者推翻一些理论,甚至还可能改变人们对生命、对世界的常识性看法,粉碎存在已久的主观臆断的理论。

然而,在相当多的学科里,实验成为科学研究的重要工具都经历了较长的演进过程。2 000多年前的亚里士多德时代,甚至是物理学都被视为不可实验的科学。400多年前,以伽利略为代表的开创者在物理学中建立了在控制性条件下进行实验的传统。随后,实验方法在化学中的应用也逐步展开。在很长的时间内,生物学被视为是不可实验的,因为人们认为有生命的生物是不可能被作为实验对象的。直至19世纪孟德尔、巴斯德等生物学家才在生物学研究中引入实验技术,而现代生物学基本上是一门实验性的科学了。

心理学,也曾经被认为是无法进行实验的。自冯特创立科学心理学起,现代心理学才跨入实验科学的行列。在近百年的历史进程中,心理实验起初仅用来研究简单的心理反应(如感觉反应、运动反应、选择反应等)和确定各种通道的感受性的阈限。接着,实验被运用于研究记忆过程、知觉过程、注意过程等。目前,心理实验已被运用于心理学的各个分支学科,心理学也体现出明显的实验特征。

在心理学实验中,研究者可以积极干预被试者的活动,创造特定条件使某种心理现象得以产生并重复出现。实验法有两种:实验室实验和自然实验。实验室实验是借助专门的实验设备,在对实验条件严加控制的情况下进行的。运用这种方法有助于发现事件的因果联系,并允许人们对实验的结果进行反复验证。实验室实验的优点是由主试严格控制实验条件,使人们对实验的结果可以进行反复验证。其缺点同样是由主试严格控制实验条件,实验情境往往带有极大的人为性质,往往使实验情境的自然真实性受到损害,从而削弱了研究的外部效度。自然实验也称现场实验,是在人们正常学习和工作的情境中进行的,其结果比较合乎实际。但在自然实验中,自然观察虽然强调真实性,但却以牺牲严密性为代价,且只能反映变量间的相关关系,在对变量的因果关系解释上存在局限性。虽然其外部效度较高,但内部效应却较低。

心理学家费歇尔(Fisher)创造性地把以下三项程序引入心理学实验研究,成为心理学实验研究的重要范式:第一,应用随机化程序选择被试;第二,对被试进行实验控制;第三,运用统计学方法检验研究的结果。

以卡尼曼和特沃斯基的前景理论实验为例,他们随机招募了一些被试,把这些被试随机分成两组,第一组回答问题1,第二组回答问题2。

问题1:请在以下两个选项中作出选择。

A. 100%可以得到100美元。

B. 有50%的机会可以得到200美元,有50%的机会什么也得不到。

问题2:请在以下两个选项中作出选择。

A. 100%会损失100美元。

B. 有50%的机会损失200美元,有50%的机会什么也不会损失。

卡尼曼和特沃斯基发现在第一个场景下，大部分人会选择 A，而在第二个场景下，大部分人会选择 B。根据这一实验结果，他们得出的结论是人们在赚钱和亏钱两种情况下对待风险的态度存在差异：在赚钱的时候，更倾向于风险厌恶；在亏损的时候，更倾向于风险偏好。本书第 4 章会详细介绍建立在这个实验基础之上的前景理论。

在微观行为金融学领域，有关个体决策偏差的相当多理论都是建立在实验室实验的基础之上的。自然实验虽然具备外部有效性的优势，但在实施上比较困难，在金融领域的应用还比较有限。

2）测验法

测验法是指用一套预先经过标准化的问题（量表）来测量某种心理品质的方法。心理测验（mental test）按内容可分为智力测验、成就测验、态度测验和人格测验；按形式可分为文字测验和非文字测验；按测验规模可分为个别测验和团体测验等。

心理测验要注意两个基本要求：测验的信度和效度。信度是指一个测验的可靠程度。如果一个测验的可靠程度高，那么，同一个人多次接受这个测验时，就应该得到相同或大致相同的成绩。效度是指一个测验有效地测量了所需要的心理品质，它可以通过对行为的预测来表示。

在行为金融学研究中，借鉴心理学量表可以对个体心理偏差，或者某个方面的心理特征进行测度，从而能进一步探索这种偏差、特征对金融决策行为的影响。例如，在行为金融学中一个广受关注的心理特征是"过度自信"，即个体对自己的知识和能力有过高的估计，过度重视自己所拥有的信息而忽略市场上或者他人的信息，或者认为自己能够掌控未来的事件。过度自信会导致股票市场的过度交易、公司决策中的过度投资等非理性行为。个体过度自信的程度可以通过心理学量表进行测量，如采用置信区间问题任务法。一般任务中会设置 10~20 道题目，被试会被要求就一些常识性的问题给出 90% 的置信区间。90% 置信区间的含义是被试认为正确的值有 90% 的可能性落入他所给出的区间，若正确答案包含于该区间内，则认为被试回答正确。

例如，让被试给出"爱因斯坦提出狭义相对论的年份"的区间下界和上界各是多少。在这道题目中，被试并不需要给出爱因斯坦提出狭义相对论的精确年份，只要给出 90% 置信水平的下界和上界，如果精确年份落入这个区间，就算回答正确。任何略有常识的人都会知道相对论是 20 世纪最伟大的成就之一，可以给出下界是 1900、上界是 2000 的答案，以使"爱因斯坦提出狭义相对论的年份"落入这个区间。如果被试连相对论出现在 20 世纪这个常识都不具备，甚至可以给出"0~2000"的区间。然而，如果被试对自己的知识有过高的错误估计，就会给出一个更小的区间，如下界 1930 和上界 1950。"0~2000"的答案是正确的，而"1930~1950"这个答案是错误的，因为狭义相对论提出的年份是 1905 年。被试过度自信的程度越高，给出的区间就越小，答案正确的可能性也越小。通过统计被试在 20 道题目中有多少道题给出了正确的区间，就能在一定程度上度量其过度自信的程度。也就是说答对的题越多，过度自信程度越低。

3）问卷法

调查问卷是由研究者提出一些假设的具体问题，被调查人针对这些问题进行回答。

调查问卷也是获得实证数据的一种方法。人们所熟悉的消费者信心指数、经济学家信心指数、景气指数等反映个体预期的指数往往都是通过调查问卷得到的。

由于组织大规模问卷调查的成本较高,研究者也可以从公开的数据库中获取自己需要的变量。与行为金融学相关的数据库主要是微观调查数据库。目前我国的多个机构均开展了大规模的家庭和个人调查,其中涉及家庭支出、金融资产的部分都可以成为探究个体投资者行为的有效素材。例如,李涛、郭杰(2009)利用问卷调查数据研究了投资者的社会互动和风险偏好对股市参与度的影响,他们发现居民的风险态度对其是否投资股票没有显著影响,其原因在于社会互动可以不同程度地降低居民对股票投资风险的主观感知程度,这使得居民的风险态度在解释其是否投资股票时的效果不再显著。胡枫、陈玉宇(2012)利用中国家庭追踪调查(CFPS)数据库研究了社会网络对农户借贷行为的影响。

专栏 1.2 常用中国微观调查数据库

(1) 北京大学中国社会科学调查中心:中国家庭追踪调查,主要调查主题是中国居民的经济与非经济福利,包括经济活动、教育成果、家庭关系与家庭动态等。

(2) 西南财经大学中国家庭金融调查与研究中心:中国家庭金融调查(CHFS),主要调查主题是家庭收入储蓄、非金融资产、金融资产、财富、保险等。

(3) 中国人民大学社会学系、香港科技大学社会科学部:中国综合社会调查(CGSS),主要调查主题是社会流动、幸福感、社会信任、教育回报等。

(4) 北京师范大学中国收入分配研究院:中国家庭收入调查(CHIP),主要调查主题是教育回报、收入分配、消费储蓄等。

(5) 浙江大学社会调查中心:中国家庭大数据库(CFD),主要调查主题涉及中国农村家庭比较完整的信息,包括家庭的基本结构、财富、收支、金融行为、人口迁移等。

调查问卷存在的一个局限性是在有些情况下,调查数据难以反映被调查者的真实想法。例如,在一些有关投资者收入与投资行为的调查研究中,被调查者往往不会透露自己的真实收入水平,而且也可能在回答问题的过程中刻意掩饰自己非理性的投资行为。

2. 实验经济学方法

在经济学中应用实验方法最初是从心理学研究中借鉴而来的,行为金融学的奠基人——卡尼曼、特沃斯基本身就是心理学家。然而,科学意义上的实验经济学方法是指由经济学家佛农·史密斯(Vernon Smith)开创的、有规范性准则的用于检验经济学理论的方法。史密斯(1994)将实验经济学定义为:在有显性或者隐含规则的背景下应用实验方法来研究人类相互作用的决策行为。具体而言,实验经济学是在可控制的实验环境下,针对某一经济理论或者经济现象,通过控制某些条件、观察决策者行为和分析实验结果,以检验、比较和完善经济理论并为政策决策提供依据。

与心理学实验相比,实验经济学实验有两个突出的原则:第一是有效激励被试的原则,第二是无偏性的原则。

心理学实验允许给予被试固定报酬,甚至招募获取零报酬的自愿者。实验经济学则强调被试在实验中要获得有效的激励,即需要在实验中使用报酬手段诱发经济主体的特征,并且应当满足三个条件(Friedman 和 Sunder,1994):第一,单调性(monotonicity),即实验被试认为报酬量越多越好,报酬不存在饱和状态。第二,凸显性(saliency),被试所得到的报酬必须与他以及其他被试的行动有关,必须由被试理解的制度所决定。第三,占优性(dominance),在实验中实验被试的效用变化来自实验报酬,除此之外的其他原因可以忽略不计。实验经济学家在报酬问题上遵循这一原则,是因为对被试提供报酬能够减少其行为的变异性。基于这样的原因,大部分经济学实验都采用实际的货币报酬支付给被试(也有些实验用咖啡杯、巧克力等商品作为报酬)。货币报酬具有的优势是能够使不同的个体对报酬媒介态度的差异最小化,如果是货币以外的其他商品,不同被试对这些商品的价值评价是非常不一致的,而且货币支付是高度可分的,具有非饱和性的优势。

实验经济学强调无偏性原则。为了达到实验目的,对被试的真实行为进行研究,研究者应该在实验过程中持有这样一种态度,那就是不要使被试产生哪种行为模式是正确的或者是被期望的预期,除非外在的建议也作为一个处理变量。这里的无偏性,不是指研究者不能给出任何明白的行为建议,而是要特别注意避免那些微妙的行为建议。和其他观察实验数据不一样(如化学实验或者物理实验),人作为实验的被试能够按照实验者的要求去做,因此实验者不能通过语言或其他方式暗示什么是好的或者不好的结果。特别是在课堂里进行实验时,有些学生作为实验的被试可能会在实验过程中按照教师所期望的方式去进行选择,希望能给教师留下好的印象,或者得到较高的考试成绩。在这种情况下,作为实验组织者的教师要尽量避免自己的语言对被试的行为产生额外的干扰作用。

实验经济学方法的发展主要体现在三类实验之上。

第一类是市场实验。市场实验思潮以 Chamberlin(1948)为代表。他关心的是产业组织问题,因此他的实验以模拟真实市场交易为目标。Chamberlin 首次提出,实验经济学的目标就是严格剔除无关干扰变量,观察实验被试在特定环境下的真实经济行为。在 Chamberlin 的基础之上,史密斯展开了一系列金融市场实验,探索个体在金融市场的交易行为如何系统性地偏离理性的轨道,如何导致市场价格泡沫膨胀,以及如何设计市场制度以提高市场的有效性。本书第 11 章将介绍这些与金融市场泡沫研究有关的实验。

第二类是个体选择实验。个体选择实验起源于心理学,通常涉及不确定的期望或者是彩票(lottery)问题。彩票的奖金是一个简单的概率分布,如抛硬币,出现正面,则获得 2 美元;出现反面,获得 1 美元。实验被试在两个结果之间进行选择,从而决定他的收益。在早期研究所采用的极其简单的决策环境下,人的行为似乎符合期望效用理论。然而,即使只在决策环境中引进少量的复杂因素,实际行为与期望效用理论的预测之间也立即明显地出现了种种背离。实验结论使期望效用理论面临严峻的挑战,其中比较著名的三类实验包括阿莱(Allais,1953)设计的有关"阿莱悖论"的实验、Lichtenstein 和 Slovic(1971)发展的有关"偏好逆转"的实验以及特沃斯基和卡尼曼(1979)有关"前景理论"的实验,这些实验构成了行为金融学发展的心理学基础。

第三类是博弈论实验。博弈论实验是由心理学家、博弈理论专家和经济学家在1950—1960年发展起来的。他们最初的兴趣都来源于著名的"囚徒困境"行为,这个问题是由 Tucker(1950)首次明确提出来的。囚徒困境、最后通牒、公共产品是实验方法在博弈论领域运用得最多的三个方向。随着博弈理论在经济学研究中的地位日益显著,实验方法的运用也日益受到重视,这是因为实验方法能够用于检验博弈对局人的真实行为,对博弈理论的预测能力和适用范围进行评价和界定。其中与行为金融学关系密切的一类实验是信任博弈或者说投资博弈(trust game/investment game)。这个实验是研究信任、互惠偏好、利他偏好的一种博弈范式,标准的信任博弈范式中,双人分别扮演委托人和代理人角色并拥有初始禀赋S,委托人可以从初始禀赋S中选择投资$y(0 \leqslant y \leqslant S)$给代理人,一旦委托人决定投资,总投资额扩大为原来的N倍,即代理人自动获得$N \times y(N>1)$,代理人可以选择返还一个$x(0 \leqslant x \leqslant N \times y)$给委托人,此时委托人收益为$S-y+x$,而代理人收益为$N \times y - x$。该博弈范式可以用于研究金融市场的借贷行为和投资行为。

专栏 1.3　常用经济学实验软件工具包和平台

(1) z-Tree:z-Tree程序是由苏黎世大学Fischbacher教授开发的实验经济学软件包,在实验经济学教学和研究中广泛应用。实验者需利用该软件包编写程序,通过联网的计算机实现实验过程。

(2) Veconlab:该平台由弗吉尼亚大学Charles Holt教授开发,实验者注册后可以直接在线组织实验。可参考Holt的书《市场、博弈和策略行为》(上海人民出版社2011年版),该书介绍的相当多实验都可以在Veconlab上实现。

1.3　本书的主要结构

为系统性介绍行为金融学的主要内容及其进展,本书分四个部分,共15章。第一部分是微观行为金融学,也就是与心理学的结合。第二部分是宏观行为金融学,主要介绍证券市场非有效性的相关理论进展和实证发现。第三部分是行为金融学应用,用过度自信、过度反应、情绪等认知偏差来解释证券市场的定价偏差。第四部分是行为金融学前沿,介绍行为金融学理论在大数据、互联网金融、神经金融等前沿领域的进展。

第1章导论。介绍行为金融学的基本概念和方法。

第2章行为金融的心理学基础。介绍了判断与决策中的认知过程,以及四种重要的判断启发式及其可能导致的偏差。

第3章投资者心理与行为偏差。从人类心理角度,分析投资者在面临不确定性条件下的决策过程中出现的心理和行为偏差,主要包括禀赋效应、短视偏差、证实偏差、后悔厌恶、模糊厌恶、心理账户、时间折扣等偏差。

第4章期望效用理论与前景理论。在了解期望效用理论的基础上,主要讨论心理学实验对期望效用理论提出的挑战、前景理论的主要内容、价值函数和决策权重函数的主要特征。

第5章并非有效的市场。介绍行为金融学理论对有效市场理论的挑战。在回顾有效市场理论的基本假设和内容之后,主要介绍有效市场理论的局限性,特别是套利的局限性。

第6章介绍证券市场的典型异象,主要有股权溢价之谜、封闭式基金折价之谜、日历效应、规模效应、账面市值比效应、投资者关注度、本地偏好和无信息反应效应等。

第 7 章过度自信,主要介绍个体过度自信的表现形式和测度方法、投资者过度自信对证券市场的影响以及对公司金融决策产生的影响。

第 8 章过度反应,从过度反应的界定、过度反应的心理学解释、过度反应的理论模型、过度反应的实证检验四个方面详细介绍过度反应及其对金融市场的影响。

第 9 章投资者情绪,首先介绍投资者情绪的具体概念、总结投资者情绪度量的方法,其次从理论的角度介绍了投资者情绪影响股票市场的渠道,最后是投资者情绪影响股票市场的实证结果。

第 10 章金融市场羊群行为,介绍羊群行为的心理学原因,以及经济学解释,并讨论如何对羊群行为进行实证和实验检验。

第 11 章金融市场价格泡沫,介绍了金融市场泡沫的定义,重点总结泡沫产生的原因,泡沫测度的方法,讨论了利用实验经济学研究市场泡沫的基本方法。

第 12 章行为公司金融,本章从投资者非理性、管理层非理性两个维度,介绍了非理性行为对公司融资、投资、股利决策、并购决策的影响。

第 13 章大数据挖掘与行为金融,主要介绍大数据在投资者关注、投资者情绪、社会互动、个人信用风险评估等行为金融学研究中的应用。

第 14 章互联网金融中的行为金融,介绍互联网金融的主要模式及发展现状,并根据现有的研究成果,分 P2P 网贷、众筹、亲社会网贷与其他互联网金融模式四块,介绍不同互联网金融模式下的行为金融学现象。

第 15 章决策、不确定性和大脑:神经金融学,介绍神经科学在金融学研究的应用情况,主要是不确定条件下决策行为的神经机制,以及和情绪相关的神经机制研究等方面的进展。

专栏 1.4　行为金融学的代表人物

代表人物	代表性作品/理论
Simon(西蒙)	有限理性
Mackey	《群体》《非同寻常的大众幻想和群体性癫狂》
Keynes(凯恩斯)	"选美竞赛"理论和"空中楼阁"理论
Burell	《一种可用于投资研究的实验方法》
Bauman	《科学投资分析:是科学还是幻想?》
Slovic	《人类判断行为的心理学研究》
Kahneman;Tversky(卡尼曼和特沃斯基)	前景理论
Thaler(塞勒)	心理账户、损失厌恶
Shiller(席勒)	《非理性繁荣》《动物精神》
Shefrin;Statma	资本资产定价理论(BAPM),行为组合理论(BPT)
Shleifer(史莱佛)	《并非有效的市场》

注:常用代表人物在本书各章中将采用中译名

思考题

1. 行为金融学的研究领域包括哪两个方面？请讨论这两个研究分支的联系和差异。
2. 请简述行为金融学的主要研究方法，比较各种方法的优势和局限性。
3. 请列举金融市场中观察到的非理性现象。

第一部分

微观行为金融学

第一章 端砚行款金辑学

第 2 章
行为金融的心理学基础

 引导案例：市场情绪周期

在西方，人们常说推动股市变动的力量有两个：一个是贪婪，另一个是恐惧。无论贪婪还是恐惧，实际上都是投资者的情绪在影响股市。在股票市场上存在着"情绪周期"(e-motional cycle)，《洛杉矶时报》用图 2.1 来演示股票市场的情绪周期和主宰每一时期情绪的"7C"路径。"7C"是指："轻视(contempt)""谨慎(caution)""自信(confidence)""深信(conviction)""安心(complacency)""关注(concern)"和"投降(capitulation)"。在牛市顶峰和熊市低谷两个市场周期的极端，投资者的心理具有很高的一致性，过度自信在牛市的顶峰达到它的最高点，而在熊市的底端达到最低点。同样，在中国 A 股市场，也存在着类似的路径。

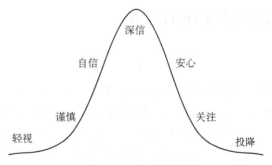

图 2.1 市场情绪周期图

巴菲特有句至理名言："在大众贪婪时你要缩手，在大众恐惧时你要进取。"中国古人也早有类似的理财思想，司马迁在《史记·货殖列传》中总结了范蠡经商的宗旨，认为"人弃我取，人取我与"是范蠡出奇制胜的重要策略。范蠡主张"夏则资皮，冬则资絺(chī)（细麻布），旱则资舟，水则资车，以待乏也"，意思就是在夏天做皮草的生意，在冬天做布匹的生意,在旱灾时做船的生意,发生水灾时做车的生意。这种超前市场的采购没有人竞争,成本比较低,而机遇到来时,收益往往比较高。

近年来行为金融学的研究也认为金融市场行为能够由投资者的情绪加以解释。席勒在《非理性繁荣》中谈到20世纪90年代的股市时认为:"投资者的情绪状态是导致牛市最重要的一个因素。"David和Tyler(2003)研究了26个国家的股票交易所所在城市的天气与市场指数日收益率之间的关系,证明阳光充足的晴朗天气,会使人们更加乐观,股票市场的日收益率显著提高。Kamstra和Levi(2002)报告了当交易者的睡眠模式由于夏时制而被打乱时股票市场会下跌。当然,这些关于人们的情绪对股票市场定价影响的定量研究是否是个人行为转化为市场结果的证据,或者说,投资者的情绪变化是否会转化成市场的情绪,进而影响市场,仍然存在一定争议。无论如何,很多专家和学者探索了一个新的研究视角,对投资者,包括散户和机构投资者的心理与行为的研究越来越多,并逐渐构建起行为金融学的心理学框架和基础。

人们在金融市场中的活动包括个体的决策和行为和群体的行为。研究个体决策过程与行为的心理学分支主要有认知心理学和决策心理学;研究群体行为的心理学分支主要是社会心理学。认知心理学研究人的认知过程。决策心理学研究心理现象及其规律在决策过程中的作用和影响机制,包括:①行为决策理论,如最大期望效用理论、主观期望效用理论、前景理论;②影响决策行为的因素,如情绪、个性、动机、态度等对决策行为的影响。社会心理学则研究个体和群体在社会相互作用中的心理与行为的发生及变化规律,其中与金融市场密切相关的内容有"从众、群体影响和偏见"等。

本章第一部分介绍判断与决策中的认知过程。主流经济学把决策者看作是理性的,行为经济学家则认为决策者是"有限理性"的。在人类有限理性的基础上,当人们面临决策时,他们就必须采用简捷的方法(启发式)来配置和使用其资源。第二部分介绍了四种重要的判断启发式:代表性启发式、可得性启发式、锚定和调整启发式以及情感启发式,及其可能导致的偏差。第三部分介绍了框定依赖和框定依赖偏差。

2.1 判断与决策中的认知

1. 认知

"认知"是心理学界普遍使用的一个心理学术语。广义的认知与认识的含义基本相同,指个体通过感觉、知觉、表象、想象、记忆、思维等形式,把握客观事物的性质和规律的认识活动。狭义的认知是指个体获取信息并进行加工、储存和提取的过程。认知是个体重要的心理活动,是人的意识的集中表现。认知对人的情绪、行为具有重要的调节作用。

从广义上说,认知心理学泛指一切以认知过程为对象的心理学研究,包括结构主义认知心理学、心灵主义认知心理学和信息加工认知心理学。狭义的认知心理学专指信息加工认知心理学,是目前西方心理学界通常所指的认知心理学。信息加工认知心理学又称现代认知心理学,是当代西方用信息加工观点和方法研究认知过程的一种新的研究方向,认为认知过程就是信息加工过程,包括感觉输入的变换、简约、加工、储存和实用的全过程。信息加工认知心理学对认知活动的研究涉及以下四个方面的内容。

1）认知过程

认知过程是个体认知活动的信息加工过程。认知心理学将认知过程看成一个由信息的获得、编码、储存、提取和使用等一系列连续的认知操作阶段组成的按一定程序进行信息加工的系统。

在认知过程中，通过信息的编码，外部客体的特性可以转换为具体形象、语义或命题等形式的信息，再通过储存保留在大脑中。这些具体形象、语义和命题实际就是外部客体的特性在个体心理上的表现形式，是客观现实在大脑中的反映。认知心理学将在大脑中反映客观事物特性的这些具体形象、语义或命题称为外部客体的心理表征，简称表征。通常，"表征"还指将外部客体以一定的形式表现在大脑中的信息加工过程。

2）认知风格

认知风格是个体习惯化的信息加工的方式，又称认知方式。认知风格是个体在长期的认知活动中形成的稳定的心理倾向，表现为对一定的信息加工方式的偏爱。个体常常意识不到自己存在这种偏爱。例如，在获得信息时，有人喜欢从外部环境中寻找，易受外部环境的影响，有人则从认知目标本身中探索，不易受外部环境的影响；在回答问题时，有人倾向于迅速回答，有人则只在有把握时才回答问题；在阅读材料时，有人重视细节，有人则重视整体。

3）认知策略

认知策略是指导认知活动的计划、方案、技巧或窍门。人脑的信息加工能力是有限的，不可能在瞬间进行多种操作，为了顺利地加工大量的信息，人只能按照一定的策略在每一时刻选择特定的信息进行操作，并将整个认知过程的大量操作组织起来。因此，认知策略对认知活动的有效进行是十分重要的。通常人们所说的"如何解决问题""如何保持注意""如何记忆"，指的都是认知策略。

4）元认知

元认知是个体对自己的认知活动的认知。元认知由三种心理成分组成：一是元认知知识，主要包括个体对自己或他人的认知活动的过程、结果等方面的知识；二是元认知体验，指伴随认知活动而产生的认知体验和情感体验；三是元认知监控，指认知主体在认知过程中，以自己的认知活动为对象，进行自觉的监督、控制和调节。

2. 认知过程中的不完美之处

认知过程中的不完美之处表现为有限注意力和认知偏差两个方面。

一是有限注意力。大脑的注意机制类似于一个位于"瓶颈"处的过滤器，把与自己不相干的信息或无用的信息过滤掉，只让有用的信息进入大脑，以减轻大脑的负担。只有重要的信息才会被接收，有用的信息会被保留，没用的信息就会衰减。在当今信息爆炸的社会，注意力的有限性严重地制约了人们对现实世界认识的全面性。如西蒙（Simon，1971）断言，现代社会最基本的稀缺是注意力的稀缺。有关的研究指出人们在一天所遇到的150多个广告中只能注意到其中的1%～7%。

二是认知偏差。人们在认知过程中会尽力寻找捷径。人类是"认知吝啬鬼"（cognitive

misers),即人们总是在竭力节省认知能量。考虑到有限的信息加工能力,人们总是试图采用把复杂问题简化的策略,常用以下几种方式实现这个目的:

(1) 通过忽略一部分信息以减少认知负担;

(2) 过度使用某些信息以避免寻找更多的信息;

(3) 接受一个不尽完美的选择,并认为这已经足够好了。

认知吝啬鬼策略可能是有效的,因为这样做可以很好地利用有限的认知资源来加工几乎无穷无尽的信息。但这样做也会产生错误和偏差,特别是在选择了错误的策略,或者在匆忙中忽略了重要信息的情况下。

专栏 2.1 认知反射测试(CRT)

由普林斯顿大学心理学家夏恩·弗雷德里克(Shane Frederick)在 2005 年提出一个认知反射测试,评估个体从容而理性地处理信息,而不是急于下结论的能力。测试只有三道题目。

1. 一个球拍和一个球总计 1.1 美元,球拍比球贵 1 美元,请问球多少钱?

2. 如果 5 台机器 5 分钟造了 5 个小零件,那么 100 台机器造 100 个小零件需要多少分钟?

3. 在一个湖里有一片睡莲莲叶,每天莲叶面积都比前一天多一倍,如果第 48 天的时候莲叶将把湖面占满,那么请问,第几天的时候莲叶占据湖面一半?

研究发现不少哈佛、耶鲁的高材生都不能完全正确地回答以上三个问题。这表明很多人都是认知的"吝啬鬼",总是竭力节省认知能量,迅速作出判断,从而产生决策偏差。

(正确答案分别是:0.05 美元;5 分钟;47 天。)

资料来源:FREDERICK S. *Cognitive reflection and decision making*[J]. *Journal of economic perspectives*,2005,19(4):25-42.

3. 理性、有限理性和生态理性

长期以来,人类理性被看作人和其他动物区别的最重要特征之一,很多年来,经济学中占主导地位的观点是用理性假设解释和预测人的行为,视人为理性决策者,认为人总是在追求个人利益的最大化,从而在有限的环境资源中努力作出最佳的决策,这就是传统经济学奉行的理性人假设。而在心理学家看来,决策过程和问题解决是密切联系的,问题解决总要包括一定的决策,不过问题解决更侧重于产生想法,而决策侧重于从多种想法中加以选择。心理学家对人的决策心理也进行了大量研究,如卡尼曼和特沃斯基提出了前景理论,他们的模型中除了考虑收益(因素 1,通常用货币值表示)和概率(因素 2,输赢的可能性)因素外,还增加了两个因素:一个是问题表述的语境(因素 3),另一个是人对前三个因素的内部加工(因素 4)。

获诺贝尔经济学奖的西蒙则更多用逻辑分析对传统经济学的理论提出质疑,他认为经济学家的决策理论没有考虑到人的认知系统的局限性,为此提出了"有限理性"(bounded rationality)的概念,并指出个体在做决策时远远达不到经济学理论中假定的"最大化"(maximizing)和"最优"(optimize),而只能达到"满意"(satisficing)。在现实世界中,一个好的决策不一定是最佳的选择，只要是有效的选择就够了，人的信息加工系统只需要做到令人满意，不必最优化。这个"满意"概念假定个体会选择令自己满意的决策，而不是无限制地搜索所有可能的选择、评估每种选择的概率和效用、计算期望值，然后选择分数最高的项目。

西蒙对决策研究的主要贡献在于：一是强调决策过程中的认知过程，认为决策理论应该尊重人的认知局限性；二是在概率判断研究中强调启发式的应用。一些心理学家受到西蒙的影响，开始致力于研究人在决策中的启发式策略。

德国柏林马克斯·普朗克人类发展研究所心理学家 Gigerenzer 领导的适应行为与认知研究组（Adaptive Behavior and Cognition，ABC）深受西蒙和卡尼曼等人研究的影响，在"有限理性"概念的基础上提出了"生态理性"（ecological rationality）的概念，进一步强调人的认知局限性是具有适应性的，将关于有限理性的研究向前推进了一大步。他们认为人类和动物的理性是有限的（既不是非理性的，又不是纯理性的），但这种有限理性足以使他们在现实环境中作出合理的判断和决策。现实环境并不苛求人类和动物，也就是说并不要求人类和动物时时作出最优化选择与决策，所以任何人都不必为自己理性资源的有限而忐忑不安，相反，那种奢望通过无限理性实现最优化目标的理想主义者反而是不合时宜的。"生态理性"对理性的最低要求是：能够与现实环境（包括自然和社会环境）的要求相匹配，当个体能够做到这一点时，从生态学角度看就已经足够了。

这一观点的一个重要假设是：个体是否理性或其作出的判断和决策是否合理，应该用现实的外在标准来判断，而不是用唯智论者所推崇的不切实际的理想标准来判断。不存在与现实环境相脱离的不着边际的抽象理性，如果有，它对个体适应现实环境也是毫无价值的，只有当与环境的现实要求结合起来考察人类和动物理性时，才能找到评判理性的合理标准，这个标准就是"生态合理性"。

既然人类和动物的理性是有限的，那么当面临上述诸多现实任务时，他们就应该且必须采用简捷而"精明"的方法来配置和使用其资源，因此他们在生态理性的基础上，提出了"简捷启发式"（fast and frugal heuristics）。这种"简捷启发式"借助满足人类有限时间、有限知识和有限的认知能力的简单的心理学原则行事。其主要关注点是人类使用什么样的规则去搜索信息、停止搜索信息以及基于已搜索的信息作出决策，相应地，他们认为人类的决策原则由三部分组成：信息搜索原则、停止信息搜索原则和决策原则。

目前心理学家关于不确定情境下决策研究的一个趋势是继续寻找更多的决策中的启发式策略，寻找这些启发式策略的产生背景和发展轨迹；另一个趋势是越来越多的心理学家关注情绪和情感与决策的关系，而情绪以往是被排除在理性分析以外的，有的心理学家还提出了"情感启发式"（affect heuristics）策略。

总体来说，以往关于人类决策问题的研究，经济学家和心理学家的不同之处在于：经济学家假定环境资源是稀缺的，但却认为人的心智资源是无限的；而心理学家则认为人类的学习、记忆以及决策都受到心理资源的限制，他们致力于人和其他动物适应环境的机制。但是现在经济学家和心理学家关于决策研究的兴趣已经扩展到很多领域，两者关心的领域交叉部分越来越多，如卡尼曼在 20 世纪 90 年代研究主观经验和决策的元认知问题,一些研究者关注个人对自己和他人决策的评价、决策风格的个体差异等问题。

2.2 启发式与偏差

如果将投资者在金融市场上的所有投资活动和各类行为看作一个心理过程与行为结果的话,那么就存在各类认知和行为的偏差。这些偏差有些是系统性的,有些是非系统性的。个体偏差加上金融市场上可能产生的群体偏差或羊群效应(herding effect),会导致投资组合中的决策偏差,进而导致资产定价的偏差。由资产定价偏差产生的锚定效应(anchoring effect)或框定效应(framing effect),反过来影响投资者对资产价值的判断,产生进一步的认知与行为偏差,从而形成一种正反馈机制。金融市场中关于认知与行为偏差的研究就是分析投资者各种心理特征,并以此来研究投资者的决策行为及其对资产定价和资产组合问题的影响。

在心理学家看来,决策过程和问题解决是密切联系的,问题解决借助于思维活动过程,侧重于产生想法,决策侧重于从诸多想法中加以选择。人们在解决问题时应用的策略一般有两类:算法(algorithm)和启发式。算法是解决问题的一套规则,它精确地指明解题的步骤。启发式是凭借经验解决问题的方法,是一种思考上的捷径,是解决问题的简单而笼统的规律或者策略,也称为经验法则或者拇指法则(the rule of thumb)。

算法与启发式是两类性质不同的问题解决策略。心理学家一般认为,人类解决问题,特别是复杂问题,主要是应用启发式。卡尼曼和特沃斯基在20世纪70年代早期一系列具有开创性的研究明确了三种重要的判断启发式:代表性启发式(representativeness heuristic)、可得性启发式(availability heuristic)以及锚定和调整(anchoring and adjustment)启发式,此外还有情感启发式,这四种方法既可以得出正确的推理结果,也可能导致错误的推论。错误的推理结果以心理偏差的形式表现出来,这就是所谓的启发式偏差(heuristic bias),它是指心智正常、受过良好教育的人也会一贯作出错误的判断与决策。

专栏 2.2 在什么情况下,人们最有可能使用启发式,而不是理性思考?

阿伦森(2001)的研究显示至少有四种情况:
(1) 当我们没有时间认真思考某个问题时;
(2) 当我们负载的信息过多,以至于无法充分地对其进行加工时;
(3) 当问题并不十分重要,以至于我们不必太过思考时;
(4) 当我们缺乏作出决策所需的可靠的知识或者信息时,我们更容易使用启发式。

随着互联网和信息技术的发展,人们获取信息的成本大幅下降,获取信息的数量则呈指数级上升趋势。对中国股票市场的大部分投资者而言,他们往往不具备专业的投资知识,却深陷于铺天盖地的股市信息。在这种情况下,投资者很难进行理性思考,只能更多地依靠过去的经验、盲目模仿他人的决策。

心理学家认为人类是"认知吝啬鬼",即人们总是竭力节省认知能量,试图采用把复杂问题简化的策略。例如,通过忽略一部分信息以减少认知负担,过度使用某些信息以避免寻找更多的信息，接受一个不尽完美的选择等。认知吝啬鬼策略可能是有效的，因为这样做可以很好地利用有限的认知资源来加工几乎无穷无尽的信息，但这些策略同样会产生错误和偏差。了解认知中固有的局限性和普遍存在的偏差，可以帮助人们更好地作出判断和决策。下面就具体讨论在判断和决策认知过程中的启发式及其偏差。

1. 代表性启发式

代表性启发式是指人们倾向于根据样本是否代表（或类似）总体来判断其出现的概率，即代表性越高的样本，人们判断其出现的概率也越高。例如，人们一般认为从 A 盒子（70 个红球，30 个白球）中取出 4 个白球、2 个红球的概率，小于从 B 盒子（70 个白球，30 个红球）中取出 4 个白球、2 个红球的概率。这可以看作是代表性启发式的作用：4 个白球、2 个红球的样本与 B 盒子中白多红少的构成更类似。

代表性启发式有以下两种情况：一是人们在不确定条件下，会关注一个事物与另一个事物的相似性，以推断第一个事物与第二个事物类似之处。二是人们假定将来的模式会与过去相似并寻求熟悉的模式来作判断，并不考虑这种模式的原因或者模式重复的概率。具体表现在人们会根据事物的一些突出特征对其进行归类，若一个客体或一个人具有的显著特征可以代表所想象的某一范畴的特征，则它易被判断为属于该范畴。认知心理学将这种推理过程称为代表性启发式。

代表性启发式与贝叶斯规则的预测在某些特定场合可能是一致的，从而造成人的概率推理遵循贝叶斯规则的印象。它是人们在处理现实世界问题时所走的捷径，这种推理方法在大多数情况下是有效的。但人们在分析以往经验，寻找规律或结果的概率分布过程中，可能会产生严重的偏差，从而导致判断错误。使用代表性启发式可能产生的偏差有：忽视结果的先验概率，对样本规模不敏感，对偶然性的误解，对均值回归的误解以及有效性幻觉。

1）忽视结果的先验概率

对代表性没有影响但对概率有很大影响的因素之一就是结果的先验概率（prior probability），或基础比率（base rate），引用卡尼曼的两个著名的实验。

实验一：约翰，男，45 岁，已婚，有子女；他比较保守，谨慎并且富有进取心；他对社会和政治问题不感兴趣，闲暇时间多用于业余爱好，如做木匠活和猜数字谜语。

假设他来自一个由工程师和律师组成的样本群。实验者分别告诉被试不同的先验概率。一组被试被告知工程师人数为样本的 70%，律师为 70%。另一组被试被告知工程师人数为样本的 70%，律师为 30%。询问两组被试约翰更有可能从事哪种职业？

结果表明，两组被试大都认为约翰是工程师，即使在实验者有意提醒他们注意叙述条件的情况下，这种现象仍未改变。这说明，人们只根据描述性语言的代表性进行判断却全然不考虑先验概率的影响。可以注意到这个描述是纯噪声，因为它没有揭示任何与该人是工程师还是律师有关的信息。一般来说，当给出有用的证据时，先验概率会被很合理地使用，当给出没有价值的证据（噪声）时，先验概率却容易被忽视。

实验二："琳达，31 岁，单身，性格外向，哲学毕业，在学校期间关心歧视和社会公正问题，参加过反核武器抗议示威活动。"向被试询问琳达更有可能是哪一种人，请被试将下列叙述按照可能性顺序排列,1代表最可能,8代表最不可能。

(1) 她是一所初级中学的老师。
(2) 她在一家书店工作,并参加瑜伽课程。
(3) 她在女权运动中非常活跃。
(4) 她是精神病治疗的社工。
(5) 她是妇女选举团的成员之一。
(6) 她是银行出纳员。
(7) 她是保险销售员。
(8) 她是银行出纳员并且热衷于女权运动。

从实验人数来看,80%~90%的人认为第(6)项比第(8)项更有可能。

更为有趣的是,实验者按照被试的概率知识将被试分成三组。

第一组:知识水平一般的被试(来自UBC和Stanford的没有概率或者统计学背景的本科生)。

第二组:知识水平中等程度的被试(来自Stanford心理学、教育学以及医学的研究生,曾学过概率与统计的课程)。

第三组:知识结构完备的、老练的被试(Stanford商学院决策科学项目的研究生,学习了概率和统计的高级课程)。

这三组的结果几乎是一样的,相似性排序与可能性排序完美地一致。虽然选项(8)出现的概率要比选项(6)出现的概率小得多,琳达是一个女权主义的银行出纳员的可能性小于她是一个银行出纳员的概率,不过人们似乎认为选项(8)是对琳达更自然的描述,更像她的代表性特征,他们使用可代表性启发式,有关琳达与一个女权主义者形象契合的描述成为联系这一选择的加权因素。

概率论中的结合率表明,某事物既属于范畴 A 又属于范畴 B 的概率不会大于且往往小于它单独的属于 A 或者 B 的概率,即 $P(AB) \leqslant P(A)$ 或者 $P(B)$,而在实际认知决策的时候,人们往往遵循关联效应(认为关联的事件具有更高的可能性),表现出了与概率论的结合率相反的情况。

2) 对样本规模不敏感

代表性还会导致另一个偏差,即忽略样本大小。在分析事件特征或规律时,人们往往不能正确理解统计样本大小的意义。人们不考虑样本的大小,以为小样本和大样本一样都具有代表性。例如,认为"扔6次硬币出现3次头像"与"扔1 000次硬币出现500次头像"一样具有代表性。实际上对总体进行统计的结果才是真正的结果,样本的数量越接近真实的数量,统计的结果也就越可信;样本越小,与真实数量相差越大,统计的结果越不能反映真实的结果。

代表性启发式的推理过程,要求人们首先对同类事件以往所出现的各种结果进行统计分析,得到结果的概率分布,从而找出发生概率最大的结果,或最可能发生的结果。因此,人们必须考察所有同类事件这个总体,或者考察尽量多同类事件(大样本),在此基础上应用代表性启发式,才有可能得到正确的推理。但是在现实中,人们往往趋向于在很少的数据基础上很快地得出结论,忽略样本规模的大小,或者对样本规模不敏感。人们都有这样的经验:如果一个人连续几次都预测正确,人们就会十分相信他的判断力,认为他下次的预测仍会是正确的。再如当一个球星在一场球赛中踢进3个球时,球迷会确信该明星处于顶峰时期,即使没有其他数据可以证明该球星是个能手。这种认为小样本可以反映总体现象的观点被称为"小数定律"(law of small numbers),即人们错误地认为小样本和大样本有相同类型的概率分布。

例如某镇有两家医院:大医院里每日出生45名婴儿,小医院里每日出生15名婴儿,婴儿50%为男孩,但具体的比例每天都在改变。1年来,两家医院都把出生的男婴数目超过60%的天数做了记录。那么哪家医院记录的天数更多些?实验结果:有21人认为大医院记录的天数多;有21人认为小医院记录的天数多;有53人认为两者记录的天数大约相同。

3) 对偶然性的误解

人们认为,一个由随机过程产生的事件结果可以代表该随机过程最本质的特征。

当人们知道了某事件的无偏(客观)概率的情况下,往往会对已经发生的小样本事件进行错误的估计,从而影响对未发生事件的概率估计。例如在抛硬币时(H表示头像,T表示反面),如果硬币是公正的,实验者在一连串HHH后会期待下一个为T。人们会错误地认为HTHTHT这个结果比HHHTTT这个不随机出现的结果,或者比HHHHTH这个不能代表硬币公正性的结果更有可能出现。这是由小数定律引起的"局部代表性"(local representativeness)。

局部代表性观念的一个结果是"赌徒谬误"。所谓赌徒谬误,就是指对于那些具有确定概率的机会,人们会错误地受到当前经历的影响而给予错误的判断。人们相信,当某一事件最近发生过后,该事件未来发生的概率会降低,虽然事实上其客观概率是确定的。人们都知道投币得到正反面的概率相等,因此当连续多次投硬币都得到正面的情况下,人们总倾向于认为下一次出现反面的概率很大。

专栏 2.3　抛硬币中的赌徒谬误

如果抛一枚相同的硬币8次都是头像,那么第9次抛得反面的可能性是多大呢?

人们会认为头像出现的次数已经够多了,第9次抛得反面的概率应该大于50%;当然,也有人认为前面总是出现正面,意味着正面出现的机会更大。

两种解释都不对,实际上第9次抛掷出现正面或反面的概率仍然是50%。

类似的实验:如果女孩与男孩出生的可能性一样(B代表男孩,G代表女孩),那么实验者会期待在一系列GGG后出现B,人们会认为BGGBBG的结果比BBBBBB更有可能出现。

4) 对均值回归的误解

在随机过程中,变量可能按随机游走分布,或者符合均值回归的趋势,均值回归变量遵守自我矫正过程。人们往往作出"非回归预测"(nonregressive predictions),也就是说他们用线性的方式对问题进行预测与推断,而没有考虑到,现实中由于种种因素的影响,事情的发展趋势往往存在回归的倾向。例如,对于一些如通货膨胀率的变量来说,是很难判断它们是否是固定的;而其他一些如公司业绩变量则很容易判断,均值回归认为公司未来的业绩会接近它们的历史均值。

特沃斯基等(1982)给出了一个例子,在一个关于飞行训练的讨论中,有经验的教官注意到飞行员在一次平稳的着陆受到表扬之后,通常在下一次着陆时则表现很差,而对一次不理想的着陆进行严厉的批评之后,下一次的试飞就会有巨大的进步。教官错误地得出结论,认为言辞上的奖励对学习不利,而言辞上的批评则是对学习有利的。这一结论是没有根据的,因为短期业绩是个均值回归的变量。随机性表现在"退步"出现在好的着陆之后,而"进步"出现在差的着陆之后,但是人们直觉上都希望后续业绩是先前业绩的代表,所以忽视了对回归到平均值的趋势。

5) 有效性幻觉

在预测结果与输入信息之间良好吻合的基础上形成的没有根据的自信,被称为"有效性幻觉"(illusion of validity)。当输入变量非常多并且相互关联时,属于高度一致的输入模式。某一输入模式的内部一致性是人们对以这些输入为基础作出判断的信心的主要决定因素,这样,人们对这种多余的、相互关联的、可是并不能提高预测准确性的变量的预测会变得很有信心,然而这种信心很有可能仅仅是一种有效性幻觉而已。例如,人们在预测某一学生的分数全部是 B 时比该学生第一学年的分数包含很多个 A 或 C 时更自信。

人们经常通过选择最能代表输入(如对某个人的描述)的结果(如某一职业)来进行预测。如当人们要求被试利用某个人的描述资料去预测其职业时,被试常常选择最能代表个人描述特质的职业来做预测,而且当描述资料和所选的职业间相似的程度越高,被试对自己所做的判断越有信心。人们对他们预测的信心主要依赖于代表性的程度,而对影响预测准确性的因素(如信息不充分、不可靠或已过时等)考虑很少或甚至不考虑。

2. 可得性启发式

可得性启发式是指人们倾向于根据客体或事件在知觉或记忆中的可得性程度来评估其出现的相对频率,容易察觉到的或回想起的客体或事件被判定为更常出现。它常用于判断某事件发生频率或者概率的情况,这时人们往往会利用记忆中最容易提取的信息进行主观估计,这在事件的可得性与其客观概率高度相关时是非常有用的,但是由于人们对频率或者概率的估计极大地受对事件熟悉程度与显著性等可获取性因素的影响,并受搜索方式的有效性和事件可想象的难易程度的影响而造成认知偏差。

投资者在实际投资时其决策与该问题的资料信息是否充分、是否容易获取有关。很多时候,人们只是简单地根据信息获取的难易程度来确定事件发生的可能性。例如,相对于新入市者而言,体验过"跳水"的老投资者在面临股市下跌风险时,更容易高估股票价格直线下降的可能性。

影响可得性启发式偏差的因素有:①时间的接近性。某件事越是最近发生过,越容易被经常想起,越会被判定发生的概率高。例如,如果 1 个月内连续两次飞机失事,很多人会因此高估飞机失事的概率,从而不愿意乘坐飞机。②新异性。事件越是新鲜和与众不同,人们对其关注的程度越高,从而可能会高估其结果(如我国普遍存在的"消息市""政策市")。③表现的生动性。越是表现生动的事物,人们的记忆越深刻。生动的信息对决策者的影响更大。④情绪一致性。人们对某事件的记忆往往会和该事件引起的情绪结合起来。以后当该情绪再次出现时,也就容易回忆起该事件,高估该类事件发生的概率。⑤想象性。越是容易被想象的事物,人们容易想象得越多,从而越会认为自己的想法正确,这是一个不断加强的陷阱。

现实金融市场中有许多这方面的例子,席勒(2000)通过调查发现,由于20世纪90年代后的股市繁荣伴随着网络的迅速发展,网络使用者倾向于将股市繁荣归功于网络的发展。由于网络发展给人的印象比较深刻,相对于其他的事情,这些投资者认为网络在这一轮牛市行情中起着更重要的作用。

可得性启发式导致的偏差主要体现为以下四种。

1) 由于事件的可获取性而导致的偏差

人们都有过类似经验,当被问及某种疾病的发生概率时,人们往往根据身边熟悉的人得此病的情况进行推断;又如,若被问道:每年因飞机失事和被毒蛇咬伤而死亡的概率哪个大? 这时人们往往更容易选择前者,虽然也许事实上二者发生的概率相同,但由于舆论传媒的导向作用,使得人们对前种情况更为熟悉和敏感。在影响事件可获取性的因素中,除了是否熟悉以外,还有其他一些因素,如显著性。例如,看到房子被烧对这种意外的主观概率判断的影响要比读报纸了解到一场火灾对主观概率判断的影响更大。

2) 由于搜索方式的有效性而导致的偏差

能够很好说明搜索方式的有效性的一个例子是:以 r(如 ride)开头的单词,还是第三个字母是 r(如 circle)的单词多? 这时也许会马上很容易地从记忆中提取一些单词,如 red、roof 等一系列以 r 开头的单词,却很难短时间内提取第三个字母是 r 的单词,于是就作出判断,以 r 开头的单词多。但实际上,仅仅是因为对第二种情况不够熟悉,认为第三个字母这一提取线索是无效的,真正的情况恰好与选择相反。

3)"意象"偏差

人类对某事物心有所感,便将之寄托给一个所选定的意象,使之融入自己的某种感情色彩,并制造出一个特定想象情境。于是,人们根据经验对某一现象进行情境推断,但是实际情况可能与之有误,意象偏差就形成了。

一旦人们对某事件没有经验的时候,人们往往会根据该事件可想象的难易程度来判定它的发生概率。例如,从一个81人组成的样本中抽取2人组成委员会和从一个同样大的样本中抽取79人组成委员会两种情况的组织方式各有多少种? 分别让两组被试对以上两个情境之一进行直觉判断,发现在第一种情况下,被试估计的数量要远大于第二种情况。而实际上,由任意两人组成一种委员会形式的同时,样本中余下的79人就相应地形成一种组织方式,因此两种情况下的答案应是相同的。之所以会发生这种偏差,就是因为两人的组成情况更容易进行想象。再如,对一次冒险性探险的风险进行评估,是通过探险的装备无法解决的偶然性来评估的,如果有些困难很容易被想象到,那么探险看起来是十分危险的,即使这些容易想象的危险并不具有很大的可靠性,相反,如果一些潜在的危险不容易被人们想象到,那么,风险可能总体上会被低估。

4) 虚幻的相互作用

人们在日常判断和决策中,总是运用与事件有联系的虚幻现象来对事件进行判断,从而可能产生偏差。当决策者根据两个事件在脑海中相关联的程度,来判断两个事件共同发生的次数或概率时,就会产生偏差,主要因为决策者无法了解事件间真正的关系,或者因为先入为主的观念影响了决策者的判断。此时,若决策者认为两个事件相关联的程度很高,便会判断两事件共同发生的概率很高,但这种判断方式往往高估了这一概率。

在一个实验室中,被试被要求对一些假想精神病人信息作出判断,病人的数据包括临床诊断和这个病人的画像,判断估计每一诊断(如多疑症或妄想症)和他画中所描述的各种特征(如奇怪的眼睛)相符的概率。受调查者明显高估了自然联系共同发生的概率,如多疑症和奇怪的眼睛。即使决策者已获知相反的证据,仍会产生幻觉上的相关,即先入为主的观念很难加以改变。

苏联社会心理学家包达列夫做过这样的实验,将一个人的照片分别给两组被试看,照片的特征是眼睛深凹、下巴外翘。向两组被试分别介绍情况,给甲组介绍情况时说"此人是个罪犯",给乙组介绍情况时说"此人是位著名学者",请两组被试分别对此人的照片特征进行评价。

评价的结果,甲组被试认为:此人眼睛深凹表明他凶狠、狡猾,下巴外翘反映其顽固不化的性格;乙组被试认为:此人眼睛深凹,表明他具有深邃的思想,下巴外翘反映他具有探索真理的顽强精神。

3. 锚定与调整启发式

在判断过程中,首先人们通常会根据最初得到的信息设定一个判断的初始值(锚点,参考点);然后根据进一步获得的信息进行调整,形成比较理想的判断。

所谓锚定效应,就是指当人们需要对某个事件做定量估测时,会将某些特定数值作为起始值,起始值像锚一样制约着估测值,人们通常以一个初始值为开端进行估计和调整,以获得问题的答案。锚定效应的起始点(starting point)可以是事件本身提供的,也可以是在估计过程中局部发生的,但是无论哪一种情况,起始点都会对估计值产生决定性影响。调整策略是指以起始点的信息为参照来调整对事件的估计,调整通常是不充分的,不同的起始点会产生不同的估计,这就容易偏离其初始值。锚定与调整启发式导致的偏差主要有调整不足引起的偏差,如"价格黏性"(sticky prices)、"货币幻觉";对联合和分离事件评估时的偏差,倾向于高估复杂系统成功的概率和低估其失败的概率。

锚定效应引发的偏差主要有两种。

1) 调整不足引起的偏差

调整不足亦称反应不足,系指人们对于信息反应不准确的一种形式,亦即人们本身即存有一种惰性,不愿意改变原有的信念,即使有了新的信息,人们的反应还是不足或调整不充分。特别是,当人们在对后面的事件进行判断时,对前面类似现象的印象制约着后面的判断范围,导致了调整不足。为了验证人们是否具有调整不足所引起的偏差行为,在一个幸运轮实验中,特沃斯基与卡尼曼曾要求被试估计各种不同的数值,并用百分比加以表达。就每一数值,研究者先在被试面前,以幸运轮摇出一个数字作为起点,首先让被试回答这个数字高于或低于他们估计的数值,然后再让其说出其心中真正的估计值,结果发现,这个没有特殊意义的起点对被试的判断有显著的影响,被试给出的估计值受到了幸运轮产生的随机数字的深刻影响；且即使对于正确的估计给予报偿，亦并未降低定锚效果。例如请被试估计联合国中有多少个非洲国家，当幸运轮停在 10 处，被试回答的非洲国家数量平均数是 25，但是当幸运轮停在 65 处时，平均值就变成了 45。有趣的是，被试都清楚轮盘产生的数字是随机的，并且也不会对被试产生任何情绪的影响。

金融市场中常见的对价格的锚定以及反应不足等现象和锚定与调整启发式有着密切的关系。Cutler，Poterba 和 Summers(1989)发现，当重要消息发生时，股票价格只有少许变动，随后在没有其他什么重大信息透露时发生巨幅变动。再如，大多数资产价格泡沫具有的典型特征是，在最后一个阶段到来前，价格和增值效应通常都会延续相当长时间，这使得投资者改变了预期，认为高价格是合理的。

研究表明，并非所有的数字都会产生锚定效应，产生锚定效应的条件有两个：第一，被试对锚值充分注意；第二，锚值与目标值相兼容，如单位、维度一致。

专栏 2.4　两道计算题

特沃斯基与卡尼曼对两组被试分别提出下列两个问题。
(1) $8\times7\times6\times5\times4\times3\times2\times1=?$；(2)$1\times2\times3\times4\times5\times6\times7\times8=?$。
要求被试在 5 秒内估计出其乘积。

限定这么短的时间是为了不让被试做完整的计算，结果发现，被试对第一道题估计值的中数是 2 250，对第二道题估计值的中数是 512，两者的差别很大，并都远远小于正确答案 40 320。可以设想，被试在对问题做了最初的几步运算以后，产生"锚定效应"，就以获得的初步结果为参照来调整对整个乘积的估计，因为调整是不充分的，因此导致估计不足；但是由于两道题的乘数数字排列不同，第一道题的最初几步的运算结果大于第二道的，因而对其乘积的估计值也较大。

锚定现象和宏观经济学家所谈论的"价格黏性"[①]有关。价格黏性指价格不能随着总需求的变动而迅速变化。工资黏性指工资不能迅速调整。商品的价值越模糊，参考过去的价格就可能越重要，锚定效应就可能是更重要的价格决定因素。只要过去的价格被用作对新价格的建议，新价格就趋于接近过去的价格。

锚定调整偏差在证券市场往往表现为对股票价格的锚定。在判断股票的价格水平时，最可能的锚定数字是记忆中离现在最近的价格，因此使股价日复一日地趋同。过去的股价可能会成为股价发展势头逆转的原因之一。另外，还有股价指数在最近达到顶峰和最近的整体水平，投资者对这些数字的锚定可以用来解释其非同寻常的行为。对单个股票而言，价格的变化也会受到其他股票价格变化的锚定，市盈率也会受其他公司市盈率的锚定。这种联系有助于解释为什么不同的股票会一起涨跌，可以解释为什么不同行业但总部设在统一国家的企业，比同一行业但总部设在不同国家的企业有着更加相似的股价变动趋势。证券市场中出现的这些非正常现象都可以用锚定作出解释。

锚定还导致"货币幻觉"(money illusion)。"货币幻觉"一词是美国经济学家欧文·费

---

① "价格黏性和货币幻觉"参考：饶育蕾，刘达峰. 行为金融学[M]. 上海：上海财经大学出版社，2003.

雪(Fisher)于1928年提出来的,它是指人们通常倾向于对货币的名义价值作出反应,而忽视其实际购买力变化的一种心理错觉。凯恩斯认为人们对货币幻觉的免疫是脆弱的,所以他在解释收入分配时,假设工人不会谈判工资增长以抵消通货膨胀。卡尼曼等(1986)通过调查发现,人们在评估工资、价格水平等财富数字时,对名义金额的关注超过了对实际金额的关注。例如,在名义工资上涨5%,而同期通胀率为12%的情况下,人们的不适感要小于工资水平下降7%,而通胀率为零的情况。

特沃斯基等(1997)通过实验表明,人们倾向于依据问题的给出是以名义变量的形式还是以真实数量的形式而对同一问题给出不同的答案。在问题中所给的数量也像锚定一样产生作用。货币幻觉会影响人们在认知上、情绪上处理通货膨胀的方法。例如,一年前,安妮和芭芭拉毕业于同一所大学。毕业后,两人在公司从事相似的工作,安妮的起薪是每年30 000美元,在工作的第一年中,没有通货膨胀,第二年,安妮得到2%(600美元)的加薪。芭芭拉的起薪也是每年30 000美元,在工作的第一年中,有4%的通货膨胀率,第二年,芭芭拉得到5%(1 500美元)的加薪。那么当她们进入第二年的工作中时,谁的经济情况更好?你认为谁最开心?如果两个人都收到另一家公司的工作邀请,你认为谁最可能为了另一份工作而辞去现在的工作?

大多数人指出是安妮更好,芭芭拉最开心。并且,安妮更可能为另一份工作而辞职。现在就有点迷惑了,如果安妮更好,为什么她不开心而且还更可能为了另一份工作而辞职呢?特沃斯基等认为,虽然人们能指出怎么为通货膨胀做调整,但这不是他们通常的思维方法,通常的方法是根据账面价值来考虑,所以账面价值驱动着人们的情感反应。

专栏 2.5　股权分置改革中的锚定效应

2005年起,我国股票市场开始进行股权分置改革,此次改革的基本方法是采用非流通股东向流通股东支付"对价"的方式来换取非流通股的上市流通权,以实现"同股同权、同股同价",消除非流通股与流通股的流通制度差异。首批成功实施股改的3家试点公司,非流通股东支付给流通股东的对价分别为10送2.5,10送3和10送3.972,平均为10送3.157。一个有意思的现象是,在此之后不论上市公司的特征千差万别,股改公司的对价大部分都集中在"10送3"水平。其中一个可能的原因是,第一批试点公司的对价方案成为市场的"锚",其他公司均以此为参照,并没有根据自身的情况进行充分调整。

资料来源:许年行,吴世农. 我国上市公司股权分置改革中的锚定效应研究[J]. 经济研究,2007(1):114-125.

2) 对联合事件和分离事件的认知偏差

在一个实验中,被试获得一个机会对两个事件中的一个下赌注,这一实验用到了以下三种类型的事件。

简单事件:从一个装有50%红球和50%白球的箱中抽到一个红球。

联合事件:从一个装有90%红球和10%白球的箱中连续7次抽到红球。

分离事件:从一个由10%红球和90%白球的箱中连续7次取球且至少有一次抽到红球。

先根据统计学原理分别计算以上三种情况各自抽中红球的概率:$P_1=0.5$;$P_2≈0.48$;$P_3≈0.52$,因此无偏差的主观估计值应该是$P_3>P_1>P_2$,人们应该偏好分离事件。但事实上,绝大多数被试喜欢联合事件而最不喜欢选择分离事件。被试在对简单事件和联合事件下赌注时,绝大部分喜欢对联合事件下赌注,而不对简单事件下赌注;在对简单事件和分离事件下赌注时,则喜欢对简单事件下赌注,而不对分离事件下赌注。这种选择模式说明人们倾向于高估联合事件的概率,并低估分离事件的概率。

对联合事件和分离事件评估的偏差普遍存在于按计划进行的工作中。当决策者在评估一个计划能否成功时,即使每一步骤成功的概率都很高,但是由于所必须经过的步骤很多,而使得整体成功的概率较低,如果决策者使用锚定和调整经验法则,便会高估整体成功的概率。相反,在评估一个复杂制度的风险时,即使每一要素发生故障的可能性相当低,然而,由于所需考虑的要素很多,使得整体失败的概率较高,此时,如果使用锚定和调整经验法则,便会低估风险而产生偏差。

在现实中,一项工作的成功完成,如一个新产品的推出,是由很多环节和部件所组成的,每一个环节和部件都有成功与失败的可能性,即使每个环节成功的概率很高,但如果事件数量很大的话,成功的总概率仍会很小。高估联合事件概率的一般趋势,导致人们在估计某一计划将成功或某一项目将按时完成时过于乐观。

4. 情感启发式

"情感启发式"是指依赖于直觉和本能对不确定性事件进行判断与决策的倾向。情感的意义在于运用经验、直觉和本能节省决策的信息费用,当用严格推理来处理信息的费用极其高昂的时候,根据情感作出反应就是一种经济的决策方式。对刺激物的情绪反应常常比认知评估来得既快又及时,这种即时的情绪反应为决策者的行为选择提供了线索和依据,使决策者的快速行动成为可能。情感启发式由于固有的心理缺陷会导致决策者产生偏差。情感启发式是一种进行评价和判断的线索,因为个人的决策行为受自身经验、情感和立场的影响,往往带有明显的选择性特征,如所谓"爱屋及乌"。

心理学研究表明:人们在认知过程中会给不同物体、概念、形象贴上偏好或情感的标签,这些标签会大大影响他们判断的客观性,因为很难剥离出潜在情绪对现实判断目标的影响。同时发现,人们频繁用情感启发式对收益和风险进行决策,今天或者明天的心情和情绪都会影响到投资者对风险的认知与选择。

2.3 框定依赖与框定依赖偏差

1. 框定与框定依赖

根据社会学家欧文·戈夫曼(Erving Goffman)对"框定"的定义,框定是人们解释外在客观世界的心理模式,用来作为了解、指认以及界定行事经验的基础。所有对于现实生活经验的归纳、结构与阐述都依赖一定的框定;框定能确定、理解、归纳、指称时间和信息,同时人们依赖主观认知中的框定来组织经验、调整行动。

在人们形成认知时,人们所面对的背景、对事物的描述和表现方式都会影响到人们对事物的认知与判断。框定依赖,就是指人们会受问题出现的情境或问题表达方式的引导,而对同一事物表现出不同的判断或偏好,从而作出不同的选择。

期望效用理论中的恒定性假设,要求对事件描述的变化不会引起偏好顺序的改变。但是卡尼曼与特沃斯基却发现人们对一个备择方案或风险方案的二择一决策,会受到语言表述方式的影响,他们将这种由于描述方式的改变而导致选择偏好发生改变的现象称为框定效应。这里把对问题的构造或表述方式称为框定,框定不同导致选择不同,即对同一个问题的两种在逻辑意义上相似的说法却导致了不同的决策判断,或者说人们的判断依赖于描述事物的方式,这就是框定依赖(framing dependence)。具体来讲,框定包括:不同方案的比较、事情发生前人们的想法、问题的表述方式或者信息的呈现顺序和方式。

以下是卡尼曼和特沃斯基有关框定依赖的经典实验之一:生存框架(Survival Frame)和死亡框架(Mortality Frame)。

实验设计:假定在一种流行疾病的侵袭下,将有600人死亡,请被试(N=152)在两种方案中做出选择。

采用方案A,将有200人获救;

采用方案B,600人全部获救的可能性为1/3,而全部死亡的可能性为2/3。

试问应该采用哪种方案?

实验结果:72%的人选择方案A。

然后,对第二组被试(N=155)叙述同样的情景,同时将解决方案改为C和D。

采用方案C,将会有400人死亡;

采用方案D,则无人死亡的概率为1/3;600人全部死亡的概率为2/3。

请被试选择采用哪种方案。

实验结果:78%的人选择了方案D。

实验结果分析:事实上,方案A与方案C、方案B与方案D分别是等值的。但是绝大多数人作出了相反的选择。之所以会出现以上结果,可能是由于实验提问方式的影响,使得第一组被试考虑的是将获救的人数,而第二组被试考虑到了会死亡的人数。因此,第一种情境下人们不愿冒会使更多人死亡的风险;第二种情境下人们则倾向于冒风险救活更多的人。再进一步考察,我们会发现,在不同情境下,人们分别表现出对损失(更多的人死亡)的回避和对利益(更多的人获救)的偏好。

著名的Müller-Lyer错觉效应也可以让人们更加直观地理解框定依赖的作用,如图2.2所示。图2.2(a)所示为Müller-Lyer错觉,从视觉上来看,似乎上面的直线要比下面的直线长,尽管上面的直线实际上要比下面的直线短;但若将其放在一个长方形的框定中,如图2.2(b)所示,显然,下面的直线要长于上面的直线,这个长方形框定消除了图2.2(a)中的错觉。由此可见,对事物本质的判断与认知受到问题表征框定和决策者经历的限制。

2. 框定依赖偏差

在判断和决策过程中,人们会受到信息背景的干扰而产生偏差,形成错误的判断。由于框定依赖而产生偏差的几个主要例子是对比效应(contrast effects)、首因效应、近因效应(recency effect)、晕轮效应(halo effect)和稀释效应(dilution effect)等。

1) 对比效应

在认知心理学中,人们把某一特定感受器因同时或先后受到性质不同或相反的刺激

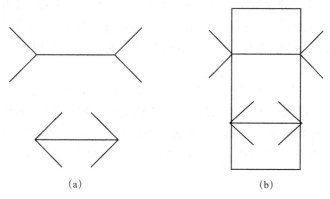

图 2.2 Müller-Lyer 幻觉图形

物的作用,引起感受性发生变化的现象,叫作对比效应,即事物与背景之间的对比越明显,事物越容易被感知。

Plous(1993)做了一个简单的实验,他用 3 个大碗,第一碗盛热水,第二碗盛温水,第三碗盛冰水。被试把一只手浸入热水中,另一只手浸入冰水中,要浸入 30 秒。等手已经适应了水温,把在热水中的手浸入温水中,5 秒后,再把冰水中的手也浸入温水中。

如果你和大多数人一样的话,就会有奇怪的感觉。先前浸在热水中的手会告诉你这碗水是冰的,而先前浸在冰水中的手会告诉你这碗水是热的。事实上,如果让另一个人来做这个实验,并且不要告诉他那碗是温水,他可能就不能辨别出那碗水的温度是多少。每只手都呈现出对比效应。早期的许多心理学研究涉及了诸如温度识别、颜色识别和重量识别等知觉判断。因此,对比效应是最早在实验室里被可靠证明的心理现象之一。

对比效应的研究告诉我们,对比的选择会产生截然不同的效果,根据前后不同的情景,可能让事物或方案看起来更好或更坏。

2) 首因效应

首因,是指首次认知客体而在人们脑海中留下的"第一印象"。首因效应是指个体在社会认知过程中,通过最先输入的信息对客体以后的认知产生的影响作用,也称为"第一印象"作用,或"先入为主"效应。实验心理学研究表明,外界信息输入大脑时的顺序,在决定认知效果的作用上是不容忽视的,最先输入的信息作用最大,最后输入的信息也起较大作用,大脑处理信息的这种特点是形成首因效应的内在原因。例如,上市公司年报及招股说明书通常会在陈述上做文章,会先花费大量笔墨和篇幅来描述与论证自己发展的美好前景,而仅仅花很少的笔墨粗略地描述不利的信息。

美国心理学家卢钦斯(A. Ladins,1957)用编撰的两段文字作为实验材料研究了首因效应现象。他编撰的文字材料主要是描写一个名叫吉姆的男孩的生活片段,第一段文字将吉姆描写成热情并外向的人;另一段文字则相反,把他描写成冷淡而内向的人。在实验中,卢钦斯把两段文字加以组合:第一组,描写吉姆热情外向的文字先出现,冷淡内向的文字后出现;第二组,描写吉姆冷淡内向的文字先出现,热情外向的文字后出现;第三组,只显示描写吉姆热情外向的文字;第四组,只显示描写吉姆冷淡内向的文字。

卢钦斯让四组被试分别阅读一组文字材料,然后回答一个问题"吉姆是一个什么样的人?"结果发现:第一组被试中有78%的人认为吉姆是友好的;第二组中只有18%的被试认为吉姆是友好的;第三组中认为吉姆是友好的被试有95%;第四组只有3%的被试认为吉姆是友好的。

这项研究结果证明,信息呈现的顺序会对社会认知产生影响,先呈现的信息比后呈现的信息有更大的影响作用。但是,卢钦斯进一步的研究发现,如果在两段文字之间插入某些其他活动,如做数学题、听故事等,则大部分被试会根据活动以后得到的信息对吉姆进行判断,也就是说,最近获得的信息对他们的社会知觉起到了更大的影响作用,这个现象叫作近因效应。

专栏 2.6　首因效应小故事

一个新闻系的毕业生正急于寻找工作。一天,他到某报社对总编说:"你们需要一个编辑吗?""不需要!""那么记者呢?""不需要!""那么排字工人、校对呢?""不,我们现在什么空缺也没有了。""那么,你们一定需要这个东西。"说着他从公文包中拿出一块精致的小牌子,上面写着"额满,暂不雇佣"。总编看了看牌子,微笑着点了点头,说:"如果你愿意,可以到我们广告部工作。"这个大学生通过自己制作的牌子表达了自己的机智和乐观,给总编留下了美好的"第一印象",引起其极大的兴趣,从而为自己赢得了一份满意的工作。这种"第一印象"的微妙作用,在心理学上称为首因效应。

3)近因效应

近因效应指在总体印象形成过程中,新近获得的信息比原来获得的信息影响更大的现象。在人的知觉中,如果前后两次所得到的信息不同,但中间有一个无关工作把它们分隔开,那么后面的信息在形成总印象中起到的作用更大,这种现象是由于近因效应的作用,前后两次信息之间的间隔时间越长,近因效应越明显,原因在于前面的信息在记忆中逐渐模糊,从而使近期信息在短时记忆中更为突出。研究发现,近因效应一般不如首因效应明显和普遍。

首因效应和近因效应各自可能出现的情况为:若信息是连续呈现出来的,但判断或决策是在一段时间后才作出,则此时首因效应是主要的;若信息的呈现之间有时间间隔,但判断或决策是紧接着作出的,则此时近因效应是主要的。

4)晕轮效应

晕轮效应又称"光环效应"或"成见效应",常表现在一个人对另一个人或事物的某种印象决定了对他的总体看法,而看不准对方的真实品质,形成一种好的或坏的"成见"(错觉)。

晕轮效应最早是由美国著名心理学家爱德华·桑戴克(Edward Thorndike)于20世纪20年代提出的。他认为,人们对他人的认知和判断往往只从局部出发,扩散而得出整体印象,也即常常以偏概全。一个人如果被标明是好的,他就会被一种积极肯定的光环笼罩,并被赋予一切都好的品质;如果一个人被标明是坏的,他就被一种消极否定的光环所笼罩,并被认为具有各种坏品质。

日常生活中,晕轮效应往往是悄悄地却又强有力地影响着对人的知觉和评价。晕轮效应的极端化就是所谓"爱屋及乌"。晕轮效应给人们认知带来的消极影响的直接结果就是偏见,偏见是以有限的或不正确的信息来源为基础的,一个走进晕轮效应迷宫的人,势必会产生偏见。由于晕轮效应的存在,投资者往往会高估或低估股票在某些方面的表现。

专栏 2.7　晕轮效应的实验

美国心理学家凯利(Harold Kelley,1950)以麻省理工学院的两个班级的学生分别做了一个实验。上课之前,实验者向学生宣布,临时请一位研究生来代课,并告知学生有关这位研究生的一些情况,其中,向一个班的学生介绍这位研究生具有热情、勤奋、务实、果断等项品质,向另一个班的学生介绍的信息除了将"热情"换成"冷漠"之外,其余各项都相同。而学生们并不知道两种介绍间的差别。结果:下课之后,前一班的学生与研究生一见如故,亲密攀谈;另一个班的学生对他却敬而远之、冷淡回避。可见,仅介绍中的一词之别,竟会影响到整体的印象,学生们戴着这种有色眼镜去观察代课者,而这位研究生就被罩上了不同色彩的晕轮。

5) 稀释效应

"稀释效应"是指中性和非相关信息容易削弱人们对问题实质的判断。稀释效应可以用一个实验来加以描述。在实验中,被试得到了 A、B 两个信息,要求判断提姆更勤奋,还是汤姆更勤奋。

A:提姆平均每个星期要花 31 个小时的课外时间学习。

B:汤姆有一个调皮可爱的弟弟和两个妹妹,他们相处融洽,他每隔一周去看望一次爷爷奶奶,每隔两个月打一次台球,他花在课外学习的时间是 31 个小时。

在上述描述中,提姆和汤姆的勤奋程度是一致的,都是花 31 个小时进行学习。然而,实验发现人们会认为提姆更勤奋,与问题非相关的信息会稀释相关信息的作用,导致相关信息的有效性减弱。

专栏 2.8　怎样公布好消息和坏消息

上市公司如何发布消息甚至可以影响股市的走势,如果说一家公司要向它的股东公布一项好消息,那么以什么样的方式公布这个好消息才能使它产生最积极的效果呢?如果要公布的是一项坏消息,公司又该如何做才能最大限度地减少其不利影响呢?芝加哥大学行为科学教授塞勒提出了以下四个原则。

(1) 如果你有几个好的消息要发布,应该把它们分开发布。例如假定今天你老板奖励了你 1 000 元钱,而且你今天在一家百货商店抽奖的时候还抽中了 1 000 元钱,那么你应该把这两个好消息分两天告诉你妻子,这样的话她会开心两次。根据前景理论,分别经历两次获得所带来的高兴程度之和要大于把两个获得加起来经历一次所带来的总高兴程度。还如,在你给人送两件以上生日礼物时,不要把所有礼物放在一个盒子里,应该分开包装;若你是老板,给人一次性发 5 000 元,不如先发 3 000 元,再发 2 000 元。

(2) 如果你有几个坏消息要公布,应该把它们一起发布。比方说如果你今天钱包里的 1 000 元钱丢了,还不小心把你妻子的 1 000 元钱的手机弄坏了,那么你应该把这两个坏消息一起告诉她。因为根据前景理论,两个损失结合起来所带来的痛苦要小于分别经历这两次损失所带来的痛苦之和。比如开会收取会务费时,务必一次收齐并留有余地,若有额外开支一次次增收,虽然数量不多,会员仍会牢骚满腹。

(3) 如果你有一个大大的好消息和一个小小的坏消息,应该把这两个消息一起告诉别人。这样的话,坏消息带来的痛苦会被好消息带来的快乐冲淡,负面效应也就少得多。

(4) 如果你有一个大大的坏消息和一个小小的好消息,应该分别公布这两个消息。这样的话,好消息带来的快乐不至于被坏消息带来的痛苦所湮没,人们还是可以享受好消息带来的快乐。具体情况具体分析:如果差距过大应分开;差距不大应该整合。

本章小结

(1) 认知过程是个体认知活动的信息加工过程。

(2) "有限理性"的概念,个体在做决策时远远达不到经济学理论中假定的"最大化"和"最优",而只能达到"满意"。

(3) 启发式是凭借经验解决问题的方法,是一种思考捷径,是解决问题的简单而笼统的规律或策略,也被称为经验法则或拇指法则。

(4) 代表性启发式是指人们倾向于根据样本是否代表(或类似)总体来判断其出现的概率,代表性越高的样本对其判断的概率也越高。

(5) 可得性启发式,是指人们倾向于根据客体或事件在知觉或记忆中的可得性程度来评估其出现的相对频率,容易知觉到的或回想起的客体或事件被判定为更常出现。

(6) 锚定和调整启发式,是指在判断过程中,人们对于不确定数值的估计往往是基于对初始值或者起始点进行适当调整的结果。

(7) 框定是人们解释外在客观世界的心理模式,用来作为了解、指认以及界定行事经验的基础。

由于描述方式的改变而导致选择偏好发生改变的现象称为框定效应。

框定依赖偏差,是指人们的判断与决策依赖于所面临的决策问题的形式,即尽管问题的本质相同,但因形式的不同也会导致人们作出不同的决策。

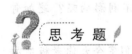

思考题

1. 请比较理性、有限理性和生态理性三个概念的区别。
2. 简述代表性启发式的含义及其造成的偏差。
3. 简述可得性启发式的含义及其造成的偏差。
4. 简述锚定和调整启发式的含义及其造成的偏差。
5. 人们了解了各种启发式偏差以后,在生活中能否避免犯同样的错误?

第3章

投资者心理与行为偏差

 引导案例:长生生物退市前连续涨停

2018年7月5日,根据举报提供的线索,国家药监局对长春长生生物科技有限公司进行飞行检查。7月15日,国家药监局发布《关于长春长生生物科技有限责任公司违法违规生产冻干人用狂犬病疫苗的通告》,指出长春长生冻干人用狂犬病疫苗生产存在记录造假等行为。

长春长生是深交所上市公司长生生物(002680)主要的子公司。7月23日,因涉嫌信息披露违法违规,长生生物被中国证监会立案调查。该公司当天发布公告表示,如果公司被监管部门最终认定存在重大违法行为或移送公安机关,根据有关规定,公司股票可能存在被实施退市风险警示、暂停上市或终止上市风险。同一天,深交所对长生生物大股东、董监高所持有的股份进行限售处理。7月26日,受疫苗事件影响,长生生物主要银行账户被冻结,开市起被实施其他风险警示,股票简称变更为"ST长生"。

10月16日,长春长生因违法违规生产疫苗,被国家药品监督管理部门作出吊销药品生产许可证的行政处罚决定,并处罚没款91亿元,上述罚没金额为长生生物2015年—2017年营业收入合计33.67亿元的2.7倍。11月5日长生生物被实施退市风险警示,其简称再度变更为"*ST长生"。

自7月16日至8月29日,长生生物连续32个跌停,期间市值蒸发207.27亿元。但从11月8日至16日,公司股价连续7个涨停。Wind数据显示,涨停期间,机构、大户、中户、散户资金流入额合计17.06亿元,其中中户、散户资金大约占比70%。

2018年11月16日深夜,沪深交易所发布《上市公司重大违法强制退市实施办法》,同时启动对长生生物重大违法强制退市机制。随着退市新规落地,七连板疯涨后的长生生物,被深交所启动重大违法强制退市机制,17亿元入场资金难以出逃。

在长生生物疫苗事件过程中,相关部门和长生生物公司一再向投资者警示长生生物退市的风险,但是仍然有部分投机者无视这种风险,在长生生物面临强制退市前,还在对其股票进行疯狂投机。这些投机者的行为,很难得到市场的理解。在这些投机者中间,有些人带着投机和赌博的心理,认为长生生物有可能不会被真正强制退市;有些人则是跟风操作。实际上,对于长生生物而言,因其事件造成的社会影响很大,社会舆论对其关注度非常高,因此最后不被强制退市的可能性微乎其微;而且被强制退市后几乎不可能再次回归A股,重新上市的概率几乎为零。显然,这些投机者的动机和行为完全是非理性的。

2019年1月14日,深交所发布《关于对长生生物科技股份有限公司股票实施重大违法强制退市的决定》(深证上〔2019〕23号),决定对长生生物实施重大违法强制退市,长生生物将从2019年3月15日起开始暂停上市。

投资者在进行投资决策时,其心理因素会随着外界环境的变化而发生微妙的改变,人类固有的行为模式会不知不觉地主宰着投资者的行为,尤其是当证券市场面临着不确定性和不可预测性时,情况更是如此。每个投资者开始总是试图进行理性决策,并希望规避风险,但是,当投资者发现由于自己的有限能力不能把握投资行为的可靠性时,投资者就会向政策的制定者、媒体、专家或者自己的感觉、经验等寻求心理依托,投资行为的前景越不明朗,投资者的心理依托感就会越强,人类特有的认知偏差的弱点就会更为明显。

本章从人类心理角度,分析投资者在面临不确定性条件下的决策过程中出现的心理和行为偏差。其主要表现为过度自信、损失厌恶(loss aversion)所导致的禀赋效应和短视偏差,同时,在不确定性决策过程中,投资者还会出现证实偏差、后悔厌恶、模糊厌恶、心理账户(mental accounting)、时间折扣等偏差。这些偏差的存在,影响着人类的理性决策。由于行为金融理论和实证对过度自信的研究结论相当丰富,在本书第7章将专门介绍过度自信及其对金融决策产生的影响。

3.1 心理账户

1. 心理账户的含义与特点

心理账户是芝加哥大学行为科学教授理查德·塞勒提出的概念。他认为,除了钱包这种实际账户外,在人的头脑里还存在另一种心理账户。人们会把在现实中客观等价的支出或收益在心理上划分到不同的账户中,根据资金的来源、资金的所在和资金的用途等因素对资金进行归类,这种现象被称为"心理账户"。塞勒认为:小到个体、家庭,大到企业集团,都有或明确或潜在的心理账户系统。在做经济决策时,这种心理账户系统常常遵循一种与经济学的运算规律相矛盾的潜在心理运算规则,其心理记账方式与经济学和数学的运算方式都不相同,因此经常以非预期的方式影响着决策,使个体的决策违背最简单的理性经济法则。

心理账户的特点是:①每一项资金(资产或事情)都被放入一个心理账户。②各个心理账户通常是独立的、被分割的。③人们通过心理预算来考察每一个心理账户的成本与收益是否匹配,或者做一件事情是否划算。在进行决策时,个体通常并不从全局进行考虑,而是在心里无意识地把一项决策分成几个"心理账户",对于每个心理账户人们会有不同的决策。

心理账户说明人在金钱面前是很主观的、非理性的,并不具有经典经济学或金融学所宣称的理性。例如,传统经济学认为同样是100元,是工资挣来的,还是彩票赢来的,或者路上捡来的,对于消费来说,应该是一样的,可是事实却不然。在人们心里,会把辛苦赚来的钱和意外获得的钱放入不同的账户。人们会对辛苦赚来的钱有严谨的储蓄和投资计划,但是对意外获得的钱却持有相对随意的态度。对于理性的人而言,其名下的钱并不因为它的来源而有性质上的区别。

我们可以通过卡尼曼和特沃斯基(1981)设计的实验来进一步了解心理账户。

情形1:你打算去剧院看一场演出,票价是10美元,在你到达剧院的时候,发现自己丢了一张10美元钞票,你是否会买票看演出?实验结果表明(调查对象为183人):88%的调查对象选择"会",12%的调查对象选择"不会"。

情形2:你打算去看一场演出而且花10美元钱买了一张票,在你到达剧院的时候,发现门票丢了。如果你想看演出,必须再花10美元,你是否会买票?实验结果表明(调查对象为200人):46%的调查对象选择"会",54%的调查对象选择"不会"。

卡尼曼和特沃斯基认为:两种实验情境出现明显不同结果的原因在于:在考虑情形1的决策结果时,人们把丢失的10美元和买演出票的10美元分别考虑;而在情形2,则把已经购买演出票的钱和后来买票的钱放在同一个账户估价,看上去好像要花20美元看一场演出,一部分人觉得"太贵了",因而改变自己的选择。

2. 心理账户的应用

1) 价格感知

特沃斯基和卡尼曼(1982)通过设计以下情境实验引入"心理账户"与消费者购买决策行为的研究。

情形1:假定你要买一件夹克和一个计算器。在某商场夹克的价格是125美元,计算器的价格是15美元。这时候有人告诉你,开车20分钟后另一个街区的一家商场计算器的价格是10美元。请问:你会去另一个商场买计算器吗?

情形2:假定你要买一件夹克和一个计算器。在某商场夹克的价格是15美元,计算器的价格是125美元。这时候有人告诉你,开车20分钟后另一个街区的一家商场计算器的价格是120美元。请问:你会去另一个商场买计算器吗?

在这两个情境中,其实都是对"是否开车20分钟从140美元的总购物款中节省5美元"作出选择。然而,实验对象在两个情境中的回答却不一样,在情形1中,68%的实验对象选择去另一家商场;而在情形2中,只有29%的实验对象选择开车去另一家商场。选择偏好发生了逆转。

特沃斯基和卡尼曼提出,消费者在感知价格的时候,是从三个不同的心理账户进行得失评价的:一个是最小账户(minimal account),就是不同方案所享有的优惠的绝对值,在本实验中的最小账户就是5美元。另一个是局部账户(topical account),也可称为相对值账户。例如,在实验情形1中开车前往另一家店的"局部账户"表现为计算器价格从15美元降为10美元(相对差额为1/3);而在实验情形2中的"局部账户"表现为计算器价格从

125美元降为120美元（相对差额为1/25）。第三个是综合账户（comprehensive account），综合账户就是总消费账户，该实验的综合账户为140美元。

特沃斯基和卡尼曼认为，在上面的实验中，消费者是自发运用了局部账户，即通过相对优惠值来感知价格，情形1有33.3%的优惠，而情形2仅有4%的优惠，因此，人们的购买行为发生了反转——表现为在实验情形1中，68%的实验对象选择去另一家商场；而在实验情形2中，却只有29%。

此后，Moon，Keasey和Duxbury对特沃斯基和卡尼曼的研究进行了重复实验并且提出，当优惠超过某个阈限值的时候，消费者对绝对优惠值同样非常敏感。消费者对绝对值和相对值优惠的体验呈现这样一种规律：当购买额度较小时，消费者对相对值优惠更敏感，即在商家让利水平相同的情况下，相对值能让消费者体验到更多的优惠，所以，对额度小的商品，商家应呈现相对值优惠。随着购买金额的增加，绝对值与相对值之间的优惠体验差距会逐渐缩小，如果继续增加购买金额，优惠体验就会出现相反的结果，此时消费者对绝对值更敏感，即商家通过呈现绝对值优惠更能促使消费者购买。

2）心理账户在金融投资决策领域的应用

心理账户在金融投资决策领域最广泛的应用是投资组合结构的运用。根据理性投资组合理论，投资者应该只关心他们投资组合的期望收益，而不应该关注某个特定投资部分的收益。可事实相反，投资者倾向于把他们的资金分成安全账户（保障他们的财富水平）和风险账户（试图做风险投机的买卖）。1997年Fisher和Statman提出：人们在投资时会把资金分别放在不同的投资账户中，即使是基金公司也建议投资者建立一个资产投资的金字塔，把现金放在金字塔的最低层，把基金放在中间层，把股票放在金字塔的最高层。

2000年，Shefrin和Statman提出了多重账户行为资产组合理论（behavioral portfolio theory multiple mental account，BPT-MA）。多重账户行为资产组合理论是建立在卡尼曼和特沃斯基的前景理论之上的一个框定体系，它认为投资者的资产结构应该是金字塔式的分层结构（这里的"层"就是心理账户），投资者对其资产进行分层管理，每一层对应投资者的一个目标。底层是投资者为避免贫穷而设立的，所以，其投资对象通常是短期国债、大额可转让存单、货币市场基金等有稳定收益、风险小的证券；高层是为使其富有而设立的，其投资对象通常是外国股票、成长性股票、彩票等高风险、高收益证券。

专栏 3.1 "支付分离"与会费策略

预先的支付可使人们对购买与消费的感受分开，在消费时则减少了痛苦的体验。较典型的例子是人们的电话费包月偏好，当月初交纳了月租，人们在当月打电话时则没有明显的在开销的感觉，也因此实际消费常常会超出话费预算。另外，健身俱乐部的年费并非按次收取，而是年初一次性收取，它将使用与支付分开，人们在使用时并没有明确地感觉到在消费，而且很多消费者认为他们会经常使用这个收费，是很合算的，如果每次去健身都收费则不能与消费者的这种心理感受相匹配。因此，服务性的商家，如健身、美容，如果采用会费制度，同时把会费制度每次的花费与按次收费的费用进行对比，会吸引更多的消费者，而且因为接受服务时没有明显的花费感受，这可以带给消费者更愉快的消费体验。

3.2 损失厌恶与禀赋效应

1. 损失厌恶的概念

期望理论的重要发现之一是人们在面对收益和损失的决策时表现出不对称性。卡尼曼和特沃斯基(1979)通过实验得出结论：人们并非厌恶风险，当人们认为合适时，他们会选择赌上一把，但如果不是厌恶风险又是什么呢？他们认为，人们的动机主要是躲避损失，而不是那么厌恶风险，人们厌恶的是损失，损失与收益相比，总显得更突出、让人感受更强烈。损失厌恶是指人们面对同样数量的收益和损失时，损失令他们产生更大的情绪影响，实验结果发现同量的损失带来的负效用为同量收益的正效用的 2.5 倍。期望理论认为，损失厌恶反映了人们的风险偏好并不是一致的：当涉及的是收益时，人们表现为风险厌恶；当涉及的是损失时，人们则表现为风险寻求。

关于损失厌恶的例子是 Camerer 等(1997)对纽约出租车司机的研究。这些出租车司机需要交一个固定的费用才能获得出租车 12 个小时的运营权，作为报酬他们可以将这期间的所有所得当作自己的收入。司机必须决定每天工作多长时间。一个最大化的策略是：在较好的日子里(每小时有更多收入的日子，就像下雨天或者在本市有大型会议的日子)工作久一些；在不好的日子里早点收班。然而，假设司机为每天设定了一个收益水平作为目标，把不到这个目标的收入当作损失，那么他们应该在较好的日子里较早收班，在不好的日子里较晚收班——恰恰与理性的策略相反。这就是 Camerer 等在实证研究里的发现。

2. 禀赋效应

捕猎野鸭是美国人最热衷的一项狩猎活动，但是随着人类对自然环境的影响不断加剧，野鸭的数量不断减少。为了保护野鸭的生息和繁衍，要么对捕猎者的人数进行限制，要么让捕猎者承担对野鸭栖息湿地的保护成本。美国学者哈马依克和布朗(Hannaek 和 Brown,1974)就此做了一个调查，结果发现，捕猎者愿意平均每人支付 247 美元的费用以保护适合野鸭生存的湿地环境，但是如果让他们放弃在湿地上捕猎野鸭，他们要求的赔偿却高达平均每人 1 044 美元。也就是说，让这些捕猎者放弃捕鸭的权利比让他们购买捕猎野鸭的资格要难得多。这种个体在拥有某物品时对该物品的估价高于没有拥有该物品时的估价的现象被称为"禀赋效应"(endowment effect)。

塞勒(1980)首次提出了禀赋效应的概念，认为禀赋效应导致了 WTA(willingness to accept,愿意接受的价格)和 WTP(willingness to pay,愿意支付的价格)之间的差异，并将其定义为：与得到某物品愿意多支付的金额相比，个体出让该物品所要求得到的金额通常更高。后续的深入研究表明，禀赋效应是一种相对稳定的个体偏好，具有跨物品、跨时间、跨年龄和跨情境的稳定性，是一种极为普遍的心理现象。

禀赋效应是与损失厌恶相关联的现象。许多决策是在两种方案中选择：维持现状，或者接受一个新的方案(其在某些方面有利而在另一方面不利)。可以将现状视为参考水平，因为损失比收益显得更让人难以忍受，所以决策者偏爱维持现状。由于禀赋效应，人们不愿意放弃现状下的资产,投资者偏好于持有他们已有的东西而不愿意与别人进行交易以换得更好的替代品。因为放弃一项资产的痛苦程度大于得到一项资产的喜悦程度,所以个体行为者为了得到资产的"支付意愿"要小于因为放弃资产的"接受意愿"。例如,许多人不愿意用自己的彩票去和别人同样的彩票外加部分现金进行交换。

禀赋效应导致买卖双方心理价格出现偏差,从而影响市场效率。如果让人们对某种经济利益进行定价,则其得到的这种经济利益所愿支付的最大值,远远小于其放弃这种经济利益所愿接受的最小补偿值。或者说,同样一个东西,如果是本来就拥有的,那么卖价会较高;如果本来就没有,那愿意支付的价钱会较低。例如,在劳动力市场中,应聘者的薪酬目标与雇主愿意支付的金额存在一定的差距;在城市化进程中,政府部门和居民在拆迁补偿金额方面总是很难达成一致。

禀赋效应也导致了交易惰性(reluctance to trade)。例如,一位受试者假设被指派了一些工作,其在工资(S)和工作环境(T)两方面有差异。该受试者被指派到一个职位(S1,T1),然后可以选择是否跳槽到另一个职位(S2,T2)。(S2,T2)相对(S1,T1)而言,在一个方面更好,而另一个方面更差。实验结果表明,原来被指派到(S1,T1)的人不愿意跳槽到职位(S2,T2),原来被指派到职位(S2,T2)的人也不愿意跳槽到职位(S1,T1)。

虽然禀赋效应的存在会降低市场交易效率,但是它也有很多积极的应用,特别是在商业领域。精明的商家利用禀赋效应引导消费者的购买行为。最典型的例子是对商品的各种"试用",其次是网络购物中购物车的设置,都可以令消费者产生已经"拥有"商品(虽然很短视)的错觉。

3. 短视损失厌恶

1995 年,Benartzi 和塞勒进一步提出短视损失厌恶(myopic loss aversion,MLA)的现象,认为该现象可以用于解释股票溢价之谜,并于 1996 年证实该现象的存在。他们认为,在股票投资中,长期收益可能会周期性地被短期损失打断,短视的投资者把股票市场视同赌场,过分强调潜在的短期损失,投资者不愿意接受这种短期损失的现象被称作"短视损失厌恶"。

Benartzi 和塞勒认为如果损失厌恶的投资者不去频繁评估他们的投资绩效,他们会更愿意承担风险,即评估期越长,风险资产越有吸引力,风险溢价也就越低,然而,现实的客观和主观因素导致投资者的评估期总是有限的。例如,从客观因素来讲,资产收益的概率分布并不是长期稳定不变的,有时甚至还会因破产、财务危机等巨变而发生剧烈变化,投资者需要根据所获取的信息重新评估资产收益概率分布的变化,以调整投资决策,这样,资产收益的概率分布的稳定性以及可获取信息的频率(如年报等定期报告)就会影响投资者的评估期;此外,投资者的消费计划、风险偏好等主观因素也会影响其自身的评估期选择,在这种情况下,MLA 理论能够对投资者的行为予以合理的解释。

1999 年 2 月,以色列最大的共同基金管理人 Hapoalim 银行宣布改变其披露政策,将每月披露一次业绩改为每 3 个月披露一次,这样就使得那些依赖从银行获得业绩信息的投资者获取信息的频率下降,从而使投资者更愿意持有其基金。银行的理由是"投资者不应该为偶然的价格下跌所惊扰",这也成为 MLA 理论的一次实践应用。

MLA 当中的"短视"就是指人们在短期中评估资产组合的行为。短视对投资行为的影响可以用重复博彩和单次博彩的差别来解释,Samuelson 首先关注了这一问题。他先设计了一个预期收益大于零的赌博——50% 的机会赢得 200 美元,50% 的机会损失 100 美元。然后问一位同事是否愿意参加这个赌博。这位同事拒绝了这个赌博,因为他感觉可能的损失导致的效用降低会大于可能的收益带来的效用增加,但是他乐于接受 100 次这样的赌博。这个例子一方面隐含着损失厌恶的概念;而另一方面说明,大数定律会增加赌博的确定性,提高人们承担风险的能力。这说明,重复博彩会增大风险资产的吸引力;同时也说明,重复博彩问题并不是投资者非理性的表现,而是投资者对风险资产收益的概率分布的理性反应。

Benartzi 和塞勒提出的 MLA 理论引起了理论界的极大兴趣,许多学者对于这个理论本身是否正确进行了研究,绝大多数的研究是通过心理实验来直接验证人们这种心理特征是否存在。这些研究不但证实 MLA 在不同的实验环境及团队决策下都普遍存在,而且增进了人们对于信息在 MLA 中的作用的理解,提高了对 MLA 的理论认识水平。

塞勒、特沃斯基和 Schwartz 运用心理实验的方法为此提供了直接证据。他们设计了如下的实验。实验对象可以投资于两个基金:一个是与实际的某 5 年期债券相对应的低风险基金,另一个是模拟股票指数基金的高风险基金,两个基金的预期收益都为正;实验被试必须通过实际体验了解风险和收益的分布。通过对 1 个月、1 年以及 5 年评估期的比较发现,评估期的加长可以减少损失的体验,因而提高对风险资产的投资比例。

Gneezy 和 Potters 也设计了一个相似的实验,得出了相同的结果。实验分为 12 轮,参加者在每个反馈期期初获得 200 美分的初始禀赋并进行投资;风险资产为有 2/3 的可能性损失全部投资、1/3 的可能性赢回 3.5 倍投资数额的彩票,参加者完全了解资产的概率分布。参加者可以考虑两种处理方式:一种是"高频率"处理方式,实验对象可以决定在每一轮投资多少,并在每一轮之后得到收益的反馈;另一种是"低频率"处理方式,实验对象可以每 3 轮决定他们的投资数额并得到收益反馈。在"低频率"处理方式中,实验对象对风险资产的投资明显比"高频率"处理方式多。这说明,更长的投资评估期使有正预期收益的风险资产的吸引力增大。

在早期的这两个实验当中,"信息反馈频率"和"投资调整周期"被用作"短视"的代理变量,前者体现了信息对短视的影响,而后者则体现了投资调整行为对短视的影响。

3.3 证实偏差

人们一旦形成一个信念较强的假设或设想,有时会把一些附加证据错误地解释为对他们有利,因而不再关注那些否定该设想的新信息。人们有一种寻找支持某个假设的证据的倾向,这种证实而不是证伪的倾向称为"证实偏差"(confirmation bias)。

证实偏差产生的原因有以下几个:①信念坚持(belief perseverance)是导致证实偏差的心理基础,他们会坚持相信他们的假设,即使这个假设和新数据相矛盾。这种偏差导致对新数据没有足够重视。②锚定往往也是导致证实偏差的心理因素之一。锚定导致人们忽视附加证据。心理学研究揭示了这样的现象，人们倾向于把肯定的证据视为相关而且可靠的，而将否定的证据视为不相关而且不可靠的，因此在价值判断中，容易接受肯定的证据，忽略否定的证据。③对资料的选择性收集或审查。

证实偏差是金融市场正反馈机制形成的推动力之一。在金融市场上，当整个市场处于繁荣的上升期，即使有各种各样的证据表明市场已经被严重高估，人们仍然会倾向于忽略这些负面的信息，而对正面信息赋予更高的权重，乐观地推动市场价格越来越偏离其基础价值；相反，当市场处于低迷时期，人们会倾向于对负面信息赋予更高的权重，从而导致市场更加低迷。

企业经理人的证实偏差则更多地表现在投资决策上，在所投资的项目产生问题时，对负面信息不予重视，仅关注正面信息；在应当终止某个失败项目的时候，依然继续向项目追加资金，最终导致决策错误。

专栏 3.2　工业大麻概念股

2019年1月27日晚间，康恩贝发布公告称，公司全资子公司希陶公司的全资子公司云杏公司收到加工大麻花叶项目申请批复。同时，康恩贝表示，随着生物技术发展，工业大麻成为全球新的产业热点，云杏公司申请开展大麻花叶加工项目是公司对工业大麻领域的全新探索，在该项目建成并取得加工许可证后，公司将对工业大麻中的大麻二酚(CBD)及其他活性成分的提取物做加工技术研究和产品研发，为公司寻求新的利润增长点。

和康恩贝相比，顺灏股份掀起的"波澜"更大。在其于1月17日公布获得种植许可证以及加工大麻花叶项目申请的批复后，股价已经从4元多上涨到近10元。据统计，A股12只工业大麻概念股自1月到3月以来，没有一只股票涨幅低于30%，10家涨幅超50%，4家涨幅超过200%。金鹰股份主要业务为麻、毛、丝、绢纺织机械成套设备制造销售，但也被当作大麻概念股来炒，3月20—22日连续三个涨停。无奈之下，公司3月23日发布风险提示公告，与工业大麻概念并无关联。

工业大麻概念股热炒引起相关部门关注，国家禁毒委员会办公室于3月27日下发了《关于加强工业大麻管控工作的通知》。通知提出，《1961年麻醉品单一公约》规定，工业用大麻限于纤维和种子，其他用途的种植排除在外，并要求各省市自治区禁毒部门要严把工业大麻许可审批关，并声明我国目前从未批准工业大麻用于医用和食品添加。通知给热炒的"工业大麻"概念泼了一盆"冷水"。

康恩贝向投资者发出了四大风险提示，称公司工业大麻加工业务在法规政策、监管要求、自身实施等方面存在不确定性。康恩贝表示即使云杏公司试制和改造如期顺利进行，并且试制完成后经公安部门检查合格，何时和能否最终取得公安机关核准颁发的正式加工许可证也存在不确定性。

即使监管部门和上市公司都向投资者发出了风险提示，不少投资者依然相信工业大麻概念会给公司利润带来新的增长点，体现出所谓的"证实偏差"。在康恩贝上证e互动平台上，直至2019年4月，绝大部分投资者的问题依然与工业大麻有关，即使这些问题在上市公司公告里已经澄清。

3.4 后悔厌恶与处置效应

1. 后悔厌恶

后悔是一种非常普遍而且非常容易理解的心理,人们常常为作出了错误的决策而自责不已,这种情绪就是后悔。显然,后悔是一种消极的情绪。损失会让人很痛苦,而后悔是一种除了损失之外,还自认为必须对此负责任的感受,因此后悔比损失更让人痛苦。自豪是后悔的另一面。心理学家和经济学家认识到后悔与自豪对金融决策的重要影响,研究者认为人们会极力避免出现后悔这种感觉,重要的是,自豪和后悔的影响并不对称,人们对后悔有着强烈的抵触。

后悔厌恶就是指人们为了避免决策失误带来的后悔的痛苦,常常会做出一些非理性的行为。例如,投资者趋向于获得一定的信息后,才作出决策,即便是这些信息对决策来讲并不重要,没有它们也能作出决策,这主要是为了减少后悔给自身带来的精神损失。

后悔厌恶理论的核心是以下三个定理。

定理 1:胁迫情形下采取行动所引起的后悔比非胁迫情形下的后悔要轻微。

定理 2:没有做错误的行为引起的后悔比做了错误的行为引起的后悔要轻微。

定理 3:个体需对行动的最终结果承担责任情形下引起的后悔比无须承担责任情形下的后悔要强烈。有利的结果会使责任者感到自豪,不利的结果会使责任者感到后悔。

前景理论发现,人们有时会寻求冒险,比如面对损失时,或许投资者正是因为想避免失败带来的后悔情绪,所以偏离了他们的风险规避本能,而变得风险偏好。另外,基于后悔厌恶的心理因素,投资者在买卖股票时,会表现出持亏卖盈的行为偏好,研究者发现,投资者会过早地卖掉表现良好的股票而又长期地持有亏损的股票。

2. 处置效应

处置效应(disposition effect),是指投资人在处置股票时,倾向于卖出赚钱的股票、继续持有赔钱的股票,也就是所谓的"出赢保亏"效应。处置效应的表现为,当投资者盈利时,面对目前确定的收益和未来不确定的走势时,为了避免价格下跌而带来的后悔,倾向于风险回避而做出获利了结的行为。当投资者出现亏损时,面对目前确定的损失和未来不确定的走势,为避免立即兑现亏损而带来的后悔,倾向于风险寻求而继续持有股票。正是由于这种心理,导致人们长时间地持有亏损的股票。

前景理论中的参考点能够对处置效应进行有效的解释。以股票买价为参考点,在收益区域,股票未来价格同等金额的涨或跌所引起的价值变化是不相同的,收益下降所带来的价值下降大于收益上升带来的价值上升,为了避免价格下降带来的恐惧,人们倾向于卖掉股票;相反,在损失区域,收益上升所带来的价值上升大于收益下降带来的价值下降,于是人们倾向于持有股票等待价格的上涨。

3.5 模糊厌恶与本土偏差

1. 模糊厌恶

模糊厌恶是指人们厌恶主观的或模糊的不确定性的程度超过对客观不确定性的厌恶。当这种模糊性可能导致未来巨大损失时,人们对模糊性的厌恶和回避心理就更加强烈了。模糊厌恶在股票投资中表现为:本国偏好、本土偏好。杨晓兰等(2016)对东方财富网论坛股吧的研究显示,投资者更喜欢讨论本地的股票。

以下是一个经典的模糊厌恶的实验。

假定有两个瓶子1号和2号,2号瓶共装有100个球,其中50个红球、50个蓝球。1号瓶也装有100个球,其中有红球也有蓝球,但是参加实验者不知道红球与蓝球的比例,要求参加实验者在以下两个风险事件中进行选择。

A1:从1号瓶抽取一个球,红球得100美元,蓝球得0美元。

A2:从2号瓶抽取一个球,红球得100美元,蓝球得0美元。

实验结果,人们普遍对A2的偏好多于A1。

2. 本土偏差

许多研究表明,投资者尤其是个人投资者在分散化投资时有"本土偏差"(home bias)的倾向,即投资者将他们的大部分资金投资于本国,甚至本地的股票,而不是如马克威茨的投资组合理论所认为的那样,投资于与本地股相关度低、能够降低系统性风险的外地股甚至是外国股票,从而降低投资组合的风险。

本土偏差的表现:一是投资于国内股票。投资者在投资中将绝大部分资金投资在国内市场,而只将很小一部分资金投资在海外市场。二是投资于距离近的公司。本土偏差的另一个表现是在国内股市中将大量的资金投资于自己任职的公司或者公司总部距离自己的住宅比较近的公司。《商业周刊》(1997)曾报道,在一些公司中,即使在雇员可以自由选择投资对象时,他们仍然倾向于投资他们本人工作的公司。塞勒和Benartzi(2005)发现:①美国企业的雇员通常倾向于为本公司股票建立单独的心理账户,与其他股票不发生联系;②美国企业的雇员平均将42%的资产投资在本公司股票上(对本企业过度自信),导致风险过于集中;③由于本身又受雇于本企业,一旦公司破产倒闭,公司雇员通常会损失惨重,面临薪金和股票投资的双重损失。

3.6 跨期选择与时间折扣

在伊索寓言中,蚂蚁和蚱蜢是一对朋友,但是二者过着完全不同的生活,蚱蜢每日唱歌跳舞,享受温暖的阳光,不思来日;相反,蚂蚁每天忙着为即将到来的冬天储存食物。面对今天和未来,蚱蜢选择享受今天,蚂蚁选择为未来生存而努力工作,这就是典型的跨期选择问题。

跨期选择是指人们对发生在不同时间点的收益或损失进行权衡，从而作出选择与决策。例如，你愿意今天获得 800 元，还是一年后获得 1 000 元？跨期选择不仅仅发生在收益情境中，也发生在损失情境中，行为学研究中已发现了跨期选择的符号效应，即人们在对未来损失的折扣率低于对未来获得的折扣率。

跨期选择领域的研究发现，与当前或近期的奖赏或损失相比，人们常常倾向于低估未来奖赏或损失的价值，这种现象就是所谓时间折扣（time discounting），又称时间贴现。

为了进一步量化时间折扣在心理意义上的变化，学者们使用时间折扣（贴现）率来衡量时间折扣程度的大小。该领域的焦点问题是，是否存在一个恒定的折扣率或折扣函数。1937 年，经济学家 Samuelson 基于期望效用理论在论文《关于效用的测量》中提出了一个指数贴现效用（Discounted—Utility，DU）模型，用以解释时间折扣问题。DU 模型假设，人们对未来不同时间点的效用按照同一比率（指数函数的形式 r）进行折扣，而折扣后的未来各时期效用之和，就是人们对该决策赋予的总效用。所以，在 DU 模型中时间折扣率是一个恒定值。长期以来，该模型被视为解释时间折扣现象的基本模型。

但是自 20 世纪 80 年代以来，随着行为经济学的兴起，研究者逐渐发现了违背 DU 模型的多种异象。例如，人们对收益的时间折扣率大于损失的时间折扣率（符号效应，sign efect）；奖赏数量不同，折扣率也会产生变化等等。因此，一些研究者在 DU 模型的基础上提出了各种双曲线折扣模型（hyperbolic discounting model），来解释时间折扣中发现的种种异象。双曲线折扣模型的特征是，人们在短期和长期的折扣（贴现）比率是不同的。

时间折扣的一种表现是时间偏好。时间偏好（time preferences）是指人们倾向于推迟执行那些需要立即投入而报酬滞后的任务，而马上执行那些能立即带来报酬而投入滞后的事情，即相对于远期的奖赏或报酬，人们更偏好即时的奖赏或报酬。在塞勒（1981）的实验中，参与者获得 15 美元的奖金，他们可以选择立即拿到 15 美元，也可以选择等待一段时间获得多于 15 美元的钱。塞勒要求参与者写出他们愿意为推迟获得收入而要求补偿的金额，延长的时间段分别为 1 个月、1 年、10 年。实验结果显示，参与者对应要求补偿的平均金额分别为 20 美元、50 美元、100 美元，按复利贴现计算的贴现率分别为 354%、126% 和 19%，如表 3.1 所示。

表 3.1　塞勒的实验结果

	1 个月	1 年	10 年
补偿金额/美元	20	50	100
贴现率/%	354	126	19

近年来，时间折扣问题逐渐成为经济学家、行为决策学家、神经科学与心理学家、精神病学家等学科研究者共同关注的一个问题。这一关注包括两个层面的原因。

其一，人类与动物的重要差异之一是人类具有对未来进行计划和规划的能力，但在进行跨期选择时，人类却同寓言中"朝三暮四"的猴子一样，更偏好即刻的价值。大量神经科学和心理学研究已经从进化的角度证实，从动物到人类，从儿童到成人，普遍存在这种偏好。

其二，由于时间折扣的潜在机制与个体的冲动性和自我控制功能密切相关，时间折扣可能与一系列精神疾病相关联,如各类成瘾行为、孤独症、暴饮暴食症等。已有大量行为学研究发现,成瘾病人的时间折扣率显著高于正常人,是正常人的2倍。也有研究发现人们对于工作的拖延,是由于人们对消费娱乐产品的贴现率高于对工作奖励的贴现率。

McClure等(2004)首次使用功能磁共振成像技术研究跨期选择的神经基础,发现人们对短期与长期偏好之间选择的不一致性,反映了二者背后不同的神经系统的激活。具体来说,短期的决定是由大脑边缘系统所控制的,大脑边缘系统与中脑多巴胺系统相连,它更容易受到即刻奖赏的影响,而对未来奖赏的价值不敏感。但是,长期忍耐则是由前额叶(PFC)和顶叶皮层所控制,它负责对遥远的将来做长期预期,能够对抽象奖赏和长久延迟的奖赏进行评价。McClure等的研究从神经科学的角度支持了双曲线折扣模型,揭示了人们在权衡即刻奖赏和延迟奖赏时存在不同的神经基础。

对跨期选择和时间折扣的研究不仅与人类心智的起源与机制等基础科学问题密切相关,也与国家公共政策的制定等现实问题相关。

专栏 3.3 美国海湾战争退伍士兵对补偿方案的选择

20世纪90年代的海湾战争之后,美国政府计划减少军队的规模,预算为退伍士兵提供34亿美元的退伍补偿。退伍的士兵要求在两种方案中进行选择:第一种是立即得到2万美元的一次性退伍补偿;第二种是在今后每年获得一定的补偿金(这些补偿金的贴现值大约是4万美元)。超过90%的士兵选择立即得到一次性的报酬2万美元,这些人的贴现率非常高,在17%~20%。这些士兵的选择给美国政府节约了17亿美元。

事实上,如果士兵的确是现在就需要钱,他们可以向银行贷款2.5万美元,而且可以用每年获得的补偿金来偿还债务。

本章小结

本章介绍了投资者在决策过程中可能会出现的心理和行为偏差。主要表现为损失厌恶所导致的短视偏差和证实偏差;以及后悔厌恶、禀赋效应、模糊厌恶、心理账户、跨期选择和时间折扣等。这些偏差的存在,影响着人类的理性决策。

思考题

1. 名词解释:心理账户、损失厌恶、禀赋效应、证实偏差、后悔厌恶、处置效应、模糊厌恶、本土偏差、跨期选择、时间折扣、时间偏好。

2. 按照心理账户理论的分析,你认为对于高价商品(如汽车)和低价商品(如面包),在"绝对值优惠"和"相对值优惠"两种促销优惠,应选择哪一种,为什么?

第4章

期望效用理论与前景理论

 引导案例:圣彼得堡悖论

尼古拉斯·伯努利(Nicholas Bernoulli)在1713年提出了著名的圣彼得堡悖论(St. Petersburg paradox)。假设有这样一个游戏:连续掷一枚硬币,出现反面游戏继续,出现正面游戏结束。如果第一次出现正面,你将赢得2元;第二次出现正面,你将获得4元;第三次出现正面,你将得到8元……如果第n次才出现正面,你将得到2^n元。那么,你愿意为参与这个游戏而支付的最大代价是多少呢?

由于游戏在第一次就结束的概率为1/2;第二次为1/4;第三次为1/8。在任何次数结束的概率为$1=1/2+1/4+1/8+\cdots$由此,这个游戏收益的数学期望值是无穷大。期望收益计算过程如下:

$$(1/2)2+(1/4)4+(1/8)8+\cdots=1+1+1+\cdots=\infty$$

而实验的结果却是,人们为得到这一游戏机会愿意支付的金额很少。

1738年,伯努利又做了一个实验,让被试在下述选项中作出选择。

A:有85%的机会得到1 000美元。

B:有100%的机会得到2美元。

他发现绝大多数人更喜欢确定事件而非彩票,虽然彩票有更大的期望收益(彩票的期望收益值等于每个可能结果乘以概率的加权均值,即850美元)。他认为人们不是根据货币结果的期望值,而是根据这些结果的主观价值(效用)的期望值来评价彩票的。因此,伯努利提出了精神价值即效用值的概念,即人们在拥有不同财富的条件下,增加等量财富所感受到的效用值是不一样的,随着财富的增加,其效用值总是在增加,但效用值的增长速度是递减的。

通过圣彼得堡悖论,发现人们在进行决策时,面对巨额的不确定性很大的期望收益,只愿意付出很小的成本,这是无法用期望效用理论来解释的。那么,是什么因素影响了人们的风险决策?这些因素会给期望效用理论带来哪些挑战?本章将对这些问题进行解答。

期望效用理论建立在个体偏好理性的基础之上,有消除性、传递性、占优性和恒定性等一系列严格的公理化假定,但是期望效用理论与真实行为广泛偏离。随着实验心理学的发展,行为经济学通过实验论证发现的确定性效应、同结果效应、同比率效应和偏好逆转等现象对期望效用理论形成了巨大冲击。许多经济学家从不同侧面提出了对期望效用理论的修正或扩展模型,但是这些修正模型并不十分令人满意。与这些修正模型不同的是,卡尼曼和特沃斯基提出了前景理论,在一定程度上对个体决策与偏好的实验结果提供了合理解释。

本章介绍的主要发现是建立在一系列实验结果之上的。这些实验通常让被试在两个不确定性的"彩票"之间进行选择,以判断被试对这两个彩票的偏好关系。本章的学习目标是,了解期望效用理论的主要内容;了解心理学实验对期望效用理论提出的挑战;掌握前景理论的主要内容;掌握价值函数和决策权重函数的主要特征。在此基础上对不确定条件下人们的选择行为进行更好的解释。

4.1 期望效用理论

1. 期望效用理论的提出

人们在需要作出选择时,往往面对的是不确定性的环境。所谓不确定性,就是指事件的发展有多种可能结果,人们无法肯定会出现哪种结果。许多经济现象与不确定性有着直接和间接的关系,如投资和保险等,现实生活中到处存在不确定性,人们无法预料明天会发生什么偶然性的事件。Campbell,Lo 以及 MacKinlay(1997)曾经指出,金融学最根本的特征是在金融理论和金融实践中,不确定性都具有主导性作用,每个金融模型的起点都是投资者面临的不确定性,每个模型的结果都是不确定性对投资者行为以及市场价格的最终影响。

研究投资者的偏好,以及投资者如何决策和评估风险,是任何试图解释交易行为或者资产价格发生过程的理论和模型都不可缺少的前提条件。决策是人们从多种备选方案或者事件中作出选择;偏好是人们对不同方案或者事件状态进行价值与效用上的辨优。决策和偏好是紧密联系的,它们共同构成了人类一切经济行为的起点,是经济学和金融学研究不可缺少的重要组成部分。

一般而言,在不确定情况下,决策可以分为两种。如果人们仅仅知道可能会出现的结果有哪几种,但却不知道出现的概率是多少,这种情况下的决策被称为模糊型(ambiguity)决策;如果人们不仅知道结果的类型,同时也了解出现各种结果的概率大小,这时决策被称为风险型(risk)决策。对于前者,由于不知道概率,因此不能采用概率的方法计算,而采用诸如好中求好(maximax)、坏中求好(maximin)、等概率(equal probability)、乐观系数(coefficient of optimism)或后悔最小(minimax regret)等准则进行判断;对于后者,往往依据直接后果预期、期望效用或主观期望效用值等,采用统计学的方法进行判断。

期望效用理论建立在个体偏好理性的一系列严格的公理化假定基础之上,是现代决策理论的基石,是关于理性选择最通用的解释,也是传统金融理论和微观经济学理论的核心理论。该理论由冯诺伊曼(Von Neumann)、摩根斯坦(Morgenstern,1947)和萨维奇(Savage,1954)等进行严格的公理化阐述而形成,后来又被阿罗(Arrow)和德布鲁(Debreu)等吸收进瓦尔拉斯均衡的框定中,成为处理不确定性决策问题的分析范式、价值理论的核心及市场均衡的前提。

期望效用函数,即 VNM 效用函数:$EU = \sum U(x_i)p_i$。模型的基本内涵是:不确定条件下最终结果的效用水平是通过决策主体对各种可能出现的结果的加权估价后形成的,决策者追求的是加权估价后期望效用的最大化。这一过程与决策者的风险态度密不可分,期望效用函数的无差异曲线斜率越大则风险规避程度越高,斜率越小则风险规避程度越低。

2. 期望效用理论的公理化假设

根据特沃斯基和卡尼曼(1986)的研究,期望效用理论有 4 个重要的假设条件:消除性(cancellation)、传递性(transitivity)、占优性(dominance)和恒定性(invariance),并且这 4 个假设是按照规范要求进行排序的,借助这些假设,可以推导出期望效用理论;除此之外,还有可比性和连续性等技术性要求。

1) 消除性

消除性是指消除那些无论决策者做何选择都会产生同一结果的状态,最后只有一个状态可以实现,从而将不同的选项单独地合理评价。不同选项之间的选择仅仅依赖于其产生不同结果的状态。例如,如果一个方案包含 A 和 B,另一个方案包含 A 和 C,人们在对两个方案进行选择的时候,会首先将 A 从两个选项中删除,仅比较对结果产生不同影响的 B 和 C。消除性有多种正式表达方式,如"替代公理"(substitution axiom,Von Neumann 和 Morgenstern,1947)、"确定事件原则"(the extended sure-thing principle,Savage,1954)、"独立性条件"(the independence condition,Luce 和 Krantz,1971)等。将各种彩票之间的偏好表示为期望效用最大化,消除性是必要的,它与期望效用函数具有的概率线性性质是等价的。

2) 传递性

风险与无风险选择模型的基本假设是偏好的传递性。偏好的传递性假设对于序数效用 u 表示的偏好不仅是必要的,而且基本上也是充分的,只要 $u(A)>u(B)$,则 A 就优于 B;反之亦然;一般地,只要 A 优于 B,B 优于 C,那么 A 就优于 C。如果可以对每个选项赋予一个不依赖于其他选项的值,则传递性假设就能得到满足。因此,当能够单独对每个选项给予评价,传递性可能成立;当一个选项的结果依赖于其他作比较的选项时,传递性就可能不成立。支持传递性的一个常见观点是:循环偏好能支持货币泵(money pump)现象,即一个偏好不满足传递性的人可以通过一系列的付费交易,最终回到其最初的选择。

3) 占优性(优势性)

它是理性选择显而易见的原理,如果一个选项在某种状态下优于另一个选项,而且在所有其他状态下,都至少与另一个选项一样好,则应该选择这个占优的选项。举一个简单的例子,假设投资者想在两个风险资产 X 和 Y 之间作一个选择,如果在未来任何情况下 X 的收益总是超过 Y 的收益,只要投资者是永远不会满足的,那么投资者不会持有 Y,因为持有 X 得到的回报一定会更好。与前两个假设条件相比,占优性更简单,也更具有吸引力,是期望效用理论的基石。

4) 恒定性(不变性、独立性)

期望效用理论关于选择的一个基本原则是恒定性,它是指同一个选择问题的不同表述应该产生同样的偏好,也就是说,对各种选项的偏好应独立于对它们的描述,不受对选项描述的影响。如果决策者通过仔细考虑,认为某两个特征只不过是同一问题的不同描述而已,这两个特征就应该产生相同的选择,即使这种仔细考虑不会带来额外收益。恒定性原则被人们普遍认同,人们将它默认为公理而不需要验证。这一原则体现了规范理论的直觉知识,即不影响实际结果的形式变化不应影响人们的选择。

期望效用理论的这 4 个假设中,占优性和恒定性是核心,传递性受到质疑,而消除性已经被许多学者所推翻。事实上两个经典的反例:Allais(1953)和 Ellsberg(1961)的研究使一些学者放弃了消除性和一般的期望原则,但许多模型支持传递性、占优性和恒定性,如 Hansson(1975)、Hagen(1979)、Machina(1982)、Quiggin(1982)、Weber(1982)、Chew(1983)、Fishburn(1983)、Schmeidler(1984)、Segal(1984)、Yaari(1984)、Luce 和 Narens(1985)等;也有一些研究放弃了传递性但保留了恒定性和占优性,如 Bell(1982)、Fishburn(1982,1984)、Loomes 和 Sugden(1982)等。这些理论为了保持期望理论作为可描述的模型,而放弃消除性和传递性来弱化标准模型;但是这些策略并不能很好地解释已经证明的对于恒定性和占优性的违背现象,由于恒定性和占优性在标准金融理论中是核心,所以理性选择理论不足以解释人们的决策行为。

3. 风险态度及效用函数

期望效用理论的基本内涵是:风险情境下最终结果的效用水平是通过决策主体对各种可能出现的结果加权估价后获得的,决策者谋求的是加权估价后预期效用的最大化。

存在风险时人们的选择行为取决于决策者对待风险的态度或偏好程度,期望效用理论的一个重要意义是将不确定性和决策主体的风险态度区分开来。概率描述了结果的不确定性,而定义在结果空间上的效用函数的性质描述了决策主体对待风险的态度。可以进一步通过比较期望效用值和收入的数学期望值来说明决策者对待风险的态度。例如,决策者对彩票的估价可以称为彩票的确定性等价,此时彩票的期望效用值和确定性等价的效用值是相等的。风险厌恶者对彩票的估价低于彩票的数学期望值,风险寻求者对彩票的估价高于彩票的数学期望值,而风险中性者对彩票的估价等于彩票的数学期望值。

由于决策主体的选择会影响收入和效用,对风险偏好程度的衡量可以依据决策者对选择而导致的效用变化的态度来衡量。风险的主观态度可以分为三类:风险厌恶(risk aversion)、风险寻求(risk seeking)和风险中性(risk neutral)。

1) 风险厌恶

假定决策者在无风险条件下所能获得的确定性收入与他在有风险条件下所能获得的期望收入相等,如果决策者获得确定性收入的效用高于有风险条件下获得同样期望收入的效用,或者说他更偏好确定性收入,该决策者为风险厌恶型,或风险规避者。风险厌恶下的效用函数是凹函数,即风险厌恶者的收入—效用关系曲线是凹向原点的。对于风险厌恶者来说,货币收入所提供的总效用是以递减的速率增加,即边际效用递减。

例如,在图 4.1 中,A 点的期望效用为:$U[pX_1+(1-p)X_2]$,p 为 0~1 的常数。B 点的期望效用为:$pU(X_1)+(1-p)U(X_2)$,即 $U[pX_1+(1-p)X_2] > pU(X_1)+(1-p)U(X_2)$。

该效用函数满足凹函数的特征。

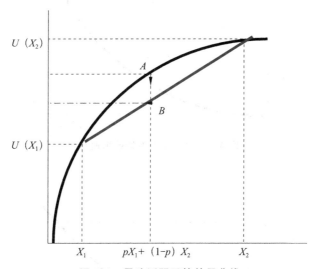

图 4.1 风险厌恶下的效用曲线

2) 风险寻求

假定决策者在无风险条件下所能获得的确定性收入与他在有风险条件下所能获得的期望收入相等,如果决策者对于有风险条件下期望收入的效用大于对于确定性收入的效用,则该决策者属于风险喜好型,或风险寻求者。风险寻求者的效用函数是凸函数,即其收入—效用曲线是凸向原点的。对于风险寻求者来说,货币收入所提供的总效用是以递增的速率增加,即边际效用递增。

例如,在图 4.2 中,A 点的期望效用为:$U[pX_1+(1-p)X_2]$,p 为 0~1 的常数,B 点的期望效用为:$pU(X_1)+(1-p)U(X_2)$,即 $U[pX_1+(1-p)X_2] < pU(X_1)+(1-p)U(X_2)$。该效用函数满足凸性函数的特征。

3) 风险中性

假定决策者在无风险条件下的确定性收入与他在有风险条件下的等值的期望收入获得的效用是相同的,则该决策者属于风险中性型。风险中性者的收入—效用曲线是一条从原点出发的射线,该效用曲线的斜率即边际效用是既定不变的,或者说对于风险中性者来说,货币收入所提供的总效用是以不变的速率增加,即边际效用不变。例如图 4.3,$U[pX_1+(1-p)X_2]=pU(X_1)+(1-p)U(X_2)$

例如,有一种风险型彩票,抽奖者有 1/2 的概率获得 90 元,1/2 概率得到 0 元。

假定由该风险型彩票抽奖得到 90 元的效用值为 12,得到 0 元的效用值为 2,那么通过

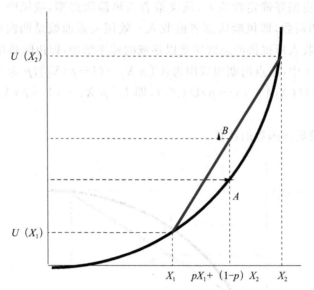

图 4.2　风险寻求下的效用曲线

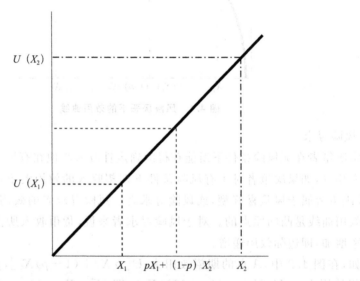

图 4.3　风险中性下的效用曲线

该彩票可以获得的期望效用值为

$$EU = 1/2 \times 12 + 1/2 \times 2 = 7$$

在该风险型彩票中得到的货币收入的数学期望值为

$$EM = 1/2 \times 90 + 1/2 \times 0 = 45$$

如果现在另有一种安全彩票,可以确定性地得到 45 元,请问在风险型彩票抽奖和确定性得到 45 元之间,你愿意选择哪一个?

分析:将确定性得到 45 元的效用与风险型彩票的期望效用作以下比较。

如果一个人偏好确定性的 45 元,即对他来说,$U(45) > 7$,那么他是风险厌恶型的;

如果一个人偏好风险型彩票,即对他来说,$U(45) < 7$,那么他是风险寻求型的;

如果一个人对这两种彩票的偏好没有差异,即对他来说,$U(45) = 7$,那么他是风险中性的。

4. 风险态度的测量

风险态度是决策者的一个重要特征,会对其行为产生重要的影响。在研究和实践中,有很多方法用于测量个体的风险态度,包括问卷法、实验法等。例如,在中国,如果一个客户到银行购买理财产品,他通常会被要求填写一系列问卷,以供银行销售人员判断客户的风险态度。如果客户的风险态度是风险厌恶的,则银行一般不能向其推销风险较大的理财产品。如何合理、准确地评估个体的风险态度是一个非常值得深入探讨的问题。

1) 实验法

由于实验法可控制性、可重复性强的特点,用它来测量个体的风险态度在文献中得到了广泛的应用。其中,最有名的要数美国弗吉尼亚大学 Holt 和 Laury 设计的实验。在这个实验中,被试被要求作出 10 个决策,每个决策都是在两个彩票之间进行选择,如表 4.1 所示。

表 4.1　Holt 和 Laury 风险态度实验

决策	选项 A	选项 B	你的选择(A 或者 B)
1	10% 的机会得到 2 美元,90% 的机会得到 1.6 美元	10% 的机会得到 3.85 美元,90% 的机会得到 0.1 美元	
2	20% 的机会得到 2 美元,80% 的机会得到 1.6 美元	20% 的机会得到 3.85 美元,80% 的机会得到 0.1 美元	
3	30% 的机会得到 2 美元,70% 的机会得到 1.6 美元	30% 的机会得到 3.85 美元,70% 的机会得到 0.1 美元	
4	40% 的机会得到 2 美元,60% 的机会得到 1.6 美元	40% 的机会得到 3.85 美元,60% 的机会得到 0.1 美元	
5	50% 的机会得到 2 美元,50% 的机会得到 1.6 美元	50% 的机会得到 3.85 美元,50% 的机会得到 0.1 美元	
6	60% 的机会得到 2 美元,40% 的机会得到 1.6 美元	60% 的机会得到 3.85 美元,40% 的机会得到 0.1 美元	
7	70% 的机会得到 2 美元,30% 的机会得到 1.6 美元	70% 的机会得到 3.85 美元,30% 的机会得到 0.1 美元	
8	80% 的机会得到 2 美元,20% 的机会得到 1.6 美元	80% 的机会得到 3.85 美元,20% 的机会得到 0.1 美元	
9	90% 的机会得到 2 美元,10% 的机会得到 1.6 美元	90% 的机会得到 3.85 美元,10% 的机会得到 0.1 美元	
10	100% 的机会得到 2 美元,0% 的机会得到 1.6 美元	100% 的机会得到 3.85 美元,0% 的机会得到 0.1 美元	

表 4.1 中,在每个决策中,选项 A 比选项 B 的方差更小,也就是更安全,所以一般把选项 A 称为安全选项,把选项 B 称为风险选项。如果进一步仔细计算,比较表中每个彩票的

期望货币价值,会发现从决策 1 到决策 4,选项 A 的期望货币价值都超过选项 B;从决策 5 开始,选项 B 超过选项 A。根据期望效用理论,对于风险中性的被试,应该在前 4 个决策中选择 A,后 6 个选项中选择 B;风险寻求的被试会在第 4 个选项之前、更早地从 A 变化到 B;风险厌恶的被试则会在第 4 个选项之后、更晚地从 A 变化到 B。简单而言,可以用被试选择选项 A 的个数代表其风险偏好程度,选择 A 的个数越多,被试越风险厌恶;反之,则越风险偏好。

除了彩票选择之外,Charness 和 Genicot(2004)设计的投资实验是请被试选择在 100 元现金中,有多少投资于风险资产,有多少投资于无风险资产。如果被试选择 X 元投资于风险资产,有 0.5 的概率 X 元增长为原来的 2.5 倍,有 0.5 的概率 X 元变为零;选择投资在无风险资产上的$(100-X)$将保持不变。被试选择的 X 数值越高,代表越高的风险偏好。

吹气球任务实验(balloon analog risk task,BART)也是测量风险偏好的一个常用方法。在该实验中,被试选择在计算机上按键,向一个虚拟的气球吹气,按键次数越多,意味着吹进更多的气,如果气球不爆炸,能获得更高的收益,如果气球爆炸,则收益为零。越是风险偏好的被试,会更多次地按键。

实验法的一个核心要点是,要在实验结束之后根据被试的选择付给被试真实的货币。在这种激励方式下,被试的选择在很大程度上能够代表他真实的偏好特征。

2) 问卷法

问卷法测量风险态度常用于广泛、大规模的调查研究。例如,Guiso 等(2007),李涛和郭杰(2009)在问卷研究中用这样一个问题测量被调查者的风险偏好。

假如让您花钱玩一个游戏,让您在一个装有 100 个球(其中 50 个红球、50 个黑球)的罐子中随意取出一个球,如果它是红球,您可以获得 2 500 元;如果它是黑球,您将一无所得。您最多愿意花多少钱玩这个游戏?

被调查者填写的金额越高,代表其具有更高的风险偏好。

Weber 等(2002)设计了一个量表,通过六大类型的 40 个问题来综合衡量个体的风险偏好。这些类型包括社会问题、投资问题、伦理问题、健康问题、赌局问题、娱乐问题等。例如,你是否会要求老板涨工资(社会问题);你是否会用一天的收入去赌马(投资问题);你是否会偷税漏税(伦理问题);你是否坐在汽车前排时不系安全带(安全问题)等。被调查者要求在代表"完全不同意"……"完全同意"的 1~5 点中进行选择。

专栏 4.1 风险态度与留学决策

风险态度对人们在日常生活中的选择有很大的影响,如有研究发现越是风险厌恶的人,越不愿意到外地去就业。我们的一个研究利用浙江大学学生风险态度的实验数据和他们毕业后的升学数据,检验了风险态度对是否出国留学产生的影响。我们发现,选择出国留学的学生比选择在国内就业和升学的学生有更高的风险偏好水平;相对于到亚洲和美国留学的学生而言,选择到欧洲留学的学生更加偏好风险。在控制了家庭收入、在校学习成绩之后,风险态度对是否选择留学有着显著的影响。

资料来源:杨晓兰. Chinese college students' risk attitude to moving abroad to study[J]. Social behavior and personality,2015,43(5).

4.2 心理学实验对期望效用理论的挑战

期望效用理论是经典的在不确定环境下的决策模型,其假设基础是"理性人",而非真实的现实人,该理论在预测与解释真实行为时得到了一些支持,但是,也有大量的证据证明个体在决策中并不是最大化他们的期望效用,期望效用理论不能解释很多观察到的行为。正如特沃斯基和卡尼曼(1986)所提出的,期望效应理论与真实行为的偏离是"如此的广泛而不能被忽视,是如此的系统性而不能将其视为随机误差,是如此的基础而不能通过放松标准模型的条件而容纳进去",因此,学者纷纷通过各种方式对期望效用理论进行检验。

期望效用理论受到的主要挑战有:期望效用理论难以解释阿莱悖论、Ellsberg 悖论等现象;没有考虑现实生活中个体效用的模糊性、主观概率的模糊性;不能解释偏好的不一致性、非传递性、不可替代性、偏好逆转现象等;现实生活中也有对期望效用理论中理性选择上的占优性原则和恒定性原则的违背;实际生活中的决策者对效用函数的估计也违背期望效用理论的效用函数。另外,随着实验经济学的发展,期望效用理论在实验经济学的一系列选择实验中受到了一些"悖论"的挑战。实验经济学在风险决策领域所进行的实验研究最广泛采取的是彩票选择实验(lottery-choice experiments),即要求被试在一些配对的组合中进行选择,这些配对的选择通常在收益值及赢得收益值的概率方面存在关联。通过实验经济学的论证,确定性效应、同结果效应、同比率效应、反射效应、孤立效应、偏好逆转等"悖论"的提出对期望效用理论形成了巨大冲击。

1. 确定性效应、同结果效应和同比率效应

1) 确定性效应

最早对期望效用理论提出质疑的实验来自法国经济学家阿莱(1953),他提出了"阿莱悖论"(Allais paradox,1953),他的实验结果引发了无数相关的研究。阿莱悖论是在不确定性条件下选择行为违背期望效应理论的典型例子,这个悖论中利用了确定性效应(certainty effect)。确定性效应是指相对于不确定性的收益,人们赋予确定性的收益更高的权重,或者说过度重视确定性结果。这一效应表明,在特定情况下,人们的效用函数会低估一些只是可能性的结果,而相对高估确定性的结果,导致决策者在面临条件相当的收益期望时,更倾向于接受确定性的收益结果。

实验 4-1

"阿莱悖论"

实验设计:实验者被要求分别在下面两组彩票中作出选择。

问题 1:A. 有 100% 的机会得到 100 万美元,即($100 万,1.00)。

B. 有 10% 的机会得到 500 万美元,89% 的机会得到 100 万美元,1% 的机会什么也得不到,即($500 万,0.10;$100 万,0.89;$0,0.01)。

问题 2:C. 有 11% 的机会得到 100 万美元,89% 的机会什么也得不到,即($100 万,0.11;$0,0.89)。

D. 有10%的机会得到500万美元,90%的机会什么也得不到,即($500万,0.10;$0,0.90)。

实验结果：多数人选择了(A,D)。

实验结果分析：

在阿莱的实验中,被试被要求对两组彩票进行选择,根据期望效用理论,这两组彩票A、B与C、D的偏好关系应该是完全一致的,即如果人们偏好A,那么也会偏好C;如果偏好B,也会偏好D,因此与期望效用理论一致的选择是(A,C),或者(B,D),这是由期望效用理论的独立性假设推导出来的;违背期望效用理论的选择是(A,D)或者(B,C)。

用效用函数U来代表实验者的效用,实验结果表明,在问题1中,多数人偏好A而不是B,这就意味着：

$U(1) > 0.01U(0) + 0.89U(1) + 0.10U(5)$,也就是 $0.11U(1) > 0.01U(0) + 0.10U(5)$ ……(1);

在问题2中,多数人偏好D而不是C,这就意味着：

$0.90U(0) + 0.10U(5) > 0.89U(0) + 0.11U(1)$,也就是 $0.01U(0) + 0.10U(5) > 0.11U(1)$ ……(2)。

显然,式(1)和式(2)是明显矛盾的,它系统性地背离了期望效用理论,至少违背了期望效用理论关于偏好的传递性以及恒定性等公理性假定。实际上,问题2中的C和D分别是由问题1中的A和B分别减去"89%的机会得到100万美元"($100万,0.89)而得到的,因此与期望效用理论相一致的选择是实验结果(A,C),或者(B,D),但是实验结果中大部分人选择了(A,D)。在问题1中,A中的100万美元是确定的,因此更吸引人;但是在问题2中,100万美元不再是确定的,这种变化使得期望的性质从确定性收益变成了可能性收益,从而导致人们的预期发生较大幅度的改变。这一实验结果由阿莱1953年首次发现,被称为阿莱悖论,选择(A,D)的行为被称为阿莱行为(Allais behavior)。

专栏 4.2 消失的"阿莱悖论"

有实验发现阿莱悖论消失的现象。Conlisk(1989)以236个加利福尼亚大学的本科生组成被试,对实验4-1的彩票进行了选择实验,在支付是假设性时,有50.4%的被试(有119人)选择了(A,D)或者是(B,C),并且多数人选择(A,D),实验结果((A,C):18人;(B,D):99人;(A,D):103人;(B,C):16人)。当Conlisk把支付变成真实的,并且把奖金金额降低至($0.5,$25),实验结果显示人们在两个问题中都选择了货币期望值高的那个选项,即问题1选B,问题2选D,阿莱行为在这种情况下消失了。

编者多年来一直在《行为金融》课程的教学中,以选课学生(浙江大学,本科,三年级)作为被试做上述彩票选择实验,在支付是假设的情况下,实验结果没有发现阿莱悖论(A,D),实验中绝大多数人选择(B,D)。例如,2018年3月的实验结果为：第一组(72人),87%的被试在问题1中选择B,95%的被试在问题2中选择D。第二组(53人),77%的被试在问题1中选择B,88%的被试在问题2中选择D。当然,为什么阿莱悖论会消失,背后可能的原因值得我们思考。

2）同结果效应

同结果效应是指对相同结果导致不一致偏好的情形。确定性效应采用的是加法变换，最早通过阿莱悖论所反映，它对期望效用理论形成了挑战。在阿莱的实验之后，又有许多学者进行大量重复实验，结果也都发现了该效应的存在。

实验 4-2

同结果效应

实验设计：实验者被要求分别在下面两组彩票中作出选择。

问题 3：A：($2 500, 0.33; $2 400, 0.66; $0, 0.01)。
　　　　B：($2 400)。
问题 4：C：($2 500, 0.33; $0, 0.67)。
　　　　D：($2 400, 0.34; $0, 0.66)。

实验结果：绝大多数人选择了(B, C)。

实验结果分析：实验结果显示，多数人在问题 3 中选择 B，在问题 4 中选择 C。实际上问题 4 是由问题 3 同时取消($2 400, 0.66)得来，与期望效用理论相一致的选择是实验结果(A, C)，或者(B, D)。实验结果表明大部分人选择了(B, C)，在两个问题中都作出了情绪化选择，所反映的是对相同结果的不一致偏好情形，即"同结果效应"。此实验违背了期望效用理论关于偏好的传递性、占优性以及恒定性（独立性）等公理化假设。

3）同比率效应

与同结果效应类似的实验发现是同比率效应（common ratio effect）。同比率效应是指如果对一组收益概率进行相同比例的变换，也会产生不一致的选择，采用的是乘法变换。它不仅存在于货币结果的彩票对选择中，也存在于非货币结果的选择决策中。这一效用最早由卡尼曼和特沃斯基（1979）提出。

同比率效应违反了偏好的消除性假设，其公式化表达如下：

彩票组$(b1, b2)$与$(b3, b4)$，其中：

$b1 = ($X, p; $0, 1-p)$;
$b2 = ($Y, q; $0, 1-q)$;
$b3 = ($X, rp; $0, 1-rp)$;
$b4 = ($Y, rq; $0, 1-rq)$;

其中满足下列条件：$p > q, 0 < X < Y, 0 < r < 1$。

实验 4-3

同比率效应

实验设计：在卡尼曼和特沃斯基（1979）的例子中 $p = 1$，实验者被要求分别在下面两组彩票中作出选择。

问题 5：A．($4 000, 0.80; $0, 0.20)。
　　　　B．($3 000)。
问题 6：C．($4 000, 0.20; $0, 0.80)。
　　　　D．(3 000, 0.25; $0, 0.75)。

实验结果：被试数 $N=95$，问题 5：A(20%)，B(80%)；问题 6：C(65%)，D(35%)。

实验结果分析：有 80% 的被试选择了 B，而 65% 的被试选择了 C。如果令 $U(0)=0$，则选择 B 意味着 $U(3\,000)/U(4\,000) > 4/5$，而选择 C 则意味着相反的不等式。实际上问题 6 是由问题 5 演化而来的，只不过赢的概率减少了 3/4，即 C 可以表示为 (A, 0.25)，而 D 可以表示为 (B, 0.25)。如果按照期望效用理论，问题 5 中的 B 偏好于 A 则意味着问题 6 中的 D 偏好于 C。这说明问题 3 和问题 4 中偏好的常见模式与期望效用理论不符，当赢的概率大幅度降低后，大多数人的偏好从较低的奖赏转移到了较高的奖赏。把赢的概率从 1 降低到 0.25 所产生的影响比从 0.8 降低到 0.2 所带来的影响更大。

编者多年来以《行为金融学》课程选课学生作为被试做上述彩票选择实验，实验结果和卡尼曼和特沃斯基(1979)的结果一致，出现同比率效应，绝大多数人在实验中选择(B,C)。例如，2018 年 3 月的实验结果为：第一组(72 人)，61% 的被试在问题 5 中选择 B，75% 的被试在问题 6 中选择 C。第二组(53 人)，69% 的被试在问题 5 中选择 B；75% 的被试在问题 6 中选择 C。

除了货币收益的实验外，卡尼曼和特沃斯基(1986)对非货币收益的实验也得出了相同结论。他们对参加加利福尼亚医学会会议的 72 名外科大夫及 180 名大学生关于肿瘤治疗方案的测试也获得了基本一致的结果。实验设计如下：

假设对一种肿瘤疾病的治疗有两种方法可以选择。

(1) 激进疗法，如采用广泛的手术，可能导致病人很快死亡。

(2) 温和疗法，如采用有限的手术和放射疗法。

下面的例子描述了两种疗法的各种可能性结果。在每个例子中，假定患者是一位 40 岁的男子，若不进行治疗，就会很快地死亡(1 个月内)，而且只能对他实行一种治疗措施。请在每种情形中选择你喜欢的治疗措施。

情形 1：

措施 A——20% 的概率会很快死亡，80% 的概率预计还能正常生活 30 年。

措施 B——预计还能正常生活 18 年。

情形 2：

措施 C——80% 的概率会很快死亡，20% 的概率预计还能正常生活 30 年。

措施 D——75% 的概率会很快死亡，25% 的概率预计还能正常生活 18 年。

实验结果：被试数 $N=72$，情形 1：A(35%)，B(65%)；情形 2：C(68%)，D(32%)。

实验结果分析：在情形 1 中，有 65% 的被试选择了措施 B，即作出了风险规避的决定，选择了虽然较短但确定的生存时间；而在情形 2 中，有 68% 的被试选择了措施 C，即在温和疗法并不能确保患者能生存下来的情况下，多数被试选择了有较长存活时间的疗法。体现了同比率效应。

2. 反射效应

前面进行的选择性实验都是面对收益的，如果面对损失会出现什么结果呢？卡尼曼和特沃斯基(1979)发现，确定性效应不仅表现在正彩票之间的选择上，也表现在负彩票之间的选择上，他们设计了负彩票实验，实验设计如下。

实验 4-4

反射效应

实验设计

问题 5′：A(−4 000,0.80)

　　　　B(−3 000)

问题 6′：C(−4 000,0.20)

　　　　D(−3 000,0.25)

实验结果：被试者数 N=95，问题 5′：A[92%]，B[8%]；问题 6′：C[42%]，D[58%]

实验结果分析：实验 4-3 的问题 5 和问题 6 显示出与不确定性收益相比，人们高估确定能获得的收益。本实验的问题 5′与问题 6′显示出，人们高估确定会发生的损失，低估不确定性的损失。所以，在收益区域内，确定性效应导致风险规避行为，人们偏好确定性收益而不是不确定的收益；而在损失区域，人们偏好不确定的损失而不是确定性损失。因此，过分高估确定性导致人们在损失区域的风险寻求和在收益区域的风险规避。负彩票之间的偏好和正彩票之间的偏好形成了一个镜像关系。这种以零为中心的彩票反转使得偏好顺序发生了反转，被卡尼曼和特沃斯基(1979)称为"反射效应"(reflection effect)。

"反射效应"是指个人对于获得和损失的偏好不是对称的，面对可能损失的期望时，个人有风险寻求的倾向；面对盈利期望时，个人有风险规避的倾向。确定性效应认为人们存在对不确定性的厌恶。但反射效应表明，这一结论需要加以修正，因为这种对不确定性的厌恶只是在面对收益的时候才表现出来，而面对损失的时候刚好相反。由此可见，个人选择的依据并不是最终的期望效用，而是相对于参考点的财富变动。

编者多年来以《行为金融学》课程选课学生作为被试对下述彩票进行选择实验，实验设计如下：

问题 7：A. 100%能赢得 1 000 元。

　　　 B. 50%的可能赢得 2 000 元；50%的可能什么都得不到。

问题 8：C. 100%要损失 1 000 元。

　　　 D. 50%的可能要损失 2 000 元；50%的可能什么都不损失。

实验结果与卡尼曼和特沃斯基(1979)的结果一致，出现反射效应，绝大多数人在实验中选择(A,D)。例如，2018 年 3 月的实验结果为：第一组(72 人)，77%的被试在问题 7 中选择 A，79%的被试在问题 8 中选择 D。第二组(53 人)，75%的被试在问题 7 中选择 A，79%的被试在问题 8 中选择 D。

3. 孤立效应

孤立效应(isolation effect)，为简化在不同选项之间的选择，人们往往忽略各种选项共同的部分而集中关注不同的部分。这一选择问题的方式会引起不一致的偏好，因为当一组预期用不同方法分解成相同与不同的部分时，不同分解方式可能导致不同偏好。人们在分析评估不同的"待选择期望"时，经常暂时剔除期望中的相同因子，但是通常情况下，一组期望可以用不止一种方法被分解成相同和不同的因子，这种分解方式的多样性会导致人的偏好和选择的不一致性，卡尼曼和特沃斯基把这种现象称为"孤立效应"。个人会因为问题描述方式的不同而有不同的分解方式和不同的选择,这也是我们在第2章提到的框定依赖现象。孤立效应推翻了期望效用理论中效用仅与事件的最后状态(概率分布与时间结果)有关的结论。

实验 4-5

孤 立 效 应

实验设计:实验者被要求分别在下面两组彩票中作出选择。

问题 9:C.($4 000,0.20;$0,0.80)。
　　　　D.($3 000,0.25;$0,0.75)。

问题 10:在两阶段的博弈中,第一阶段中有75%的概率赢得0美元,25%的概率转到第二阶段;在第二阶段面临两种选择:A($3 000),B($4 000,0.80;$0,0.20)。要求被试必须在博弈开始之前就作出选择。

实验结果:
　问题9:被试数 $N=95$,C(65%),D(35%)。
　实验结果:被试数 $N=141$,A(78%),B(22%)。

实验结果分析:经过计算可知,问题10就是要求被试在以 $25\%\times1.0=0.25$ 的概率获得3 000美元,和以 $25\%\times0.80=0.20$ 的概率获得4 000美元之间进行选择,因此从最终收益来看,其与问题9实际上是一致的。然而被试选择的结果却是大相径庭,在问题10中多数被试作出了貌似风险规避的选择,而问题9中却没有这样的选择结果。这种现象就是孤立效应,也被称为"伪确定性效应"。如果用树状图将问题9和问题10表述出来(图4.4和图4.5),会更加直观。

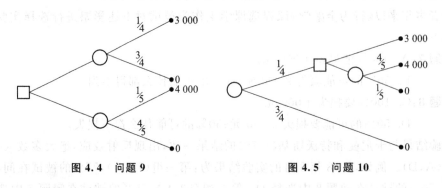

图 4.4　问题 9　　　　　　　图 4.5　问题 10

4. 偏好逆转

可传递性是经典经济学偏好的基本属性,然而一系列实验的结果未能支持这个属性,偏好逆转现象就反映了不可传递性。所谓偏好逆转,就是个体决策与偏好方面选择与定价不一致的现象。经典的偏好逆转实验是由 Lichtenstein 和 Slovic(1971)设计的,之后迅速获得了广泛的证实,并掀起了一场声势浩大的研究热潮。如果说同结果效应和同比率效用等实验发现对期望效用理论提出的尚属挑战的话,那么偏好逆转现象的实验发现则对期望效用理论形成了真正的冲击。

最早发现偏好逆转现象的是 Lichtenstein 和 Slovic(1971),他们对发现过程说明如下:"促使我们进行这项研究的动力是我们1968年发表的文章中的观察结果:在成对彩票之间的选择似乎主要受输赢的概率影响,而买卖价格却主要是受输赢的货币数额影响……让被试对一个有吸引力的彩票确定一个价格时,他们好像是从可以赢得的数额开始考虑的,进而往下调整,同时考虑输赢的概率和可能输的数额。这种调整过程较含糊,让价格反映在很大程度上受起始点价格的影响。另一方面,选择好像受不同规则的支配。我们设想,如果进行选择和确定价格时对信息的处理不同,那么就应该能构建出一组成对的彩票,使得人们可以从彩票中选取其中的一种,但对另一种彩票定出较高的价格……"于是,他们构建了一组成对彩票实验,来验证这种预期的结果。

实验 4-6

机会彩票与金钱彩票

实验设计:

(1) 被试被要求在以下形式的彩票中作出选择。

A. 机会彩票:表示赢的机会(概率)较大、但可能赢得金额较小的彩票;用简约形式表示为:$(p, X; 1-p, x)$。

B. 金钱彩票:表示赢的金额较大、但赢的概率较小的彩票;用简约形式表示为:$(q, Y; 1-q, y)$。

其中满足:$X > x, Y > y, p > q, Y > X$。

(2) 让被试在下列几种情况下对这些彩票作出评价,说出其确定性等值。

A. 让被试指出,如果可以转让参加这些彩票的权利,对于每种彩票,他们愿意接受的最低卖价或支付意愿是多少。

B. 如果让被试买下,则请指出他们的最高买价或接受意愿。

C. 采用对说"真情"者给予实质性奖励的方法,力图让被试准确地说出彩票的最低出让价格。

实验结果分析:如果按照期望效用理论,被试应该选择确定性等值较高的彩票;但实验结果却发现了一种背离倾向:被试一方面选择了机会彩票,而另一方面却对金钱彩票评价较高。在每一次彩票中均选择机会彩票的 173 个被试中,有 127 名被试对金钱彩票给出了较高的买价。

Lichtenstein 和 Slovic(1971)的实验表明,具有同一偏好的同一个人对同一彩票集合进行选择时,却表现出相反的两种风险偏好,这种不一致的行为选择就是"偏好逆转"现象。偏好逆转现象中的一个重要发现是"接受意愿"与"支付意愿"间的巨大悬殊,也就是如果让人们对某种经济利益进行定价,则其得到这种经济利益所愿意支付的最大值,远远小于其放弃这种经济利益所愿意接受的最小补偿值。除 Lichtenstein 和 Slovic 的实验之外,Lindman(1971)、Grether 和 Plott(1979)的实验,以及 Lichtenstein 和 Slovic(1973)在拉斯维加斯赌场中的实验都得到了同样的结果。

实验 4-7

Grether 和 Plott(1979)实验

Grether 和 Plott(1979)发现早期关于偏好逆转实验中存在的一些问题,主要是没有使用真实的货币支付,或者即使使用了真实的货币支付,但缺少对财富效用的控制等。因此,在他们的实验中尽可能对各种实验条件进行控制与测试,如采用真实激励、控制财富效应、排除收入效应与替代效应、检测策略性反映即讨价还价效应,甚至采用不同的概率器等,但仍然发现偏好逆转现象普遍存在。

他们将被试分成两组,其中一组采用假设性选择,而另一组采用给予显著报酬的真实选择。在两组实验中均提供给被试6对成对的彩票,形成12个彩票,在此基础上要求被试在每对彩票中作出选择,并对12个彩票给出最低愿意出让的价格。实验者从所有决策中随机选择1个来确定货币支付额,从而能较好地控制财富效应和组合效应。为了保证有正的净收益,在每局开始赋予每个被试初始禀赋7美元。他们的实验结果如表4.2所示。

表4.2 Grether和Plott(1979)偏好逆转实验结果

组别	选择机会彩票的被试所占的比例/%	选择机会彩票而发生偏好逆转的比例/%	选择金钱彩票而发生偏好逆转的比例/%
假设性选择组	49	56	11
真实货币支付组	36	70	13

从表4.2中可以发现两点:①发生偏好逆转的概率与彩票的选择有很大相关性,选择机会彩票发生偏好逆转的可能性大很多;②如果在实验中引入真实的货币激励,偏好逆转的发生频率将会显著增加,特别对机会彩票而言更为明显。

对于偏好逆转的讨论十分广泛,尽管对于其产生的原因及机制方面存在不同的看法与解释,基本上认为偏好逆转违背了期望效用理论的传递性假设。正如特沃斯基和塞勒(1990)所说的:"它几乎违背了经济学中关于偏好的所有原则";而Grether和Plott(1979)则悲观地声称:"偏好逆转现象让人觉得哪怕是最简单的人类选择行为,都不存在任何种类的最优化法则。"

偏好反转的现象说明,人们并不拥有事先定义好的、连续稳定的偏好,偏好是在判断和选择的过程中体现出来的,并受判断和选择的背景、程序影响。

5. 非明显占优

特沃斯基和卡尼曼(1986)的非明显占优(nontransparent dominance)实验,形象地说明了占优关系是否会被掩盖的问题。在前景理论里,特殊地,对于小概率p,π函数是次可加的(subadditive),如$\pi(0.01)+\pi(0.06)>\pi(0.07)$。这个性质往往会导致占优性的偏离,如下面的实验所示。

问题11:(被试数$N=88$)考虑下面两个彩票,参与者赢或输的金额由盒子中随机抽取的球的颜色决定,请问你会选择下面哪个彩票?

A. 90%白 6%红 1%绿 1%蓝 2%黄
  0$ 赢$45 赢$30 输$15 输$15

B. 90%白 6%红 1%绿 1%蓝 2%黄
  0$ 赢$45 赢$45 输$10 输$15

很明显B彩票要比A彩票好,即B彩票是占优的,对于每一种颜色,B彩票的结果至少和A彩票的结果一样好。事实上,所有的被试都选择了B彩票,而不是A彩票,这个结果并不令人惊奇,因为其中的占优关系很明显,不需要进一步地思考。

但如果将这个问题中产生相同结果的颜色进行合并,即在 A 彩票中将蓝色和黄色进行合并、B 彩票中将红色和绿色进行合并,被试的选择将发生改变,如下。

问题 12:(被试数 $N=124$)请问你会选择哪个彩票?

C.　90%白　　6%红　　1%绿　　3%黄
　　　0$　　赢$45　　赢$30　　输$15
D.　90%白　　7%红　　1%蓝　　2%黄
　　　0$　　赢$45　　输$10　　输$15

实际上,问题 12 是对问题 11 的简化,但却掩盖了占优关系。看起来,似乎 C 彩票显得更有吸引力:有 2 个正结果和 1 个负结果;而 D 彩票却只有 1 个正结果和 2 个负结果。为了诱导参与者能更仔细地思考各彩票,主试告诉随机选择的 10% 的参与者,将按照其选择进行实际博彩。尽管引起了较大的震动,但是仍然有 58% 的被试选择了劣势的 C 彩票;在回答另一个问题时,大多数被试仍然对 C 彩票比 D 彩票给予了更高的现金评价。

上述结果支持了下述性质:①同一问题的两种不同表达引起了不同的偏好,导致了对恒定性的偏离;②当占优性很明显时,占优规则将得到遵守;③占优性可由框定掩盖,在实际相同的状态下,较劣势选择将产生更有利的结果(这里的抽出绿色球);④偏好的差别与决策权重的次可加性一致。

阿莱悖论、确定性效应、同结果效应、同比率效应和偏好逆转等现象表明,人们在风险和不确定条件下进行选择时,系统性地违背了期望效用理论的公理性假设,这些发现对以期望效用理论为核心的现代决策理论形成了巨大冲击,并进一步向经济学的许多理论命题提出了严峻挑战。这促使经济学界通过放松个体决策与偏好的有关公理性假设等途径,对期望效用理论模型进行修正。

4.3　前景理论

许多实验经济学家和实验心理学家从不同侧面提出了对期望效用理论的修正或扩展模型,这些修正模型主要有四类:扩展性效用模型(generalized utility model)、预期比率模型(expectation utility model)、非传递性效用模型(non-transitivity utility model)和非可加性效用模型(non-additivity utility model)。但是,从总体上说,这些修正模型并不十分令人满意。因为对某些公理化假定的放松或进行技术上的修补,只是让现象适应理论,而不能使理论解释现象。另外,这些模型本身在进一步的实验面前也经不住检验。

卡尼曼和特沃斯基提出的前景理论在一定程度上对个体决策与偏好的实验结果提供了合适的解释,是对期望效用理论的某种替代,影响也最大。

所谓前景(prospect),就是各种风险结果,前景选择所遵循的是特殊的心理过程和规律,而不是期望效用理论所假设的各种公理。卡尼曼和特沃斯基定义一个前景是一个不确定事件$(x,p;y,q)$,个人得到 x 的概率为 p,得到 y 的概率为 q,另外 $1-p-q$ 的概率得不到任何东西。

1. 个人风险决策过程

卡尼曼和特沃斯基(1979)认为,个人在风险条件下的选择过程可以分为两个阶段:编辑阶段(editing)和估值阶段(evaluation)。编辑阶段是对所提供的彩票进行初步分析,对相关的收益和概率进行变形处理,找出其更为简便的表现形式,使决策任务变得容易;估值阶段是对编辑过的彩票进行评价,并选择出价值最高的。

1) 编辑阶段

编辑阶段的作用是对选项进行重新组织,以简化随后的估值和选择。这一阶段主要包括编码(coding)、合并(combination)、剥离(segregation)、删除(cancellation)、简化(simplification)和占优检查(detection of dominance)。

在编码阶段,卡尼曼和特沃斯基(1979)提出,人们通常关注的是收益和损失,而不是财富或福利的最终状态。而收益和损失是相对于某一参考点而言的,参考点的选择与现有的资产状况有关,或者参考点即为现有资产状况。编码就是根据参考点,对现有财富的实际收入和支出,把期望行为组合编译成决策者自己的获利或损失。例如,一个抛硬币的彩票,若是人头面朝上,你可以赢得10元;若是字面朝上,你将输掉10元。编码:(10,0.5;−10,0.5)。参考点的位置以及对收益或损失的编码,会受彩票的表达方式和决策者预期的影响。

合并是指把一致结果的概率进行合并,简化某些彩票。例如,可以将(200,0.35;200,0.25;0,0.40)简化为(200,0.60;0,0.40)。

剥离是将某些彩票中的无风险部分从有风险部分中分离出来。例如,(300,0.60;200,0.40)可以分解为确定性收益200和风险收益(100,0.60;0,0.4)。

删除是人们在选择中撇开了彩票中的共同部分。隔离效应表明,人们在选择中抛开了期望中共有的部分,被试忽略了第二阶段博弈中的第一阶段,因为这一阶段是两个选项中共有的,他们只考虑第二阶段的结果来对期望估价。另一种情况是人们往往抛弃共有的组成部分。如在(200,0.20;100,0.50;−50,0.30)和在(200,0.20;150,0.50;−100,0.30)之间选择,可以将共同的以0.20的概率赢200元删除,简化为(100,0.50;−50,0.30)和(150,0.50;−100,0.30)。

简化是指通过约略概率或结果从而对彩票进行简化。例如,(101,0.49)很可能被简化成(100,0.5),简化的形式包括审视彩票以发现起控制作用的选择因素,没有进一步的估价。

占优检查是检查所有给定的期望选项,以删去那些被另一个选项完全占优的选项,简化决策。

编辑工作不仅能简化估价,而且有时候能影响决策者的决策。

2) 估值阶段

在编辑阶段之后,决策者对每一个被编辑过的 Prospect 加以估值,并作出选择,选择出最好的 Prospect。

卡尼曼和特沃斯基改变了传统理论评估总效用的做法,而是提出了一个衡量 Prospect 总价值的变量 V,该价值是各价值 v 与权重 π 的加权线性之和。v 反映了结果的主观价值,与传统的效用函数 U 度量结果的最终财富不一样的是,v 衡量的是该结果离开参考点的程度,也就是收益或者损失。π 表示与结果概率 p 相对应的决策权重,它和客观概率 p 有着本质的区别,它反映了 p 对整个 Prospect 价值的影响力。

在估值阶段中,最主要的是价值函数 v(value function)和权重函数 π(weighting function)。价值函数 v 反映的是结果的主观价值,分配给每一结果 x 一个价值量 $v(x)$,结果的定义与参考点相对应,在价值尺度中以 0 为参考点,因此 v 度量离开参考点的价值程度,即收益或损失;权重函数 π 表示与概率 p 相对应的决策权重 $\pi(p)$,它反映确定的概率 p 对全部价值的影响力。

当前的判断与 Prospect 的简化形式 $(x,p;y,q)$ 有关,在这个 Prospect 中,一个人以概率 p 获得 x;以概率 q 获得 y;以概率 $1-p-q$ 获得 0,这里 $p+q\leqslant 1$。当结果绝对为正时(都是肯定的),被提出的 Prospect 就是严格为正的,即 $x,y>0$,且 $p+q=1$;当结果绝对为负时(都是否定的),被提出的 Prospect 就是严格为负的,即 $x,y<0$,且 $p+q=1$;而如果 $p+q<1$,同时 $x\geqslant 0\geqslant y$ 或者 $x\leqslant 0\leqslant y$,这个 Prospect 就属于常态的。

根据前景理论,其价值模型的基本方程式的表达分为两种情况。

第一,如果 Prospect 是常态的,也就是 $p+q<1$ 或者 $x\geqslant 0\geqslant y$,或 $y\geqslant 0\geqslant x$,则 Prospect 的价值为

$$V(x,p;y,q)=\pi(p)v(x)+\pi(q)v(y) \tag{4-1}$$

其中,V 为结果的期望值;π 为决策权重函数;$v(x)$ 和 $v(y)$ 分别是 Prospect 不同结局的价值。

第二,如果 Prospect 是严格为正或者严格为负的,人们往往先将其分解成两个部分:一是无风险部分,即可以确定获得的最小收益或者确定支付的最小损失;二是风险部分,即可能发生的收益或损失。这种 Prospect 的评价方式表达为如下。

假设 $p+q=1$ 且 $x>y>0$ 或 $x<y<0$,那么其价值为

$$V(x,p;y,q)=v(y)+\pi(p)[v(x)-v(y)] \tag{4-2}$$

也就是说,严格为正的 Prospect 和严格为负的 Prospect 的价值等于无风险部分的价值 $v(y)$ 加上不同结果之间的价值差 $[v(x)-v(y)]$ 乘上比较极端的结局的相关权重 $\pi(p)$。例如 $V(300,0.25;100,0.75)=v(100)+\pi(0.25)[v(300)-v(100)]$。从式(4-2)可以看出无风险部分的价值是 $v(y)$,风险部分是 $v(x)-v(y)$,式(4-2)的右边可以化成 $\pi(p)v(x)+[1-\pi(p)]v(y)$。假设 $\pi(p)+\pi(q)=1$,则严格为正或者负的 Prospect 的价值与常态 Prospect 的价值是一致的。但是 $\pi(p)+\pi(q)=1$ 这个条件不是始终成立的,这一点在具体介绍决策权重函数时将会给出解释。

2. 价值函数

价值函数是前景理论用来表示效用的概念,它与传统的标准效用函数的区别在于它不再是财富的函数,而是收益或损失的函数,或者说主观价值的载体是财富的变化而非最终状态,并且这种变化依赖相对于参考点的偏离程度,这一假设是前景理论的核心。卡尼曼和特沃斯基(1979)提出了价值函数与决策权重(decision weight)的模型,以替代期望效用和主观概率模型。价值函数可以表示为

$$V=\sum_{i=1}^{n}w(p_i)v(x_i) \tag{4-3}$$

其中，$v(x)$为决策者主观感受所形成的价值，即价值函数；$\pi(p)$为决策权重，是一种概率评价性的单调增函数。

总的来说，前景理论的价值函数在形式上基本保留了和期望效用函数一样的形式，但其相关因子的含义和度量方式已经与传统期望效用理论有了本质的区别。前景理论一个非常巨大的突破就是用价值函数v替换了传统的效用函数，从而将价值的载体落实在财富的变化而非最终状态上。大量的心理学证据表明，人们通常考虑的不是财富的最终状态，而是财富的变化状况。

从总体上看，价值函数有下列四个重要特征。

第一，对于个人来说，任何情况下收益总是比损失要好，而且收益越大（损失越小），价值越高。因此，价值函数是一个单调递增的曲线。

第二，价值函数是定义在相对于某个参考点（reference point）的收益和损失，而不是一般传统理论所重视的期末财富或消费。也就是说，$v(x)$中的x是指相对于参考点的变化，如果没有利得或者损失，则价值为零，$v(0)=0$。在以参考点为原点、以收益为自变量的坐标图上，价值函数是一条通过原点且单调递增的曲线。

第三，根据反射效应，价值函数应该是以原点为中心，向收益和损失两个方向偏离的反射形状，也就是呈S形。在面对收益时是凹函数，体现为风险规避，在面对损失时是凸函数，体现出风险偏好的特性。

第四，在价值函数曲线上，亏损区域的斜率大于收益区域的斜率，在图形上表现为：损失状态时的曲线比收益状态时的曲线要陡峭，表明人们对损失所产生的负效用比同等金额的收益产生的正效用大。或者说，虽然决策者在收益域内规避风险，损失域内寻求风险，但是损失对其造成的心理影响要远远大于收益。

满足这些条件的价值函数呈S形并在参考点处最为陡峭，参考点之上为凹，参考点之下为凸，如图4.6所示。

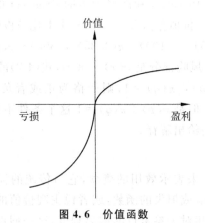

图4.6 价值函数

卡尼曼和特沃斯基(1979)提出的指数形式的价值函数为

$$v(x)=\begin{cases} x^\alpha, & x\geq 0 \\ -\lambda(-x)^\beta, & x<0 \end{cases} \tag{4-4}$$

α和β分别表示收益和损失区域价值幂函数的凹凸程度，λ系数表示损失区域比收益区域更陡的特征，λ 大于 1 表示损失厌恶。

3. 参考点

前景理论的价值函数和期望效用理论中的效用函数一个重要的不同点是，价值函数存在一个拐点，即存在所谓的参考点。它指人们在评价事物时，总要与一定的参考物相比较，当对比的参考物不同时，即使相同的事物也会得到不同的比较结果，因此，参考点是一种主观评价标准。

参考点的决定通常是以目前的财富水准为基准，但有时也不一定是这样，卡尼曼和特沃斯基认为参考点可能会因为投资人对未来财富预期的不同而有不同的考虑，譬如一个对于损失不甘心的投资人，可能会接受他原来不会接受的彩票。他们发现，在风险条件下，收益机会的价值更多地依赖于可能发生的收益或损失从何种参考点出发，而不是它最终会带来的总财富。卡尼曼和特沃斯基说："我们可以用改变参考点的方法来操纵人们的决策。"

塞勒和 Johson(1990) 的一个实验发现，利得会增加个人参加彩票的意愿。他们认为这一结果也可以用参考点来解释。

实验 4-8

参考点实验

A 组学生，假设他们刚刚赢得 30 美元。现在有一个抛硬币的彩票，正面可以获得 9 美元，反面要输掉 9 美元。

实验结果：70% 的学生选择接受彩票。

B 组学生，假设刚开始他们没有赢得任何钱，首先就提出了抛硬币的彩票，如果正面则可以获得 39 美元，反面可以获得 21 美元，如果不参加彩票，可以稳获 30 美元。

实验结果：只有 43% 的学生愿意参加彩票。

实验结果分析：尽管两组学生面临的选择是一样的，都是正面 39 美元，反面 21 美元，不参加 30 美元，但是刚开始就拥有财富的学生选择参加彩票的更多，而开始没钱的学生放弃彩票得更多。这说明个人做决策时会受到上一次收益的影响。在这里开始状态的 30 美元和 0 美元各自构成了他们的参考点。这也可以用来解释在牛市时，已经从股市获得收益的人，更容易有风险寻求的倾向。

4. 决策权重函数

人们在进行不确定性决策时，要通过概率推理得出适当的结论。概率可以分为客观概率和主观概率两类，客观概率基于对事件的物理特性的分析，如一个硬币向上抛掷，任何一面朝上的概率为 50%。主观概率仅存在于人的头脑中，它是人对事件的客观概率的判断。主观概率往往不是基于对客观情境的分析，而是基于人自己的经验和希望，因此它和客观概率往往不相符合。

期望效用理论认为，一个不确定性期望的价值（效用）可以通过将各个水平的可能结果按照它们出现的概率加权求和得到。假设有一张彩票，当该彩票中奖的概率函数发生变化时，彩票的价值将如何发生变化？根据期望效用理论，彩票的价值是关于中奖概率的线性函数。

但是心理学证据表明,彩票的价值并不是中奖概率的线性函数,从不可能事件到可能事件,或者从可能事件到确定性事件的变化所产生的作用,大于从可能性事件到可能性事件的同等变化而产生的作用,即决策权重存在"类别边际效应"(category boundary effect)。

在前景理论中,每一结果的价值都被乘以一个决策权重,决策权重是决策者根据对预期的选择推断出来的。但决策权重不是客观概率,它不符合概率公理,也不能被解释为个人的主观概率。决策权重函数将期望效用函数中的概率转换成决策权重,决策权重函数$\pi(p)$是概率p的一个非线性函数。根据卡尼曼和特沃斯基(1979)的研究,决策权重函数有下列特征。

(1) 决策权重函数$\pi(p)$是客观概率的非线性递增函数,且$\pi(0)=0,\pi(1)=1$。但是$\pi(p)$不是概率,它并不符合概率公理,也不应被解释为个人的主观概率。

除了个人主观认定的事件发生的可能性之外,通常决策权重还会受到与事件相关的其他因素的影响,如个人喜好。人们在做决策时,对自己比较喜欢的结果常常会赋予较大的权重。在购买彩票时,尽管人们知道中奖的可能性很小,但情感的支配使得购买者一厢情愿地认为自己中奖的可能性比较大。

(2) 决策权重函数$\pi(p)$系统性地给小概率事件过高的权重,给大概率事件过低的权重。对于概率p很小时,$\pi(p)>p$,这表示个人对于概率很小的事件会过度重视;但是当一般概率或者概率较大时,$\pi(p)<p$,这说明个人在过分注意概率过低的事件的同时,往往忽略了例行发生的事情。

例如,下面的两种彩票,要求被试从中选择其一。

A. 购买彩票,0.001的概率获得5 000美元。

B. 稳获5美元。

在72个参加实验的人中,72%的人选择了A。

利用价值函数的方程可以得到:

$$\pi(0.001)v(5\ 000) > v(5)$$

因此,

$$\pi(0.001) > v(5)/v(5\ 000) \tag{1}$$

由价值函数在收益区域的性质(边际收益递减)可知,

$$v(5) > v(5\ 000) \times 0.001 \tag{2}$$

根据式(1)、式(2),$\pi(0.001)>0.001$。

如果将上述实验中的收益改为损失。请被试从A(0.001,-5 000美元)和B(1.0,-5美元)中选择一种,人们则会选择B,这表明他们在规避风险。

以上两个实验说明,虽然人们在收益域内通常会规避风险,但是获得收益的概率相当小时,人们就转而寻求风险。虽然人们在损失域内通常会寻求风险,但是当遭到损失的概率相当小时,人们转而规避风险。卡尼曼和特沃斯基将上述现象称为风险态度的"四重性",该属性表明,人们在面对大概率的收益和损失时,分别会表现为风险规避和风险寻求;而在面对小概率的收益和损失时,人们则分别表现为风险寻求和风险规避。

生活中有两个熟悉的例子:一是即使中奖的概率很低,也有人热衷于参加高奖额抽奖的现象;二是人们有时会过度支付航空飞行保险费(Eisner 和 Strotz,1961)。

(3) 在低概率区域,决策权重函数具有次可加性(subadditive),即对任意 $0<r<1$ 时,有 $\pi(rp)>r\pi(p)$。

例如,下面的两种彩票,要求被试从中选择其一。

A. 0.001 的概率获得 6 000 元。

B. 0.002 的概率获得 3 000 元。

实验结果表明 73% 的被试选择 A。

根据价值方程,得到 $\pi(0.001)v(6\,000)>\pi(0.002)v(3\,000)$,即 $\pi(0.001)/\pi(0.002)>v(3\,000)/v(6\,000)$。

根据价值函数的性质,可知 $v(3\,000)/v(6\,000)>0.5$。

于是可得:$\pi(0.001)/\pi(0.002)>0.5$,即 $\pi(0.5\times0.002)>0.5\pi(0.002)$。

编者多次以《行为金融学》选课学生作为被试做上述彩票选择实验,实验结果表明绝大多数人选择 A。例如,2018 年 3 月的实验结果为:第一组(72 人)73% 的被试选择 A;第二组(53 人)63% 的被试选择 A。

(4) 决策权重函数具有次确定性(subcertainty),即各互补概率事件决策权重之和小于确定性事件的决策权重,即对于所有的 $0<p<1$,有 $\pi(p)+\pi(1-p)<1$,很多实验结果都不同程度印证了次确定性的存在。区间 $[0,1]$ 中 π 的斜率可以被当作对概率变化偏好敏感性的度量。次确定性表明,π 是对 p 的回归,即偏好对概率变化的敏感性通常比期望效用理论要求的低。因此次确定性捕捉到了人们对于不确定性事件风险态度的一个重要组成因素,即与互补性概率事件相关联的决策权重之和小于与确定性事件相关联的决策权重,如 $\pi(0.66)+\pi(0.34)<1$。

例如,下面的两种彩票,要求被试从中选择其一。

A. (2 500,0.33;2 400,0.66;0,0.01)。

B. (2 400)。

实验结果表明 72 个被试中有 82% 选择了 B。

根据价值方程式,可得

$$v(2\,400)>\pi(0.33)v(2\,500)+\pi(0.66)v(2\,400)$$

也就是,

$$[1-\pi(0.66)]v(2\,400)>\pi(0.33)v(2\,500) \tag{1}$$

如果把上述彩票改为下述彩票,要求被试从中选择其一。

C. (2 500,0.33;0,0.67)。

D. (2 400,0.34;0,0.66)。

实验结果表明 83% 的人选择了 C。

由此可知:

$$\pi(0.33)v(2\,500)>\pi(0.34)v(2\,400) \tag{2}$$

综合前面式(1)可知：
$$v(2400) > \pi(0.34)v(2400) + \pi(0.66)v(2400)$$
$$1-\pi(0.66) > \pi(0.34)$$
即：$1 > \pi(0.66) + \pi(0.34)$。

(5) 决策权重函数具有次比率性(subproportionality)，即对于一个固定的概率比 r，小概率对应的决策权重比率要大于大概率对应的决策权重比率，即有：$\pi(pr)/\pi(p) < \pi(pqr)/\pi(pq)$，对于所有的 $0<p,q,r<1$。因此小概率的结果被过度加权(overweighted)，而大概率的结果则加权不足(underweighted)。如 $\pi(0.1)/\pi(0.2) > \pi(0.4)/\pi(0.8)$。

决策权重函数的非比率性可以解释为什么有些概率性保险(probability insurance)对投资者不具有吸引力。根据传统的期望效用理论，人们在决策时使用的是线性概率，那么，50%概率的下降对应50%价格的下降，对投资者的效用不会产生影响，概率性保险与普通保险对投资者的效用应该一样。而实验结果说明概率性保险并不受欢迎。根据决策权重函数的非比率性，当概率比一定时，大概率对应的决策权重的比率小于小概率对应的决策权重比率。将损失的概率由 p 降至 $p/2$，不如将损失由 $p/2$ 降至 0 更有价值，这样，人们会认为概率性保险比完全消除风险的正常保险具有更大的风险。如果让人们少购买半年(原来是一年)的保险，保险公司应该给予超过50%的折扣。广义的概率性保险代表了为减少意外事件发生的可能性而付出确定性成本的措施，在日常生活中，类似于汽车报警器的安装、旧轮胎的更换或戒烟的决定都可以视作概率性保险。人们在日常生活中乐意购买这种广义的概率性保险，正是因为这种保险的价格比根据传统期望效用理论计算出的期望成本更低。因此，由于决策权重函数的非比率性，只有当概率性保险相对于完全保险，其下降的价格高于相应概率下降所计算出的理论价格时才会对消费者具有吸引力。

专栏 4.3　概率性保险实验

人们普遍购买保险以防止损失，这是期望效用函数呈凹形的证据。概率性保险代表了为减少意外事件发生的可能性而付出确定性成本的许多种保护性措施。卡尼曼和特沃斯基(1979)设计了一个概率性保险实验，结果表明概率和收益相同的两种预期可能由于表述方式的不同而具有不同效应，这一结果并不符合货币的效用函数在各点都呈凹形的假设。卡尼曼和特沃斯基(1979)在实验中向95名斯坦福大学的学生提出以下问题：假设你正考虑是否为某种财产购买保险，以防止火灾或盗窃之类的损害。考察了风险和保费之后，你发现自己在购买保险或让财产处于未保险状态两者之间并无明显的偏好。如果保险公司提供一个新险种，叫作概率性保险，在这个项目中，你付正常保费的一半，损失发生时，你有50%的机会付另一半保费，保险公司赔偿全部损失；50%的机会你重新得到付出的保费，自己承担全部损失。例如，如果某月的奇数日期发生了一件意外，你付了另外一半保费，损失由保险公司赔偿，但如果事件发生在某月的偶数日期，那么，你已支付的保费被退回，损失由自己承担。在这种情况下，你愿意购买概率性保险吗？

实验结果是80%的人不愿意购买，只有20%的人愿意购买。这表明概率性保险不具有吸引力，将损失的概率从 p 减至 $p/2$ 不如将损失的概率由 $p/2$ 降至 0 更有价值。

决策权重函数的上述特征符合心理学原理并得到实验验证,综合以上特征,可以描绘出决策权重函数的近似图像,图 4.7 表示了相对于概率 p 的决策权重函数 $\pi(p)$。决策权重函数是客观概率的非线性函数,单调上升,在低概率段,$\pi(p) > p$,在相对高概率部分,$\pi(p) < p$。即在决策权重函数中人们倾向于高估低概率事件和低估高概率事件,而在中间阶段人们对概率的变化不敏感。

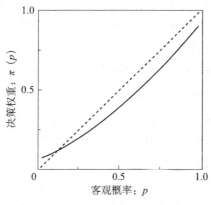

图 4.7　决策权重函数 $\pi(p)$

5. 前景理论的应用

前景理论可以对人们的一些投资行为如"股价溢价之谜"和"期权微笑"作出解释。

1) 股价溢价之谜

股票投资的历史平均收益率相对于债券投资高出很多,虽然短期内股票比债券风险大,但从长期来看,实际上是固定收入的长期债券,而不是股票拥有更高的购买力风险,对于从现在开始为退休做 30 年储蓄的人来说,投资于股票市场的风险微乎其微。股价溢价之谜的现象是,相对于债券而言,人们在股票上的投资为何如此之少?

前景理论对此解释如下,投资者在行为模型中是风险回避型的。他们对损失比对收益更敏感,对证券市场价格的频繁波动带有排斥心理,因此在面对这种风险时就要求一个较高的资产溢价。

2) 期权微笑

许多关于股票期权定价的实证研究发现一种称为"期权微笑"的现象(Mayhew,1995)。期权微笑,是指当期权处在深度实值(out of the money)和深度虚值(in the money)时,期权价格要高于用 Black-Scholes(1973)期权定价公式计算得到的结果,而在接近真实值的期权(near the money)状态,两者非常接近,形成类似微笑的图形。这意味着,与 Black-Scholes 公式计算的理论价格相比较时,虚值期权和实值期权的定价都相对过高了,接近真实值的期权更接近于准确价格。

现实世界中,期权处于深度实值和深度虚值的概率较低,根据前景理论中的决策权重函数的特点可知,投资者往往高估小概率事件,对小概率事件赋予过高的决策权重。另外,前景理论中期望的价值是由"价值函数"和"决策权重"共同决定的。因此,当投资者对期权深度实值和深度虚值的情况赋予过高的权重时,会导致其对期权的期望价值过高,引起股票期权价格被高估,出现微笑的现象。

3) 开放式基金赎回率

开放式基金通过申购赎回产生的"优胜劣汰"机制对基金管理人形成有效的约束。但我国开放式基金赎回情况与成熟资本市场表现不同,存在基金业绩越好、赎回率越大的"逆淘汰"异象。产生这一现象的原因可能是在基金业绩好的情况下,投资者处于盈利状况,他们更加风险厌恶,倾向于尽快卖出基金份额,变现收益;而在基金业绩差的情况下,投资者处于亏损状态,更加风险偏好,期待业绩在日后能够有所提升,不愿意卖出手中持有的基金份额。这个现象也被称为"处置效应"(deposition effect),即投资者在处置股票时,倾向卖出赚钱的股票、继续持有赔钱的股票,也就是所谓的"出赢保亏"效应。

6. 前景理论与期望效用理论的比较

前景理论与期望效用理论的研究逻辑不同。前景理论对期望效用理论有本质的突破,首先,前景理论中的价值函数与期望效用理论中的效用函数有重大区别;其次,前景理论对风险态度的衡量也区别于期望效用理论;最后,前景理论的突破还表现在对决策权重的改进。具体来说,与期望效用理论相比较,前景理论具有以下特点。

1) 决策者关心的并不是财富的绝对水平,而是相对于某一参考水平的变化

卡尼曼和特沃斯基认为,人们在对不确定事件进行判断和估计时,通常会设定一个初值,即参考水平(参考点)。人们在决策时,总是会以自己的视角或参考水平来确定收益和损失,决定各种可能结果的取舍。参考水平常常是决策者当前的财富水平,但也可能是渴望得到的某一水平,即努力获得的财富水平。根据反馈信息,人们对这个初值进行修正,但这种修正往往不完全,似乎锚定于初值。

虽然人们会锚定于参考水平,但与绝对衡量结果相比,人们常常对一个结果与某一参考水平(诸如现状)不同的情况更敏感。也就是说,人们更看重的是偏离参考水平的变化量而不是绝对水平,这与人类的认知心理规律有关。人类的感觉机制是与变化及差别的估计相协调的,而不是与绝对量的估计相协调的。当人们对光、声音、温度等作出反应时,过去和现在的经验确定了一个可接受的参考水平,与此参考水平相对照,目前所处环境中的刺激也就很容易被察觉出来,同样的原理也适用于对健康、声誉和财富等方面的分析。

2) 价值函数以财富变化为自变量形如 S

期望效用理论中,函数 u 通常在各处都是平滑和凹的,但价值函数不同。价值函数是以财富的变化为自变量的,其形状是 S 形的。价值函数在参考水平之上的收益区域曲线是凹的,在参考水平之下的损失区域曲线是凸的,这反映了人们在面临损失时不是风险厌恶者,而是风险寻求者。

不论是在收益上还是在损失上,人们的敏感性都呈递减趋势。卡尼曼和特沃斯基(1979)指出,敏感性递减是人类认识的最基本特征。这一特征尤其体现在人们对货币变化的估计过程中,在货币收入不确定的情况下,敏感性递减意味着价值函数对财富变化量的斜率随着财富变化量的增大而变得越来越小。

价值函数并不是处处平滑的,而是在零点(参考水平)有个结。并且,价值函数在损失区域的曲线比收益区域的曲线更陡峭。这种现象与实验心理学的感觉和判断理论是相符

的,反映了人们的偏好有局部损失厌恶的特征。损失厌恶暗含了人们有一种为避免确定损失而愿意冒更大风险的倾向,特别是在面对难以避免的损失时,回避损失能被恐慌所抵消,使人们变得敢于冒险,面对大的损失的风险偏好行为和风险规避的传统假设是不一致的。损失厌恶意味着人们对单位损失比单位利润的评价更高,卡尼曼和特沃斯基估计人们对中等程度的损失的评价大约是同样大小收益的评价的两倍。

3) 决策权重是客观概率的函数

期望效用理论是以客观概率为权重,而在前景理论中,决策权重是客观概率的函数。决策权重函数 π 是单调递增的、非线性的,在 0 和 1 处不连续。它系统性地给小概率的权重过大,大概率的权重过小。当概率较小时,一定程度的概率增加,不会较大地改变人们对这些小概率事件赋予的选择权重,此时起决定作用的就是报酬的多寡。反过来,在概率较大时,人们对概率的变化十分敏感,偏好选择中的概率权重变得十分重要。而这些都是金融市场上存在错误定价的原因。

前景理论吸收了不确定条件下选择的一些经验规律,这使它和前述的实验结论相一致,合理解释了不少经济现象,如阿莱悖论、股票溢价之谜以及期权微笑等。后来,卡尼曼和特沃斯基(1992)把期望理论进一步扩展为累积期望理论,克服了它的一些弱点。

以实证研究为基础的累积期望理论允许有多种可能选择的结果,认为应该区分损失和收益,这种区分会改变渐增的概率,而且效用函数也反映了这种区分。卡尼曼和特沃斯基(1979,1992)提出对于收益的效用函数是凹的,而对于损失的则是凸的,而且损失的要比收益的更为陡峭。在累积期望理论的效用函数中,收益是凹幂函数;损失是斜度陡峭的凸幂函数。权重函数是反转的"S",先凹后凸。累积期望理论利用累积概率而不是个别概率来转换传统效用函数中的概率。累积期望理论认为个人的风险态度有四种不同的类型。当事件出现的概率比较大时,处于收益状态时投资者是风险厌恶的,处于损失状态时投资者是风险寻求的;但当概率很小时,对于收益则形成风险寻求,对损失则是风险厌恶的。总之,前景理论及其扩展,比期望效用理论更精确地描述了个人风险行为。

卡尼曼和特沃斯基(1986)认为,事实上两种理论都是必需的,前景理论和期望效用理论是从两个不同角度考虑决策问题的,二者并不矛盾。期望效用理论描绘了理性行为的特征,而前景理论则描述了有限理性人的实际行为。期望效用理论是公理性的,而前景理论是描述性的,是从经验观测归纳的方式,而不是从一套逻辑上吸引人的公理演绎的方式形成的。期望效用理论为某些简单、透明的决策问题提供了标准;但大多数现实生活中的决策问题是复杂的,需要更加丰富的行为模型。

前景理论及其扩展理论比期望效用理论更能真切地描述风险下的个人决策行为,并且已经在这方面贡献卓著。2002年诺贝尔基金会网站上指出,前景理论已经成为风险决策研究领域应用性实证工作的基石,它为经济学家们提供了一种新的观察视角,也促进了后来其他理论的发展。不过前景理论也有其不足之处:一是价值函数与决策权重函数都没有给出函数的具体形式,其本身通过举例来说明而带有一定的实验性质;二是价值函数中参考点的确定无一个明确标准。

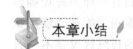

期望效用理论是建立在个体偏好理性的一系列严格的公理化假定基础上的,是现代决策理论的基石,它有 4 个重要的假设条件:消除性、传递性、占优性和恒定性。但是期望效用理论与真实行为的偏离是广泛的,如难以解释阿莱悖论等现象,没有考虑现实生活中个体效用的模糊性、主观概率的模糊性,不能解释偏好的不一致性、非传递性、不可替代性等现象。随着实验经济学的发展,通过实验论证发现的确定性效应、同结果效应、同比率效应、反射效应、孤立效应和偏好逆转等"悖论",对期望效用理论形成了巨大冲击。

前景理论认为个人在风险条件下的选择过程可以分为两个阶段:编辑阶段和估值阶段。前景理论的基本模型用价值函数与决策权重函数替代期望效用理论中的期望效用和主观概率模型。价值函数是收益或损失的函数,为 S 形,在面对收益时是凹函数,在面对损失时是凸函数。表示决策者在处于收益状态时是风险规避的,在处于损失状态时是风险偏好的。决策权重函数是客观概率的一个非线性函数,具有次确定性、次比例性和次可加性等特征。前景理论可以合理解释许多经济现象,如阿莱悖论、股权溢价之谜以及期权微笑等。

1. 名词解释:确定性效应、同结果效应、同比率效应、反射效应、孤立效应、偏好逆转、参考点。
2. 期望效用理论的公理化假定有哪些?
3. 人们面对风险的主观态度有哪几种?
4. 前景理论中价值函数的主要特征是什么?
5. 前景理论中决策权重函数的主要特征是什么?
6. 前景理论与期望效用理论的主要区别是什么?

第二部分

宏观行为金融学

第二部分

宏观行为金融学

第 5 章

并非有效的市场

 引导案例:AH 股溢价

在我国资本市场中,有些上市公司不仅在境内,也在香港市场发行股票。从理论上来看,同一家公司的股份无论在哪里上市,其价值应该是一样的,价格当然也应该是相同的。然而,相当一部分上市公司在境内和香港市场的价格存在差异。根据 2018 年 8 月 9 日的收盘价格,在总共 101 家同时在 A 股和 H 股上市的公司中,有 98 家公司的 A 股价格高于 H 股价格,仅有中国平安、鞍钢股份、海螺水泥的 A 股价格略低于 H 股价格。这就是人们所说的 AH 股溢价现象。

AH 股溢价问题引发了学术界的广泛关注。研究者主要从以下几个角度来解释 AH 股的差异,包括信息不对称、需求差异、流动性差异以及风险偏好差异。其核心观点是我国 A 股市场和 H 股市场是分割的,投资者无法套利,即买入低估的 H 股,卖出高估的 A 股,以消除二者的差异。

2014 年 11 月 17 日,沪港通正式实施,国家允许上海、香港的投资者通过上海证券交易所和香港证券交易所对股票进行双向交易。沪港通的实施理论上来说能够降低两地市场分割的程度,两地股民可通过在香港市场上买入低价的双重上市股,在上海卖出高价的双重上市股进行套利,在获取相同投资标的同时获得无风险套利收益。由此,从理论上可以预测,沪港通实施后 AH 股溢价应该有所下降。市场的真实情况却与理论预测相去甚远。图 5.1 统计了 2013 年至 2015 年 AH 股溢价率,结果显示,在 2014 年 11 月沪港通实施后,股价差异率并未出现意料中的降低,而是呈现显著提高的趋势。

标准金融学的理论基础之一是有效市场理论,该理论认为即使市场存在非理性投资者的定价偏差,套利能够消除这种偏差,因而股票的定价依然能够有效地反映公司的价值。而我国的 AH 股溢价不仅长期存在,在实施沪港通、市场分割减弱后,价差反而进一步增强,这表明套利是有障碍的。与 AH 股溢价现象类似,荷兰皇家和壳牌公司由同一家

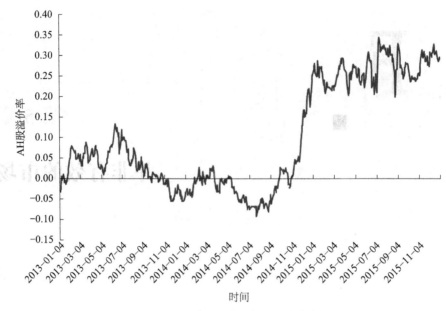

图 5.1 2013 年至 2015 年 AH 股溢价率

注：AH 股溢价率等于（当日 A 股加权平均价格减去 H 股加权平均价格）除以 A 股平均价格。

公司拆分而成，两家公司的股票长期存在价差，这类现象被称为孪生股票定价之谜，也违背了市场有效性的理论。本章将回顾有效市场理论的基本假设与结论，介绍行为金融理论如何对有效市场理论提出挑战，并重点阐述市场套利理论所存在的局限性[①]。

5.1　有效市场理论的基本内容

有效市场理论（EMH：Efficient Markets Hypothesis）认为如果一个市场在决定证券价格时利用了全部信息，并反映在价格上，那么从信息的角度来讲该市场就是有效的。因此，市场的有效性是以理性预期为微观基础的。Fama（1970）的经典论文《有效资本市场：理论和实证研究回顾》不仅对过去有关有效市场的研究作了系统的总结，还提出了研究有效市场的完整理论框架。在此之后，有效市场理论蓬勃发展，其内涵不断加深、外延不断扩大，最终成为现代金融经济学的支柱理论之一。

早期的文献将市场信息完全对称作为有效市场的假设前提，也就是说，投资者能够均等、及时、无成本地获得信息。在进一步的研究中，信息完全对称却被证明不是有效市场的必要条件。理论研究表明，只要有足够数量的理性投资者存在，市场价格就能充分地反映信息，这些理性投资者具备足够的知识和能力去挖掘套利的机会，他们的套利活动使价格迅速地调整到反映完全信息的相应水平。

从本质上来看，有效市场假说讨论的是信息对证券价格的影响问题，包括信息的影响速度和信息集两方面的内容。

---

① 本章部分内容参考史莱佛．并非有效的市场——行为金融学导论[M]．北京：中国人民大学出版社，2003．

1. 速度方面

从市场对信息反应的速度来看,如果证券价格迅速地对所有相关信息作出完全反应,则市场是有效的;如果信息是相当慢地散播到整个市场,而且证券价格可能偏离所有能得到的相关信息所反映的价值,这类市场被称为非有效市场。在非有效市场中,存在反应过度和反应不足两种情况,如图5.2所示。标准金融理论更多的是探讨有效市场的情况,对反应过度和反应不足的非有效市场的研究是行为金融学的主要研究对象。

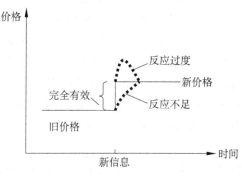

图5.2　市场对信息的各种反应

专栏5.1　雄安概念是过度反应吗?

2017年清明节期间,"雄安新区"横空出世,虽然雄安新区的规划细节尚没有向公众披露,但相关概念股却已被资本市场狂热追逐。雄安新区成立第一个开盘日即2017年4月5日,华夏幸福(600340)、冀东水泥(000401)、金隅股份(601992)、首创股份(600008)、津滨发展(000897)、保变电气(600550)等20余只概念股涨停。按照有效市场理论,在消息公布后的4月5日,股票价格应该充分体现了该利好消息,在之后没有新消息出现的情况下,股票价格应保持稳定。然而,4月6日,雄安概念股板块涨7.51%,京汉股份、冀东水泥、华夏幸福、金隅股份、河北宣工等33只雄安概念股继续涨停。其中的原因可能有两个方面:一是我国股票市场设置了涨跌停制度,单只股票的价格在一个交易日最多只能上涨10%,雄安概念相关股票在4月5日可能没有上涨到合理的水平,因而在第二个交易日继续上涨。二是投资者对该利好消息反应过度。从更长的时间段我们可以观察到,初始的狂热跟风之后,投资者开始思考公司与雄安建设的关系有多大、建设周期有多长、与雄安相关的业务什么时候能够体现到公司业绩中。雄安概念相关股票出现了分化,许多股票价格出现了回落,这进一步说明了前期的上涨属于非理性的过度反应。

2. 信息集方面

Roberts(1967)首次按照信息集区分了三种层次的市场有效性:弱势型有效市场、半强势型有效市场以及强势型有效市场。

假设证券市场是竞争性的和有效率的,那么投资者所预期的从某种证券投资中获得的收益将等于所使用资金的机会成本(无风险的利率r)。如果以R_t表示从t期到$t+1$期持有某种资产的总收益,有效市场假说认为:

$$E(R_t | \Omega_t) = (1 + r_t) \tag{5-1}$$

其中，E 是在 t 时期给定信息集 Ω_t（包括 r_t）条件下的预期。

当 Ω_t 从最小的信息集达到最大的信息集时，证券市场也就从最弱形式的有效市场达到最强形式的有效市场。各种有效市场假说的具体含义是：

弱势有效市场是指信息集 Ω_t 包括了过去的全部信息（历史信息），即过去的信息（如价格和交易信息等）完全包含于当前的价格之中。价格的任何变动都是对新的信息的反应，因此，掌握了过去的信息（过去的价格和交易量信息）并不能预测未来的价格变动。股票市场上大量的技术分析方法主要是基于股票的历史价格、历史成交量，总结历史数据中可能的规律，据此对未来股价变动进行预测。如果一个市场满足弱势有效，投资者借助技术分析方法将不可能获得超额收益，因为所有的历史信息均已包含在股票价格里。

半强势有效市场指当前的证券价格不仅反映了历史价格包含的所有信息，而且反映了所有有关证券的能公开获得的信息。在此假说下，信息对证券价格的影响是即刻实现的。如果一个市场是半强势有效的，任何基于公开信息分析的投资策略都无法获得超额收益。

强势有效市场指在强势型有效市场中，投资者能得到的所有信息（历史价格信息、所有能公开获得的信息和内幕信息）均反映在证券价格上，任何信息都无助于获得超额利润。股票市场的基金通常被认为比普通投资者知识更专业、信息更充分，但在强势有效市场上，专业基金无法获得比普通投资者更高的收益，所有投资者都只能是市场价格的接受者。

三个层次的有效市场信息集之间的关系可以用图 5.3 来表示。

图 5.3　三个层次的有效市场信息集之间的关系

在有效市场理论提出之后，出现了大量对该理论进行检验的实证研究。20 世纪六七十年代大量对金融市场的分析结果支持了有效市场理论。对有效市场理论的检验分析分为两类：第一，价格对信息的快速和正确反应；第二，在无基本价值信息时，价格无反应。在早期的实证研究中，相当多的结论都支持有效市场假设。在有效市场理论获得实证检验支持的同时，反对的意见也接踵而来，人们发现真实证券市场上存在的一些异象是违背有效市场理论假说的，这些异象包括证券市场长期持续的泡沫现象、月份效应、规模效应、封闭式基金折价之谜等，本书第 6 章将专门介绍这些异象。

5.2 行为金融对有效市场理论的挑战

有效市场理论是现代金融理论的基石,在对有效市场理论提出挑战的过程中行为金融理论应运而生。根据 Fama(1970)的研究,有效市场假说(EMH)具有以下三个前提条件:第一,证券交易无交易成本;第二,投资者将无偿获得所有信息;第三,所有投资者对信息的解释基本一致。这些条件在现实中都难以满足。Fama(1991)表示有效市场理论在某种意义上是不可检验的。Shleifer(2000)进一步将有效市场假说的理论假设归纳为三个方面:第一,理性投资者假设,投资者被认为是完全理性的,因而可以完全理性地对资产估价;第二,随机交易假设,即使投资者不是完全理性的主体,由于他们的交易是随机发生的,因此交易对价格的影响也相互抵消;第三,有效套利假设,即使投资者非理性且行为趋同,非理性交易行为不能相互抵消,套利者的理性行为仍然可以把非理性交易行为对价格发生的影响冲销。由此可见,有效市场理论的要点是理性(理性预期)导致市场有效性,套利维持市场有效性。行为金融理论从有效市场理论的这三个假设前提出发,利用大量的实验数据、市场数据,提出投资者是有限理性的,投资者的非理性行为是具有相关性的,套利是存在风险的。行为金融理论对有效市场理论假设的挑战如图 5.4 所示。

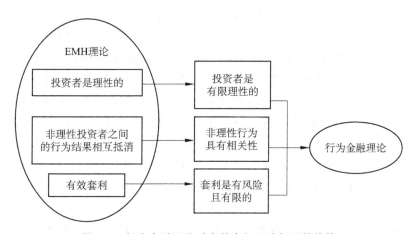

图 5.4　行为金融理论对有效市场理论假设的挑战

1. 投资者是理性的吗?

有限理性行为是行为经济学研究的主要内容,在本书的多个章节中都展开过对有限理性行为的讨论。读者可以回顾第 2 章和第 3 章,其中的理论详尽分析了人类在决策过程中存在的认知偏差。同样,在面对金融市场的决策问题时,投资者也难以进行完全理性的决策。卡尼曼和 Riepe(1998)认为,在许多基本面的假定方面,人们的行为与标准的决策模型是不一致的。这些基本面可以分为三个方面:风险态度、非贝叶斯预期的形成、决策对问题构想和表达方式的敏感性。

1) 风险态度

个人对风险的评价,并不一定遵循 von-Neumann-Morgenstern 理性概念的假设。在判断风险时,人们并不看重他们最终获得的财富的绝对水平,而更关注相对于某一参照标准来说他们的得失数量,这一点又会因时因地而变化;同时人们也会尽量避免损失。第 4 章中介绍的前景理论就是通过很多心理学实验,揭示出不同个体的风险态度存在异质性,同一个体在不同情境下的风险态度也存在差异。

2) 非贝叶斯预期的形成

在对不确定性结果进行估值时,个人的行事原则通常会违反贝叶斯原则和其他效率最大化理论。已经有大量的证据表明,投资者的偏好和信念是符合心理学的规律的,而不是标准的经济学模型。例如,人们经常会用短期的历史数据来预测不确定的未来,并试图找出这些过去发生的事情的表征意义有多大。当过分相信这些事件的表征意义时,他们往往忽视这些近期事件的发生仅仅是偶然产生。

3) 决策对问题构想和表达方式的敏感性

个体在不确定性条件下的决策受到其作为参考的框架(frame)的影响,问题提出的框架(方式)不同,或个体选择不同的框架对问题进行框定,这些都将导致不同决策结果。个体选择什么样的框架进行框定,是由问题的表达方式和个体的价值观、习惯及人格特质等因素共同决定的。

2. 非理性行为可以相互抵消吗?

心理学的研究成果已经清楚地表明,人们并不是偶然性地偏离理性,而是经常以同样的方式偏离。很多投资者在多数情况下并不是按照自己的投资理念来买卖股票的,他们的买卖行为之间有很大的相关性。投资者之间的交易也并非随机进行,而是在大致相同的时间,大家都试着去买或者卖相同的股票。Shiller(1984)认为,由于受传闻的影响,或者大家都去模仿周围人的行为,噪声交易者的行为就有一定的社会性,大家就会犯同样的错误。投资者心态理论讨论的就是大量投资者犯同样的错误且他们的错误又有相关性的现象。

个人投资者不是唯一的非理性投资者。在发达的金融市场中,大量的资金由共同基金、养老基金的专业经理来管理。他们也会产生个人投资者可能的误差。同时,他们又是管理他人资金的代理人,这种委托—代理关系实际上会带来决策中更大的偏差。在现实市场中,基金经理人的薪酬很可能是由相对业绩决定的,也就是由他个人业绩在市场中的排名决定的,因此经理人倾向于选择与其他经理人一样的资产,以避免在绩效排名中落后。例如,在年末时,他们会不约而同买入最近业绩好的股票,抛掉业绩差的股票使基金的业绩看上去好一些,但是这些决策实际上偏离了资产价值的最大化原则,只是一种"粉饰"(window dressing)。这时基金的偏差行为实际上也是具有系统性和群体性的。

本书的第 10 章将对证券市场群体性的非理性行为——证券市场羊群行为(herding)进行讨论。

3. 套利是有效的吗?

套利是金融学的基本概念之一,是指在两个不同的市场中,以有利的价格同时买进和卖出同种或者本质相同的证券的行为。从理论上看,套利行为既不需要付出资金成本,也不用承担风险。举一个简单的例子,假设某一天有人发现在 A 国市场 1 美元可兑 6.7 元人民币,在 B 国市场兑 1 美元需要 6.9 元人民币。他可以在 A 国用人民币买入 1 美元,在

B国卖出1美元,获得0.2元人民币的套利收益。

有效市场理论的最后一道防线是基于套期保值的有效市场。如果套期保值能够抵消非理性投资者的偏差,市场依然有效。正如上面的例子,当理性的投资者发现了A国和B国在汇率上的差异,会大量在A国市场买入美元,在B国卖出美元,这种套利行为会最终导致A国美元需求上升,汇率上升;同时,B国美元需求下降,汇率下降,最终A、B国的汇率趋于一致,调整到整个市场供需决定的均衡水平。理论上来看,在证券市场也可以进行这样的套利操作。例如,假设由于受到非理性投资者过度乐观的影响,A股票的价格被高估了,理性的投资者可以识别出A股票价格过高,他们在市场上卖空A股票,同时买入与A股票类似,但价格更低的B股票。通过这样的操作,A股票价格趋于下降,B股票价格则趋于上升,最终二者都达到合理的水平。这就是无风险套利维持市场有效性的过程。

从理论上看,套利能够消除市场的定价偏差,但真实市场的套利行为是有限的、有风险的。例如,人们会发现在两个市场买卖外汇都有交易费用,套利是有成本的,而且有可能资本不能在两个分割的市场中自由流动。下一节将对证券市场套利的有限性展开讨论。

专栏5.2 2013年诺贝尔经济学奖——有效市场 VS 非有效市场

2013年度诺贝尔经济学奖在当地时间10月14日揭晓,美国经济学家尤金·法马、芝加哥大学教授拉尔斯·皮特·汉森以及美国经济学家罗伯特·J.席勒获奖。瑞典皇家科学院说,三名经济学家为"现有对资产价值的认知奠定了基础"。事实上,三名经济学家对于资产定价的观点不尽相同,特别是法马和席勒的观点是完全针锋相对的。

Fama教授是有效市场理论的创始人,他在1970年提出了有效市场假说,1992年还与French共同提出"Fama-French"三因子模型,对资本资产定价模型进行改进。法马被誉为"现代金融之父",是传统金融理论的代表性人物。

席勒则致力于用市场数据证明市场是非有效的,他发现美国股票的价格长期偏离理性预期的水平,代表作《非理性繁荣》则系统地阐述了非理性投资者如何导致资本市场泡沫的膨胀和破灭,他是行为金融理论的领军人物。

传统金融理论和行为金融学的代表人物同时被授予诺贝尔经济学奖。评选委员会在当天发表的声明中说,获奖者的研究成果奠定了人们目前对资产价格理解的基础,资产价格一方面依赖波动风险和风险态度;另一方面也与行为偏差和市场摩擦相关。这说明资本定价如此复杂,股票价格既需要用理性的观点去解释,也需要用非理性的视角去看待。两种理论共同推动了现代金融学的演进。

5.3 套利的有限性

无风险套利只是一种完美的假说,有非常严格的前提条件,主要包括以下几个方面:第一,能够找到同质的、可替代的资产;第二,套利是无风险、无成本的;第三,市场及其制度结构是完美的,包括信息完全对称、没有市场分割、有允许卖空的制度安排等。真实市场与前提假设的差异，将使套利存在局限性，真实市场与有效市场也将相去甚远。

1. 完全可替代的资产

套期保值的有效性取决于是否存在近似的替代资产。为了回避风险，套利者在卖出或者卖空价格被高估的证券的同时，必须能买进同样或者相似且价格没有被高估的替代证券。在上文提到的汇率的例子中，在不同市场上的美元是完全同质的，即可以完全替代，如果不考虑交易成本和资本流动限制，外汇市场比较容易实现无风险套利。一些金融衍生资产（如期货、期权等）也有近似的、可替代的资产，如期货市场和现货市场的沪深300指数产品是比较近似的资产，但是许多资产并没有替代资产。一旦由于某种原因证券出现了定价偏差，套利者无法进行无风险的对冲交易。即使某个套利者发现总体股价已经被高估，他也无法卖空并买进替代的证券组合，因为找不到这样的组合。套利者只能简单卖出或者减持风险已高的股票，以期获得较高的收益，但这种套利已非无风险套利。此时套期保值不能保持价格水平，在资产价格发生偏差时，对套期保值者而言不存在无风险的套利策略，他们将价格保持在基本价值附近的能力也受到了限制。

相对于整个市场指数产品而言，单只股票的替代品也许更容易找到，如行业类似、规模类似的股票，但是与单只股票的基本价值相关的风险对套利还是形成了很大的障碍。当一个套利者依据相对价格的变化购进或者卖出股票后，他要承担这种单只股票相关的风险。例如，在我国牛奶行业的上市公司中有伊利、光明、蒙牛等知名公司。假设一个投资者认为相对于伊利的股票价格，光明估值较高，他进行了卖出光明、买入伊利的双向操作。通过这样的操作能够规避整个市场的系统性风险以及与牛奶行业相关的行业风险，即使市场指数下降或者牛奶行业出现负面新闻整体下滑，该投资者的对冲交易也使其不会遭遇任何损失。然而，如果光明业绩意外上升或者伊利业绩意外下降，且均与市场和行业无关，则该投资者将遭遇损失。例如，在2016年的奥运会中，由光明乳业赞助的中国女排在决赛中以3:1战胜塞尔维亚队，历史上第三次捧起奥运会冠军奖杯。奥运期间尤其是女排决赛至最终夺冠的期间，光明莫斯利安酸奶的日均销量较平时最多增长41.7%。女排夺冠当日，光明乳业的股票几近涨停。从这个例子中可以看到，要想找到完全相同的股票进行套利操作是非常困难的。

2. 噪声交易风险

根据标准金融理论，资产的估值等于其未来收益流的贴现值，完全理性的投资者能够根据市场信息对资产进行正确的估值。噪声交易者是指对风险资产未来收益分布形成错误理念的投资人。套利理论认为理性投资者可以利用噪声交易者的错误定价获得套利收益，他们执行的投资策略是将证券价格推回到与证券基本价值相符的水平上，但这并不意味着他们能够完全实现这个策略。

理性投资者发现了资产价格存在的偏差，但他们很难判断这个偏差会进一步扩大还是会反转。噪声交易者也许会进一步走向极端，使价格进一步偏离合理的水平。这种由噪声交易者心态变化导致对正常状态偏离更远的风险，被称为噪声交易者风险（noise trader risk）。任何在短期进行套利的投资者都会面对这种风险。简单来说，假设目前噪声交易者过度乐观，推高了股价，套利者在价格偏离5%的时候就开始卖空，然而他可能会发现噪声交易者继续把股价推进到偏离10%的水平,套利者判断错误,开始承担损失;噪声交易者占据上风,股价推高到偏离15%,套利者认为过度高估,继续选择卖空;但很可能噪声交易者强烈看好后市,价格进一步扭曲,套利者又亏损。有鉴于此,在面对噪声交易者时,套利者不得不控制自己的投资欲,为应付将来面临的风险留足头寸。

Shleifer(2003)曾经以美国股市为例对套利的局限性和风险性进行分析。在1998年年底,美国大型公司股票的市场价格相对于按多数指标计算的盈利水平都创了历史新高。如构成S&P500指数的成分股的市场价格与对应的公司盈利水平的比率大约为32,而第二次世界大战后的平均值为15。一些著名的经济学家,如美联储主席格林斯潘,早在1996年就提出警告要注意这类股票的股价高估问题。但他们的警告也受到一些机构的反驳,如高盛公司的Cohen就认为,美国的大公司处在低风险迅速扩张的新时代,所以保持高的市场价格是合理的。

套利者如果按他们所说的那样去做,结果会如何呢?假设一个套利者在1998年年初卖出S&P500股指空头,当时该指数的市盈率倍数已经在24的水平之上,那么到年底他将损失28.6%;如果更早一点,他在1997年年初就按照专家的意见进行卖空,他在当年将损失33.4%;如果他采用一个对冲交易,在1998年年初卖出S&P500股指的同时买进小公司的罗素(Russell)2 000股指作为对冲,后者按照历史标准未创历史新高,那么在1998年年底他将损失30.8%。S&P500股指并没有很好的替代品,选择不合适的替代品进行对冲,可能会使结果更差。

1996年,美国经济出现了前所未有的一系列现象:创纪录的长期繁荣、高增长,甚至出现低通胀伴随着低失业率。人们似乎感到了一个不同于过去的经济形态的出现。在投资者乐观情绪的推动下,股票市场持续上涨,直至2000年网络股泡沫破灭,才使整个市场的价格发生反转。也就是说,理性的投资者如果采用套利策略,要到2000年才能成功。这个例子说明利用股指套利的风险非常大。

3. 套利的成本和制度限制

套利并不是无成本的,套利交易买入和卖出证券都需要交易费用。特别是卖出交易,套利者并不是卖出自己已有的资产,而是需要先从证券机构借入该资产,再在市场上卖出,这种交易行为被称为卖空(short sell)。借入证券是需要成本的,这成为套利成本的一部分。如果将这些成本考虑进去,获取套利收益并不是一件容易的事情。

在许多市场中,卖空是被禁止的。从理论上来看,卖空是维持市场有效性的一种必要手段。一些理论研究认为,如果限制卖空,对市场未来持悲观态度的投资者只能选择离开,导致资产价格不能有效地吸收和反映负面信息。然而,在金融市场实践中,卖空被认为会加大市场的波动,尤其是在市场处于剧烈下跌的过程中,卖空机制很可能会加速股指的崩盘。监管当局往往在股市下跌时,对卖空加以限制。

我国于2010年才推出了融资融券试点政策,允许部分试点机构开展融资交易和融券交易业务,融资融券的标的物也仅限于整个A股市场的部分股票。融资交易就是投资者以资金或证券作为质押,向证券公司借入资金用于证券买入,并在约定的期限内偿还借款本金和利息;投资者向证券公司融资买进证券称为"买多"。融券交易是投资者以资金或证券作为质押,向证券公司借入证券卖出,在约定的期限内,买入相同数量和品种的证券归还券商并支付相应的融券费用;投资者向证券公司融券卖出称为"卖空"。

除了卖空限制之外,对资本流动的管制、约束以及市场的分割都可能造成跨市场的套利难以实现。例如,在本章开头提到的案例中,同一家公司在 A 股和 H 股的价格存在差异,其中一个原因可能是与市场分割有关,两个市场的投资者不同,资金不能完全自由流动,通过套利来消除价差存在一定的限制。

专栏 5.3　西班牙禁止卖空股票

从 2011 年到 2012 年,西班牙 IBEX35 股指持续下跌,成为欧洲主要股指中表现最差的一个。2011 年 8 月,西班牙股票市场监管机构(CNMV)开始禁止市场做空西班牙银行股;2012 年 7 月,将"禁空"范围扩大至所有股票。上述措施原定于 2012 年 10 月 19 日结束,但西班牙监管机构将其延长至 10 月底,并于 11 月 1 日宣布股票卖空禁令再延长 3 个月,直至 2013 年 1 月 31 日。CNMV 表示,延长"禁空令"是考虑到目前西班牙银行业面临"异常情况",取消该措施将"增加不确定性"。

5.4　有效市场理论的实证检验

自从 Fama 1970 年提出有效市场理论以来,利用市场数据对有效市场理论进行检验一直是金融学研究的热点问题之一。研究者正是在这样的研究中发现了大量与有效市场理论不符的现象,并将这些现象称为"异象"。对这些异象的解释,推动了传统金融理论和行为金融学理论的发展。本节将介绍检验有效市场理论的几种思路。

专栏 5.4　足球俱乐部股价对足球队比赛输赢结果的反应

Palomino 等(2009)利用 16 家在伦敦股票交易所上市的足球俱乐部数据,考察了 1999—2002 年俱乐部所属球队比赛的胜负是否影响股票价格。样本期间,16 家俱乐部参与 916 次比赛,405 场胜,235 场平,278 场输。检验发现,球赛后 3 天,获胜球队获得 88 个点的平均累计超额收益率;约 60% 的累计超额收益率来自第一天。

输球队产生 −101 点的累计超额收益率,赛后第一天仅占 28%。这说明利好消息的反应速度超过了利空消息。

1. 对有效市场三种形式的检验

1) 对弱势型有效市场假说的检验

弱势型有效市场条件下,任何历史信息均无法预测股价的走势。据此,对弱势型有效市场的检测一是要看连续的价格变化是否独立;二是看根据历史信息能否获得超额利润。检验的方法可以包括模拟检测、系列数据的相关检测、趋势检测等。

2) 对半强势型有效市场假说的检验

半强势型有效市场下,股票价格包含了所有的公开信息,包括历史信息和有关未来的信息。检验的思路在于判断所有公开信息是否迅速、充分地反映在股票价格上,以及使用这类信息能否获得超额投资利润。例如,上市公司公布年报、红利政策、新产品开发计划、并购计划……市场是否能迅速反应?本书第 8 章会详细介绍一些相关研究,探讨股票价格对各种公开信息是反应不足、反应过度,还是有效反应。

3) 对强势型有效市场假说的检测

根据强势型有效市场的定义,所有信息,包括公开的和未公开的能够全部反映在证券价格上,拥有内部信息的人也不能获得超额利润。对强势型有效市场的一个检验方法就是以共同基金为研究对象,考察它们能否获得超额收益。与普通投资者相比,共同基金不论是在投资的专业技能上,还是在信息上都具有优势,有专业团队收集信息、分析信息,有可能获得一些普通投资者未知的内幕信息。如果基金尚不能根据其信息优势得到超额收益,就在一定程度上表明市场是强势型有效。在早期,Friend、Brown、Herman 和 Vickers(1962)研究共同基金的业绩,结论是共同基金的业绩总体上不比市场的平均收益高或低。Sharpe(1966)、Jesen(1968)、Firth(1978),以及 Friend、Blume 和 Crokett(1970)相继对基金作出相关研究,结果都支持了强势型有效市场假说。

2. 无消息是否反应

根据有效市场理论,价格只对信息作出反应。检验有效市场理论的第二个思路就是看如果没有实质性的信息,股票价格是否会发生变化。研究者常用的事件包括以下两个方面:①股票更名;②股票被纳入某个指数。在这两种情况下,与上市公司有关的基本信息其实并未发生改变,理论上股价也不应该发生变化。然而,相当多的实证表明,这两类消息公布之后,股票会产生异常收益。这两种情况分别被称为更名效应、指数效应。

在 2000 年的网络浪潮中,美国相当多的上市公司更名为互联网公司,即使主营业务不是互联网行业,甚至目前从事的业务和互联网没有任何关系。Copper 等(2001)研究了这种更名对股票价格的影响。他们发现公司改名为与互联网相关对股价有显著的正面影响。更名消息发布 10 天内,产生非正常收益累计达 74%。此外,无论公司与互联网紧密度如何,更名消息效应相似。这个现象违背了有效市场理论,主要原因是当时投资者存在对互联网的过度乐观。

专栏 5.5 "多伦股份"更名为"匹凸匹"

2015 年互联网金融、P2P 成为我国金融市场的热点。上市公司多伦股份更名为"匹凸匹金融信息服务股份有限公司",简称"匹凸匹",与"P2P"概念谐音。在互联网金融风口上,更改的名字直接为公司股票带来了 6 个涨停板,涨幅达 77%。然而,这个自称更改主业为互联网金融的公司却从未从事过任何此类业务。不仅如此,更名后公司绩效持续下滑,连续两年业绩净利润为负,成为 ST 匹凸、*ST 匹凸。

2017 年 *ST 匹凸发布公告称,拟将公司名称由"匹凸匹"变更为"上海岩石企业发展股份有限公司",公司简称变更为"岩石股份",且经营范围剔除互联网金融信息服务业务。宣布更名后的第二个交易日,*ST 匹凸放量涨停,最终股价大涨 4.96%。

更有意思的是,这家公司的名字已经经历了 11 次变更:福建豪盛→ST 豪盛→福建豪盛→利嘉股份→G 利嘉→G 多伦→多伦股份→匹凸匹→ST 匹凸→*ST 匹凸→岩石股份。

3. 实验室实验与准自然实验的方法

在前文介绍套利局限性时已经指出一些制度约束会阻碍套利的实现。一个检验市场是否有效的方法是看如果放松套利约束,市场效率能否提高。如果套利约束的放松能带来市场效率的提高,在一定程度上证明基于套利机制的有效市场理论是可以成立的。

实验室实验方法是在可控制、可重复的实验条件下,通过随机分组、设计制度变量,检验某个制度安排对实验结果的影响。借助实验方法,可以构建虚拟实验室股票交易市场,评估某项制度的效果。Haruvy 和 Noussair(2006)在实验室股票市场中检验了卖空对市场定价效率的影响。他们发现,在没有卖空机制的市场中,股票价格高于其基础价值,出现了泡沫现象。在有卖空机制的市场中,价格显著降低了,但价格依然没有收敛到基础价值的水平。Haruvy 和 Noussair(2006)的研究表明套利不能完全消除市场的定价偏差。

准自然实验方法是将真实验的思路用于解决实际问题的一种研究方法,它不能完全控制研究的条件,在某些方面降低了控制水平。虽然如此该方法却是在接近现实的条件下,尽可能地运用真实验设计的原则和要求,最大限度地控制因素,进行数据处理和分析,因此准自然实验研究的实验结果较容易与现实情况联系起来。准自然实验方法是检验制度设计效果的一种有效的手段。例如,一个市场的相关制度安排发生变化就可以天然地成为准自然实验过程。

我国沪深两市于 2010 年 3 月 31 日推出的融资融券业务就为研究卖空机制对资产定价效率的影响提供了难得的自然实验环境。李志生等(2015)将我国股票市场套利约束放松作为一个制度变量,用准自然实验的方法,检验了套利约束对市场有效性的影响。他们利用 2009 年 4 月至 2013 年 12 月中国 A 股市场的数据,通过比较融资融券标的股票和非融资融券标的股票,以及股票加入和剔出融资融券标的前后的定价效率,发现融资融券交易的推出有效改善了中国股票市场的价格发现机制,融资融券标的股票的定价效率得到了显著提高。此外,融券卖空交易量越大,股票的定价效率越高。这一结果说明,套利约束能在一定程度上提高市场效率。尽管如此,基于种种限制条件,现实市场与完全有效市场还相去甚远。

虽然已有的一些研究支持套利能够对提高市场效率起到一定作用,行为金融学大师史莱佛(2003)提出了一个明确的观点,那就是即使在接近教科书模型的完美环境下,套利的影响也是非常有限的;在更为复杂的真实市场环境中,其作用会更小。

本章小结

有效市场理论认为市场价格能够迅速反映市场所有的信息。根据价格反映信息集的不同,有效市场可以分为弱势、半强势、强势三种类型。有效市场理论的成立依赖于三个假设:第一,市场投资者是完全理性的;第二,即使存在非理性的投资者,他们的非理性行为是随机的,而且能相互抵消;第三,即使非理性行为不能相互抵消,市场上理性的投资者也可以通过套利活动消除市场定价偏差。套利被认为是维护市场有效性的最后防线。

行为金融理论对有效市场理论提出了挑战,基本观点包括个体是非理性的、个体之间的非理性行为是相关的、市场套利是有限制的。本章重点阐述了套利的局限性,包括套利的风险、成本和制度约束等。在实证研究中,研究者已经用实证、实验等方法对有效市场理论进行检验。

1. 请分析我国股票市场是否满足有效市场的前提条件。
2. 举例说明套利的局限性。
3. 请设计一个实验室实验用于检验套利操作对市场有效性的影响。

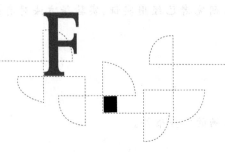

第6章

证券市场中的异象

 引导案例：天气与股票收益

Hirshleifer 和 Shumway(2003)研究了 1982—1997 年 26 个国家的股票交易所所在城市的天气与市场指数日收益率之间的关系。他们用当地时间每天早上 6 点到下午 4 点的云层覆盖率作为天气的代理变量，依据天空被云层覆盖区域的比例，用数字 0~8 代表天空云层覆盖率，数字 0 表示天气晴朗无云（clear），数字 8 表示云层完全覆盖（overcast）。研究发现，日照与股票收益有显著相关性，而下雨和下雪则对市场指数日收益没有显著影响。从所有城市的数据分析看，日照越多，即天空云层覆盖率越小，股票市场指数日收益率越高，（天空云层覆盖率对市场指数日收益的回归系数为－0.011，在 10%的显著性水平下显著）如图 6.1 所示。

传统的有效市场理论下，股票市场是理性的，其反映的仅是有关资产定价的信息，而股票市场中的投资者也是理性的，总是能够最大化其预期效用。天气也许能够影响农业和与天气相关的公司，但在现代经济中，农业扮演的角色已没有以往那么重要。那么，天气是晴天还是阴天并不会影响交易所市场指数的理性价格。

然而大量的实证研究表明，天气的确对股市收益产生了显著影响。那么，天气是通过什么来影响股票收益的呢？心理学研究和生活经验都表明晴朗的天气与人的积极情绪有关。晴朗的天气影响了人们的情绪，而情绪会影响人的判断和行为，人们在积极的情绪下对未来的预期往往比在消极的情绪下更为乐观。

在证券市场中，类似天气带来股市异常收益的现象并不少见。本章总结了证券市场中的典型异象，主要有股权溢价之谜、封闭式基金折价之谜、日历效应、规模效应、账面市值比效应、投资者关注度、本地偏好和无信息反应效应。根据有效市场假说，如果价格可以及时且充分地体现所有的信息，那么无论投资者采取何种策略，都无法获得超额收益。而证券市场中这些异象的存在极大地挑战了有效市场假说，传统的金融理论也无法合理

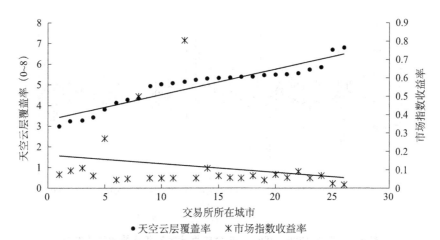

图 6.1　天空云层覆盖率与股票收益率散点图

资料来源：HIRSHLEIFER D A, SHUMWAY, T. *Good day sunshine: stock returns and the weather* [J]. *Journal of finance*, 2003, 58(3): 1009-1032.

注：横坐标 1~26 代表的是 26 个国家和地区的股票交易所所在城市按其平均天空云层覆盖率（sky cover）从小到大进行排序，分别为约翰内斯堡、雅典、圣地亚哥、马德里、伊斯坦布尔、悉尼、米兰、布宜诺斯艾利斯、纽约、维也纳、布鲁塞尔、里约热内卢、巴黎、马尼拉、苏黎世、哥本哈根、阿姆斯特丹、奥斯陆、赫尔辛基、斯德哥尔摩、曼谷、中国台北、伦敦、都柏林、新加坡和吉隆坡。

解释。行为金融学将心理学与金融学相结合，对这些异象作出合理的解释。

6.1　股权溢价之谜

股权溢价是指风险证券的收益高出无风险债券收益的部分。传统金融理论认为，溢价是对风险的补偿，持有股票的风险大于持有债券的风险，投资者必然要求更高的回报。然而现实中股权溢价的部分已经超出了标准新古典主义范式下的合理解释范围，所以这远远超出资本资产定价模型（CAPM）数值的溢价部分从何而来，便形成了股权溢价之谜。

Mehra 和 Prescott（1985）在其文章中提出了股权溢价之谜，此后股权溢价之谜成为资产定价领域经久不衰的议题。Mehra 和 Prescott 研究了 1889—1978 年这 90 年间的标准普尔指数，发现其年平均实际收益率为 6.98%，而同期的短期债券的年平均实际收益率仅为 0.8%，即年平均溢价为 6.18%。而依据 Breeden（1979）基于消费的 CAPM 对这一现象难以进行解释，因为历史数据表明同一时期的美国消费增长波动性很小。如果根据模型推算，投资者风险厌恶系数将达到 30~40，远远高于合理水平（10 左右）。

为何美国的证券市场会有如此高的股权溢价？如图 6.2 所示，在 1990—2005 年，美国股权溢价一直维持在较高水平，最高的时候甚至接近 60%。直观的解释是股票比无风险证券承担更高的风险，美国股票市场每年收益标准差为 20% 左右，而债券市场仅为 4%。股票投资者因其承受额外风险而要求更高的风险补偿，即通常所说的高风险、高收益。然而值得思考的是，尽管股票的风险远远高于无风险证券，但 1926 年以来高达 8.63% 的股权溢价，根本无法用传统的资产定价模型估计的数值解释，股票超额收益之高令人吃惊。

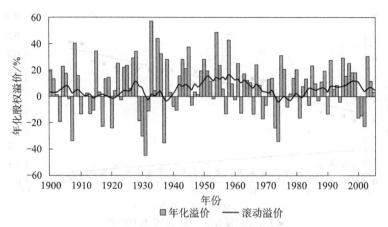

图 6.2　美国 1900—2005 年折合成百分比的年化股权溢价数据

资料来源：DIMSON E,MARSH P,STAUNTON M. *The worldwide equity premium:a smaller puzzle*[M].Chapter 11 of R Mehra(Ed),Hand book of the Equity Risk Premiwm Elsevier,2008:467-514.

从风险—收益角度出发显然无法解释股权溢价之谜，随着研究的深入，有学者从行为金融角度对股权溢价进行了合理的解释。Benartzi 和 Thaler(1995)认为人们在选择投资组合时，会计算每一种资产潜在的收益和损失，然后选择期望效用最高的一个。同时投资者存在短视性损失厌恶，会格外关注资产组合的安全性并且频繁对投资组合进行评价。由于股票相对于无风险证券在短期内具有更大的波动性、暂时性，损失概率更高，投资者的短视性损失厌恶降低了股票对其的吸引力。因此，投资者持有股票必须要求比无风险证券高得多的风险补偿。

> **专栏 6.1　股权溢价之谜研究的后续进展**
>
> McGrattan 和 Prescott(2003)重新审视了 Mehra 和 Prescott(1985)的文章，提出其衡量股权溢价之谜的数据选择存在以下四个问题：①采用 90 天国债作为债权回报率的衡量标准，这一方法与代表性个体在寿命期限内配置资产相比周期过短；②以 S&P500 指数为股权回报率，没有考虑税收的影响；③以 S&P500 指数为股权回报率，没有考虑股权多样化成本的影响；④样本包括 1935—1960 年，这期间为第二次世界大战与朝鲜战争时期，许多政策限制导致了股权与债权间回报率的较大差异，应当剔除。
>
> 在分析 Mehra 和 Prescott(1985)存在的问题的基础上，McGrattan 和 Prescott(2003)提出了对股权与债权回报率的新衡量方法：①对股权溢价之谜是否存在的检验中剔除 1935—1960 年的战争时期；②剔除税收与多样化成本对股权与债权回报率的影响；③采用长期高级债权回报率作为债权回报率的衡量标准。在新的样本数据下平均债权回报率约为 4%，股权回报率约为 5%，股权的适度溢价是可解释的，即股权溢价之谜是不存在的。
>
> 然而关于股权溢价之谜的研究，至今仍然存在争议。

6.2 封闭式基金折价之谜

封闭式基金折价,即封闭式基金的交易价格长期低于资产净值的现象。根据有效市场假设,基金是无法获得超额收益的,但其收益应该处于资产定价模型的合理数值范围内,而不应该出现交易价格严重低于资产净值的情况,这一现象就称为封闭式基金折价之谜。10只封闭式基金1998年4月30日—2002年9月27日平均折价率如表6.1所示。

表6.1　10只封闭式基金1998/4/30—2002/9/27平均折价率

基金名称	平均折价率/%
基金开元	5.01
基金金泰	4.57
基金兴华	3.87
基金安信	3.38
基金裕阳	5.15
基金普惠	10.52
基金泰和	8.39
基金同益	10.85
基金景宏	9.27
基金汉盛	10.90

资料来源:韩国文,任伟红.我国封闭式基金折价的实证分析及行为金融学解释[J].中国软科学,2004(4):59-64.

封闭式基金折价现象广泛存在,如表6.1中10只基金均处于折价状态,平均折价率为7%左右。封闭式基金的发展过程大致分为四个过程,从基金的溢价发行开始,然后基金出现折价,紧接着基金的折价率开始波动进入深度折价状态,最后折价又开始缩小。而关于封闭式基金折价之谜的传统解释,最具代表性的有代理成本、资产流动性、基金业绩和资产利得税。

代理成本理论指出封闭式基金收取的管理费用本身就会对基金的交易价格造成损失,这正是导致基金出现折价的最主要原因。Boudreauk(1973)认为如果基金收取的管理费用过高,或者未来的管理无法达到投资者预期,就会使封闭式基金出现折价。

而资产流动性理论则认为,一方面,如果封闭式基金持有的股票流动性较低,则基金本身的市场价值会因为流动性低而产生折价;另一方面,如果封闭式基金大量持有某只股票,则考虑到其变现时的流动性风险,交易价格自然会有一定下跌,而封闭式基金的资产净值是按照持有的股票的市场价格计算的,因此封闭式基金的交易价格会低于其资产净值。

Malkiel(1977)试图从基金业绩角度解释封闭式基金折价之谜,他认为当市场对基金未来盈利能力预期较差时,封闭式基金就会出现折价。然而这一解释并不完全正确,一些业绩良好的基金仍然会有折价现象出现。

资产利得税理论认为,由于资产利得税的存在,投资者在卖出实现资本升值的封闭式基金时,需要缴纳资本利得税,而缴纳的这部分资本利得税从另外一种角度来说就是卖出基金的实际利得减少,即交易价格受到损失,因此会出现折价现象。

尽管传统金融学对封闭式基金折价之谜作出了诸多解释,但是实证研究表明,这些因素并不能解释全部的问题,只是有限地解释了其中一些现象而已。因此一些研究从行为金融角度合理地解释了封闭式基金折价之谜。

第一种解释是有限套利。投资者在进行套利时会受到佣金、买卖差价等成本约束及基本面风险、噪声交易风险等风险约束,因此套利是有限的。从而当封闭式基金出现折价时,套利交易者进行套利活动,如买入封闭式基金的同时卖空封闭式基金的标的股票,并不能完全使封闭式基金的交易价格回归资产净值,封闭式基金仍然会存在折价现象。

第二种解释是噪声交易者的存在。De Long,Shleifer,Summers 和 Waldmann(1990)最早提出了噪声交易者模型(DSSW),将投资者分成理性投资者和非理性投资者(噪声交易者)。由于市场中噪声交易者的大量存在,理性投资者在进行套利时,不仅要面临基本面风险,还要面临噪声交易者的非理性预期行为带来的风险,理性投资者可能会放弃套利甚至加入噪声交易者行列,阻碍基金价值的回归。

第三种解释是投资者情绪理论。Lee,Shleifer 和塞勒(1991)提出了投资者情绪假说,基金价格会受到噪声交易者情绪的影响。在封闭式基金上市时,噪声交易者会受到基金宣传等的影响,对基金未来的表现持有积极乐观的情绪,因此基金发行时多会溢价。而噪声交易者的情绪是随机变化的,导致基金的折价时常波动。此外,在长期过程中,理性投资者还将面对无法分散的噪声交易者风险,因此理性投资者要求更低的基金价格以弥补这部分风险,从而基金会表现出长期的折价。

第四种解释是信息不对称。Grullon 和 Wang(2001)从信息不对称角度对封闭式基金折价之谜作出了合理的解释,他们将封闭式基金的投资者分为投机者、分散投资者、套利者和噪声交易者,并构建模型。当封闭式基金持有的资产中有信息的投机者数量与其拥有的信息质量的乘积多于封闭式基金中的有信息的投机者数量与其拥有的信息质量的乘积时,基金会产生折价,即封闭式基金和封闭式基金持有的资产这两种的信息不对称状况决定了封闭式基金是否会出现折价。

延伸阅读6.1 封闭式基金折价率的应用

封闭式基金的折价率可以作为投资者情绪的代理变量,研究投资者情绪是否会影响普通股票的收益率。Doukas 和 Milonas(2004)选取 1997—2002 年希腊封闭式基金的数据,得出结论认为,投资者情绪并不影响普通股票的风险,投资者情绪对小公司股票和共同基金的收益没有影响。

封闭式基金折价率为何可作为投资者情绪的代理变量?有学者认为,封闭式基金的折价反映了个人投资者的预期,封闭式基金的折价率受到投资者情绪的影响,因此封闭式基金折价率可以作为投资者情绪的间接代理变量,但其有效性仍受到质疑。随着文本挖掘等领域的发展,越来越多的学者采取更直接的情绪变量代替了封闭式基金的折价率。

资料来源:DOUKAS J A,MILONAS N T. *Investor sentiment and the closed-end fund puzzle:out-of-sample evidence*[J]. *European financial management*,2004,10(2):235-266.

6.3 日历效应

日历效应是指证券市场中，股票的收益率随时间发生变化，出现非正常的收益，即在不同时间下，投资收益率存在系统性差异，随着时间推移发生周期性的变动。根据日历或者时间长短来划分，日历效应又分为周内效应、月份效应和假日效应。

1. 周内效应

周内效应，即股票收益率在周内各天随时间发生规律性变化。1930年，Kelly首次提出纽约股票市场周一收益率异常偏低。Crossfrank(1973)以1953年至1970年标准普尔500指数每日收盘数据为研究对象，对美国股票市场是否存在周内效应现象进行了实证研究。结果显示，在此期间标准普尔500指数平均收益率在周五达到最大，而在周一最小，即呈现显著为正的周五效应和显著为负的周一效应。French(1980)对1953年至1977年的标准普尔500指数每日收盘指数周内效应现象进行了实证检验，结果显示，纽约股票市场的确存在周内效应，其中周一的平均收益率最低，并且具有统计显著性。

早期周内效应的研究结果均显示发达国家的股票市场多存在周一效应，即股票市场周一的平均收益率明显低于其他交易日。而关于"周一效应"的解释五花八门，有的从信息因素角度解释，认为坏消息在周末到周一出现的频率更高，而好消息则一般均匀分布在周内各天，因此导致了周一的低收益率。有的认为周一是一周工作的开始，投资者情绪差，从而造成低收益。还有的认为一般周五的收盘价会被有意抬高，因为周五的收盘价对于下周投资者的投资心理和投资决策影响重大。

2. 月份效应

月份效应，即股票收益率在年内各月随时间发生规律性变化，某些月份具有异常高的收益率而某些月份具有异常低的收益率。目前普遍的实证研究发现，发达国家股票市场具有显著的"1月效应"，即1月的股票收益率显著高于其他月份。此外，对于新兴股票市场，也有研究证明存在月份效应。Aggarwal和Rivoli(1989)对我国香港地区、新加坡、马来西亚和菲律宾这四个新兴股市的月份效应进行了检验，发现除菲律宾外，在其余三个市场上，1月的收益明显高于其他月份。

一些学者试图从税收角度进行解释，投资者为了减少缴纳的税款，往往会在年尾卖出账面亏损的股票，然后在1月重新将套现的资金投入股票市场，买入看好的股票，带动股市上涨。然而这只能对类似美国这样税收年度始于1月的国家进行合理的解释，而其他一些国家虽然存在1月效应，但是其税收年度却各不相同。

卡尼曼和特沃斯基(1982)提出的解释是，1月效应的存在源于诸多国家圣诞节或者新年期间赠送礼物的习俗，造成了对现金的特别需求，提出1月效应受到投资者季节性投资偏好的影响，在圣诞和新年期间，财产从年老的风险厌恶投资者转移到年轻的风险偏好投资者身上。这似乎也是对1月效应的一种合理解释。

3. 中国股市的日历效应

股票市场的日历效应是市场非有效的体现,诸多实证研究表明,多数工业国家股票市场和一些新兴股票市场均存在日历效应,中国股票市场也不例外。但是不同于美国等发达股票市场的日历效应,中国股票市场的日历效应有其独特性。

我国股票市场并不存在周一效应,而存在显著为负的周二效应和显著为正的周五效应。奉立城(2000)以 1992 年 6 月 1 日至 1998 年 6 月 30 日上证综指和深证成指每日的收盘价数据为研究对象,在对收益率模型进行回归时,首先利用普通最小二乘法,然后利用以普通最小二乘法所得的对剩余项标准差的估计值的倒数为权重的加权最小二乘法对回归模型重新进行估计(表 6.2)。研究发现,我国股票市场无论是上证综指还是深证成指都呈现正的周五效应和负的周二效应。

表 6.2　沪深两市 1992—1998 年周内各天平均收益率

股票市场	时间	周一	周二	周三	周四	周五
上海	1992—1998	−0.071%	−0.417%**	0.278%	0.014%	0.541%***
深圳	1992—1998	0.066%	−0.230%	0.145%	0.019%	0.300%**

资料来源:奉立城. 中国股票市场的"周内效应"[J]. 经济研究,2000(11):50-57.

注:** 表示在 5% 显著性水平下显著;*** 表示在 1% 显著性水平下显著。

作为证券市场异象之一,日历效应的存在对于有效市场假说提出了强大的挑战。有效市场假说作为现代金融理论的核心,认为价格能够迅速地反映所有信息,它解释了资本市场对证券定价的有效性。投资者利用股票市场上的信息所进行的交易,不可能存在非正常的收益,只能赚取风险调整后的平均市场收益率。然而大量证券市场异象的存在,使得投资者可以运用特殊的投资策略获得超额收益。

专栏 6.2　日历效应消失了吗?

随着周一效应被投资者所熟知,投资者套利行为使得股票市场的周一效应在慢慢消失,逐渐出现其他的周内效应。Mehdian 和 Perry(2001)认为 1987 年之后美国股票市场的周一效应就不存在了。这也说明当某种日历效应一旦被较多地发现并认同,就会渐渐消失。

对于中国股票市场早期存在的周五效应,丁荣余和张兵(2005)认为奉立城(2000)没有对数据分组来检验日历效应是否随时间推移而消失,他们运用滚动样本检验和分年度检验发现从 1997 年开始中国股票市场的周五效应就已经消失了。

资料来源:MEHDIAN S,PERRY M J. The reversal of the monday effect:new evidence from US equity markets [J]. Journal of business finance & accounting,2001,28(7-8):1043-1065.

丁荣余,张兵. 中国证券市场星期效应逐渐消失的经验证据[J]. 管理工程学报,2005,19(3):145-150.

陆磊和刘思峰(2008)在研究中国股市的节日效应时发现中国股市同时存在节前效应和节后效应。此外,研究表明在考虑其他日历效应后,节日效应依然显著为正,这说明中国股市节日前后的异常收益现象是由节日效应引发的,而不是其他日历效应(如周一效应、周五效应和 1 月效应等)。

6.4 规模效应

规模效应是指股票的平均收益率与公司规模之间存在规律性的负相关关系(图 6.3),尤其是一些小市值公司股票收益率超过市场平均水平的现象,因此规模效应又称小公司效应。

Banz(1981)将纽约证券交易所上市交易的股票按市值大小分为五组,研究股票市值与收益率的关系,发现市值最小的组的平均收益率高于其他组,因此首次提出了小公司效应。他还发现规模效应和公司市值的大小并不是线性关系,规模效应仅发生在小市值的公司中,而中等市值和大市值的公司之间并没有明显的区别。Fama 和 French 在三因子模型的一系列研究中也证明了公司规模对股票收益率影响显著。

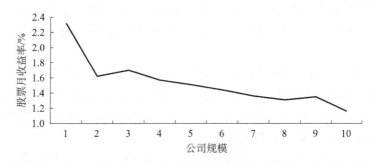

图 6.3　1976—1995 年美国上市公司不同公司规模股票平均月收益率

注:1~10 公司规模递增。

资料来源:KIM M K,BURNIE,D A. *The firm size effect and the economic cycle*[J]. *Journal of financial research*,2002,25(1),111-124.

从图 6.3 可见,规模效应确实存在,股票收益率与公司规模存在显著的负向关系。规模效应的解释有许多,主要的原因有以下几点。

1. 风险假说

在资本市场异象的研究中,有的研究者利用风险对相关异象进行解释,这种解释试图捍卫有效市场理论的权威性。他们以多因素资产定价模型为基础。在规模效应研究领域,风险假说认为规模效应的存在并不否认市场有效假说,而是由于没有考虑系统性风险,导致把正常股票收益误判为超额收益。

2. 样本选择偏差

一些学者认为规模效应的存在是因为在数据挖掘时,实际上并不存在表明收益率与那些解释变量之间存在关系的证据。并且不同学者的研究样本不同,例如不是所有的样本都包括发生了财务危机的公司等,样本选择偏差的存在使得实证结果会出现公司规模与股票收益相关或者不相关的现象。

3. 流动性效应

小公司交易相较于大公司更加不频繁,使得小公司流动性更低,为了弥补流动性低带来的可能存在的变现损失,小公司股票要求更高的收益。有些学者在研究股票流动性时还发现流动性往往与公司的规模、账面市值比等因素存在显著的相关性,如高账面市值比和小公司常常有较低的盈利性,更容易存在管理不善等问题。而公司管理不善等往往会使公司流动性变差,因此流动性因素与公司的收益之间存在一定的间接联系。

4. 行为金融理论

Baker 和 Wurgler(2006)等学者试图从投资者情绪理论角度寻找规模效应的产生原因,他们认为小公司的股票比大公司的股票更容易受到市场情绪的影响,因此噪声交易者制造的高情绪风险需要更高的收益作为补偿。有学者在 Fama 和 French 三因子模型的基础上将澳大利亚股市作为研究对象,认为规模效应主要是由情绪因素引起的。

还有一个解释是"忽略效应"。在股票市场中,机构投资者更加具备操纵市场的力量,但机构投资者往往只研究大公司,却很少关注和研究小公司,所以投资者对于小公司的生产经营和盈利状况知之甚少,产生了信息不对称问题。而信息的不对称使风险提高了,因此一些学者认为小公司信息不对称带来的风险补偿是造成小公司超额收益率更高的原因。

此外,规模效应的解释还有"窗帘效应"。有些研究发现,规模效应也存在时间特征,往往 1 月时规模效应较为显著。除了一定的避税因素外,还有就是机构投资者,如基金经理为了粉饰报表,避免一些业绩差的股票出现在年报中,经常在年底抛售业绩差的股票,而在第二年反向买进,使股票价格上涨。

汪炜和周宇(2002)以上证市场为对象考察我国股票市场的规模效应,研究发现在 1997—2001 年,小公司资产组合每年 12 个月中有 9 个月的平均相对收益率高于上证综合指数收益率,规模效应即小公司效应表现显著。他们认为,小公司股价存在的连续超额收益率源自我国股市复杂市场结构和制度背景下的小公司股票流动性问题,是对高额隐性交易成本的补偿。

6.5 账面市值比效应

账面市值比效应,又称 BM 效应,是指公司账面价值和市场价值之比与公司收益率成正比,即账面市值比高的公司的平均收益率高于账面市值比低的公司。账面市值比效应存在于全球各个主要的证券市场中。

有效市场假说对账面市值比效应从风险角度作出解释,认为高账面市值比的公司有更高的破产风险,遭遇财务危机的可能性更高,因此这些公司的股票需要更高的风险补偿,即高账面市值比公司的收益其实仍然是一种风险的补偿。然而这一解释并不十分站得住脚,高破产风险未必就代表高收益。

行为金融理论从投资者心理预期、错误定价等角度提出了对账面市值比效应的不同解释。

账面市值比效应的存在是市场对公司基本面过度反应的结果。投资者对高账面市值比公司基本面的坏消息过度悲观,而对低账面市值比公司基本面的好消息过度乐观,因此低估高账面市值比公司而高估低账面市值比公司。经过一段时间理性回归之后,两种公司的收益发生反转,使得高账面市值比公司比低账面市值比公司有更高的收益。然而这一解释也存在一点不足,公司的基本面价值对投资者来说是难以准确衡量的,且不同投资者的主观判断多有不同。

一些学者认为投资者对高账面市值比公司和低账面市值比公司不同未来盈余的预期会影响账面市值比效应。投资者对高账面市值比公司的预期有更高的未来盈余,即并不是投资者对公司基本面价值的过度反应造成了账面市值比效应,而是由于投资者对两种账面市值比公司的不同未来盈余的主观预期产生了账面市值比效应。

迄今为止,账面市值比效应仍然让研究证券市场异象的学者争论不一,未来需要更完整的理论解释和实证的经验支持。

6.6 投资者关注度

Merton(1987)首次提出投资者关注度,认为投资者关注度通过影响投资者的行为而进一步引起市场的波动。此后随着行为金融学的发展,投资者关注度已成为研究市场有效性的重要主题。

投资者关注分为关注和有限关注。关注是指投资者因特定的引人关注的事件而对相应股票产生偏离基本面的过度反应。而有限关注是指由于投资者时间和精力有限,不可能考虑所有的股票,对于影响股票基本面的信息反应不足,从而对股票市场的价格和成交量产生影响的情况关注有限(Engelberg 等,2009)[①]。

股票市场有那么多股票,投资者要选择哪些呢?因此投资者关注是一种稀有资源,那些吸引了大量关注的股票更有可能被投资者纳入考虑范围。投资者对于吸引其关注的股票信息进行分析判断,并依此调整自己的行为,从而引起股票市场的波动,如股价的偏离和交易量的异常等。此外,研究发现,投资者往往会买入自己有限关注的股票,使被关注的股票有一个短暂性的股价上升,即那些获得投资者关注的股票往往会有超额收益。后续的研究也发现投资者关注度对股票当日收益率有显著的正向影响,但之后影响将会反转。

专栏 6.3 投资者关注度的指标

投资者关注度的指标衡量主要有三种方式:一是利用金融资产本身的交易特性和价格行为间接衡量,如交易量、超额收益、市场指数累计收益等;二是利用新闻媒体报道及广告支出间接衡量;三是利用搜索引擎的趋势统计功能直接衡量,如一些搜索引擎的搜索指数等(表6.3)。

---

① 宋双杰,曹晖,杨坤. 投资者关注与IPO异象——来自网络搜索量的经验证据[J]. 经济研究,2011(s1):145-155.

表 6.3 投资者关注度指标衡量方式

作者	投资者关注度的指标
Barber 和 Odean，2008	异常交易量（AV）：股票 i 在第 t 天的异常交易量。 $AV_{it} = V_{it}/\bar{V}_{it}$，其中 V_{it} 是股票 i 在第 t 天的美元成交量，$\bar{V}_{it}$ 是股票第 t 天前 252 个交易日平均交易量。 再基于异常交易量构造关于交易不平衡（买方成交量和卖方成交量差）的日时间序列
饶育蕾，彭叠峰，成大超，2010	媒体关注度（AT）：上市公司 i 在第 t 期被关注的程度。 $AT_{i,t} = (N_t - rank_{i,t})/N_t$，其中 N_t 表示 t 期上市公司总家数，$rank_{i,t}$ 表示上市公司 i 在 t 期的新闻条数在当期所有上市公司中的排名
宋双杰，曹晖，杨坤，2011	异常搜索量（ASVI）：谷歌趋势每只股票每周搜索量指数。 $$ASVI_t = \log(SVI_t) - \log[Med(SVI_{t-1}, \cdots, SVI_{t-8})]$$ 其中，$\log(SVI_t)$ 是第 t 周搜索量的对数，$\log[Med(SVI_{t-1}, \cdots, SVI_{t-8})]$ 是第 $t-8$ 周到 $t-1$ 周每周搜索量的中位数的对数

Barber 和 Odean（2008）研究了投资者关注对个人投资者和机构投资者买入行为的影响。他们为判断投资者是否对一家公司关注建立了三个标准：①股票有异常的日交易量；②股票前一天的日收益率；③公司在当天的报纸中是否出现。此外，他们将四种投资者的交易行为作为样本：①账户所在经纪公司佣金有大折扣的投资者；②账户所在经纪公司佣金折扣小但经纪公司宣传其交易执行质量的投资者；③账户所在经纪公司是大型零售经纪公司的交易者；④专业资金经理人。研究结果表明，个人投资者往往倾向于买入吸引其关注的股票。但是个人投资者并不会买入每一只吸引其关注的股票，在投资者关注的股票中决定买入哪些股票取决于投资者个人的偏好，如逆向投资者会购买受到投资者关注但是却不被其他投资者看好的股票。而机构投资者却不满足于只买入投资者关注度高的股票。机构投资者有更多的时间和精力去持续关注更广范围的股票，并且有着更为明确的买入标准。

在投资者关注度的研究中关注度的衡量一直是研究的难点之一。早期投资者关注度的代理变量主要有交易量、媒体报道、换手率、广告支出等。虽然这些代理变量与投资者关注度有一定的联系，但并不能直接反映投资者关注度的分布与强度。因此，近年来涌现出一些更为直接的衡量投资者关注度的变量。如宋双杰等（2011）利用谷歌趋势提供的网络搜索量数据构建投资者关注度的直接衡量指标，发现投资者关注对资产价格有显著的影响，IPO（首次公开募股）前个股的网络搜索量对于市场热销程度、首日超额收益和长期表现有更好的解释力与预测力。俞庆进和张兵（2012）采用百度指数作为关注度的指标，验证了投资者关注对股票市场影响的存在性，且能给股票价格带来正向影响，但很快会反转。

6.7 本地偏好

传统的金融投资组合理论认为，投资组合可以有效地降低非系统性风险，投资者应该最优化投资组合,在更广的范围内合理配置资产。然而在现实中,存在与此违背的市场异象,投资者在选择投资组合时往往表现出明显的本地偏好(home bias and local bias)。

本地偏好是行为金融理论研究中人们发现的一种重要的投资者行为现象,即机构或个人投资者更愿意投资于本国股票市场、熟悉的或就职的公司、离自己住地近的公司等。本地偏好有两个方面:一方面是指投资者的资产配置中绝大部分选择在本国资本市场(home bias),French 和 Porterba(1991)发现美国投资者将他们 94% 的资金投资于本国股票市场,尽管美国股票市场份额仅占全球股票市场的 48%。而其他国家也存在相同的情况。另一方面是在自己国家,投资者也往往更愿意投资熟悉的或就职的公司或者地理距离更近的公司(local bias)。这两种本地偏好存在一定的区别,因为全球金融市场中国家间的本地偏好会受到国家资本流动监管限制等因素的影响,尽管有研究表明这种本地偏好同样存在于限制境外证券投资的国家和不限制境外证券投资的国家。

行为金融从不同角度对本地偏好现象提出了合理的解释。

1. 信息不对称

一些学者认为,投资者投资本地股票是因为他们对本地公司更具有信息优势,投资者收集信息的成本更低。Coval 和 Moskowitz(1999)研究了共同基金的收益与其投资的公司的地理距离之间的关系,发现本地投资的共同基金有显著更高的超额收益。他们认为,本地投资者能够利用地理优势获得本地公司更真实的信息,这种本地投资者和非本地投资者之间的信息不对称使得投资者更加偏好本地投资。

2. 熟悉效应

投资者之所以会投资本地公司,有一部分是因为他们对这些公司更加熟悉。即使投资者可以花同样的时间和精力来研究非本地公司以获得同样多的信息,但由于熟悉效应或者对本地的热爱,他们认为自己对本地公司拥有更多的信息,而更偏好投资本地公司。

杨晓兰等(2016)以投资者在东方财富网股吧针对创业板上市公司发表的帖子为研究对象,通过帖子 IP(互联网协议地址)地址识别构建本地关注指标,发现本地关注对股票收益率的影响取决于投资者情绪,当投资者持积极情绪时,本地关注对股票收益率有显著的正向影响;当投资者持消极情绪时,该影响显著为负。

延伸阅读6.2 城市中唯一游戏效应

Hong 等(2008)提出了城市中唯一游戏效应(only-game-in-town effect),支持了本地偏好。他们认为股票价格和商品、服务一样受到供求关系的影响,正如城市中还有许多空房间的旅馆房价会便宜一点一样,当本地公司必须和其他附近的公司竞争得到投资者资金的时候,它的股票价格会更低一点。因此,如果存在本地关注度,随着本地公司总账面总市值与本地投资者总风险容忍程度之比下降,股票价格会降低。所以在人口密度较低的地区,这种城市中唯一游戏效应就会特别明显。

资料来源:HONG H G,KUBIK J D,Stein J C. *The only game in town:stock-price consequences of local bias*[J]. *Journal of financial economics*,2008,90(1):20-37.

6.8 无信息反应效应

相比于上市公司兼并收购、资产重组、股利发放等向股票市场传递公司相关信息的事件,股票市场上也存在一些"消息真空"事件,这些事件与上市公司的基础价值无关,但是却引起股票价格的显著变化,如更名效应和指数效应。

中国上市公司更名现象并不少见,上市公司因发生股权转让、兼并收购和资产置换等活动使得股东、主营业务发生变化,往往伴随公司名称和股票名称的改变。由于股票更名前上市公司重要经济事件均已公告过,理论上股票名称变更公告的发布除了宣告公司股票名称发生变化外,并不包含任何未能预期的信息,即有效市场中股票更名公告不会给上市公司的股价和交易量带来显著的影响。然而,我国股市股票更名公告往往会导致短期内显著的股价飞跃,即更名效应。这可能是众多上市公司热衷于改名的重要原因之一。刘力和田雅静(2004)使用1999年到2001年发生股票名称变更的148家上市公司为样本,发现股票更名公告会引起显著的股价上涨,产生正的异常收益,随后股价又反转下跌,产生负的异常收益。邓建平和曾勇(2006)采用事件研究法,发现股票更名前后存在超常交易量和超额收益率,且市场对更名事件存在过度反应,这一结论与刘力和田雅静(2004)的研究结论一致。此外,他们深入研究了不同股票更名原因的影响差异,发现投资者对第一大股东更换导致的股票更名反应强于主营业务更换导致的股票更名,并确认了我国股市较严重的题材炒作和投机现象。

指数效应是指在成分指数调整前后,调入指数和调出指数的股票的价格与成交量存在异常的市场反应。指数效应广泛存在于各国股票市场。史莱佛(1986)发现从1976年到1983年,调入标普500指数的股票存在2.79%的异常超额收益。日经225指数(Liu,2000)和加拿大多伦多股票交易300指数(Kaul等,2000)已表现出显著的指数效应。指数效应的相关研究众多,国内刘斌才(2004)发现上证180指数中第一次调出指数的股票在调整日存在显著为负的异常收益率。蒋金锋(2008)运用事件研究法对沪深300指数从2005年6月到2007年12月的历次样本股调整事件中的市场反应做了详细的研究,发现沪深300指数的指数效应显著存在,调入指数股票在事件当日的异常收益率显著为正,而调出指数股票在事件当日的异常收益率显著为负。此外,研究还表明小公司被调入沪深300指数所产生的指数效应要显著大于大公司被调入沪深300指数所产生的指数效应。

本章小结

(1) 异象是明显违背有效市场假说的经验现象,主要有股权溢价之谜、封闭式基金折价之谜、日历效应、规模效应、账面市值比效应、投资者关注度、本地偏好和无信息反应效应等。

(2) 股权溢价是指风险证券的收益高出无风险债券收益的部分。

（3）封闭式基金折价，即封闭式基金的交易价格长期低于资产净值的现象。

（4）日历效应是指证券市场中，股票的收益率随时间发生变化，出现非正常的收益，即在不同时间下，投资收益率存在系统性差异，随着时间推移发生周期性的变动。

（5）规模效应是指股票的平均收益率与公司规模之间存在规律性的负相关关系，尤其是一些小市值公司股票收益率超过市场平均水平的现象，因此规模效应又称小公司效应。

（6）账面市值比效应，又称BM效应，是指公司账面价值和市场价值之比与公司收益率成正比，即账面市值比高的公司的平均收益率高于账面市值比低的公司。

（7）投资者关注分为关注和有限关注。关注是指投资者因特定的引人关注的事件而对相应股票产生偏离基本面的过度反应。而有限关注是指由于投资者时间和精力有限，不可能考虑所有的股票，对于影响股票基本面的信息反映不足，从而对股票市场的价格和成交量产生影响的情况关注有限。

（8）本地偏好是指机构或个人投资者更愿意投资于本国股票市场、熟悉的或就职的公司、离自己住地近的公司等。

（9）指数效应是指在成分指数调整前后，调入指数和调出指数的股票的价格与成交量存在异常的市场反应。

思 考 题

1. 名词解释

（1）股权溢价。

（2）规模效应。

（3）投资者关注度。

（4）本地偏好。

2. 通过查阅资料和文献，列举直接衡量投资者关注度的其他方法。

3. 描述一个你知道的证券市场异象，并解释这一异象出现的原因。

4. 恒生AH股溢价指数是由香港恒生指数服务公司于2007年7月9日正式对外发布，该指数追踪在内地和香港两地同时上市的股票（内地称A股，香港称H股）的价格差异。该指数根据纳入指数计算的成分股的A股及H股的流通市值，计算出A股相对H股的加权平均溢价。指数越高，代表A股相对H股溢价越高；反之，代表A股相对H股越便宜。

请收集恒生AH股溢价指数，并联系所学过的知识，解释为什么会出现A股和H股的溢价。

第三部分

行为金融学应用

第三部分

计量经济学应用

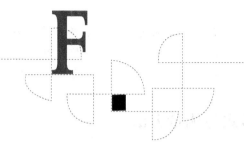

第7章

过度自信

 引导案例:股市真的可预测吗

2013年诺贝尔经济学奖获得者席勒在他的著作《非理性繁荣》中曾记录一个很有趣的小实验。在1987年10月19日美国股市大跌之后,他对投资者进行过一个调查。结果显示,在当天购买股票的个人投资者和机构投资者中,分别有47.1%和47.9%的人表示自己知道10月19日什么时候股市会发生反弹。即使是在当天没有交易的个人投资者和机构投资者中,也有29.2%和28.0%的人分别给出了相同的答案。显然,这些人的答案是存在问题的。股市具有不可预测的特性,但是这些人又没有撒谎,为什么那么多人表示自己能够预见股市当天的变化呢?席勒进一步询问了这些投资者为什么他们能够知道什么时候发生反弹。大多数人的回答与"心理学""历史证据"或"直觉"有关,却很少有人能够说出理论和实际支撑,因此他们所表现的很可能只是一种心理偏差。这样的例子还有很多:在2008年经济危机发生后,很多人都表示自己早就"知道"这个危机不可避免;人们总是认为自己入手的股票会涨而出手的股票会跌;分析师和专家对股市的预测并不比普通人更加精确……这些情况都与一种心理特征有关——过度自信。

从心理学来说,人们普遍趋向于过度自信并且难以消除,这一特点也在经济学和行为金融学中得到应用。过度自信是指对自己的知识和能力有过高的估计,过度重视自己所拥有的信息而忽略市场上或他人的信息,或者认为自己能够掌控未来的事件。

本章的第一部分将介绍过度自信的四种不同的表现形式:错误校准、自我感觉良好效应、控制幻觉和过度乐观,以及其相应的测度方法。三类心理偏差——自归因偏差、后视偏差和确认性偏差导致了过度自信的产生并阻碍过度自信的纠正。

本章的第二部分将介绍过度自信是如何对投资者的金融决策产生影响的。过度自信会在投资者的判断、估值和投资决策阶段产生不同的影响,并且过度自信会导致投资者过度交易和采取激进的投资策略,因此使得组合的收益降低。既然过度自信给投资带来这么多不利之处,为什么过度自信的投资者还能广泛地存在于金融市场中?本章将对此给出一定的解释。

本章的第三部分主要介绍过度自信在公司金融中的应用。首先解释为什么公司管理层更容易表现出过度自信的特征,接下来进一步利用管理层的过度自信来解释公司的投资扭曲现象,并探讨过度自信对兼并收购、公司资本结构以及股利分发政策的影响。

7.1 过度自信的表现形式与测量方法

和人类心理的复杂性一样,过度自信作为一种心理偏差,有着多种表现形式,从其不同的表现形式出发,过度自信也有不同的测度方法。然而,由于过度自信的复杂性和多变性,至今心理学以及行为金融学界对其仍没有一个统一、权威的测度方法。下面将要介绍的过度自信的四种表现形式和测度方法也只是众多分类中较为经典和简单的方法。本章的实验指引中也具体介绍了如何在实验研究中应用这些方法。

1. 错误校准

错误校准(mis-calibration)表现为个体对自身能力和知识的高估,从而产生对个人决策准确性过高的评价,通常通过校准实验(calibration test)来进行测量。校准实验有多种形式,其中一种经常被使用的是置信区间问题任务法。在实验中,实验被试通常被要求就一些常识性的问题给出 90% 的置信区间(90% 置信区间的含义是实验被试认为正确的值有 90% 的可能性落入他所给出的区间),实验被试回答的置信区间若包含正确答案,即认为实验被试回答正确。例如,珠穆朗玛峰的海拔高度是多少米?精确的答案是 8 844 米。假设第一个实验被试清楚地记得珠穆朗玛峰的高度是 8 000 多米,那么他可以给出下限为 8 000、上限为 9 000 的区间。另一个实验被试则认识到自己对此问题不清楚,他给出下限 5 000、上限 10 000 的区间。这两个实验被试都属于回答正确,因为正确答案在他们给出的区间内。假设第三个实验被试对自己的地理知识非常自信,他给出一个更小的区间:下限 8 800,上限 8 840,不幸的是这个区间是错误的,并没有包含 8 844 这个正确答案。可见实验被试越是对自身能力和知识缺乏正确的评价,就越可能给出错误的区间。当实验被试回答完全部问题之后,可以计算出他回答问题的正确率。实验被试的错误校准程度为 1 减去他的正确率,数值越大,意味着正确率越低,实验被试的过度自信水平则越高。根据 90% 的置信区间可知,如果实验被试的错误校准程度为 0.1,则他的自信水平是适当的,既没有表现出过度自信,也没有表现出自信不足;若错误校准程度大于 0.1,则说明他是过度自信的。这是一种客观概率测量法,因为实验被试对答案的自信程度已经被客观地定为置信度 90%。

理论上,如果同一个实验被试回答足够多的(90%)区间估计问题或者有足够多的实验被试回答一定数量的(90%)区间估计问题,排除样本误差之后,其整体正确率应该接近 90%。但是,在很多实验中,实验被试的正确率都低于设定的置信概率,实验被试都表现出过度自信,也就是说,实验被试通常给出一个过于狭窄的置信区间。例如,用上述方法测试 110 名在校大学生(44 名男性,66 名女性)的过度自信程度,发现他们错误校准程度即过度自信程度的均值是 0.66，即回答问题的准确率平均只有 34%。

对错误校准程度的测度方法还有其他形式。其中一种测量方法涉及实验被试对自身答案自信程度的估计，称之为主观概率估计法（probabilistic judgment）。在实验中，实验被试首先被要求对一些难度适中并且具有唯一正确数字答案的问题给出答案的区间估计，随后他们需要对自己的每一个答案给出自信程度，即自己主观认为答案正确的可能性大小。过度自信的程度等于其自我评估的平均正确率与其实际答题的正确率相减（过度自信水平＝实验被试认为自己选择正确的平均概率—实验被试选择的实际正确率）。若该值为负，则说明实验被试不够自信，若该值为正，则说明他过度自信。主观概率测度法被很多实验设计采用，但是和客观概率法相比，其测度的过度自信水平通常较低。另一种测量方法与主观概率估计法类似，叫作频率估计法（frequency judgment），实验被试在答题结束后需要估计自己答题正确的个数，通过答题正确比例和预估正确比例的比较，确定实验被试的过度自信程度。如果实验被试认为自己能答对 70% 的题目，但实际上只答对了 50% 的题目，就说明他是过度自信的。

除了置信区间问题任务法这一种题目形式之外，研究者也会采用二择一任务法（二选一的选择题）和分类任务法（例如：实验被试根据特定的症状表现把假定的患者按疾病类型划分，并估计患者患该种疾病的概率，通过对患病概率的估计测量过度自信的程度）[①]。

值得注意的是，问题的设置对测试结果的影响很大。实验被试通常对难度大的问题更容易表现出过度自信而对简单的问题表现出自信不足。事实上，区间估计问题的提出形式（是选择题还是问答题）、给定置信度的高低、问题涉及的领域都会影响结果。

2. 自我感觉良好效应

自我感觉良好效应（better-than-average effect）涉及与他人的比较，根据自我感觉良好效应，通常人们会认为自己比平均水平更加聪明或者优秀。但是实际上，只有 50% 的人能够超过平均水平，因此这也是过度自信的一个表现形式。在 Svenson(1981) 的一个著名实验中，他发现 93% 的美国司机和 69% 的瑞典司机都认为自己的车技比平均水平高。但这显然是不可能的，事实上生活中这样的例子比比皆是，人们自我感觉良好的现象普遍存在。

那么自我感觉良好效应应该如何测定呢？通常的做法是，要求实验被试对自己的能力、知识或者表现和平均水平进行比较，通常由一个或者几个题目组成。例如，要求实验被试对其驾驶技术进行评分，要求实验被试对自己在朋友中的文化水平进行评分。也有测试在股票交易实验之前进行，要求实验被试对自己在这次股票交易实验中的收益排名

---

① 如需进一步了解这几种不同的题目形式的读者可以参考以下文献：
GIGERENZER G, HOFFRAGE U, KLEINBOLTING H. *Probabilistic mental models: a brunswikian theory of confidence*[J]. *Psychological review*, 1991, 98(4): 506-528.
LIBERMAN V. *Local and global judgments of confidence*[J]. *Journal of experimental psychology: learning, memory and cognition*, 2004, 30(3): 729-732.
SIECK W R, YATES J F. *Overconfidence effects in category learning: a comparison of connectionist and exemplar memory models*[J]. *Journal of experimental psychology: learning, memory and cognition*, 2001, 27(4): 1003-1021.

进行预期。若实验被试的回答显示其认为自己处于平均水平,则说明其自信水平处于标准水平;若实验被试认为自己的排名越高,其自我感觉良好程度越高。具体的测试题目可以参考本章末的实验指引。

为什么自我感觉良好效应如此普遍地存在?造成人们自我感觉良好的一个原因是人们对优秀的定义是不明确的。怎样才是优秀的,怎样才是最好的,每个人都有自己的标准,而人们心中的定义都会倾向于提高自己的排名。从动机层面考虑,自我感觉良好可以使自己更加自尊自信;从认知角度考虑,对大多数人来说,最容易想到的标准总是那个能够让自己显得最优秀的标准。

3. 控制幻觉

控制幻觉(illusion of control)主要是指过高预期了利于自身情况发生的可能性,从而产生一种能够对周围事物进行控制的错觉。举例来说,赌博者总会认为骰子的点数或者牌的大小是他们可以控制的,在希望点数大的时候,他们会更加用力地掷骰子,而当他们希望点数小的时候,他们掷骰子会更轻;司机总会认为当自己驾驶时,发生车祸的概率会比较小。

经济学家已经做过很多与控制幻觉相关的实验。在一个实验中,实验被试需要预测30轮硬币投掷的结果,研究者通过实验控制使得每一个实验被试都能预测对一半的结果(每个实验被试预测对的轮数分布不同)。随后,实验被试会获得自己预测结果的回馈,一部分的人被告知他们前面几轮的预测都是正确的,而另一部分的实验被试则被告知他们预测正确的轮数平均地分布于30轮投掷中。结果发现,第一组实验被试高估了自己预测对的总轮数,并且对自己以后的表现也有了更高的预期。这个实验结果可以用首因效应来解释,人们对较早获得的信息给予更高的比重。进一步的研究发现,40%的人认为他们预测硬币投掷结果的成功率会随着练习的增多而提高,25%的人认为在预测过程中的分心会使得成功率降低,但事实上预测硬币投掷结果是一个纯粹的运气游戏。在另一个实验中,一部分实验被试获得随机分配的彩票,而另一部分人则可以自己选择彩票号码。研究发现,即使能够获得一张有更大中奖概率的彩票,自己选择彩票号码的实验被试更加不愿意和他人交换彩票。

控制幻觉在人们面对随机事件时表现得更加淋漓尽致,特别是当随机事件涉及越多与"技巧"相关的内容时,人们更容易产生控制幻觉。人们产生控制幻觉遵循两个步骤:希望控制结果的意图和与随机事件结果相关的行为。虽然事件结果是随机的,但是引发结果的行为会诱导人们认为自己在一定程度上控制了结果。当人们面对自己不能控制的不确定事件时,则会更倾向于产生控制幻觉,事件的可控性越低,这种感觉越强烈。

对控制幻觉的衡量与自我感觉良好效应类似,可以通过让实验被试对几个陈述(问题)进行评分来确定。在不少知名的实验中用到过以下几个问题:你认为你的估值是准确的;你认为你能很容易地专注于目标并达到目标;对于发生的任何问题,我都能靠自己解决,等等。

4. 过度乐观

Taylor和Brown(1988)曾指出有些个体相信"未来会更好,特别是对我自己",也就是说,他们相信幸运的事情发生在自己身上的可能性高于发生在别人身上。这就是过度自信的一种表现形式——过度乐观(excessive optimistic),它与控制幻觉紧密相关,通常表现为人们对未来不切实际的预期。过度乐观的人会对自己希望发生的事情赋予过高的发生概率,而对自己不希望发生的事件赋予过低的概率。这样的例子很多,如人们高估自己中彩票的概率而低估自己得癌症的概率,学生总是认为他们的分数被评判得过低,与他们的预期有差距。过度乐观也经常发生在计划制订时。人们不能按时完成自己计划的情况时常发生,这就是因为他们对自己的执行能力过度乐观以至于制订了不切实际的计划。另外,过度乐观也会导致完成成本的增加,预算超支对于企业和大型工程来说是非常常见的,究其原因,也是因为制订了过于乐观的计划。有外媒统计出全球预算超支最严重巨型工程名单,其中英吉利海峡隧道居首,超出预算高达 211 亿美元,而中国的三峡大坝工程紧跟其后,超出预算约 161 亿美元,位列第三位的波士顿大隧道至今仍有些收尾工程在进行中,超出预算 134 亿美元。

5. 影响过度自信的人口学因素

虽然人类普遍存在过度自信的特征,但不同人之间的过度自信程度有显著的差异。

男性和女性在过度自信之间的差别是非常显著的。很多研究表明,男性比女性更加表现出过度自信的特质。和女性相比,男性更加相信自己的判断,在金融市场上进行更多的交易,认为自己能够获得更高的收益。在一个实验中,当男性和女性同时被提问以下两个问题:你认为在未来的 12 个月中,你的投资组合收益将会是多少;你认为在未来的 12 个月中,股票市场的平均收益会是多少。虽然男性和女性都认为自己的投资组合会击败市场组合,但是男性期望的超额收益(2.8%)远高于女性期望的超额收益(2.1%),这说明从自我感觉良好效应的角度来说,男性和女性都存在过度自信,但是男性比女性程度更深。

和普通人一样,专业人士在他们的专业领域也受到过度自信的影响,专业人士的过度自信程度甚至可能超过非专业人士,在金融领域尤其。特沃斯基曾经指出,在股票市场这样一个可预测性很低的领域,专业人士会比普通人更倾向于过度自信,因为相较于缺乏专业知识的普通人,专业人士掌握了经济理论和模型,他们会过高地估计理论和模型的作用。他发现,投资决策速度越快,投资者对这个决策的自信程度就越高,而在金融市场上,特别是股票市场、期货市场等,行情变化非常快,参与者的决策时间往往是很短的,这就更导致了金融市场参与者的过度自信。

金融市场的参与者总是希望自己能够找到被低估的资产,获得高于市场的收益,但是事实上,获得超额收益是困难的。在复杂的任务情境下,人们更容易表现出过度自信,因此金融市场参与者更普遍地存在过度自信的心理偏差。选择性偏误(selection bias)和幸存者偏差(survivorship bias)使这一现象更加明显。选择性偏误使积极参与金融市场的人更加过度自信。这是因为对自己的知识和能力有信心的人更可能选择积极参与资本市场,从事金融工作。而这些人当中,一部分人的能力和自己的认知是相符的,而另一部分人则过于高估自己的能力(也就是过度自信者)。另外,幸存者偏差使得成功的交易者留在金融市场(失败的交易者更有可能离开金融市场),掌握更多的资金,并因此而变得越来越过度自信。投资的成功可能会让投资者将成功原因更多地归因于自我能力而非运气，从而使他们变得更加的过度自信。虽然随着经历的增多，投资者的自我评价会更加准确，从而可能减弱过度自信，但是在一个不断有新的投资者加入的金融市场，过度自信的投资者仍旧会源源不断地出现。

虽然过度自信会引起很多不必要的麻烦，带来不必要的成本增加，但是在一些情况下，过度自信也有有利的方面。在个人行为可以对事件结果产生影响的情况下，乐观的想法能够促使人们坚持完成任务而不是中途放弃。特别是对于比较长远的目标或者已经付出了很多努力的目标，人们会有更加乐观的预期，而研究证明此时过度自信有利于完成目标。

在现实生活中，人们通常不可能只表现出一种形式的过度自信，经常多种形式一起发生，难以严格地进行区分。并且，衡量过度自信程度的方法和标准多种多样，而通过不同的方法衡量的过度自信程度往往是不一致的，目前为止还没有一个权威的统一标准。

专栏 7.1 多种形式过度自信之间的不一致

在 Glaser 和 Weber(2005)的研究中，他们通过在线问卷对来自德国一家在线经纪公司的 2 015 位投资者的过度自信情况进行了调查。他们考虑了过度自信的多种不同形式，并分别利用不同的方法衡量过度自信水平，总共获得了 7 种能够代表过度自信水平的指标。MICA 表示通过置信区间问题任务法获得的过度自信（错误校准）水平，MICA1 和 MICA2 分别表示通过常识问题与股票市场预测问题获得的过度自信水平。BTA1 和 BTA2 分别表示通过两个不同问题获得的过度自信（自我感觉良好效应）水平。IC1 和 IC2 从两个方面来刻画控制幻觉：对随机事件的控制、对个人成功可能性的过高估计。EO 则表示对未来的过度乐观程度。

Glaser 和 Weber 发现，多种形式的过度自信水平的结果是互相矛盾的。例如，MICA1、MICA2 和 BTA1、IC1 与 EO 之间呈现负相关。因此，在研究的过程中，我们应该尽量细化对过度自信的刻画，避免笼统的概念。

资料来源：GLASET M, WEBER M. Overconfidence and trading volume[J]. Geneva risk and insurance review, 2007, 32(1).

6. 与过度自信相关的心理偏差

既然人们已经认识到过度自信普遍存在并且会带来一些额外的成本，那么为什么仍然没有改正错误？人们又为什么会产生过度自信？以下三类行为偏差影响了人们的行为，导致了过度自信的产生。

第一个影响过度自信的行为偏差是自归因偏差(self-attribution bias)，即利己主义归因偏差，因为存在归因偏差，成功时人们会认为这是由于自己的能力和努力，而失败时人们则会将责任归因于外部因素。研究证明，这样的归因偏差会增强过度自信程度。一个相同任务的成功和失败，对过度自信程度产生的影响是不对称的。举例来说，假设 A 参加一个演讲比赛，他要取得成功既需要自身优秀的能力也需要评委的认可，而评委即为外部因素。当 A 获得好的名次时，他会认为自己受到奖励是因为自己的努力，而低估外部因素的作用,假设这样的心理偏差将会导致他的过度自信水平提高 b;而当 A 没有取得好名次时,其过度自信水平会降低 c,但是他会倾向于认为是评委的偏心和比赛的不公导致了这样的结果,从而其过度自信程度的降低要小于前述情况,即 $b>c$。从长期来看,这样不对称影响的积累导致了过度自信。

后视偏差(后见之明,hindsight bias)和确认性偏差(confirmation bias)也是导致过度自信并影响人们纠正的两个重要因素。后视偏差,即事后诸葛亮,是一种记忆歪曲,是指在事情发生后,人们总是会倾向于认为自己事先的判断是准确的,类似于平常所说的"马后炮"。确认性偏差与后视偏差相似,是指人们倾向于去寻找能支持自己事先判断的证据或者在理解信息时对支持自己判断的信息赋予更高的比重,而选择忽视反面证据。这样的信息搜寻策略不仅使得与自己判断一致的信息容易被提取,也将改变人们对模棱两可的信息的理解。除此之外,动机因素更是加强了这样的效应,人们总是认为自己是有智慧的,因此在处理信息时会不自觉地优先处理与自己想法一致的信息。例如,相信星座的人会下意识地去搜寻与星座描述相符的行为而选择性地忽略一些与之相违背的事实。后视偏差和确认性偏差都说明人们倾向于认为自己的判断是正确的,并且这种错觉是下意识的,而这也会进一步增强过度自信。

除此之外,投资者在失去判断标准的时候,也会表现出过度自信,并且由于羊群效应,这种非理性行为之间还会相互模仿,在市场扩散。

7.2 过度自信与投资者行为

在现实生活中,投资者并不是完全理性的,非理性投资者非常显著的一个特征就是过度自信,那么过度自信对投资决策到底有怎样的影响?对金融市场又有怎样的影响呢?

1. 过度自信与投资决策

过度自信会影响人们的投资决策,那么过度自信影响投资决策的机制是怎样的呢?

投资决策的过程可以被分为以下三阶段:判断(judgement)、估值(evaluation)和投资决策(investment decision)。

在判断阶段,投资者形成对金融资产(通常是股票)的最初印象和风险感知,而信息来源可能仅仅是资产的名字这样简单的途径。

在估值阶段,投资者获得有关该金融资产的更多信息,如该公司的财务信息、历史价格信息以及其他重大事件信息等,投资者可能会利用各种估值方法对股票进行估值,并产生对未来股价的预测。

在投资决策阶段,投资者将资金投资于所选股票或者无风险资产。

过度自信和风险态度都会影响投资者的决策,而风险厌恶和过度自信的作用是相反的。图 7.1 展示了一个简单地将过度自信和风险厌恶引入投资决策各个阶段的模型。

过度自信会正向地影响投资决策。过度自信的投资者可能会产生过度自信的判断或者估值,此时过度自信对决策的影响是间接的,值得注意的是,投资者在实际决策时,并不一定会与之前判断或估值的结论一致。当然,过度自信也可以直接在投资决策阶段发挥

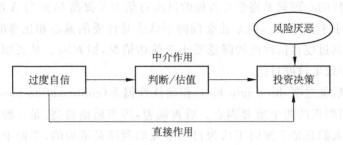

图 7.1　投资者作出投资决策的三个阶段

作用,投资者过度相信自己所掌握的信息,从而持有分散化不足的投资组合或者采用激进的投资策略。除了过度自信以外,风险厌恶也会影响投资决策,它的影响与过度自信相反,较高的风险厌恶水平会直接并且负向地影响投资者对风险资产的投资,高风险厌恶投资者更倾向于将资金投入无风险资产而非风险资产。

Lambert 等应用上面的模型研究了过度自信和专业知识(expertise)在投资决策中起到的作用。他们通过实验来模拟决策的过程,实验被试在判断阶段根据公司名字对 20 只股票给出 5 档得分以表示他们对公司(股票)的熟悉程度和风险接受程度;在估值阶段,他们需要对公司股票进行估值预测,并估计预测的准确性和难度;在投资阶段,实验被试可以将 100 000 欧元在 20 只股票和无风险资产之间进行分配。研究发现,对于普通人和金融专业人士,过度自信起作用的阶段是不同的。对于普通人(以学生为代表),过度自信主要影响判断阶段,而对最终的投资决策起主导作用的是风险厌恶水平,这是因为估值阶段让学生对自己最初的判断产生怀疑从而进行"二次思考"。对专业人士(以银行从业者为代表)而言,过度自信影响他们的估值和决策阶段,因为专业人士在进行决策(特别是像投资决策这样的重要决策)之前,会习惯性地采用一系列的流程(如估值等),他们的估值结果和最终决策是有很大的联系的,因此过度自信的中介作用比较明显。

2. 过度自信与过度交易

每一个交易日,资本市场都发生着成千上万笔交易。从理性的角度考虑,资本市场巨大的交易量无法仅从对冲和流动性需要方面来解释,因此学者们试图用一些非理性的因素来解释这样的现象。大量研究表明,过度自信会导致过度交易(excessive trading),并导致投资组合收益的下降。事实上,过度交易本身就带有贬义,指导致收益率降低得过多的交易。过度自信既会影响证券交易频率,也会影响交易量。过度自信的投资者认为自己具有专业的知识和能力,希望挑选出高于市场平均收益的资产,并且对自己的判断过于自信,从而导致交易频率和交易量的提高。

有学者提出,积极的想法(如膨胀的自尊自信和过度乐观)能够使人们更加努力地工作,从而导致更好的结果。但是这一理论在金融市场却是完全不符合实际的,投资者的过度自信会大大降低他们的投资表现,甚至对于专业人士也是一样。过度自信的交易员与其他交易员相比,赚得更少。金融市场似乎会对过度自信进行惩罚,而不是奖励。

在实证领域对过度自信与证券资产交易的研究相当丰富。较早期的研究通常没有直接对过度自信进行测度,而是通过寻找过度自信的代理变量(如性别、历史交易信息等)来进行研究。

　　Barber 和 Odean 在 2000 年的研究中检验了过度交易是否会降低投资组合的表现和投资者的期望效用。通过检验超过 60 000 名个体投资者在 1991—1996 年的历史交易信息,他们发现在考虑了交易成本之后,个体投资者的投资表现要差于相关的市场投资组合,并且交易量越大,收益表现越差,与理论模型的结论一致。在 2001 年的研究中,他们用性别作为过度自信程度的代理变量,检验了"过度自信会导致过度交易"这一假说。心理学研究表明男性比女性更倾向于过度自信,特别是在男性占优势的金融领域;而过度自信的投资者会高估自己信息的准确性从而高估预期的交易收入,他们甚至会在预期净收益为负的情况下进行交易。因此,和女性相比,男性的证券交易量应该更大,并且投资表现更差。他们通过实证研究证明了这一结论。图 7.2 所示的柱形图显示了男女两性在换手率和股票净收益率方面的差异,男性的换手率明显高于女性,而男性的股票净收益也明显低于女性,并且在单身男性和单身女性中,这一差距更加显著。

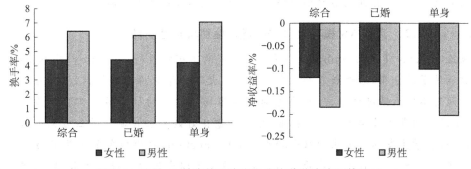

图 7.2　男性、女性在换手率和股票净收益率方面的差异

　　随着心理学界对过度自信方面的研究逐渐完善,越来越多的研究开始直接检验过度自信与交易行为的关系。这类研究通常会精心设计出能够测度过度自信的心理学方法来获得投资者的心理数据。

　　Grinblatt 和 Keloharju(2009)做过一个非常经典的研究。他们利用来自芬兰军队的心理测试数据、投资者税务信息和驾驶记录以及投资者的股票交易记录,研究了两种心理特征——感觉诉求(sensation seeking)和过度自信对投资者股票交易的影响。感觉诉求是一种寻求刺激、多样化和高强度的感觉与经历,并愿意为此承担更多心理、社会、法律以及经济上的风险的性格特征。他们认为感觉诉求和过度自信是投资者愿意承担分散化不足策略带来的风险进行频繁交易的推动因素。一方面,对刺激的追求使得投资者从投资组合的变动中获得乐趣;另一方面,投资者过高地估计了自己的投资能力,从而认为自己可以从交易中获得更高的收益。Grinblatt 和 Keloharju 用投资者驾驶记录信息中的超速驾驶罚单数量作为感觉诉求的代理变量,并利用芬兰男性参加兵役时的心理测试数据衡量他们的过度自信程度,当这些数据和股票交易记录匹配起来时,他们发现感觉诉求者和过度自信者有更高的股票交易频率。

　　在传统的投资模型中,投资者在获取信息上投入得越多,其证券交易就会越频繁。这是因为投资者通过获取信息来使自己变得"知情",那么他一定会希望通过持有更多的风险资产、获取超额收益来补偿其信息获取成本。信息收集的结果要么是获得了更多的信息,要么是对原有信息的进一步加强,而这些都会促使投资者去更频繁地交易,使得信息获取与证券交易频率间存在正相关的关系。Abreu 和 Mendes(2011)探究了过度自信程度与信息获取渠道对这种关系的影响。他们的研究再一次证明了过度自信(基于自我感觉良好效应)与交易频率之间的正相关关系。并且,虽然投资于信息会促使证券交易更加频繁,但是信息来源对不同投资者的投资行为有着不同的影响:对于非过度自信的投资者,当他们获得来自专业机构的信息时(如专业出版物或者交易所的公告),从理性的角度出发,他们的交易频率会提高;而对于过度自信的投资者,当他们的信息主要来自亲朋好友口耳相传,他们的交易频率会有所降低,可能的原因是他们通过与周围朋友的比较发现自己投资失败并不仅仅是因为运气不好,认识到自己能力的不足,从而降低了过度自信程度。①

总的来说,过度自信对投资者在资本市场的交易有很大的影响。过度自信使投资者轻视投资风险,从而采取相比理性投资者而言更加激进的投资策略,导致过高的交易频率和过大的交易量,考虑到交易成本,投资者的投资收益反而因此下降。

专栏 7.2　风险 VS 模糊性:过度自信、性别与金融交易

风险(risk)和模糊性(ambiguity)是两种不同的不确定性(uncertainty)状态,前者已知不同收益结果的分布,后者则未知。我们以浙江大学的学生为实验被试,探究在模糊性和风险这两种不同的情况之下,过度自信对金融市场投资行为的影响。实验的设计是这样的:首先通过问卷测量学生在错误校准、自我感觉良好效应和控制幻觉三方面的过度自信水平,然后请学生参加一个基于双向拍卖(double-auction)的模拟金融交易市场。10 个实验被试组成一个持续 10 轮交易的市场。实验被试可以出价卖出或买入股票,或者他们可以作为价格接受者,接受市场上他人的出价。在每一轮结束后,将会向持有股票的实验被试发放股利。模糊性和风险两种情况的差别在于,在风险场景下,实验被试知道股利的分布情况(0、8、28 和 60 各有 25% 的可能性出现),而在模糊性场景下,实验被试只知道股利有四种可能性,并不知道每种可能性出现的概率。

实验结果发现,只有当投资者不知道未来股利的分布,也就是在模糊性情况下,过度自信才对交易量有显著的影响。这是因为当投资者不知道股利未来的分布时,他们不仅需要根据自己的模型来预测资产收益,还需要预测股利的波动性,因此要进行价值估计就更加困难。外部的不确定性会导致过度自信的投资者对自己的模型的依赖性更加严重,因此导致更为严重的过度交易。

此外,我们还发现,在自我感觉良好效应方面,男性比女性体现出更明显的过度自信。在风险场景下,男女交易量没有显著差异,而在模糊性场景下,男性比女性交易量更大。这说明在模糊性场景下,过度自信和性别对交易量的影响是一致的。

资料来源:杨晓兰,朱励,Ambiguity vs risk:an experimental study of overconfidence,gender and trading activity [J]. Journal of behavioral and experimental finance,2016(9):125-131.

---

① 注:数据样本期间为金融危机之后 6 个月,在这一阶段,大多数投资者都遭受了不同程度的损失。

3. 过度自信投资者的生存问题

在金融市场中,过度自信会导致错误的判断、过度的交易和更差的投资表现,那么为什么过度自信的交易者还能长期地存在于金融市场呢?

首先,过度自信的投资者会低估风险,他们可能会持有更多的风险资产或者风险更高的资产,而高风险的资产会获得更高的期望收益,因此过度自信的投资者就有可能比理性投资者表现得更好。

其次,风险厌恶的过度自信投资者会在已有信息的基础上采取更积极冒险的交易策略。因此,过度自信的交易者更有可能发掘风险盈利机会,这些机会可能是由投资者的流动性需求造成的,也有可能是由于噪声交易者的错误定价造成的。为什么过度自信的投资者更能发掘风险盈利机会? 在下面两种情况下,过度自信的投资者反而"误打误撞"地获得了更高的收益:一是在完全竞争市场中,过度自信投资者所掌握的信息是有效且充足的,那么他们低估风险或者高估收益,采取进取型的投资策略就能带来更高的收益。这种增加的收益来自激进的投资策略本身,而不是因为投资者对这种策略的坚持或者对其他投资者的影响。二是假设投资者所掌握的信息是不充足的,但是在非理性投资者主导的市场中,过度自信非理性投资者的表现反而要好于理性投资者。事实上在中国股票市场中,这样的例子很多。以五粮液的认沽权证为例,在其刚上市的一段时间内,其成交价格远高于布莱克—斯克尔斯期权定价模型的定价,甚至一度高于其行权价,日换手率达到140%。显然此时非理性的因素主导了市场,市场中存在极大的资产泡沫,但是过度自信的交易者却恰恰有可能从中获利(即使他们对权证的概念还没有正确的了解,但是根据已有的历史价格信息,只要不是这场"击鼓传花"的最后一个人,他们是可能从中获得较大盈利的)。中国市场不乏资产价格严重偏离其基础价值却仍然保持着涨势的股票(有的股票市盈率甚至高达几百),理性投资者应该看跌这些股票,但过度自信的投资者却可能"误打误撞"地把握这一投资者错误定价所产生的盈利机会。

最后,从市场整体的角度,选择性偏误和幸存者偏差使得金融市场的投资者趋向于过度自信,而以往的成功经历又进一步加强了过度自信。新投资者不断进入市场,使这一过程不断重复,因此金融市场中过度自信的投资者可能永远存在。

7.3 过度自信与公司行为

既然过度自信普遍存在,那么有理由认为公司的管理层也同样存在过度自信的心理偏差。虽然对过度自信和其他心理偏差已经有30多年的研究历史,但是对于管理层的心理偏差研究却在近年来才引起重视。那么管理层的过度自信与投资者的过度自信有什么不同,要如何去衡量? 它对公司的决策以及发展又有什么影响呢?

1. 管理层的过度自信

很多心理学的文献都指出公司管理层更容易出现过度自信的特点[①],具体表现为低估

---

① 此处管理层的过度自信、高管的过度自信与公司行为金融中经理人的过度自信具有相同的意思。

项目风险,高估项目回报,高估公司价值以及自身能力,主要原因可以归结为以下几点:第一,过度自信的管理者更容易受到提拔并留在公司管理层,而 CEO 等高管通常从公司原有管理层中进行选拔,并且过度自信的管理者更容易被提拔为高管。这是因为过度自信的管理者会选择风险更高的项目,而更高的风险一方面提高了结果的波动性,另一方面也更有可能带来更好的业绩,而那些在风险中获得更好的结果的"胜者"则更有可能受到提拔。因此,从某方面来说,选拔机制是青睐过度自信的管理者的。第二,公司管理层,特别是高管,必然具有一定的成功经历,而因为自归因偏差的存在,以往的成功经历会进一步加剧他们的过度自信程度。第三,公司管理层更容易产生控制幻觉,高估自己的能力而低估失败的可能性。

Graham 和 Harvey 在他们 2001 年发布的 CFO(首席财务官)调查中,直接证明了管理层在决策中存在心理偏差。在华尔街技术泡沫即将被刺破的 1999 年第二季度,仍然有 70% 的 CFO 认为他们公司的股票价值是被低估的。在 Ben-David 和 Harvey(2007)的研究中,他们发现仅有 38% 的 S&P500 指数收益率落在 CFO 预测的 80% 置信区间中,因此他们同样得出 CFO 在错误校准的层面上存在过度自信的结论。

专栏 7.3 管理层过度自信与薪酬合同设计

Gervais 和 Odean 在他们的文章中曾提出过一种模型,他们假设公司本身是知道自己雇用的管理层是否具有过度自信的特征,并且设计不同的薪酬合同来适应管理层的过度自信特征,以最大限度地获取管理层劳动的经济剩余(economic surplus),降低代理成本,即"利用"管理层的过度自信。在他们的模型中,适度的过度自信是有利于公司的。

适度的过度自信带来的好处主要有两个:对于轻微过度自信的管理层来说,公司可以通过让薪酬曲线更加平滑(减少曲线的凸性)来增加公司的价值。和理性管理层相比,较少的绩效薪酬(如红利、股票、期权等)就可以激励过度自信管理层去执行那些能够增加公司价值的风险项目,过度自信使得公司对管理层的激励更加"便宜"。除此以外,过度自信还能够激励管理层付出更多的努力,因为过度自信的管理层高估了自己的努力能给风险项目带来的收益,而这也进一步增加了投资项目成功的可能性。

如果管理层是极度过度自信的,那么相反地,公司就要提供很高的绩效薪酬(薪酬曲线变得非常凸)来雇用这样的管理层,将风险大量转移到管理层身上。

管理层的过度自信程度和公司本身的特质以及薪酬合同是相匹配的。理性与轻微过度自信的管理层更可能在更安全、多元化、高价值的公司中工作,他们的薪酬曲线显得更加平滑;而高度过度自信的管理层则可能被更高的绩效薪酬(convex compensation contract)吸引,从而在那些高风险、业务单一的成长性公司中工作。

资料来源:GERVAIS S,HEATON J B,ODEAN T. *Overconfidence,compensation contracts,and capital budgeting*[J]. *Journal of finance*,2011,66(5):1735-1777.

那么管理层的过度自信程度应该怎么衡量呢?虽然前面提到的过度自信水平测量方法也可以应用到公司高管身上,但是作为金融研究中一类特殊而重要的群体,人们总是希望能有一些特定的方法来衡量他们的过度自信水平。衡量高管过度自信程度最普遍的方法之一就是从高管对自己持有的公司股票期权的处理决定和持股变化情况出发的。股权激励已经成为最普遍的激励政策之一,高管们收到的期权通常在执行时间上有所限制(vesting period),当持有期满足规定时,他们才可以自由处理期权。因为高管所持有的公司股票期权受公司经营风险的影响,因此出于分散风险的考虑,理性的管理者应该及早地执行期权,将预期收益转化为实际收益。而过度自信的管理者则因为高估了公司未来的表现,从而会更愿意持有期权,将自己暴露在公司特定风险下(不同于外部投资者,高管人员无法通过交易自身拥有的公司股权或是卖空股票来对冲风险)。因此,如果高管在限制执行期结束之后,继续持有实值期权而不执行,那么可以认为他是过度自信的。同样地,如果高管人员在一个行权期间内增持股票,那么说明其预期股票价格有较大可能上升,表现出过度自信。但是,由于目前我国上市公司股权激励政策还不完善,很大地限制了这个指标的应用。此外,也有学者用业绩预测偏差程度和高管薪酬集中程度等作为过度自信水平的代理变量。在我国,国家统计局公布的企业景气指数[①]也是一个较为常用的指标。

管理层过度自信的主要指标和代表性文献如表 7.1 所示。

表 7.1 管理层过度自信的主要指标和代表性文献

指标	文献
自愿持有企业股票和期权的倾向	MALMENDIER U,TATE G A. *CEO overconfidence and corporate investment*[J]. *Journal of finance*,2005,60(6):2661-2700
业绩预测偏差程度	LIN Y,HU S,CHEN M. *Managerial optimism and corporate investment: some empirical evidence from Taiwan*[J]. *Pacific-basin finance journal*,2005,13(5):523-546
消费者情绪指数	OLIVER B R. *The impact of management confidence on capital structure*[J]. *Social Science Electronic Publishing. SSPN working paper*,2005(791924)
企业景气指数[①]	余明桂,夏新平,邹振松. 管理者过度自信与企业激进负债行为[J]. 管理世界,2006(8):104-112
高管薪酬集中程度	HAYWARD M L,HAMBRICK D C. *Explaining the premiums paid for large acquisitions: evidence of CEO hubris*[J]. *Administrative science quarterly*,1997,42(1):103-127. 姜付秀,张敏,陆正飞,等. 管理者过度自信、企业扩张与财务困境[J]. 经济研究,2009(1):131-143
主流媒体对管理者的评价	MALMENDIER U,TATE G. *Who makes acquisitions? CEO overconfidence and the market's reaction*[J]. *Journal of financial economics*,2008,89(1):20-43. MALMENDIER U,TATE G A,YAN J. *Overconfidence and early-life experiences: the effect of managerial traits on corporate financial policies*[J]. *Journal of finance*,2011,66(5):1687-1733.
管理者个人特征	余明桂,李文贵,潘红波. 管理者过度自信与企业风险承担[J]. 金融研究,2013(1):149-163

---

① 企业景气指数是通过对部分企业负责人定期进行问卷调查,并根据他们对企业经营状况及宏观经济环境的判断和预期来编制的指数,从而能够比较直观地反映特定企业管理者对自身企业的预期,是一个主观判断的过程,与过度自信的表现比较一致。

2. 过度自信与公司决策

管理层的过度自信,特别是 CEO 的过度自信,对公司的投资和融资决策都有着很大的影响。这部分内容将会在本书第 12 章行为公司金融章节做详细的介绍。

1) 公司投资对现金流的敏感性

在实际中,人们会发现公司投资和自由现金流之间存在正相关关系。当公司内部资金充足时,公司投资会增多;而当公司面临财务限制时,投资会显著减少。根据公司金融理论,只要是净现金流为正的投资,都应该被执行,与这一资金是来自公司内部还是外部无关。现金流的限制使得公司所做的投资决策不是最优的,这实际上是一种投资扭曲的异象。

管理层与股东利益不一致和公司内部与资本市场之间信息不对称是这一投资扭曲现象的两个传统解释:第一,根据代理理论,为了获取自己的私人利益,经理人会进行过度投资。相较于外部融资,内部充足的自由现金流为经理人进行利己的投资提供了更大的方便,因此造成了这一投资扭曲。第二,在信息非对称的情况下,如果公司股票是被低估的,那么经理人为了防止股票被稀释,就会尽量减少外部融资(如增发股票)。这时,自由现金流的增多就会增加公司投资,降低投资扭曲。

除了以上这些理性解释外,管理层过度自信也能够解释企业投资扭曲现象。公司 CEO 和市场对公司价值的看法影响了公司的投资。与代理理论不同的是,行为金融理论认为过度自信的管理层与股东利益是一致的,并且他们愿意自己投资于公司股票。过度自信的 CEO 会系统性地低估投资风险而高估投资项目的回报,因此如果他们有充足的内部资金而不必受到资本市场的约束,他们就会有过度投资的倾向①,其中一些投资项目对于投资者来说甚至可能是不利于公司价值增长的。但是,如果他们没有充足的内部资金,他们将不愿意发行新的股票,因为他们认为公司的股票是被市场低估的,因此公司的投资就会受到一定程度的限制。然而究竟公司投资会受到怎样的影响则取决于对投资项目的过度自信和对公司本身的过度自信这两种力量的平衡作用。对于过度自信的 CEO,投资的标准不是客观的净现金流水平而是他们内心对投资和收益的主观判断,因此造成了投资扭曲。

实证研究也证明了管理层过度自信假说的正确性,Malmendier 和 Tate(2005)通过构建多个 CEO 过度自信的代理变量对此进行了验证。他们对 CEO 过度自信水平的测度与表 7.1 提到的基于经理人主动持有可执行期权的意愿的测度类似,他们还考虑了这种行为的持续性以及他们在期权上的盈利和损失。他们对投资水平与现金流、CEO 过度自信水平以及现金流和过度自信水平的交互项进行回归,结果显示投资对现金流的敏感度与管理层过度自信之间存在强烈的正相关,即使采用不同的过度自信测度方法结果也依然稳健。这样的结果不仅验证了管理层过度自信对投资扭曲现象的影响,也给传统的股权和期权激励方式打了一个大大的问号。对于过度自信的管理层来说,这样的激励可能是

---

① 过度自信的管理层会高估投资项目未来的现金流收入,而低估折现率(项目资金的成本),使一些本来 NPV(净现值)为负的项目可能成为 NPV 为正的项目,从而,导致过度投资于一些本来应该被拒绝的价值毁灭(value-destroying)项目。

无效的,甚至可能进一步加大投资的扭曲。

2) 兼并收购

已经知道管理层的过度自信会对公司投资决策产生影响。心理学家指出人们在认为事件结果受自己控制或者为某件事付出很多努力时更容易表现出过度自信,而兼并收购同时符合以上两个标准,接下来将具体地考察过度自信到底是怎样影响兼并收购决策的。

假设 CEO 过度自信普遍存在,那么在并购中,CEO 的过度自信到底发挥了怎样的作用？Malmendier 和 Tate 在 2008 年的研究试图回答这个问题。过度自信的 CEO 会高估项目的预期收益和自身的能力,在公司并购中,他们表现出"自我感觉良好"的心理现象,认为他们管理企业的能力比目标公司要强,导致他们产生能控制结果的错觉而过低地估计并购失败的概率。但是他们同时也会认为自身公司是受外界低估的。第一个因素使得管理层更多地参与兼并收购,而第二个因素则使管理层不愿意通过外部融资来参与兼并收购。因此从理论上来说,管理层过度自信对兼并收购的影响是不确定的。

延伸阅读 7.1 过度自信与财务误报——滑坡理论

一项美国的研究显示,在 49 家于 1990—2000 年违反美国证券交易委员会(SEC)会计与审计起诉公告(AAERs)的公司中,只有 25% 被定义为诈骗,而大多数(75%)则只被定义为财务误报(misreporting)。事实上,公司的财务误报可能与公司管理层的过度自信有关。

首先,过度自信的管理层会倾向于延迟损失确认并采取相对宽松的财务准则。在初期,过度自信的经理人高估了公司未来的收益,但是此时公司的财务误报通常是比较微小且无意的。但是在接下来的一段时间里,不理想的财务状况(收益实现不佳)则进一步加强了财务误报。一方面,过度自信的经理人依然对公司未来表现保持着过度的乐观,并相信公司未来的收益会越来越接近预期,从而产生了进一步的误报。另一方面,经理人可能意识到了财务误报,但是却不得不有意地通过加大误报的方式来掩盖误报的事实。每一期的过度乐观都会加强财务误报的程度,最终误报扩大至足以引起美国证券交易委员会的注意。这就是滑坡理论(slippery slope)。

事实上,不仅是在美国,即使在中国,管理层过度自信也与会计政策的稳健性有着很大的相关性。研究发现,过度自信的管理层会采取稳健性较低的会计政策,逻辑与滑坡理论相似。一方面,过度自信的管理层会高估项目价值,从而产生过度投资,甚至投资于一些净现值为负的项目,而管理层为了掩饰自己的错误,可能会采取提前确认收入、延迟确认损失、低估损失的会计政策。另一方面,过度自信的管理层也可能会低估融资风险而选择激进的融资方式,让公司面临更大的财务困境风险,加大未来融资难度和成本,从而迫使管理层采取不稳健的会计政策。由于国有企业存在所有者缺位和债务软约束的情况,国有企业提供稳健性会计信息的动力不足,管理层过度自信对会计稳健性的影响比民营企业更强。

资料来源:SCHRAND C M,ZECHMAN S L. *Executive overconfidence and the slippery slope to financial misreporting*[J]. *Journal of accounting and economics*,2012,53(1):311-329.

Malmendier 和 Tate 采用经理人持有可执行公司期权的意愿来作为过度自信的代理变量。研究发现,过度自信的 CEO 进行并购的可能性要比非过度自信的 CEO 高 65%,并且当公司内部资金充裕时(不需要外部融资),这种效果更加显著。两种因素对并购频率的影响与市场对公司的估值有关,当公司的市场估值较高时,第一个因素,即低估并购失败概率起主要作用,即使需要外部融资,管理层也愿意参与并购。他们发现市场对过度自信经理人参与的兼并收购的反应也更加激烈。当宣布兼并收购公告时,过度自信经理人所在公司的股价下跌 90 个基点,而对非过度自信的经理人,市场的反应仅为股价下降 12 个基点。

经理人过度自信对兼并收购的影响主要有:第一,增加兼并收购频率,特别是当公司内部资金充裕时,过度自信的作用更加明显;第二,因为过度自信的经理人高估了兼并收购带来的协同效应,他们更有可能执行不利于公司价值的兼并收购,并且高估目标公司的残留价值,当目标公司有较强的议价能力或者出现了其他竞争对手时,他们可能会出价过高;第三,当公司财务紧张时,过度自信对投资的敏感性影响更大,管理层可能因为不愿意借助外部融资而错过好的兼并收购机会;第四,公司决策者在并购活动中可能低估企业文化冲突的破坏作用。

延伸阅读 7.2　管理层的过度自信与创新

我们可以发现大多数的研究都表明管理层过度自信会损伤公司价值,但是为什么过度自信的管理层会受到提拔并且广泛地存在,为什么高增长的公司更喜欢聘请过度自信的 CEO?过度自信的管理者会更多地参与高风险的投资项目,在一定程度上可以提高投资收益,增加股东权益。在 Hirshleifer 等(2012)的研究中,他们给出了另一个可能的解释:过度自信的 CEO 有利于公司创新。

过度自信的 CEO 对高风险、有挑战性的项目更有热情,而企业的创新项目,不管是创新商业模式还是开发新的技术和新的产品或服务,都是符合这些特征的。Hirshleifer 等研究者通过研究 1993 年到 2003 年 CEO 过度自信与公司创新的关系,发现过度自信 CEO 所在的公司在创新方面投入更多(以 R&D 费用衡量),获得了更多的创新产出(以专利数衡量),其股票的收益波动性也更大。在考虑到管理层过多地投入研发,获取专利可能并不能转化为实际生产力以使公司价值增加,他们控制研发投入不变,结果发现过度自信管理者所在的公司仍然在专利数方面表现出优势,即管理层过度自信有利于提高创新效率。他们认为这是因为理性的风险厌恶管理者可能会错过一些高风险的项目,而过度自信能够鼓励适当的风险承担。并且过度自信的管理者更能够发掘公司潜在的成长机会,并将其转化为公司价值。但是,这样的积极作用只发生在创新性行业。这是因为过度自信的作用具有双面性,它既能够促进企业创新、增加公司价值,也会导致过度投资从而损害公司价值。创新性行业的公司内部有着较强的发展动力和较多创新机会,因此管理层过度自信对公司价值的积极作用能够凸显。而对于缺乏发展机会的传统行业,它的消极作用就更加显著。

国内也有学者研究过类似的问题。过度自信管理者所在企业的风险承担水平更高,具体表现为三个方面：第一，过度自信的管理者在选择投资项目时表现出一种"困难效应"，他们对自己的才能过度自信，认为只有复杂而有挑战的项目才能和他们的才能相配。第二，过度自信的管理者对投资环境过度乐观，高估成功的概率，低估项目成本，他们更愿意投资于风险项目，因为他们并不认为这些项目风险过大。第三，过度自信能够缓解代理问题，过度自信激励管理者承担更多风险，使他们表现得更为积极主动，这和股东的利益实际上是一致的。而创新活动总是和风险相联系，更有学者提出"风险承担是经济持续增长的根本动力之一"。

有学者发现过度自信的管理者能够减少不确定性风险对 R&D 投资的负向影响。创新决策的制定和实施，不仅需要管理者本身有较高的能力，也需要他们更具有冒险精神。在高不确定性的情况下，管理者的过度自信能够增强研发对于企业价值的提升作用，他们对于高风险的偏好缓解了企业创新投入不足的情况，从而带来企业价值的提升；而对于处于低不确定性情况的企业，这种效果并不明显，这些企业所处的环境较为稳定，对创新的需求没有那么强，过度自信管理者的非理性特征反而可能在一定程度上损害企业价值。

资料来源：HIRSHLEIFER D A, LOW A, TEOH S H. *Are overconfident CEOs better innovators*[J]. *Journal of finance*, 2012, 67(4): 1457-1498.

余明桂，李文贵，潘红波. 管理者过度自信与企业风险承担[J]. 金融研究，2013(1): 149-163.

ACEMOGLU D, ZILIBOTTI F. *Was prometheus unbound by chance? Risk, diversification, and growth*[J]. *Journal of political economy*, 1997, 105(4): 709-751.

课程实验指引

过度自信水平主要通过心理实验来测试获得。对于有兴趣进一步在实验方面了解过度自信的同学，可了解以下实验设计指引。

1. 实验方法确定

过度自信因为其表现方式的不同，有不同的测度方式，其中最常用的是以错误校准为标准测度的过度自信程度。在一般的研究中，过度自信是作为影响投资者行为的一种因素引入研究的。例如，在研究过度自信与交易量的关系、过度自信对收益率的影响中，需要通过实验来测度过度自信水平。根据理论模型中对过度自信的定义，应该选择与其定义最接近的测度方法，以使得实验数据能够真正反映理论模型。当然，在无法确定最优测度方法，或者希望检验不同测度方法下的过度自信对结果的影响（如稳健性检验）的时候，可以通过实验获得不同的过度自信指标（如错误校准、控制幻觉、自我感觉良好等）。

2. 实验设计

实验通过问卷来获取个体的相关心理状态，并通过相关的计算进一步确定过度自信的指标值。通常衡量过度自信的问卷不会作为一个单独的研究内容出现，它可能与股票模拟交易实验一起出现。问卷的内容设计与问卷的对象密切相关，问卷内容要根据不同的对象进行相应的修改。

1) 错误校准

错误校准主要是指人们对于自己的知识能力以及私人信息的准确性给予过高评价。

这里将采用置信区间问题任务法对实验被试的错误校准程度进行测量,一般实验中会设置 10~20 道题目。问卷中,实验被试被要求就一些常识性的问题给出 90% 的置信区间。90% 置信区间的含义是他认为正确的值有 90% 的可能性落入他所给出的区间,若正确答案包含于该区间内,则认为实验被试回答正确。90% 只是一个比较常用的置信度,也可以根据自己研究的需要而改变置信度。

整个置信区间问题任务共有 20 道问题。通过统计 20 道题的正确率,可以得出实验被试错误校准的程度。实验被试的错误校准程度为 1 减去实验被试的正确率(如若实验被试回答对了 8 道题,其正确率为 0.4,则错误校准程度为 0.6)。根据 90% 的置信区间可知,如果实验被试的错误校准程度为 0.1,则他的自信水平是适当的,既没有表现出过度自信,也没有表现出自信不足。数值越大,说明实验被试的错误校准程度越高。问卷中的 20 道题目如表 7.2 所示。

表 7.2 置信区间问题任务法题目参考

题目	区间下界	区间上界
1. 2010 年的世界人口相比 2000 年增长了多少/%		
2. 牛顿发现万有引力的年份		
3. 东方明珠塔的高度/米		
4. 联合国的国家数量		
5. 太阳的寿命/亿年		
6. 人体共有多少块肌肉		
7. 2012 年中国人口的老龄化率/%		
8. 世界陆地面积约为多少万平方公里		
9. 中国的南北跨度是多少公里		
10. 亚洲象的平均寿命/年		
11. 莫扎特第一首交响乐诞生的年份		
12. 欧盟的成员国数量		
13. 希腊在 1896 年本土举办的第一届夏季奥运会中获得的金牌数		
14. 2012 年全球森林覆盖率/%		
15. 古龙的小说数量		
16. 2010 年回族的人口为多少万人		
17. 大西洋的最深处为多少米		
18. 马拉松世界纪录为多少分钟		
19. 爱因斯坦提出狭义相对论的年份		
20. 北约的成员国数量		

2) 控制幻觉

控制幻觉主要是指过高预期了利于自身情况发生的可能性,从而产生一种能够对周围事物发生控制的错觉。这里对控制幻觉程度的度量将采用两道问题。实验被试被要求用 1~5 表示对以下两个问题的同意程度(1~5 分别表示从完全不同意到完全同意)。设置的两道题目如下。

(1) 我买的股票将来不会表现不佳。

(2) 我不知道哪些股票未来的表现会在平均水平之上。

实验被试的过高估计程度为问题(1)的得分减去问题(2)的得分,数值越大,表明过高估计程度越高,数值为 0 时表示实验被试具有合适的自信水平。

除了上述的方式以外,也可以直接取各问题得分的平均值作为实验被试的过高估计程度,但是相应地,设置的问题要进行一定的改变。以下是一些可选的题目:

(1) 我的估值是完全正确的。

(2) 对我来说专注于自己的目标并且实现目标非常容易。

(3) 不管发生什么事,我都可以解决。

3) 自我感觉良好效应

自我感觉良好效应主要涉及自己与他人的对比,过度自信的人会认为自己比平均水平更加聪明或者优秀。首先介绍与股票模拟实验相结合的衡量方法,这里采用直接询问实验被试对自己在模拟股票交易实验中的排名预期的方法来衡量他们自我感觉良好效应的程度。

在这次实验中,实验被试将参与一个由 5 人组成的模拟股票市场,经过 10 轮交易后,会产生一个根据初始现金与最终现金计算得出的收益率。在模拟股票交易实验之后,通过以下问题获得实验被试自我感觉良好效应的程度:

你认为会有几个人的收益率高于你(请在 0~4 之间进行选择)。

实验被试过度自信程度为 4 减去实验被试对于这道问题的回答。假如实验被试觉得自己的表现是在平均水平之上的,则他的回答将是 0~2,其过度自信程度将为 2~4;假如实验被试认为自己的表现是在平均水平之下的,则他的回答将是 3~4,其过度自信程度将为 0~1,表现为自信不足。因此数值越大,则实验被试的过度自信程度越高。

当然除了上述的问题以外,也可以有其他形式的问题,但最关键的是一定要涉及与他人的对比。例如,Glaser 和 Weber(2004)在他们的研究中设计的衡量自我感觉良好效应的问题。

(1) 你认为在你所在的经纪公司中,有多少顾客比你拥有更好的发现优质股票的技能?(给出百分比)

(2) 在你所在的经纪公司中,有多少顾客在过去 4 年间的股票收益高于你?(给出百分比)

实验被试的过度自信水平定义为 $\frac{50-\text{answer}}{50}$,取两题得分的平均数作为最终的得分。若最终得分为正值,则表明实验被试存在过度自信,数值越大,过度自信程度越高;若最终得分为负值,则实验被试存在自信不足。

本章小结

(1) 过度自信是指对自己的知识和能力有过高的估计,过度重视自己所拥有的信息而忽略市场上或者他人的信息,或者认为自己能够掌控未来的事件。

(2) 过度自信存在多种表现形式,主要包括错误校准、自我感觉良好效应、控制幻觉与过度乐观。

(3) 自归因偏差、后视偏差和确认性偏差是过度自信产生的原因。

(4) 过度自信会影响投资者的决策过程,并对判断、估值和决策阶段产生不同的影响。

(5) 过度自信会导致过度交易,并导致投资组合收益的下降。

(6) 过度自信也会导致投资组合的分散化不足和处置效应等问题。

(7) 公司管理层也会表现出过度自信的特点,可以用管理层愿意持有可执行实值公司期权的倾向来衡量管理层的过度自信程度。

(8) 过度自信的管理层可能会导致过度投资以及过多地参与兼并收购活动。

1. 明确下列概念的意义并进行区别:
过度自信、错误校准、自我感觉良好效应、控制幻觉与过度乐观。
2. 请解释为什么过度自信会导致过度交易。
3. 为什么过度自信的投资者能够在金融市场中长久地存在?
4. 请举例说明管理层过度自信对公司投资决策会产生什么影响?

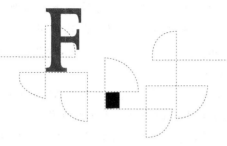

第 8 章

过度反应

 引导案例:Facebook 数据泄露丑闻引发的过度反应[①]

2018 年 3 月 16 日,Facebook 公司被曝有超过 5 000 万名用户(接近 Facebook 美国活跃用户总数的 1/3,美国选民人数的 1/4)的资料曾在 2016 年总统大选期间遭剑桥分析公司(Cambridge Analytica)非法用来发送政治广告,对用户进行定向宣传。

Facebook 数据泄露丑闻被曝光后的第一个交易日,即 2018 年 3 月 19 日,Facebook 股价大跌 6.77%,市值缩水 360 多亿美元;3 月 20 日,Facebook 股价继续下跌 2.56%;3 月 22 日,Facebook 创始人马克·扎克伯格发表声明,承认平台曾犯下的错误。Facebook 的股价继续下跌,市值在一周之内缩水 600 多亿美元,如图 8.1 所示。

图 8.1 Facebook 股价日 K 线图

资料来源:Facebook 的股价信息来自新浪财经网。

[①] 本部分主要参考新浪科技 2018 年 3 月 22 日的新闻《华尔街:股市对 Facebook 数据泄露丑闻反应过度》。

股票市场对 Facebook 数据泄露事件的反应是否过度了呢？数据泄露事件到底会对 Facebook 公司的前景产生多大的影响？事实上，许多分析师认为数据泄露事件不会对 Facebook 产生太大影响。因为 Facebook 的用户规模多达 21 亿，而且很多用户已经对 Facebook 产生依赖，即使有丑闻曝出，Facebook 流失的用户也只是少数，如此庞大的用户规模依然会吸引广告主，Facebook 的广告收入不会减少。

许多投资人士认为，股票市场对 Facebook 数据泄露事件过度反应。Altimeter 资本管理公司创始人兼 CEO 布拉德·格斯特纳认为 Facebook CEO 马克·扎克伯格和雪莉·桑德伯格是"全球科技行业最优秀的管理团队之一"，建议买入该公司的股票。著名投资人、Legg Mason 资产管理公司基金经理比尔·米勒也认为 Facebook 的股价"太便宜"。加拿大皇家银行资本市场高级科技分析师马克·马哈尼也认同这种看法，他认为此事"基本不用担心"。他还表示，关于监管的担忧已经基本体现在股价中，而广告主可能在未来一年增加在 Facebook 上的开支。[①]

Facebook 的股价在 2018 年 4 月之后一路走高，这也表明股票市场对于数据泄露丑闻确实过度反应了。在资本市场，过度反应现象非常常见，投资者对于新信息的反应很难完全理性，容易受到情绪的影响。本章将从过度反应的界定、过度反应的心理学解释、过度反应的理论模型、实证检验和交易制度对反应过度的影响这些角度对过度反应现象进行详细的介绍。

8.1 过度反应的界定

过度反应（overreaction），或者说反应过度，是指某一事件引起证券价格剧烈变动，超过预期的理论水平，然后再以反向修正的形式回归到其应有价位上的现象。投资者面对突然的或未预期到的事件时，倾向于过度重视眼前的信息并轻视以往的信息，从而引起股价的超涨或超跌，一段时间后投资者能够合理评价、修正事件影响时，股价便会反向修正。

过度反应是证券市场的异象之一，是行为金融领域的重要命题。根据 Fama 的有效市场假说，在一个有效率的市场中，证券的价格充分反映了所有可获得的信息，证券的价格等于其内在价值，即预期未来现金流的折现价值。De Bondt 和塞勒（1985）提出的过度反应假说对有效市场理论构成了严峻挑战。De Bondt 和塞勒对美国股市长期回报率的过度反应问题进行了系统的研究，他们将 1926 年至 1982 年所有在纽约股票市场上市的股票根据过去 3 年的累计超常收益率进行排序，将过去 3 年表现最好的 35 只股票与表现最差的 35 只股票分别形成两个投资组合，称为"赢家组合"与"输家组合"，然后考察这两个组合在随后 3 年中的表现。研究结果表明，在样本期间内，输家组合的超常收益率比赢家组合平均每年高约 8%，3 年累计高达 25%。德博特和塞勒认为过度反应是相对于合适的反应而言的，在此合适的反应是指理性的投资者在对信息一致无偏的基础上使用贝叶斯原则所

---

① 本部分主要参考新浪科技 2018 年 3 月 22 日的新闻《华尔街：股市对 Facebook 数据泄露丑闻反应过度》。

作出的反应和行为。过度反应的产生在于投资者并没有使用贝叶斯原则进行客观的信念和行为调整,而是在忽视历史基率的情况下高估新信息的重要性,导致市场价格与基本价值产生过高或过低的偏离。

继 De Bondt 和塞勒的研究之后,有关过度反应的研究越来越多。随着研究的深入,学者发现市场不仅存在过度反应现象,也存在反应不足(underreaction)现象。Jegadeesh 和 Titman(1993)研究发现美国股票市场上单个股票的收益在 3～12 个月的期间内,表现出趋势的连续性,即购买过去几个月中表现良好的证券,同时卖出表现糟糕的证券可以获取超常收益。Barberis,Shleifer 和 Vishny(1998)从价格在利好消息和利空消息到达后的反应趋势出发,对过度反应和反应不足进行了界定。

设在每一时期 t 均有消息 Z 到达,其为

$$Z_t = G(好消息) 或 Z_t = B(坏消息)$$

反应不足是指除最初的反应后,股价的平均收益在利好消息到达的一段时间内比利空消息到达的同样时间内要高的现象,即

$$E(r_{t+1} \mid Z_t = G) > E(r_{t+1} \mid Z_t = B)$$

根据模型假定,新的消息是在 t 期到达的,$t+1$ 期并没有新的消息,因此如果市场是有效的,无论 t 期有好消息还是坏消息,股价在 t 期会完全反应该消息,而在 $t+1$ 期应该没有任何反应,即 $E(r_{t+1} \mid Z_t = G) = E(r_{t+1} \mid Z_t = B)$。然而,$E(r_{t+1} \mid Z_t = G) > E(r_{t+1} \mid Z_t = B)$ 表明在好消息到达后的第二期,股价继续有正向反应,收益大于坏消息到达后的第二期。这意味着在 t 期股价对新消息的反应不足,在随后会进行部分的修正,价格在当期并没有立即充分地调整到位,消息是逐步反映到价格中的。

过度反应则是指随着利好消息的到达,在 $t+1$ 期股价的平均收益低于利空消息到达后的平均收益的现象,即

$$E(r_{t+1} \mid Z_t = G) < E(r_{t+1} \mid Z_t = B)$$

这表明当利好消息公布后,投资者将会对未来的利好消息保持更高的预期,从而导致股价远远地偏离基本面,形成过度反应。这种过度反应在随后出现反转和修正,所以在好消息到达后的 $t+1$ 期,股价的收益低于坏消息到来后的第二期。

一般来讲,如果股价在变化趋势上存在正的收益自相关性,表明价格对于新信息存在反应不足,而如果股价在变化趋势上存在负自相关性,表明价格对于新信息存在过度反应(后期价格是对前期价格的修正)。

Daniel,Hirshleifer 和 Subrahmanyam(1998)进一步地指出,股价短期存在正的自相关性可能是持续过度反应的结果,从而短期的正自相关性与长期的负自相关性相一致。价格的过度反应和反应不足是相对于均衡价格而言的。当消息到达后,如果价格变化至超过均衡价格,随后向均衡价格方向进行修正,则表明价格对消息反应过头,存在过度反应现象。而当消息到达后,如果价格没有到达均衡价格,随后继续向均衡价格方向靠近,则表明价格对消息反应缓慢,存在反应不足的现象。如图 8.2 所示。

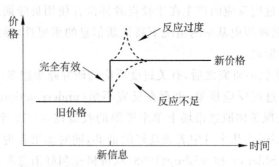

图 8.2　市场对信息的各种反应

专栏 8.1　动量策略和反转策略

学术研究发现股票价格具有短期的动量效应和长期的反转效应,即在短期内股票价格具有延续原来的运动方向的趋势,而在长期内具有发生反转的趋势。行为金融理论把动量效应归因于反应不足,把反转效应归因于反应过度。动量效应和反转效应在股票市场比较常见,投资者利用动量效应构造动量策略,通过在短期内买入过去收益率高的股票,卖出过去收益率低的股票获利;投资者利用反转效应构造反转策略,通过在长期内买入过去收益率低的股票,卖出过去收益率高的股票获利。

动量策略和反转策略的一般步骤:①选择一个时间长度作为业绩评价期,即投资组合的形成期。②先计算形成期各样本证券的收益率,并根据收益率大小进行排序,然后分成若干组,其中收益率最大的一组称为赢家组合,收益率最小的一组称为输家组合。③形成期之后或间隔一段时间后,再选一个时间长度,作为投资组合的持有期。动量策略是买入赢家组合同时卖空输家组合,反转策略是买入输家组合同时卖空赢家组合。④不断重复上述步骤,最后计算动量策略/反转策略各持有期的回报率均值及 t 统计值,如果 t 值表明投资策略的回报率显著大于 0,则投资策略成功。

8.2　过度反应的心理学解释

目前已有一些学者从心理学的角度考察过度反应,研究表明,较多已被证实存在的心理偏差都与过度反应或反应不足具有一定的相关性。

1. 启发式偏差

德博特和塞勒等学者从行为金融的角度对过度反应现象作出解释,其理论基础是特沃斯基和卡尼曼提出的启发式偏差。特沃斯基和卡尼曼(1974)从实验心理学的角度考察人们在风险环境下的决策行为,认为人们在不确定条件下会采用启发式的思维方法。启发式就是根据以往经验对当前情况作出判断,启发式有时能帮助人们快速地作出准确的判断,但有时会导致判断的偏差。启发式偏差主要有三种:代表性偏差,可得性偏差,锚定和调整。

代表性偏差是指投资者并非按照贝叶斯规则对新信息作出合理反应,而是倾向于对最近的信息赋予更多的权重,而对整体的基率(base rate)数据赋予较低的权重,这样预测结果将出现很大的偏差,从而导致投资者对最近信息的过度反应。

可得性偏差是指投资者在进行概率估计时,倾向于认为容易想起的事件比不容易想起的事件更常见(容易想起的事件的可得性高),并由此推断可得性高的事件的发生概率大于可得性低的事件。例如,人们对于常见的热门股票可能更易产生过度反应。

锚定是指当人们需要对某个事件做定量估测时,会将某些特定数值作为起始值,起始值像锚一样制约着估测值。在做决策的时候,人们会不自觉地给予最初获得的信息过多的重视。如果投资者进行进一步评价时的判断标准受到当前观测值的影响而被固定,他们对新信息作出的调整往往并不充分,从而可能表现出对消息的反应不足。

2. 保守主义与损失厌恶

Barberis,Shleifer 和 Vishny(1998)认为,保守主义是引起反应不足的重要原因。保守主义是指相对于过去的信息而言,投资者具有低估新信息的倾向,从而不能及时根据情况的变化修正投资预测,这容易导致反应不足。

另外,投资者反应不足的心理学解释还可能是损失厌恶。在损失厌恶偏差的影响下,投资者对损失的敏感程度高于获利,从而趋向于长期地持有亏损的投资,同时又过快地卖出获利的投资。因而当利空消息到达时,价格可能在投资者损失厌恶的影响下表现出反应不足。

3. 过度自信与自归因偏差

Daniel,Hirshleifer 和 Subrahmanyam(1998)认为过度自信和自归因偏差是导致股价短期动量和长期反转的原因。投资者的过度自信,表现为对自身经验预测能力和知识的过高估计。投资者对私有信息的过度自信导致价格的过度反应。

同时,投资者受到自归因偏差的影响,往往倾向于将有利的结果归于自己的能力,进一步助长自信情绪,而将不利的结果归因于外部因素,并不影响其信心水平,从而可能导致价格形成连续的过度反应。

4. 有限理性

Hong 和 Stein(1999)从有限理性的角度解释了过度反应和反应不足现象。他们将市场参与者分为两类:一类是"消息观察者"(new watchers),只根据私人信息判断未来,不依据过去的价格;另一类是"动量交易者"(momentum traders),只根据最近的价格判断趋势。私人信息是逐渐传播开的,因此"消息观察者"的价格反应也是逐渐的、反应不足的,形成了动量效应。这时"动量交易者"参与进来,加深了动量效应,这也孕育着过度反应的发生。

有限理性的投资者不具备处理全部信息的能力,只能处理信息的不同子集。处理不同信息子集的投资者的相互作用,可能导致价格的过度反应和反应不足。

5. 后悔心理与信念坚定

投资者在作出选择时往往会考虑到该选择可能会带来的后悔程度,投资者(包括基金经理)会倾向于买入或卖出别人都在买入或卖出的股票,从而在某些股票上形成过度反应。

而投资者一旦形成某种观念后,就会在较长时间内坚守这种观念。在信念坚定偏差的影响下,投资者不愿意接触与观念相反的信息,而且一旦投资者接触到该类信息,将采取忽视和怀疑的态度。因此,对新的信息投资者可能反应不足。

由此可见,投资者在现实中受到多种偏差因素的影响,但投资者究竟受到何种因素的影响以及多大程度的影响,与投资者个体不同的特质及其所处的不同市场环境密切相关。

专栏 8.2　坏消息比好消息更让人过度反应

卡尼曼等提出,相比于好消息,人们对坏消息更容易过度反应,恐慌心理使得人们抛售股票,而在熊市阶段,人们受到悲观心态的影响对好消息反应不足。

一些实证研究证实了卡尼曼的观点,但也有一些研究观点与卡尼曼的观点不同。何兴强和李涛(2007)对中国股票市场在牛市与熊市的不同反应进行了研究,他们发现中国股市在牛、熊市阶段对坏消息都反应过度,牛市阶段对好消息反应不足,熊市阶段对好消息比对坏消息的过度反应更明显。

这样的研究结论与中国股市的特点有关,也与研究的时间跨度有关,究竟坏消息是否比好消息更让人过度反应目前还没有定论,但可以确定的是,区分市场对好消息和坏消息的不同反应很有研究意义。

8.3　过度反应的理论模型

针对众多实证检验所揭示的过度反应和反应不足现象,从 20 世纪 90 年代起,行为金融研究者尝试发展理论模型,对过度反应和反应不足现象进行解释。迄今为止,其中最有影响力的模型是 BSV 模型、DHS 模型和 HS 模型。

1. BSV 模型

BSV 模型由 Barberis,Shleifer 和 Vishny(1998)提出,BSV 模型将两种决策偏差纳入投资者的投资行为中,一种是保守主义(conservation),即相对于过去的信息而言,投资者具有低估新信息的倾向,从而投资者不能及时根据情况的变化修正投资预测,导致反应不足。另一种是代表性偏差(representative),即投资者按照小数法则行事,以小样本的性质来判断总体样本的性质,从而过分重视近期数据的变化而忽视总体历史数据情况,导致过度反应。

在 BSV 模型中,假定公司的盈利状况是遵循随机游走规律的,同时模型中的投资者并没有意识到公司的盈利状况是遵循随机游走规律的。投资者趋向于认为公司盈利反复运动在两个区域(regimes)或状态(states)中,在不同的状态下,投资者依据不同的模型对公司盈利进行观察和预测。

投资者认为盈利由以下两种模型决定。

模型Ⅰ:公司盈利围绕一定的均值变化。

模型Ⅱ:公司盈利表现出趋势性的变化。

模型Ⅰ和模型Ⅱ都不是随机游走模型，模型Ⅰ和模型Ⅱ的区别在于其中的盈利变化的可能性不同。在模型Ⅰ中，投资者认为公司盈利的冲击在下一期会朝向相反的方向，即本期盈利的正向冲击极有可能在下期不能持续，从而在下期产生负向冲击。在模型Ⅱ中，投资者认为公司盈利的冲击在下一期仍会继续朝向相同的方向，即本期盈利的正向冲击极有可能在下期继续产生连续的正向冲击。

使用模型Ⅰ进行公司盈利预测的投资者对于公司的盈利公告消息反应强度较低，在某种程度上表现出保守主义的倾向，出现反应不足的现象。使用模型Ⅱ进行预测的投资者由于认为公司盈利将在下期继续增加，对于公司的盈利公告反应强烈，其表现类似于受到代表性启发式偏差的影响，出现过度反应的现象。

与此同时，投资者认为公司盈利的模式将会在两种模型间进行转换，尽管这种转换的概率较小。无论投资者是使用模型Ⅰ还是使用模型Ⅱ来对待本期的公司盈利消息，投资者会利用观察到的公司盈利的连续变化来更新其使用的模型。例如，使用模型Ⅰ的投资者在观察到本期公司盈利的变化与上期相反时，会继续认为使用模型Ⅰ是正确的方式，但当其观察到公司盈利出现连续的两个同方向的冲击后，其可能会逐渐倾向于认为公司盈利变化适合模型Ⅱ，并适时对模型进行更新或转换使用模型Ⅱ。BSV模型引入一些参数来分析投资者在两种状态间的转换概率，并根据转换概率考察了反应不足和过度反应出现的情况。

BSV模型可以用来解释股价在短期内的惯性效应和长期的反转效应。短期：受保守主义影响，表现为反应不足，如对盈利的正向冲击反应不足，股价产生惯性效应。长期：经历一系列的正盈利冲击，投资者会调整自己的保守特征，利用代表性法则推断盈利有增长趋势，不断推高股价，最终股价产生反转。

2. DHS模型

Daniel，Hirshleifer和Subrahmanyam(1998)从信息的角度建立和发展了描述投资者行为的模型，简称DHS模型。DHS模型着重考虑投资者在阐释私有信息而不是公开信息时存在的偏差，该偏差主要有过度自信和自归因偏差。

DHS模型认为在过度自信的影响下，投资者会对私有信息产生过度自信，从而低估私有信息存在的错误性。投资者根据私有信息进行决策和操作，导致股价被推至远离基本面的价格，此后随着包含噪声的公开信息的到来，股价缓慢进行回归，从而产生股价的长期反转现象。在有偏的自归因作用下，当公开信息或事件符合投资者的私有信息时，投资者倾向于将其归结于自身的能力，并导致投资者的自信程度加强；反之，投资者对不符合私有信息的公开信息和事件并不在意，而是将其归结为外部噪声，并在一定程度上继续保持对私有信息的自信，从而导致短期的动量和长期的反转。

DHS模型的阐述主要分为两部分：信心不变时的基本模型和信心受结果影响的情况。

1) 信心不变时的基本模型

在基本模型中，将投资者划分为两种状态：一种是获得信息的有识(informed)投资者，设为I，另一种为没有获得信息的无识(uninformed)投资者，设为U。同时假定有识投资者是风险中性的，而无识投资者是风险厌恶的。

存在四个时期,在时期 0,投资者具有相同的禀赋和一致的先验信念,并各自出于最优化风险转移的目的进行交易。在时期 1,I 获得一个有关标的股票的含噪声的私人信息,并以此与 U 进行交易。在时期 2 和时期 3,一个含噪声的公开信息到达,由此引发了进一步的交易。在时期 4,结论性的公开信息到达,该证券支付了清偿股利。

图 8.3 描述了 DHS 模型的主要内容。粗实线代表信心不变时的价格路径,粗虚线代表有偏自归因影响时的价格路径,细实线代表完全理性预期时的价格路径。在时间 1,知情者得到一个有噪声的私人信息,过度自信导致他对这个信号过度反应,股价高于合理水平。在时间 2,有噪声的公开信息到来,部分地修正偏离的价格,时间 3 另一个有噪声的公开信号到来。在时间 4,确定的公开信息到来,价格完全被修正。图 8.3 的峰和谷之前所对应的部分称为"过度反应阶段",之后的部分称为"修正阶段"。

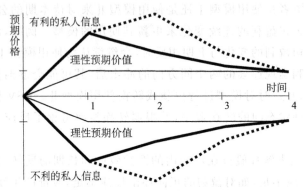

图 8.3 过度自信投资者的时间价格函数

2) 信心受结果影响的情况

DHS 模型进一步讨论了投资者信心受结果影响的情况。来自心理学的证据表明,行为及其导致的产出结果将影响信心水平。事件的结果如果与个体的信念及行为相一致的话,将导致其自信心的强烈增加,而事件的结果如果与个体的信念和行为不相一致,由于受到有偏的自归因的影响,个体的自信心也不会有明显的减弱。

作为一个有识投资者,在起初并不过度自信,只是基于自己的私人信息进行证券买卖。假设其后的公开信息肯定了该投资者的交易,则投资者的信心将会更加强烈,而如果其后的公开信息并不肯定该投资者的交易,则投资者的信心也只会略有降低或保持不变。这意味着,公开信息将增加自信程度而加强过度反应,连续的过度反应将导致在最初的过度反应阶段产生正的自相关性。当公开信息重复到达,从而推动价格回归基本面,最初的过度反应将在长期反转。

将上述过程反映到模型中,就是图 8.3 中虚线部分(图 8.3 中的(0-1)部分和粗实线重合)。如前所述,由于有偏的自我归因,公开信息平均来说增加了投资者的信心,增加了过度反应现象。从而在含有噪声的公开信息到达的时期 2,股价并未得到修正,过度反应得到加强,进一步偏离基本价值,直到重复的公开信息将价格推回基本面。

在 DHS 模型的信心受结果影响的情况下,其结论是:如果投资者的信心改变由有偏的自归因主导,且如果过度反应和修正是逐步的,那么证券价格的变化将表现出无条件的短期滞后的正自相关（动量）和长期滞后的负自相关（反转）。

3. HS模型

Hong 和 Stein(1999)提出了考虑不同交易者作用机制的模型，简称 HS 模型。在 HS 模型中，两个由有限理性的投资者组成的群体进行相互作用，在此有限理性是指投资者只能处理全部可得信息的子集。HS 模型将两个群体分别称为"消息观察者"和"动量交易者"。

"消息观察者"不依赖于过去的价格信息，而是利用有关未来价值的私有信息进行预测。而"动量交易者"则完全依赖最近的价格变化。模型假设私有信息在"消息观察者"中的扩散是缓慢的，也即具有反应不足的倾向，从而在股价上产生动量，此时"动量交易者"察觉到动量，进而进行交易套利，将价格推向极致。

HS 模型的分析主要分为两部分：一是在只有"消息观察者"的情况下，价格对新的信息调整缓慢，在此情况下只存在反应不足而没有过度反应。其原因在于"消息观察者"并不从价格中推断信息，且信息在"消息观察者"中扩散是缓慢的。二是加入"动量交易者"的作用，其以观察过去的价格为条件，利用"消息观察者"造成的反应不足进行套利。在存在有效的风险容忍度的情况下，可以期望其行为将促使市场接近有效。然而，在"动量交易者"只是受限于使用简单的动量策略的情况下，上述直觉判断是不正确的。

当"动量交易者"只能在时期 t 根据时期 $t-2$ 和时期 $t-1$ 的价格变化进行交易时，其利用"消息观察者"引起的反应不足进行套利的结果，将导致最初的向基本面变化的价格最终加速，形成对消息的过度反应，在"动量交易者"是风险中性时尤其如此。

在 HS 模型中，"消息观察者"和"动量交易者"之间存在相互作用的交易机制。当"消息观察者"观察到利好消息时，即进行买入行动，最初的买入产生的价格动量较小，在某种程度上可理解为反应不足。其后，部分"动量交易者"观察到起初的价格动量后立即跟随进行买入，从而引起价格产生更大的变化（动量），对后来的"动量交易者"施加了负面影响，使他们错误地理解为有更多的利好消息到达，导致越来越多的"动量交易者"加入，过多的买入力量推动价格远远超过利好信息所能引起的应有涨幅，产生价格的过度反应，最终价格趋势反转下跌。当"消息观察者"观察到的是利空消息时，价格将向下过度反应，最终反转上升。在 HS 模型中"动量交易者"作为噪声交易者，在其与"消息观察者"的相互作用下，导致价格的反应不足和过度反应。

8.4 过度反应的实证检验

最早提出过度反应的是德博特和塞勒（1985），他们发现美国股票市场存在着过度反应现象。随后，很多学者对过度反应是否存在以及过度反应产生的原因进行了研究。从研究对象来看，一些研究试图检验整个市场是否存在过度反应现象，这类研究多数是参考德博特和塞勒的研究方法，构造输家赢家组合，计算累积超额收益率，再进行分析。沈艺峰和吴世农（1999）就是通过这种方法进行研究的，他们发现我国股票市场不存在过度反应现象。Chopra 等（1992）基于股票以往 5 年的收益率构造赢家组合和输家组合，发现在随后的5年输家组合比赢家组合的收益率高,这证明过度反应现象存在,他们还发现小公司的过度反应现象比大公司严重。

另外一些有关过度反应的研究是针对某类特定的事件,这些研究通常使用事件研究法(event study),检验某类特定事件是否引起了市场的过度反应。事件研究法由 Ball 和 Brown(1968)以及法玛等(1969)开创,其原理是根据研究目的选择某一特定事件,研究事件发生前后样本股票收益率的变化,进而解释特定事件对样本股票价格变化与收益率的影响,主要被用于检验事件发生前后价格变化或价格对披露信息的反应程度。

事件研究法是基于有效市场假设的,即股票价格反映所有已知的公共信息,由于投资者是理性的,投资者对新信息的反应也是理性的,因此,在样本股票实际收益中剔除假定某个事件没有发生而估计出来的正常收益(normal return)就可以得到异常收益(abnormal return),异常收益可以衡量股价对事件发生或信息披露的异常反应程度。

股票的正常收益和异常收益可根据 CAPM 模型计算出来:$R_{i,t} = \alpha_i + \beta_i R_{m,t} + \varepsilon_{i,t}$。$R_{i,t}$ 表示 i 公司 t 期的报酬率,$R_{m,t}$ 表示 t 期的市场加权指数股票报酬率,股票的收益可以分为两部分:$\alpha_i + \beta_i R_{m,t}$ 代表正常收益;$\varepsilon_{i,t} = R_{i,t} - (\alpha_i + \beta_i R_{m,t})$ 代表异常收益。基于有效市场假设,$E(\varepsilon_{i,t}) = 0$;若 $E(\varepsilon_{i,t}) \neq 0$,则说明股价对事件异常反应。

用来检验市场过度反应的比较常用的事件是盈余公告、分析师评级调整等。Zarowin(1989)检验了股票市场是否对极端的盈余信息过度反应,研究发现在极端盈余年度之后的36个月里,利润低的公司比利润高的公司股票收益高,但这不意味着股票市场对盈余信息过度反应,因为他们发现那些利润低的公司多数是小公司,股票收益的差距是由公司规模而不是过度反应引起的。Brown 等(2014)研究发现分析师对公司评级调高会引起共同基金羊群般涌入市场,而分析师对公司评级调低会引起共同基金集体抛售股票,分析师对共同基金羊群行为的影响在评级调低时更大,这引起了股票市场的过度反应。谭洪涛等(2011)对公允价值与股市过度反应进行了实证研究,研究发现股市过度反应与公允价值变动损益显著相关,我国金融业上市公司的金融资产市值计量模式显著放大了股市泡沫,且在不同的市场条件下,股票回报对公允价值的过度反应程度呈现出非对称性。

延伸阅读8.1　个人投资者和机构投资者的不同反应模式

市场上存在着不同类型的投资者,由于投资者在信息获取和处理上的差异,不同类型的投资者对信息的反应也有所不同。机构投资者在信息资源和处理能力上优于个人投资者,其交易行为也相对理性。因此,研究个人投资者和机构投资者的不同反应模式具有现实意义。

游家兴(2008)研究了中国股市个人投资者和机构投资者的信息反应模式,发现在短期内,机构投资者对信息的反应相对理性,而个人投资者反应过度,这也导致了整个市场的过度反应;在中长期内,个人投资者逐渐走向理性,而机构投资者对新信息存在一个反馈调整的渐进过程,在其主导下,市场整体表现出反应不足。

这样的研究结果支持了机构投资者的参与有助于信息传递和市场稳定的观点。未来这方面还将有更多、更深入的研究。

资料来源：游家兴. 谁反应过度，谁反应不足——投资者异质性与收益时间可预测性分析[J]. 金融研究，2008(4)：161-173.

8.5 交易制度对过度反应的影响

过度反应现象在股票市场很常见，为了市场稳定，监管者设立了一些交易制度来抑制过度反应，涨跌幅限制就是其中一种。设立涨跌幅限制的目的是使投资者有足够的时间来消化市场情绪，合理分析市场信息，进而作出理性的投资决策。从1996年12月16日开始，我国沪深证券交易所对所有上市股票（含A、B股）及基金交易实行涨跌幅限制，规定在一个交易日内，每只证券的成交价的涨跌幅度不得高于或低于前一日收市价的10%。

涨跌幅限制在我国实施以来，有关涨跌幅限制作用的争议很大。一种观点认为，涨跌幅限制起到了助涨助跌的作用，主力机构大户利用股价涨跌停来诱发过度反应或者增大过度反应的程度。而相反观点认为涨跌幅限制给投资者更多时间对信息进行分析，能够减少过度反应。吴林祥等（2003）的研究发现在股价发生涨跌停时，虽然涨跌幅限制不能完全消除过度反应，但是可以显著减小过度反应的程度，价格涨跌停本身并不是导致过度反应的原因，因为股价不仅在涨跌停时存在过度反应，而且在大幅度变化但未达到涨跌停时也存在过度反应。

除了涨跌幅限制，熔断机制也是一种为了抑制股票市场的过度反应而设立的机制，1987年美国股灾后，美国证券交易委员会提出设立熔断机制，该机制规定以某一指数上下浮动一定比例为触发水平，一旦市场下跌或上涨至触发水平，交易就暂停一段时间。熔断机制旨在为投资者的非理性行为提供一个"冷却时期"，引导投资者对证券价值进行重估。

2015年我国股票市场经历了巨幅震荡，为了维护金融市场的稳定，2016年1月1日，我国开始实施熔断机制，该机制以沪深300指数为标的，规定当指数触发5%熔断阈值时，市场暂停交易15分钟，当指数触发7%时，全天交易暂停。在熔断机制实施的第一个交易日，即2016年1月4日，股市开盘即下跌，5%和7%熔断阈值先后被触发。1月7日熔断机制再度触发，开盘15分钟就收市。熔断机制被舆论认为是加速股指下跌的原因，在巨大的争议中，证监会宣布从1月8日起暂停实施指数熔断机制。

熔断机制发挥稳定市场作用的主要机理在于投资者能够冷静下来，利用交易暂停时间去了解真实信息，合理地对股票进行估值，减少恐慌性卖出行为。然而，在我国股市熔断触发导致交易暂停的期间，监管当局和上市公司并未发布新的信息，引导投资者重估股票价值，因而冷却效应的机制难以实现。与冷却效应相反的磁力效应则认为熔断机制会加剧股市的下跌，其主要机理在于投资者担心交易暂停后交易无法实现，倾向于在熔断之前就提交卖出订单，引发市场恐慌情绪，加速市场崩盘。杨晓兰和金雪军（2017）的研究发现，在沪深300指数下跌至熔断临界值之前，熔断机制会加剧卖单的大量涌现，存在显著的磁力效应，在股指下跌的过程中，熔断机制的磁力效应存在从沪深300成分股向非成分股的溢出，具体见延伸阅读8.2。

延伸阅读 8.2 熔断机制的磁力效应

杨晓兰和金雪军(2017)利用自然实验的思路,以 2016 年 1 月 4 日和 7 日为熔断组,以 2015 年沪深 300 指数跌幅超过 7% 的 3 个交易日为控制组,检验熔断机制对股票市场产生的影响。研究结果表明在指数下跌至熔断临界值之前,熔断机制会加剧卖单的大量涌现,导致市场订单流不平衡性提高,存在显著的磁力效应。

考察熔断机制和涨跌停板的交叉效应,发现在指数下跌的初期,对于已经跌停的股票,涨跌停板和熔断机制不会产生叠加效应,而对于尚未跌停的股票,熔断机制产生了显著的作用;当指数下跌 5%~7%,熔断机制和涨跌停板制度存在叠加效应,订单流不平衡性进一步恶化。熔断机制的磁力效应存在从沪深 300 成分股票向非成分股票扩散的趋势。此外,股指期货交易、融券交易、沪港通净流入能缓解熔断机制的磁力效应;而融资交易余额越大,熔断机制刺激卖盘涌现的程度越高。

资料来源:杨晓兰,金雪军.我国股票市场熔断机制的磁力效应:基于自然实验的证据[J].金融研究,2017(9):161-177.

本章小结

(1)反应不足是指除最初的反应后,股价的平均收益在利好消息到达的一段时间内比利空消息到达的同样时间内要高的现象。过度反应是指随着利好消息的到达后,在 $t+1$ 期股价的平均收益低于利空消息到达后的平均收益的现象。

(2)投资者在现实中受到多种偏差因素的影响,如代表性偏差、可得性偏差、锚定和调整、保守主义、损失厌恶、过度自信与自归因偏差、有限理性、后悔心理、信念坚定等,但投资者究竟受到何种因素的影响以及多大程度的影响,是与投资者个体不同的特质以及其所处的不同市场环境密切相关的。

(3)BSV 模型可以用来解释股价在短期内的惯性效应和长期的反转效应。短期:受保守主义影响,表现为反应不足;长期:经历一系列的正盈利冲击,投资者会调整自己的保守特征,利用代表性法则推断盈利有增长趋势,不断推高股价,最终股价产生反转。

(4)DHS 模型着重考虑投资者在阐释私有信息而不是公开信息时存在的偏差,该偏差主要有过度自信和自归因偏差。

(5)HS 模型假设私有信息在"消息观察者"中的扩散是缓慢的,也即具有反应不足的倾向,从而在股价上产生动量,此时"动量交易者"察觉到动量,进而进行交易套利,将价格推向极致。

(6)事件研究法是根据研究目的选择某一特定事件,研究事件发生前后样本股票收益率的变化,进而解释特定事件对样本股票价格变化与收益率的影响,主要被用于检验事件发生前后价格变化或价格对披露信息的反应程度。

(7)涨跌幅限制和熔断机制都是监管者为抑制市场过度反应设立的机制,然而这些制度实施以来,对于它们是否能起到抑制过度反应的作用还存在争议。

1. 如何界定反应不足和过度反应？利用过度反应现象可以构造怎样的交易策略？
2. 除了 BSV 模型、DHS 模型和 HS 模型，你还知道哪些过度反应的理论模型？
3. 运用事件研究法进行研究设计时需要注意哪些问题？

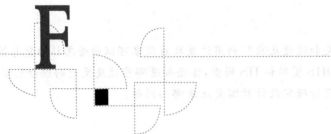

第 9 章

投资者情绪

 引导案例：从搜索行为看投资者情绪

近年来，越来越多的学者关注到投资者情绪与资本市场的关系。随着计算机和互联网技术的飞速发展，学者们从互联网提供的大数据中提取能反映投资者情绪的信息。Da 等（2015）利用网民对"衰退""失业""破产"等与投资者恐慌情绪相关的词语在谷歌上的搜索量，构建了 FEARS（恐慌）指数。FEARS 指数反映了投资者的恐慌情绪。

由图 9.1 和图 9.2 可知，2008 年金融危机爆发后"recession"（衰退）、"bankruptcy"（破产）搜索量剧增，这表明金融危机的爆发引起了投资者恐慌情绪的爆发，当然投资者情绪与资本市场的关系绝不是单向的，二者互相反馈。当资产价格走高时，乐观的投资者情绪会推动价格上涨；当资产价格下降时，悲观的投资者情绪会加剧市场的崩盘。

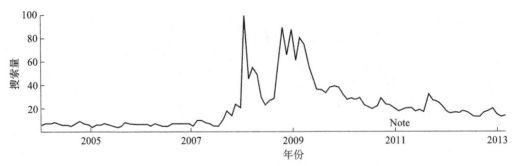

图 9.1　2004—2013 年"recession"（衰退）在谷歌上的搜索量

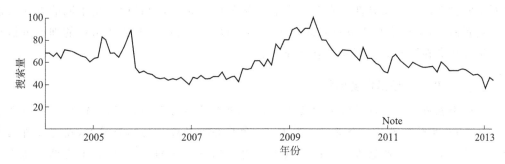

图 9.2　2004—2013 年"bankruptcy"(破产)在谷歌上的搜索量

资料来源:DA Z,ENGELBERG J,GAO P. The sum of all FEARS investor sentiment and asset prices[J]. The review of financial studies,2015,28(1):1-32.

本章将详细介绍投资者情绪的含义、度量方法及其影响股票市场的理论分析和实证检验结果。

9.1　投资者情绪的含义

投资者情绪是行为金融学中的基本概念,学术界始终没有对其定义达成共识。Lee 等(1991)将投资者情绪定义为无法被基本面因素所解释的收益率预期。Baker 和 Stein(2004)认为投资者情绪反映了投资者的价值判断与资产真实价值的偏差。Baker 和 Wurgler(2006)提出了两种投资者情绪定义:第一种,投资者情绪是指投资者的投机倾向;第二种,投资者情绪是对股票市场整体的乐观与悲观心态。

心理学的研究表明,情绪会影响人们的决策行为,而且这种影响很多时候不被自身察觉。投资者情绪主要由投资者的偏好、情感、从众心理等形成,投资者情绪会影响其选择偏好,进而影响其投资决策,投资者的投资决策会影响股票价格,而股票价格又会反馈到投资者的情绪中。

在投资者情绪的相关研究中,De Long 等(1990)提出的 DSSW 噪声交易者模型具有较大影响力。该模型表明:在有限套利的环境中,如果投资者情绪相互影响,套利者将无法消除非理性行为导致的错误定价,投资者情绪会成为影响金融资产均衡价格的系统性风险。Lee 等(1991)在对封闭式基金的考察中发现基金的持有者中有些是噪声交易者,这些交易者对未来收益的预期很容易受到自身乐观态度或悲观态度的影响,出现相对于基金资产净值的溢价或折价现象,噪声交易者情绪的波动可以解释封闭式基金折价之谜。

投资者情绪是影响股票市场表现的重要因素。当市场持续上涨时,投资者情绪高涨,表现得过于激进;当市场持续下跌时,出于对股票市场未来发展的担忧,投资者情绪十分低落,表现得过于保守,甚至过于恐惧。因此,受到投资者情绪影响,投资者的决策行为不是完全理性的,最终导致股票市场整体出现上涨或下跌现象。

金融市场上出现的一些异象无法用传统金融学理论解释,已有一些学者从投资者情绪角度解释诸如封闭式基金折价、IPO 抑价等市场异象。也有一些学者分析了投资者情绪对不同股票影响的差异性。有关投资者情绪的研究很多,学者们采用不同的方式去度量投资者情绪,本章第9.2节将对此详细介绍。投资者情绪影响股票市场的理论分析和实证检验将会在第9.3和第9.4节展开介绍。

专栏9.1 恐惧贪婪指数

投资者在进行投资决策时常常被情绪驱动,恐惧和贪婪能够影响投资决策,恐惧会引发抛售,而恐惧情绪的蔓延会导致股价崩盘,贪婪会推动股价的不断攀升,使得股价远高于内在价值,产生资产泡沫。美国有线新闻财经网(CNN Money)发布了恐惧贪婪指数(Fear & Greed Index)来反映市场情绪,该指数基于七个指标:股价动量、股价强度、股价宽度、看涨看跌期权、垃圾债券需求、市场波动性、股票收益与国债收益的差额,这些指标加总平均得到一个0~100之间的值,值越高,说明市场情绪越贪婪,值越低,说明市场情绪越恐惧。

恐惧贪婪指数在2008年金融危机时期降到12,这反映了市场陷入极度恐惧之中,随后市场回暖,恐惧贪婪指数上升。近年来美国股市处于牛市,恐惧贪婪指数经常飙升到50以上,说明投资者处于贪婪状态。恐惧贪婪指数与市场行情紧密相关,是一个比较好的反映投资者情绪的指标。

资料来源:http://money.cnn.com/data/fear-and-greed/.

9.2 投资者情绪的度量方法

越来越多的研究者关注到投资者情绪对资本市场的影响,研究结果却不尽相同,这很大程度上是因为学者们用不同的方式度量投资者情绪。度量投资者情绪的方法主要有三种:一是通过对投资者的直接调查构建情绪指标,如通过问卷调查考察投资者信心等;二是通过市场表现间接度量投资者情绪,如将交易量、封闭式基金折价、IPO发行量及首日收益等指标作为投资者情绪的代理变量,目前的研究多是采用基于若干单一指标的综合性指标来度量投资者情绪;三是基于搜索行为、文本挖掘等方法构建的投资者情绪的新指标。下面将详细介绍这些投资者情绪的度量方法。

1. 直接指标

度量投资者情绪的直接指标指的是通过问卷调查等方式得到的投资者对市场未来的预期和看法。比较常用的直接指标有美国个人投资者协会(American Association of Individual Investors,AAII)指数,该指数反映了参与问卷调查的会员对股票市场持有牛市、熊市和中性观点的比例,例如,耶鲁大学编制的投资者信心指数,美国密歇根大学调查研究中心(Survey Research Center,SRC)编制的消费者信心指数以及UBS(瑞士联合银行集团)和Gallup(盖洛普咨询公司)编制的投资者乐观指数。中国反映投资者情绪的直接指标有国家统计局发布的中国消费者信心指数、基于投资者对未来走势判断的央视看盘指数、《股市动态分析周刊》发布的好淡指数。好淡指数将投资者对股市的情绪分为"好"和"淡",用看涨投资者与总投资者之比来构造指数。

这些直接指标能够直接反映投资者的心理特征,但是存在一些问题:首先,投资者在问卷调查中可能会有顾虑,直接调查的结果与真实的投资者心理可能会有偏差。其次,在实际的投资决策中,投资者情绪对决策的影响因人因时而异,Fisher 和 Statman(2000)研究发现,虽然投资者对未来看涨或看跌,但是在实际投资行为中,他们并不会完全按照情绪行事,或者说投资者在其实际投资行为过程中要比在情绪的变化上更明智。此外,直接调查的结果还会受到调查样本的限制,导致指数有偏。

因此,通过直接度量获得的投资者情绪指数虽然可以直观地反映投资者的情绪,但它并不能全面反映投资者在决策过程中真实的情绪,这就需要从其他方面来考察投资者情绪,如通过一些基于市场表现的指标间接衡量投资者情绪。

2. 间接指标

度量投资者情绪的间接指标很多,目前学术界使用较多的有交易量、封闭式基金折价、IPO 发行量及首日收益、共同基金净赎回、波动率指数(volatility index,VIX)等指标。还有一些学者用换手率、腾落指数[①]、投资者开户增长率、中签率等指标考察投资者情绪。

目前使用较多的方法是运用主成分分析法构建基于若干单一指标的综合指标,这样能够较为全面地反映投资者情绪。构建综合指标的代表是 Baker 和 Wurgler(2006),他们基于封闭式基金折价、交易量、IPO 数量、上市首日收益、股利收益和股票发行占总发行比例六个单项情绪指标构建了一个综合指标(BW 指数),同时控制了相应的宏观经济变量(如工业生产指数、经济景气指数以及耐用/非耐用/服务消费增长等)。BW 指数被广泛应用于有关投资者情绪的研究中。易志高和茅宁(2009)在 BW 方法的基础上,融入能反映国内股票市场投资者情绪变化的指标,即封闭式基金折价、交易量、IPO 数量及上市首日收益、消费者信心指数和新增投资者开户数等,同时控制了宏观经济变量,构建了中国股票市场投资者情绪综合指数(CICSI)的月度指标。此外,国内的其他学者也基于 BW 方法选取了不尽相同的指标,构建投资者情绪综合指标,如魏星集等(2014)基于 BW 方法选取封闭式基金折价率、IPO 数量及上市首日收益率、新增开户数、市场换手率和消费者信心指数,构建 ISI 投资者情绪指数。目前投资者情绪指数越来越多地被研究机构使用,国泰安 CSMAR(中国股票市场研究)数据库已推出中国投资者情绪指标研究数据库,其中收录了 BW 综合情绪指数主要因子、CICSI 和 ISI 月度指数,以及其他能反映投资者情绪的指标。如图 9.3 和图 9.4 所示。

由中国投资者情绪综合指标 ISI 可以看出,在 2007 年、2008 年中国投资者情绪急剧上升后又急剧下降,在 2015 年也发生了投资者情绪急剧变化的类似情况,结合我国 A 股市场,2008 年和 2015 年正是两次股灾的时间,投资者情绪的剧烈变化与股票收益的剧烈变化相互关联,另外,这也说明 ISI 代表投资者情绪具有一定的可信性。CICSI 虽然不像 ISI 那样波动剧烈,但是走势与 ISI 大致相同,这说明 CICSI 也能在一定程度上代表投资者情绪。

---

① 腾落指数是指股票每天上涨与下跌家数之差,月度值为交易日累计值。

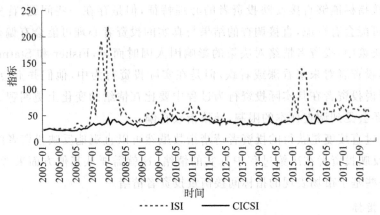

图 9.3　2005 年 1 月—2017 年 12 月中国投资者情绪综合指标 ISI 和 CICSI

资料来源：此图根据国泰安 CSMAR 数据库提供的 2005 年 1 月—2017 年 12 月中国投资者情绪综合指标 ISI 和 CICSI 月度数据绘制而成。其中 ISI 指数参考文献：魏星集,夏维力,孙彤彤. 基于 BW 模型的 A 股市场投资者情绪测度研究[J]. 管理观察,2014(33):71—73。CICSI 指数参考文献：易志高,茅宁. 中国股市投资者情绪测量研究：CICSI 的构建[J]. 金融研究,2009(11):174—184。

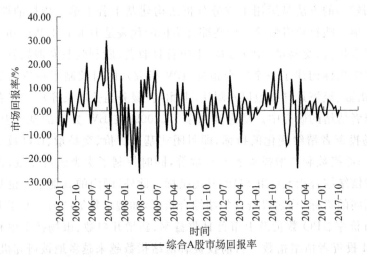

图 9.4　2005 年 1 月—2017 年 12 月中国综合 A 股市场月回报率

资料来源：此图根据国泰安 CSMAR 数据库提供的 2005 年 1 月—2017 年 12 月综合 A 股市场流通市值加权月回报率(考虑现金红利再投资)绘制而成。

这些间接指标比较客观,并且相比于直接指标可得性更高,但是市场表现受多种因素的影响,无法把投资者情绪从诸多因素中分离出来,因此寻找更合理的反映投资者情绪的指标仍是学术研究的热点。

专栏 9.2　国信市场情绪指标 GSSI

国信证券经济研究所选择具有日数据的如下七个指标构建市场情绪综合指标 GSSI：分析师一致预期分歧指数、平均换手率、主卖成交量/主买成交量、相对强弱指标、资金流量指标、银行间同业拆借利率(7 天加权)、标普 500 日收益。

其中分析师一致预期分歧指数是由个股分歧指数经过流通市值加权计算得到,而个股分歧指数是指3个月内研究员预测的EPS(每股盈余)数据的标准差/均值。平均换手率指的是过去10天平均换手率/过去250天平均换手率。主卖成交量/主买成交量指的是每日主动卖出成交量/每日主动买入成交量,反映了市场看涨看跌力量的对比。相对强弱指标指的是一段时期内上涨点数和涨跌点数之和的比,反映了市场上多空双方买卖力量的强弱程度。资金流量指标是成交量的相对强弱指标,根据成交量来反映市场供需关系和买卖力道。

基于以上指标对样本期的股票进行主成分分析,最后得到衡量市场情绪的综合指标GSSI,并利用GSSI对市场走势进行预测。

资料来源:《数量化投资技术系列报告之四十六:国信市场情绪指针GSSI构建与应用》,国信证券经济研究所。

3. 基于互联网与大数据的新指标

随着计算机技术的飞速发展和互联网的广泛使用,个体投资者的相关数据可得性提高,越来越多的研究者开始基于互联网与大数据构建衡量投资者情绪的新指标。目前使用较多的是基于媒体报道、社交论坛等文本信息挖掘的情绪指标,还有一些基于搜索行为的情绪指标。

目前一般使用文本分析(textual analysis)方法从文本大数据中提取情绪信息。文本分析是指通过对文本内容进行挖掘和数据分析,获得文本提供者的特定立场、观点、价值和利益,并由此推断其意图和目的。[①] 从文本大数据中提取的情绪一般是指文本中体现的积极或消极的情感倾向。目前经常使用的文本分析方法是"文字包"(bag of words)技术。它在假设文字顺序并不影响信息传递质量的前提下,将大量的文本内容简化成一个以不同文字为行、文字频数为列的矩阵。[①] "文字包"技术包括词汇分类字典法、文本词汇加权法和基于机器学习的多种分类法(如朴素贝叶斯法)。此外,研究者还可以通过不同的文本特征(诸如文本可读性、文本叙述方法等)进行文本分析,从而推断文本创作者所持的观点或情绪,并考察相应的市场反应。

Garcia(2013)用洛克伦与麦克唐纳字典(Loughran and MacDonald Work Lists)中的积极和消极词汇分类来提取1905—2005年《纽约时报》中金融市场和华尔街话题两个专栏中体现的情绪信息,发现构建的情绪指标能够在经济衰退时有效预测股票市场收益。Solomon等(2014)发现投资者更愿意购买那些近期被新闻积极和正面(用LM词汇字典衡量)报道的基金,而忽略收益同样不错但新闻关注度不高的基金。

基于机器学习的朴素贝叶斯法在文本分析中很常用。给定一个已知的训练数据集,朴素贝叶斯法先使计算机学习该数据集中单词与其所属类别的对应关系,然后依照这个关系对其他文本信息进行最为相似的分类。它的实质是首先利用贝叶斯条件概率公式,计算出已知文档属于不同文档类别的条件概率,然后根据最大后验假设将该文档归结为具有最大后验概率的那一类。Antweiler和Frank(2004)最早在金融领域使用该方法进行文本分析,他们通过雅虎金融等网络媒体分析了道琼斯工业指数中所包含的45家公司的近150万份股票信息,发现股票的新闻数量与随后的交易量存在较强联系。Huang等(2014)从标准普尔500指数所包含公司的分析师报告中提取了情绪信息,发现分析师报

---

① 唐国豪,姜富伟,张定胜. 金融市场文本情绪研究进展[J]. 经济学动态,2016(11):137-147.

告中的正向情绪对公司未来5年的盈利增长有很好的预测价值。

国内学者游家兴和吴静(2012)从报道基调、曝光程度、关注水平三个维度,用文本分析法构建了衡量媒体情绪指数的综合评价指标体系。他们发现当新闻报道所传递出的媒体情绪越高涨或越低落时,股票价格越有可能偏离基本价值水平。徐巍和陈冬华(2016)借助文本分析技术,研究了上市公司官方微博的信息作用特点,发现上市公司微博信息披露可以带来当日的超额回报与交易量的显著增加。杨晓兰等(2016)运用文本挖掘技术分析东方财富网股吧针对创业板公司的帖子,构建投资者情绪指标,具体见延伸阅读9.1。

延伸阅读9.1 东方财富网股吧反映的投资者情绪

杨晓兰等(2016)运用文本挖掘技术从东方财富网股吧中提取信息,构建投资者情绪指标。他们利用网络爬虫程序从东方财富网股吧抓取了网页文本信息。经过筛选,最终获得90多万条主帖的文本内容。借助文本挖掘工具 Weka 中的 KNN 算法将全部90多万条帖子照其所体现的情绪分成三类:"积极""中立/噪声""消极"。

他们参考 Antweiler 和 Frank(2004)的处理方法,将 t 日某只股票 i 论坛中所有的情绪为"积极"的帖子的数量记为 $M_{buy,i,t}$,所有的"消极"帖子的数量记为 $M_{sell,i,t}$。t 日股票 i 的情绪指数变量 Sentiment 计算公式如下:

$$Sentiment_{i,t} = \ln[(1+M_{buy,i,t})/(1+M_{sell,i,t})]$$

由上式可知,当积极情绪帖子数量高于消极情绪帖子数量时,该值大于零,反之则小于零。该值越大,股票市场的积极情绪越大。

上式 Sentiment 指数反映市场的看涨情绪,又可以称作看涨指数,由图9.5可以看出,看涨指数与创业板指数日收益率具有一定的趋同性。

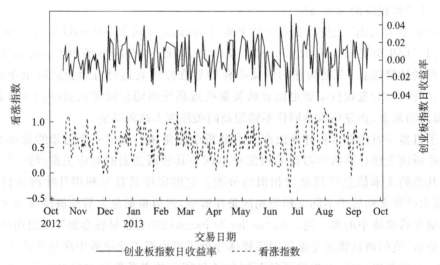

图9.5 看涨指数与创业板指数日收益率

资料来源:杨晓兰,沈翰彬,祝宇. 本地偏好、投资者情绪与股票收益率:来自网络论坛的经验证据[J]. 金融研究,2016(12):143-158.

除了使用文本挖掘的方法构建情绪指标,也有一些学者利用互联网搜索引擎提供的相关关键词的搜索量建立情绪指标。国外学者一般使用谷歌趋势(Google Trends)提供的关键词搜索量。Da 等(2015)利用网民对"衰退""失业""破产"等与投资者恐慌情绪相关的词语在谷歌上的搜索量,构建了 FEARS 指数。国内学者一般使用百度指数提供的关键词搜索量,目前国内学者主要用百度指数考察投资者关注,而很少有人运用百度指数研究投资者情绪。

9.3 投资者情绪影响股票市场的理论分析

投资者并不总是理性的,他们容易受到情绪影响,根据 DSSW 噪声交易者模型,市场上存在着理性投资者和噪声交易者,噪声交易者容易受到情绪影响,理性交易者难以预测未来的情绪冲击,他们的套利行为会受到限制,因此市场上的定价偏误不能被完全消除,非理性情绪会影响股票价格。另外卖空限制也是导致股票市场易受投资者情绪影响的重要因素,由于存在卖空限制,当股票价格偏离基础价值时,套利者也无法及时进行套利,这样投资者情绪会推动股价进一步偏离基础价值,导致股价的暴涨暴跌。

投资者之间的信息传递和情绪传染也会影响投资者的交易行为,如今互联网和社交平台为投资者之间的沟通交流提供了极大的便利,投资者之间传递的不仅是信息,更是情绪,投资者情绪传染容易引起市场羊群行为,导致股价的异常波动。

1. 噪声交易模型

投资者情绪研究领域最早也是最经典的理论模型是 De Long 等(1990)提出的 DSSW 噪声交易者模型。他们将股票市场上的投资者分为理性投资者和噪声交易者两类,并且假设:第一,与完全理性交易者相比,噪声交易者对市场信息的收集与处理存在差异,同时噪声交易者内部也存在显著的行为差异;但两类交易者的效用函数都包含常数形式的绝对风险厌恶系数:$U(w) = -e^{-\gamma w}$,其中,w 代表财富,γ 代表风险厌恶程度。第二,市场上存在无风险资产(每期支付固定红利 r)和风险资产(数量标准化为 1);对于一个 t 期模型,投资者能够以 P 的成本购入 1 个单位股票,并在下一期获得回报。第三,噪声交易者在市场中占比为 n,理性交易者占比为 $1-n$;噪声交易者在 $t-1$ 期对 t 期的价格存在预期误差 ρ_t,该预期误差服从均值为 ρ^*、方差为 $var(\rho)$ 的独立正态分布。此外,两类投资者在 t 期会根据其对风险资产在 $t+1$ 期的预期价格来选择资产组合,并最大化预期效用。结合上述假设,用递归方法求得风险资产的均衡价格为

$$P_t = 1 + n\rho^*/r + n(\rho_t - \rho^*)/(1+r) - \gamma n^2 var(\rho)/r(1+r)^2$$

上式中,第一项 1 代表股票的基本价值。第二项代表噪声交易者长期的平均估计偏差。当 $\rho^* > 0$ 且其他变量不变时,表示噪声交易者对风险资产的未来价格乐观,这种对价格的压力效应将推动风险资产价格高于基本价值,噪声交易者对于风险资产的支付意愿相对较高,股价也会长期处于高位;反之,当 $\rho^* < 0$ 且其他变量不变时,风险资产价格低于其基本价值,股价会长期处于低位。第三项代表由于噪声交易者 t 期的错误估价而引起的股价波动。如果 $t-1$ 期的噪声交易者对 t 期风险资产乐观的居多,则他们将推动 t 期股价

上涨。反之,则 t 期股价下降。如果 $\rho_t = \rho^*$,则意味着短期股价不会有大的波动。第四项为噪声交易者的风险溢价大小,它表示未来股市的情绪冲击对理性交易者而言是有风险的,因此理性交易者会避开高情绪的市场时期。

DSSW 模型揭示了非理性情绪会引起市场定价偏误的机理。由于市场上存在着易受情绪影响的噪声交易者,当情绪过度乐观或悲观时,理性交易者难以预测未来的情绪冲击,他们的套利行为也会受到限制。因此,理性交易者的存在也不能完全消除噪声交易者引起的定价偏误,非理性情绪会影响股票价格。

2. 卖空限制

卖空机制指的是预先借入别人的股票卖出,再在低位买回还给借方平仓来获利。我国的融券制度就是卖空机制,但我国融券业务开展时间短,能够开展融券业务的券商数量有限,而且投资者对融券业务的熟悉程度低,因此我国股票市场存在着很大程度的卖空限制,这也是我国股票市场易受投资者情绪影响的一个重要原因。

在卖空限制背景下,当股票价格偏离股票基础价值,即对未来现金流进行合理贴现后的股票基础价值,套利者无法及时准确地卖出高估值股票或买入低估值股票,因此股票价格在一定时间内、一定程度上会偏离股票的基础价值。也就是说,当股票市场中存在卖空限制时,市场的套利机制在一定程度上就失效了。

3. 投资者情绪传染

股票市场中的投资者不是孤立存在的,投资者之间的信息传递和情绪传染对于投资者的交易行为有很大影响,进而影响到股票市场的表现。如今互联网和社交网络普及,投资者经常通过各种网络平台交流市场信息和自己的观点,此时投资者情绪就会具有传染特征,像病毒一样在投资者之间扩散和传播。通过网络媒介,信息传播速度很快,而这些有关市场的信息并不都是真实的,虚假的信息也会被投资者关注,投资者情绪很容易受到他人影响,在这种环境下,投资者情绪的传染更容易引起羊群行为,导致股价暴涨暴跌、市场异常波动。

9.4 投资者情绪影响股票市场的实证检验

投资者情绪对于股票市场的影响效应主要表现在两个方面:一是投资者情绪对于股票市场所产生的系统性影响即总体效应,二是投资者情绪对不同股票的差异性影响即横截面效应。

1. 总体效应

目前学术界有关投资者情绪对股票市场的影响的研究多数集中于投资者情绪对股票市场收益率的预测作用。学者们在研究情绪对股票收益的影响时,所遵循的内在逻辑大多是投资者过分乐观或悲观的非理性信念驱动股票价格偏离基础价值,而在中长期这种过度乐观或过度悲观的情绪会被纠正,使得错误定价的股票随后向基础价值修正。即短期高涨的情绪会推动股票价格持续走高,从而对短期的市场收益率有正向影响,但是长期这种非理性情绪将被纠正,情绪对长期的市场收益率表现出反向影响。

一些学者的实证研究验证了投资者情绪与短期收益率正相关,与长期收益率负相关。Brown 和 Cliff(2005)的研究发现,投资者情绪和近期市场收益是相关的,但情绪对市场短期未来收益不存在预测能力;就情绪对市场收益的长期影响而言,情绪与未来 1~3 年的收益负相关,情绪对于股票市场的长期收益具有预测力。伍燕然和韩立岩(2007)试图用投资者情绪来解释封闭式基金之谜和国内市场 IPOs 之谜,新股首日收益率和基金折价变化均反映了投资者情绪,投资者情绪对短期收益具有显著正向影响,对长期收益具有显著负向影响。蒋玉梅和王明照(2010)研究发现情绪在短期内与市场收益正相关,在长期上,股票价格会出现反转,进一步证实了投资者情绪对于股票收益的预测作用。Ben-Rephael 等(2012)以共同基金净赎回来衡量投资者情绪,发现投资者情绪与整体股票市场同期的超额收益正相关,与后期的超额收益负相关。

一些学者考察了不同投资主体情绪对股市收益的影响。Fisher 和 Statman(2000)研究了华尔街的投资决策者、投资通讯作者、个人投资者这三类投资者的情绪与股票收益的关系,发现不同类型投资者的情绪存在差异,但是都与 S&P500 股票收益显著负相关。Schmeling(2007)分别研究了个人投资者情绪和机构投资者情绪对股票收益的影响,发现机构投资者情绪是"智钱"(smart money)的代表,而个人投资者情绪是噪声交易者风险的代表,机构投资者在中期可以正确地预测市场收益,而个人投资者总是作出错误的预测。刘维奇和刘新新(2014)的研究发现机构投资者情绪可以帮助预测个人投资者情绪,反之不成立;另外,机构投资者在市场上表现得更为理性,他们的情绪能够预测后市,而个人投资者情绪不具有预测性。

专栏 9.3 投资者情绪滞后于市场表现

虽然有不少学者认为投资者情绪能够预测股市收益,但也有反对的声音。美国财经媒体 CNBC 的一篇新闻报道认为投资者情绪滞后于市场表现,并没有什么预测作用。据报道,在标普 500 下跌 2% 之后,美国个人投资者协会调查显示的投资者情绪大跌。研究表明,看涨情绪与看跌情绪之差与标普 500 的周收益率相关,但投资者情绪滞后于收益率,而投资者情绪与未来的标普 500 的周收益率没有相关性。

换句话说,投资者情绪在市场下跌之后才下跌,当投资者情绪很低时,市场已经在底部将要上涨了,因此,投资者情绪可能发送了错误的信息,把投资者情绪当作预测市场的指标并不合适。

延伸阅读 9.2　基于谷歌搜索行为的全球投资者情绪

Gao 等(2016)根据谷歌搜索行为构建了 40 个国家的投资者情绪指数,他们同时度量了积极情绪和消极情绪,并且使用了每个国家当地的语言来构建情绪指标。他们对该指标进行了三种验证:第一,一个国家的情绪指标与该国在国际足球比赛取得的成绩相关;第二,同时在美国和其他地方上市的同一家公司在不同市场表现不同,这与所在市场的情绪相关;第三,对于小公司,在盈余公告附近的未来异常收益率与情绪指标负相关。这三种验证都说明他们的情绪指标能够反映投资者情绪。

他们的研究发现投资者情绪与未来1周的股市收益率负相关,他们构建的投资者情绪指标能够作为国家层面市场收益的反向预测指标。他们的研究结论与以往学者的研究结论不同,这是因为投资者情绪指标的构建方法不同,他们的指标是周度的,比以往的情绪指标频率更高,另外他们依据谷歌搜索行为评价投资者情绪,这也是更直接的方式。有关投资者情绪的研究还有很大的扩展空间。

资料来源:GAO Z,REN H,ZHANG B.Googling investor sentiment around the world[J]. Journal of financial and quantitative analysis,2018(11). Available at SSRN:https://ssrn.com/abstract=2725072.

2. 横截面效应

投资者情绪对不同类型的股票有不同的影响,Baker和Wurgler(2006)研究了美国股票市场投资者情绪对股票收益的横截面效应,他们认为投资者总是倾向于选择与其投机倾向相兼容的股票,在情绪高涨期,投机倾向较高,则更愿意持有高投机性的冒险型股票,对于股票会给予偏高的估值,高投机性股票对其基础价值的偏离程度更大;低情绪期与之相反。他们的研究发现那些市值小、成立时间短、波动性大、不盈利、不发放股利、高成长性的公司在市场情绪低落时能获得更高收益,而在市场情绪高涨时收益较低。

一些学者的实证研究结果与Baker和Wurgler(2006)的研究结论相似,他们认为小公司、高成长性的公司的股票收益率更容易受到情绪影响。Lee等(1991)研究了情绪与封闭式基金折价的关系,认为小市值股票和封闭式基金均主要为个人投资者所持有,受个人情绪的影响,小市值股票的收益率变动和基金折价变化呈正相关。Neal和Wheatley(1998)发现,以封闭式基金折价和共同基金净赎回作为情绪代理变量可以解释小市值股票的收益,以及预测规模溢价。Kumar和Lee(2006)研究发现小市值、低价格、机构持股比例低以及价值型(高账面市值比/低市净率)的公司股票大多是散户投资者集中持股与密集交易的股票,并且这些股票难以套利,因此其收益对情绪变化的敏感程度相对较高。

本章小结

(1)投资者情绪有多种含义,学界给出的定义有:投资者的价值判断与资产真实价值的偏差;投资者对股票市场整体的乐观与悲观心态等。

(2)度量投资者情绪的方法主要有三种:一是通过对投资者的直接调查构建情绪指标;二是通过市场表现间接度量投资者情绪;三是基于搜索行为、文本挖掘等方法构建的投资者情绪的新型指标。

(3)DSSW模型将股票市场上的投资者分为理性投资者和噪声交易者两类,噪声交易者易受情绪影响,当情绪过度乐观或悲观时,理性交易者难以预测未来的情绪冲击,他们的套利行为也会受到限制。DSSW模型揭示了非理性情绪会引起市场定价偏误的机理。

(4)卖空限制使得套利行为受到限制,股票市场更容易受到投资者情绪影响。

(5)投资者情绪容易受到他人影响,投资者情绪传染也是影响股票市场表现的重要因素。

 思 考 题

1. 结合自身投资经验,谈谈情绪是如何影响投资行为的。
2. 评价不同类型的投资者情绪指标的优缺点。
3. 利用投资者情绪预测股票市场表现的理论机理是什么?你对此有什么看法?

第 10 章

金融市场羊群行为

 引导案例：2015 年的股市风云

2015 年，中国股市在经历了长久的沉寂之后突然爆发，又在短暂辉煌之后一泻而下。下跌过程中，千股跌停、千股涨停的情景频频出现，震荡的剧烈程度甚至超过了 2008 年的那场股灾，让不少股民至今回想起来仍觉得心悸不已。2015 年沪指走势如图 10.1 所示。

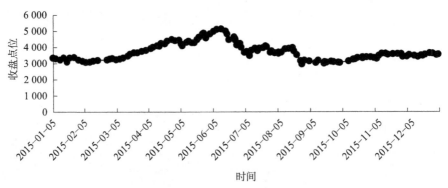

图 10.1　2015 年沪指走势

牛市初现带动全民炒股热

自 2014 年 11 月开始，沪深股市大幅上涨，让股民嗅到了久违的牛市味道。新年伊始，大盘股休整，小盘股大幅上涨。创业板指数一季度大涨 58.67%，一大批牛股涌现。如全通教育 2015 年 3 月创出 300 元的天价，创下沪深股市历史最高价纪录。

小盘股的示范效应吸引了大批中小投资者蜂拥入市，新开户数屡创新高。在政策面、资金面的共同拉动下，各种小盘股受到追捧而大幅上涨，尤其是新兴产业的股票开始一起上涨，涨幅翻倍的股票大量出现，赚钱效应扩散，一场资本市场的狂欢拉开序幕。

市场进入疯狂状态,理智无奈屈从现实

2015年4月以后,市场逐渐进入疯狂状态。大批新股民开户入市,融资融券金额连创新高,新资金加上杠杆资金,使得沪深股市出现一个历史上罕见的快速上涨的杠杆牛市。到6月5日,创业板指数最高达4 037.96点,较2014年的收盘指数1 471.76点上涨了174.36%。个股的疯狂程度更是史无前例。例如暴风科技,3月24日上市之后持续涨停,在31个涨停板之后,打开涨停并继续上扬,最高达327.01元,较7.14元的发行价上涨了45倍。

这些疯狂的数字让仍存理智的人们开始怀疑自己的判断,进而选择向现实屈服。《中国证券报》的某篇报道引用了一位资深基金经理的话,"在资本市场,钱是最聪明的,我们做的只是尊重市场,因此,就是'无脑买入',也要硬着头皮买进!"

这位基金经理,和市场中许多股民一样,曾在理智与盲从间徘徊,最终还是选择了放弃思考、跟从市场。而这个市场上更多的人,则不愿思考甚至从未思考,仅仅是在媒体舆论的煽动之下、亲朋好友的劝说之下,便奋不顾身地投入股市这个疯狂的游乐场。

断崖式下跌引发股市踩踏

过快的暴涨总是隐藏着巨大的风险,2007年的股市已经向人们证明了这一点。但沉浸在狂欢中的人们,又有谁还记得曾经的伤痛?

2015年6月18日,上证指数下跌3.67%,19日下跌6.42%。6月26日,上证指数再度暴跌7.4%,仅仅两周时间,上证指数跌去了1 000点。股市从天上掉到了地下,眼看之前的获利已被蚕食,高位追入的更是深度套牢,市场的情绪由贪婪转为恐惧。

股市重挫之后,尽管监管层一连串的举动态度鲜明,但似乎股市并不给面子。融资账户不断被强制平仓,加之恐慌情绪弥漫,所有人都抢着往外跑,再多的利好也只能带来短暂上扬。随之而来的,是更加疯狂的出逃。

在监管层的强势干预下,股市终于止住了迅猛跌势,上证指数维持在3 000点附近震荡。

回顾这短短7个月,人们先是蜂拥入场,后又落荒而逃,在这大起大落背后,究竟是什么力量在主导着人们产生近乎疯狂而又如此一致的行为?在本章中,就将探讨金融市场中的一种群体性行为——羊群行为。探究羊群行为的内在动因,有助于解释金融市场中各类追涨杀跌、剧烈波动的现象。

10.1 羊群行为的含义

羊群行为(herd behavior),原意是指牛、羊等动物成群行动的现象,后来被引申来描述人类社会现象,指与大多数人一样思考、感觉、行动,与大多数人保持一致。其也称从众行为、群体行为。

羊群行为体现在社会生活中的方方面面。在餐厅点菜时,人们常会选择人气最高的菜;在选购衣服时,人们会参考当下的流行趋势;甚至是在填报高考志愿、选择未来就业方向时,人们亦会考虑当前最火爆的专业是什么、最热门的行业又是什么。无论是生活还是学习工作,无论小事大事,人们都会或多或少地参考别人的选择,甚至跟随大多数人的选择作出自己的决策。这些有意识的参考或是模仿、跟随,就是羊群行为。

专栏 10.1　凯恩斯的选美竞赛理论

最早将羊群行为这个概念引入金融领域的是凯恩斯,在其著作《就业、利息和货币通论》中,他用了一个浅显易懂的例子阐述了羊群行为及其内在动因:职业投资就像是参与报纸上的选美竞赛。读者需要在报纸公布的 100 张照片中选出最漂亮的 6 位,如果读者选出的 6 张照片与统计票数最高的 6 张完全一致,则可获得奖励。凯恩斯指出,每一个读者往往会猜测公众的普遍心理,选择被大家公认最漂亮的 6 张照片,而并不是自己心中最漂亮的那 6 张。同理,在投资股票这个斗智的游戏中,也其实只需预测几个月后由成规所决定的市场估价,而非估计这项投资在几年后的前景并计算收益。

资料来源:KEYNES J M. *The general theory of employment,interest and money*[M]. Harcourt,Brace,1936.

金融市场中羊群行为的含义相当丰富,学者们在长期的研究中提出了诸多不同的见解。Scharfstein 和 Stein(1990)认为,羊群行为是投资者简单地模仿其他人的决策,而忽略了自己的私有信息。虽然从社会层面看,这种行为是无效率的,但这对在乎自身名誉的投资者而言却是一个理性的选择。Lakonishok、Shleifer 和 Vishny(1992)认为,羊群行为是指投资者在同一时间段内,与其他投资者一样购买或出售相同的股票。这其实是一个相对宽泛的定义,将投资者所有趋同的决策均定义为羊群行为。但是,试想某家上市公司的经营业绩出现预料之外的下滑,导致投资者纷纷卖出该股票。这一行为仅仅是在共同的信息基础上作出了一致的判断,而并非是投资者间的相互模仿。Bikhchandani 和 Sharma(2000)缩小了这一定义的范围:如果一个投资者并不清楚他人的行为,就单纯根据私人信息选择投资(或不投资),但是在他发现其他投资者没有投资(或投资)后,就放弃自己原先的决定而跟从其他投资者。该定义强调了羊群行为是投资者一种有意识的模仿,而非相似信息或处境一致导致的行为一致。

根据以上给出的定义,可以从以下两个层面阐述金融市场中羊群行为的含义:第一个层面是狭义的羊群行为,指投资者有意模仿、跟从他人进行决策,而忽略了自有信息的行为,在 Çelen 和 Kariv(2004)的研究中,他们也将其定义为信息瀑布(information cascade);第二个层面则是广义的羊群行为,除包含狭义羊群行为所指情形外,还包含投资者那些相同处境下采取相似行为的情形。

10.2　羊群行为的心理学解释

通过前面的学习可知道,参与经济活动的个体绝非是纯粹的理性人,而是具有多种多样复杂的心理活动,这些心理活动本身可能就构成羊群行为的最深层次的根基。因此,本节主要从社会心理学的角度来讨论羊群行为。

1. 从众心理与羊群行为

阿伦森在《社会性动物》(2001)一书中对从众(conformity)作出如下定义:由一个人或

一个团体的真实的或臆想的压力所引起的人的行为或观点的变化。他解释了从众的两个原因：①别人的行为使他认识到自己最初的判断是错误的；②他可能希望在团体中免受惩罚（如不被别人排挤和嘲笑），或者希望得到奖赏（如得到别人的喜爱或被别人接受）。

社会心理学家沙赫特（1951）曾指出，群体成员会更为喜欢与群体保持一致的成员，对于偏离群体的个人往往会厌恶、拒绝和制裁。因此，从众其实是在群体一致性的压力下，个体采取的试图解除自身与群体之间的冲突、增强安全感的一种手段。实际存在的或头脑中想象到的压力，会促使个体产生符合社会或团体要求的行为与态度。个体不仅在行动上表现出来，而且在信念上改变了原来的观点，放弃了原有的意见，从而产生从众行为。

而对应到金融市场中，不确定的信息环境以及股票价格随机游走的本质导致几乎没有人能够准确地判断市场未来的走势，各种观点众说纷纭。这种情形下，人们更容易受到从众心理的影响，保持自身观点或决策与大多数人一致。如果群体中每个个体都存在从众心理，相互模仿、相互影响，就导致整个群体表现出羊群行为。

从本质来讲，从众行为只是个体的一种心理反应外化而成的适应性行为，是由个体本身的特点和愿望引起的。一般情况下，个体经验不足、自信度低，都容易产生从众行为，并且，从众行为结果一般是可以预见的，一般不会产生恶性后果，这点也是从众行为与下文将要提到的群体心理及行为的区别所在。

专栏 10.2　餐厅点菜时的羊群行为

曾有人做过这样一个实验，观察人们在餐厅点菜时的行为是否受到推荐菜的影响。

实验在一个中等连锁餐厅——眉州东坡进行。这是一个在北京有13家分店的连锁餐厅，每一家分店有将近50张桌子，包括60道菜的相同菜单，不同分店之间的菜系偏爱度有差别，中等规模。

实验将餐厅提供的菜单分为以下三种类型。

（1）控制组：菜单上没有特别标注。

（2）排列组：对点单量最多的前五位有一个排序。

（3）突出组：随机放置了5个菜系，3个TOP5，两个随机菜系（这些都没有告诉就餐者）。

实验实施时，工作人员随机选择5家分店，在里面随机放置控制组和排列组；随机选择4家分店，放置控制组和突出组。

实验结果显示：当畅销榜对消费者有暗示时，对排行前五的菜的需求上升13%～18%。证据显示观察学习在不常光顾的消费者中有更大的影响力。听从其他消费者的选择信息而非样品菜时，消费者的进餐体验水准也被提升了。

资料来源：CAI H, CHEN Y, FANG H. Observational learning: evidence from a randomized natural field experiment[J]. American economic review, 2009, 99(3): 864-882.

2. 群体心理与羊群行为

人总是生活在一定的社会环境中，依从于各种各样的社会关系，参加一定的群体生活。这种群体既包括客观群体——人群在某一时间和空间上的集合体，也包括心理群体——具有相同心理活动特征的人群的集合体。

法国社会心理学家勒庞(Le Bon)(1895)在《乌合之众——大众心理研究》一书中首先提出了"心理群体"这一名词,为研究群体心理学奠定了基础。

勒庞认为群体心理是指个体处于心理群体中时所产生的心理状态和心理倾向。这主要包括两层意思:一方面,这种心理状态与个体独处时的心理状态完全不同,是在群体中才会具有的一种心理倾向,是在群体行为中表现的一种群体心态;另一方面,只有个体具有了相同的心理倾向才能聚集成群体,形成群体心理。群体的聚集过程中个体所形成的这种心理状态和心理倾向在平常是被理性所压抑的,处于潜在的状态,而当心理群体形成之后,个体就会冲破道德、伦理的约束,而表现出一种原始的冲动,外化表现出共同的行为。

勒庞指出,心理群体的形成过程主要经历了以下三个阶段。

(1) 情绪激发——人群中的个体由某一情绪所激发并最终被情绪所控制。

(2) 情绪传递——人群中的个体情绪由激发进而相互传递(相互感染并最终控制整个群体)。

(3) 建议接受——当人群被某一情绪控制后,人群便易受到外部建议的控制并受其指挥而参与某一激烈的行动。

当心理群体形成后,它作为一个整体的心理状态具有以下三项基本特征。

(1) 冲动性。冲动性指心理群体的集体行为可以在外界某一强刺激因素的激发下迅速启动,并且这种行动也可以在另一强刺激因素的作用下迅速向相反方向逆转。因此,心理群体情绪的高度不稳定性必然导致其行动方向的极度不确定性。

(2) 服从性。服从性指心理群体具有自愿服从外来指挥的心理特征。由于在心理群体中,所有成员的情感与观念都被统一到一个方向,理性化的个性成分也都被消除,因此他们具有自愿服从他人意愿的强烈倾向。

(3) 极端性。极端性指心理群体的实际行动常常超过必要的限度,因此往往导致过激的后果。

当人群形成一个心理群体时,该群体作为一个整体在决策和行为时所表现出来的智能水平将远远低于该群体成员在作为单个个体决策和行动时所能表现出来的智能水平。这就是著名的勒庞"心理群体智能低下理论"。

心理群体形成的这三个阶段,展现了群体性事件羊群行为形成的过程中,群体中的个体的情绪是如何相互影响,并最终形成了一致的心理状态,而这种一致的心理状态,或者说群体心理的产生,可以看作羊群行为形成的一种根源。根据勒庞的"心理群体智能低下理论",心理群体一旦形成,群体行为中的每一个个体的智能水平将远低于个体正常的智能水平,其理性水平和分辨能力也处于最低状态,导致群体行为能够最大限度地突破人类理性的限制。这也会导致群体的心理状态和行为状态很容易失控,行为的结果往往很难预料,而这种不确定性与群体的规模往往存在着正向的联系。

专栏 10.3 美国几次重大事件中群体认知的偏差

我们都听过这样一句谚语,"三个臭皮匠,顶个诸葛亮"。这句谚语旨在告诉我们,人多智慧多,解决难题时如果能集合大家的智慧,更有可能商量出一个好办法来。但勒庞的

"心理群体智能低下理论"却告诉我们一个不同的结论——如果部分个体拥有强烈的情绪,并与其他个体相互影响,最终产生的集体决策有可能就不再理性。

当金融市场被过度自信或者强烈恐慌等情绪所笼罩时,群体认知往往与实际情况存在巨大偏差,近百年来美国所发生的多次重大事件都证明了这一结论,如表10.1所示。

表10.1 近百年来美国所发生的多次重大事件

时间与事件	大多数人的一致看法	实际情况
1929年	股市已经站稳了"永久的价格平台",牛市将长期持续	出现了美国历史上最严重的经济衰退和熊市
1933年美国宣布放弃金本位制度	将出现通货膨胀和股市熊市	未出现通货膨胀,股市进入牛市
1955年朝鲜战争结束	将出现经济衰退和股市熊市	未出现衰退,股市进入牛市
2000年	新经济时代来临,纳斯达克指数还将继续攀升	经济硬着陆,股指全线下跌
2008年	衍生工具等金融创新虽有风险但风险可控,华尔街巨头有政府兜底"大而不倒"	金融过度创新隐藏巨大风险,大型金融机构破产引发多米诺效应,金融危机爆发

10.3 羊群行为的理论模型

1. 信息流羊群行为

Bikhchandni、Hirshleifer和Welch(以下简称"BHW")在1992年提出了信息流(information cadscade)羊群行为理论:在不确定的市场中,每个投资者面临相似的投资决策,且均拥有不完美的私人信息,投资者可以观察到他人的决策并推测他人的私人信息,但不能直接观察他人的私人信息。在这种框架下,起初的一些随机事件和少数人的行为选择往往会决定后来大部分人的行为模式,人们会忽视自己拥有的私人信息,作出和前人一致的选择,这就导致了基于信息流的羊群行为。

这一模型假设:个体按照外生给定的顺序来进行决策,决策的内容为是否以1/2的价格买进一种资产。资产的价值是0或者1,概率均为1/2。每个投资者都会观察到一个关于资产价值的不完美的私人信号,信号为H或L。观察到信号H意味着资产真实价值为1的概率为$p(p>1/2)$,资产真实价值为0的概率则为$1-p$。观察到信号L的意义相反,意味着资产真实价值为0的概率为p,为1的概率为$1-p$。每个个体可以看到在他之前所有个体的决策,并依此推断他们的私人信息,如图10.2所示。

可以设想:若第一个投资者得到的私人信号为H,他应当选择买进,而若信号为L,他应当选择不买入。若第二个投资者发现第一个投资者选择买进资产,并且他得到的私人信号为H,则第二个投资者会同样选择买进资产。若此时他的私人信号为L,那么在他看来,资产的期望价值应当是1/2,这也就意味着他选择买进的概率为1/2。对于第三个投资

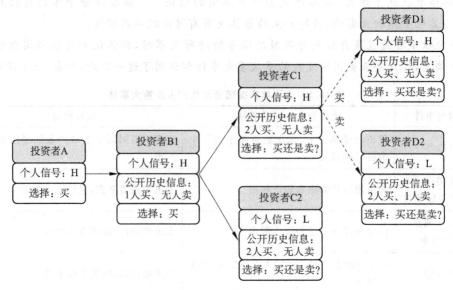

图 10.2　信息流模型结构示意图

者,他将面临三种情况:①在他之前的两名投资者均买入(此时即使他得到 L 信号,他也应当选择买入,这样一来,便形成了一个"买入"的决策序列);②两名投资者均不买入(此时即使他得到 H 信号,他也应当选择不买入,这样一来,便形成了一个"不买入"的决策序列);③一名选择买入,另一名选择不买入。在最后一种情况下,第三名投资者面对的情况和第一名投资者相仿:依据前人行为,他对资产的价值期望为 1/2,所以他个人得到的信号将成为他决策的依据。在这个模型中,第三名投资人面对前两名投资人"买入"、"买入"的公开信号时,无论他自己的私人信号是 H,还是 L,他的选择都应该是"买入"。于是,信息流形成。同理,如果前两人选择卖出,第三人也应该选择卖出。对于第四名、第五名甚至之后更多的投资者,都可以按照上面的逻辑进行类推。

从上面的分析中可以看出,第一个投资者和第二个投资者的行为具有信息含量,可以为后继投资者提供参考,从而增加了公共信息量。而一旦形成信息流,后继投资者依照决策序列进行决策,他们的行为便没有任何信息含量,其私人信息也无法转化为公共信息,最终导致公共信息的贫乏和市场无效率。

同时,BHW(1992)的研究也指出,这种信息流羊群行为模式是相当脆弱的,一旦有一点新的信息产生,这种行为就有可能发生改变。这是因为,当投资者认识到自己身处某种信息流中时,他也知道这种信息流所依赖的信息相对于投资者的私人信息来说是相当贫乏的。

2. 声誉羊群行为

Scharfstein 和 Stein(1990)从委托代理的角度出发,构建了声誉羊群模型。两个风险中立的代理人先后投资于两个相同的投资项目。代理人分别为聪明的和愚笨的两个类型,聪明的代理人有更高的概率得到正确的信号,而愚笨的代理人只能得到噪声信号。由于代理人本身并不清楚自己是聪明的还是愚笨的,为了不让雇主认为自己是愚笨的代理人,他们都会选择跟随对方的行为,于是就产生了羊群效应。他们在研究中首次提出了"共同承担责备效应"(blame sharing effect)这一观点。他们指出,如果某决策者作出了有悖于大多数人的决策,一旦他失败了,就会被雇主认为能力有限,并因此而受到责备(可能是降薪或者被解雇)。但是如果他的行为与大多数人一致,即使失败了,他的雇主也会考虑到其他人同样失败了而不过分责备他,同时他自己也不会过分内疚。因此,决策者具有与别人趋同的决策倾向,以推卸自己因错误决策而必须承担的责任。虽然这种行为从雇主或社会角度看是无效率的,但从决策者自身来看确实符合自己的最大化利益,是个人理性的选择。

Graham(1999)继承并发展了该理论,他提出,投资经理的雇主和其他人一般会通过与其他投资经理的业绩进行比较来判断该投资经理的水平。雇主的判断将影响经理人在劳动市场上取得的声誉,进而影响其当前以及下一份工作能够获得的报酬。投资经理人的任何投资决策都将面临声誉成本,而模仿其他经理的投资决策将最大限度地降低声誉成本。因此,经理人倾向于模仿他人的决策。

专栏 10.4 股票分析师荐股的羊群行为

分析师对走势的判断往往影响到自身职业发展,Hong,Kubik 和 Solomon(2000)曾指出,分析师出于对声誉和长期职业生涯的考虑,往往倾向于和其他分析师保持一致,羊群行为程度较投资者更高。他们还指出,相比起经验不够丰富的分析师,有经验的分析师往往更倾向于提供冒险的预测而且更不容易被解雇。

的确,当前国内分析师的研究报告几乎都是无偿向大众公开,当市场情绪浓烈到一定程度时,任何有违公众认知的观点都无疑会遭到强烈的质疑甚至抨击。于是更多的分析师选择了顺从多数,市场判断的信息含量和准确度也就大打折扣。表10.2列示了2008年多家知名券商研究报告的标题和大致内容。

表 10.2 2008 年多家知名券商研究报告的标题和大致内容

报告名称	大致内容
《高估值将持续》	"中国 A 股市场的高估值状况将在 2008 年持续" "在国内流动性充裕的情况下,A 股的估值仍有进一步扩张的可能性"
《A 股总体处于震荡整理》	"沪深 300 指数在 4 500～7 000 点,区间内波动概率较大,市盈率波动区间为 24～37 倍"
《2008 年 A 股市场投资策略》	2008 年牛市的承前启后执念,在充分消化了新的宏观信息后,未来仍是大牛市,但 2008 年收益的波动性大幅提高,乐观的话可以看到 8 000 点,而下跌空间有限
《牛市将有结构性变化》	中国股市已经不再是"初级阶段",但明年业绩、两税合并等因素还在支撑牛市的运行,但波动幅度会明显加大
《踏遍青山人未老》	2008 年 A 股市场依然维持牛市格局,保守预计 2008 年沪深 300 指数为 7 200 点
《光荣与梦想》	从长期和动态来看,目前的高估值有其合理性,上证综指全年在 4 500～6 000 点内波动

3. 基于薪酬条款的羊群行为

对于业绩激励与羊群行为的研究始于 Brennan(1993)和 Roll(1992)等人。他们提出如果基金经理的报酬取决于自身业绩与他人业绩的比较,这将会诱使基金经理作出无效率的投资决策,甚至导致羊群效应。Maug 和 Naik(1996)所提出的基于薪酬条款的羊群行为模型(compensation-based herding)则进一步解释了上述观点。模型假设一个风险厌恶的经理人,他的薪酬取决于相对于基准经理人的表现:当表现优于基准时,薪酬增加;当表现比基准差时,薪酬下降。所有人包括基准经理人都拥有关于股票收益的不完美的私人信息。假定基准经理人先作决定,其他经理人在观察到基准经理人的决策结果后再作决定。因而,在相对业绩激励机制下,经理人有动力去模仿基准经理人,因为他们的最优投资组合就是与基准投资组合保持一致。此后,Admati 和 Pfleiderer(1997)进行了拓展,分析了多重风险资产的模型,发现与基准挂钩的薪酬合约下,经理人的决策的确会导致羊群行为,而且羊群行为并不能有效克服道德风险和逆向选择。

> **专栏 10.5 基金绩效排名与羊群行为**
>
> 基金绩效排名对基金经理人的声誉和薪酬都会产生影响,面对排名压力,基金经理人在投资决策上会更多地参考好的基金,以提高自己的排名吗?
>
> 路磊等(2014)对我国证券市场基金的羊群行为进行了研究,他们发现当基金排名上升时,基金经理人会更多地参考好的基金,以维持自己的排名;而当基金排名下降时,他们会减少对好基金的参考,因为模仿其他的基金进行投资并不能使自己的排名超过他人,为了赶超其他基金,必须改变投资策略。此外,他们的研究还发现,相对于中资基金,合资基金对排名变化的敏感性较低,合资基金公司的羊群效应变化与其排名变化没有显著的关系。
>
> 资料来源:路磊,黄京志,吴博. 基金排名变化和羊群效应变化[J]. 金融研究,2014(9):177-191.

10.4 羊群行为的实证检验

目前,针对羊群行为的检验方法多为实证检验,即利用统计学方法,研究证券市场上投资者的投资决策是否存在趋同的现象。

1. LSV 法

LSV 法是由 Lakonishok,Shleifer 和 Vishny 在 1992 年提出的,他们将羊群行为定义为投资者同时买卖某些特定股票的平均趋势。因此,他们提出的这一指标实际上测度的是交易者对于某种特定股票交易模式的共同趋势以及趋同的程度。

以 $B(i,t)$,$S(i,t)$ 表示在 t 时间段内对股票 i 买、卖的投资者数量,$H(i,t)$ 为羊群行为的测度值,则 $H(i,t)$ 可表示为

$$H(i,t) = |p(i,t) - p(t)| - AF(i,t)$$

其中,$p(i,t) = B(i,t)/[B(i,t) + S(i,t)]$;$p(t)$ 为 $p(i,t)$ 对股票 i 的均值。调整因子 $AF(i,t) = E[|p(i,t) - p(t)|]$。如果 $H(i,t)$ 显著不为 0,则表示羊群行为存在。

LSV 法是最早提出的关于检验羊群行为的方法,但这种方法也存在以下两点缺陷:

① 仅用买卖双方数量来衡量羊群行为,忽略了交易量的问题。② 仅能判断某只股票的买卖是否有羊群效应,但没有考虑是哪些因素导致趋同行为的产生。

2. PCM 法

Grinblatt,Titman 和 Wermers(1995)运用投资组合变动度量(PCM)方法,来测量管理投资组合交易在方向和力度上的羊群行为,适用于判断各类投资基金间是否存在羊群行为。

对于投资组合 I 和 J,时间延迟为 τ 的横截面,羊群行为度量指标为

$$\hat{\rho}_{t,\tau}^{I,J} = \frac{\left(\frac{1}{N_t}\right) \sum_{n=1}^{N_t} (\Delta \tilde{\omega}_{n,t}^{I})(\Delta \tilde{\omega}_{n,t-\tau}^{J})}{s^{I,J}(\tau)}$$

其中,$\Delta \tilde{\omega}_{n,t}^{I}$ 为时间间隔 $[t-1,t]$ 内投资组合 I 中股票 n 的持有比重变动;$\Delta \tilde{\omega}_{n,t-\tau}^{J}$ 为 $[t-\tau-1,t-\tau]$ 内投资组合 J 中股票 n 的持有比重变动;N_t 为组合 I 和组合 J 在期间 $[t-1,t]$ 中的可交易证券集的交集。

PCM 法也有一些不足,主要是:第一,PCM 法用股票变动比重来衡量羊群行为,由此产生了另一个偏差,即资金量越大的基金管理人被赋予的比重越大;第二,当股票价格变动时,即使没有任何买卖行为,股票的市值比重也会变动,因此 PCM 法可能衡量出虚假羊群行为;第三,没有确认在 PCM 法中用以计算股票比重的净资产值的方法。

3. CSAD 方法

这一方法是由 Chang,Cheng 和 Khorana(2000)提出的,是目前较为通用的方法。CASD(cross-sectional absolute deviation of returns,收益率的横截面绝对偏差)指的是在某一时间横截面上,市场上各只股票收益率与市场组合收益率的绝对差。

$$\text{CSAD}_t = \frac{1}{N} \sum_{i=1}^{N} |R_{i,t} - R_{m,t}|$$

其中,N 为投资组合的股票数量;$R_{i,t}$ 为股票 i 在交易日 t 的收益率;$R_{m,t}$ 为市场组合收益率。用这一指标来衡量市场整体的羊群行为的原理在于,当市场上多数投资者对于许多股票都表现出强烈的羊群行为时,股票的收益率都会出现趋同。

4. 羊群行为在证券市场中的检验

Lakonishok,Shleifer 和 Vishny 在 1992 年提出了羊群行为检验的 LSV 方法,并利用该方法对美国证券市场进行了实证检验。他们以 1985—1989 年美国的 769 只股票为样本,进行了 LSV 检验,得出的 H 检验值等于 2.7,并由此认为这些基金不存在显著的羊群行为。同时,他们还发现,发生在小公司股票上的羊群行为比大公司股票更为显著。Grinblatt,Titman 和 Wermers(1995)应用 LSV 方法,检验了 1974 年年末至 1984 年年末美国 274 家基金,得到了同样的结果——这些基金在投资中并无明显的羊群行为。1995 年,Wermers 提出了 PCM 方法,并利用该方法进行检验,却发现这些基金在投资时存在显著的羊群行为。而 Wermers(1999)对之前采用的方法进行了改进,将分析的股票进行筛选,只留下了至少有 5 家机构活跃交易的那部分股票。他研究了 1975 年至 1994 年美国市场上所有基金的交易行为,结果发现羊群行为显著存在。Chang,Cheng 和 Khorana(2000)

利用其提出的 CSAD 方法分别检验了美国、日本、韩国以及我国台湾、香港地区的股票市场,得出结论:美国、我国香港地区的证券市场羊群行为不显著,日本市场存在一定的羊群行为,我国台湾地区和韩国市场存在显著的羊群行为。

国内关于羊群行为实证检验的研究比较多,结论也比较一致。大多数研究均认为国内证券市场存在比较明显的羊群行为。宋军和吴冲锋(2001)研究了 1992 年 1 月 2 日到 2000 年 12 月 31 日沪深两地所有上市公司的日收益率和月收益率数据,利用股票收益率分散度指标进行检验,结果发现我国证券市场的羊群行为程度高于美国证券市场的程度。并且,在市场收益率极低时,羊群行为程度明显高于市场收益率极高时的羊群行为程度,说明了投资者在市场整体低迷时更倾向于模仿他人的行为。孙培源和施东晖(2002)以 CAPM 模型为基础,建立了一个更灵敏的检测羊群行为的模型,发现我国股市存在一定程度的羊群行为,导致系统风险在总风险中比例较大。此外,他们的实证检验结果还表明,我国股市在市场极端波动时存在一定程度的羊群行为,特别是市场处于大涨时羊群行为更加明显。石荣丽和阳浙江(2004)借鉴了 Wermers(1994)的方法,筛选出 2001 年第一季度到 2002 年第四季度中至少有 5 家基金交易过的股票,并利用 LSV 方法进行检验。研究计算出的羊群行为度为 8.94,且统计意义上显著,说明在这些股票的交易中,羊群行为明显存在。

10.5 羊群行为的实验经济学检验

羊群行为虽然在证券市场上普遍存在,但它并不仅仅是一个经济学问题,其背后还隐含着人类心理学、行为学等诸多方面的理论。关于羊群行为的实证检验仅能得出纯粹统计意义上的结果,而不能分析人们行为背后的具体动机。近年来,随着行为金融理论和实验经济学的兴起,越来越多的学者开始从行为金融视角出发,利用实验经济学方法,对羊群行为的理论模型进行发展和完善。

Anderson 和 Holt(1997)以 BHW(1992)提出的信息流羊群模型为理论基础设计了一个摸球实验,并在弗吉尼亚大学招募学生完成了这项实验。实验流程大致如下:6 人为一个小组进行决策。实验需要用到两个罐子——罐子 A 和罐子 B。A 中有 2 个 a 球和 1 个 b 球,而 B 中有 2 个 b 球和 1 个 a 球。在每一轮决策开始前,实验助手将会投掷一个骰子来决定本轮实验要使用的罐子,若骰子点数为 1、2、3,则使用罐子 A,否则使用罐子 B。骰子投掷完毕后,罐子中的球将会被放进一个没有标记的容器中,被试并不知道本轮使用的究竟是哪一个罐子,如图 10.3 所示。

罐子 A   罐子 B

图 10.3 Anderson 和 Holt(1997)实验示意图

在每一轮中，实验助手按照随机给定的顺序依次为每名被试抽一次球，每次抽取的结果只有该名被试一人可以得知。第一名被试获得自己的抽取结果后，需要猜测本轮使用的是哪一只罐子，并将自己的猜测结果报告给实验助手，实验助手将把他的决定公布给其他的被试，以此类推，直到第六个被试作出他的猜测。然后，实验助手将公布本轮使用的罐子信息，猜对了的被试可以得到 2 美元的奖励，而猜错了的被试则得不到任何奖励。实验按照这样的规则共进行 15 轮。

根据 BHW(1992)的理论，当第一个和第二个被试作出了相同的猜测，后续所有被试都会跟随他们。也就是说无论被试得到什么样的私人信号，他们都会作出和第一、第二个被试一样的选择，这就形成了信息流。

实验结果显示，在 12 场共 122 轮成功进行的实验中，有 87 轮实验形成了信息流。在激励机制比较简单的实验环境下，信息流比较容易形成。在几轮实验中，最初的错误信号启动了一条错误的信息流，而且在之后的决策中，也并没有相反的决策来终止这一信息流，最终导致所有被试的决策错误。这也说明了羊群行为会导致公共信息量无法增加、决策无效率的问题。

Anderson 和 Holt(1997)的实验为 BHW(1992)的信息流羊群模型提供了有力的证明。但在他们之后，一些学者却提出了质疑，学者们在这一实验的基础上修改了部分细节，得出了与原实验不一致的结果。Huck 和 Oechssler(2000)对实验被试进行了严格的筛选，保证他们能够准确理解贝叶斯规则。他们挑选了经济学、商务管理专业的学生，并在他们的微观经济学考试试卷中测试了他们对贝叶斯规则的掌握程度。同时他们将实验激励设置为期末考试的额外加分，从而保证了被试们决策目标的一致性。另外，他们还在实验结束后，要求被试解释自己作出选择的依据。他们的实验结果显示，在一半左右的交易中，被试的行为服从了贝叶斯规则，但极少有被试能够准确地解释自己的行为为什么是服从贝叶斯规则的。这意味着，被试的选择只是恰巧符合了贝叶斯规则，而并非 Anderson 和 Holt(1997)所认为的"基于贝叶斯规则的理性选择"。更多的被试选择用"跟随自己的信号"这一规则来解释自己的行为。

此外，还有许多学者认为原有模型中的市场环境比较简单，模型假设与现实市场存在较大区别。因而，他们对模型中原有的信息结构、价格机制等方面进行了修改，试图对原有的理论作出补充。Noth 和 Weber(2003)增加了私人信息的种类，引入两种不同质量的信息。他们通过电脑程序进行实验，增加了实验的轮数，以期观察被试在重复实验中的学习效应。实验结果显示，被试在整合私人信息和公共信息时，往往会出现过度自信的现象，即过分相信并依赖于自己的信息。在前面决策者的选择不统一时，过度自信的现象更加明显。Cipriani 和 Guarino(2005)并没有采用抽球的实验机制，而是直接采用了 BHW(1992)的理论模型中的情景，将实验设定为对某种资产进行投资。而且，他们放宽了"所有投资者均面临相同价格下的投资机会"这一假设，引入了价格浮动的机制，将价格设定为依据前人的交易信息计算出的资产期望价值。实验结果显示，在价格浮动机制下，羊群行为发生的概率大大降低。但他们同时也发现，一些被试会采取高风险的投资行为——同时违背自己的信号以及大众的选择，以期获得更高的收益，这类行为被称为逆向行为(contrarian behavior)。

课程实验指引[①]

1. 实验背景

本实验将建立一个证券市场,每个参与人作为一名投资者,在市场中进行交易。每轮实验开始前将赋予你一定数量的账面现金作为你拥有的初始资产。你的资产会由于你的投资决策相应增减,这与你最终得到的收益挂钩。具体来说,实验将按照如下方式进行。

2. 实验周期

本次实验共13轮,也就是13个交易周期。前3个交易周期是练习期,用来让大家熟悉交易规则以及操作系统,这几个周期的收益不会计入你最终的报酬。实验从第4个交易周期正式开始,第4~13个交易周期与你最终得到的收益挂钩。

3. 交易资产

每位投资者在每一轮交易开始前,都拥有账面现金资产100点。实验中,我们要交易的资产是1个单位的某种股票。在这一轮结束时,每单位股票的赎回价值有可能是100点,也有可能是0点。两种情况的概率均为50%。除了赎回价值,该股票无任何价值。股票赎回价值究竟是多少是由电脑系统决定的,只有在每一轮结束的时候投资者才会知道。

4. 交易顺序

每个市场(每个实验小组)由6名投资者(由各位实验被试扮演)和1个做市商(由电脑系统扮演)组成。实验开始后,在每一轮中,各位投资者按顺序依次作出交易选择。交易的顺序是由系统随机决定的。

5. 交易机制

本市场采用做市商交易机制,所有交易者与做市商进行交易。你可以选择买进1个单位或者卖空1个单位的股票(必须在买进或者卖空中选择,不可以不进行任何交易)。每轮实验中,买进和卖空的市场价格均恒定等于50点。买进股票指的是以市场价格 P 买进股票,本轮结束时赎回,得到股票赎回价值 V。卖空指的是向做市商借入股票并立即以市场价格 P 卖出,在本轮结束后按赎回价值 V 买入股票,还给做市商。买进和卖空是方向恰好相反的两种操作。

简单来说,如果买进,你的成本是 P,最终收益 $=V-P$;如果卖空,你的成本是 V,最终收益是 $P-V$。当你觉得赎回价值高而现在价格低,那么就买进;相反当你觉得赎回价值低而现在价格高,你应该卖空。

在你每一次进行选择之前,你会看到在你之前的几位投资者都做出了怎样的选择。并且,你将得到一个系统给出的信息,告诉你股票在本轮结束时的赎回价值,这个信息只

[①] 本部分主要参考 Anderson 和 Holt(1997)以及 Cipriani 和 Guarino(2005)的设计。实验目的是检验个体的决策行为是否会形成信息流。

有你自己知道。但需要注意,这个信息的准确度只有70%。

6. 实验报酬计算

实验报酬按照如下的方法计算。

首先,计算正式实验(4～13轮,共10轮)中,每轮交易结束后各投资者的净资产:每位投资者管理的初始资产都是100点。在之后的交易中,若你选择买进股票,净资产＝100点－市场价格＋股票赎回价值。若你选择卖空,净资产＝100点＋市场价格－股票赎回价值。

下面举两个简单的例子来说明净资产的计算方法。

如果你买入股票,价格为50点。本轮结束时,股票赎回价值为100点,那么你的净资产就变为:100点－50点＋100点＝150(点)。

如果你卖出股票,价格为50点。本轮结束时,股票赎回价值为100点。那么你的净资产就变为:100点＋50点－100点＝50(点)。

最后随机抽取一轮,得到该轮交易结束后你的净资产,按照一定比例,将实验中的点数化为人民币,计算得到你在该轮实验中的收益,这也是你在本实验中得到的最终报酬。

本章小结

(1) 金融市场中的羊群行为有两个层面的含义:第一个层面是狭义的羊群行为,指投资者有意模仿、跟从他人进行决策,而忽略了自有信息的行为;第二个层面则是广义的羊群行为,除包含狭义羊群行为所指情形外,还包含投资者那些相同处境下采取相似行为的情形。

(2) 信息流羊群行为是指在不确定的市场中,每个投资者面临相似的投资决策,且均拥有不完美的私人信息,投资者可以观察到他人的决策并推测他人的私人信息,但不能直接观察他人的私人信息。在这种框架下,起初的一些随机事件和少数人的行为选择往往会决定后来大部分人的行为模式,这就导致了羊群行为。

(3) 声誉羊群行为是指在委托代理关系中,由于雇主缺乏有效的手段评判代理人的业绩,代理人为了不让雇主认为自己是愚笨的,往往都会选择跟随对方的行为,于是就产生了羊群效应。

(4) 共同承担责备效应是指如果某决策者作出了有悖于大多数人的决策,一旦他失败,就会被雇主认为能力有限,并因此而受到责备(可能是降薪或者被解雇)。因此,决策者具有与别人趋同的决策倾向,以推卸自己因错误决策而必须承担的责任,同时减少自己的内疚。

(5) 基于薪酬条款的羊群行为是指如果经理人的报酬取决于自身业绩与他人业绩的比较,经理人有动力去模仿代表业绩基准的那位经理人,这将会诱使基金经理作出无效率的投资决策,甚至导致羊群效应。

思 考 题

1. 从众行为和群体行为有什么区别？试着举出生活中的例子加以说明。
2. 羊群行为是否都是不理性的？是否都会造成不利的结果？请举例说明。
3. 金融市场中存在的羊群行为加剧了市场的波动。你认为可以从哪些方面入手来减弱羊群行为，从而维护市场稳定？

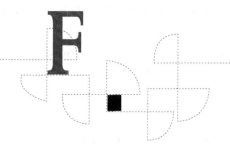

第11章

金融市场价格泡沫

 引导案例：日本经济泡沫

1986年12月到1991年2月是日本在第二次世界大战后，仅次于20世纪60年代后期经济高速发展的第二次大发展时期。但是好景不长，这场受大量投机活动支撑的经济浪潮如昙花一现，在90年代初泡沫破裂，日本经济出现大倒退，此后进入平成大萧条时期。

1. 泡沫的产生

20世纪60年代中期，日本为了避免外国企业对本国企业的恶意兼并，实施了稳定股东计划，企业与银行之间、企业与企业之间相互持股，形成你中有我、我中有你的相互约束机制。因此，各法人很少买出股权，导致股票市场的供给短缺、需求上升，股票价格也随之一路攀升，形成"股票不倒"的神话。

1985年9月22日，世界五大经济强国（美国、日本、德国、英国和法国）在纽约广场饭店达成"广场协议"。当时美元汇率过高而造成大量贸易赤字，为此陷入困境的美国与其他四国发表共同声明，宣布介入汇率市场。此后，日元迅速升值。当时日本政府为了补贴因为日元升值而受到打击的出口产业，在1986年至1987年连续5次下调利率，并多次入市干预，于是产生了过剩的流通资金。宽流动性在很大程度上助推了股市的泡沫。

与此同时，从20世纪70年代后期开始，日本银行面向优质制造业公司的融资业务普遍不理想，于是开始倾向于向不动产、零售业、个人住宅等融资。20世纪80年代，日本为使国营铁路私有化，以每股账面5万日元，也就是20倍的溢价向私人抛售铁路公司的股票。东京股市立即掀起了一场投机热潮。

2. 泡沫的推进

从1985年年底到1990年年初，短短5年多时间，日本城市地价增长了200%。1990年，仅东京的地价就相当于美国全国的土地价格，而美国的面积则是东京的1.5万倍。无论是实体企业还是金融机构,都不计成本将资金投入土地市场。铁路公司的股价也由每股 5 万日元迅速飞涨到每股 300 万日元。随之而来的"圈地运动",使得地价越炒越高,东京市区每 3.3 平方米竟高达 1 亿日元,成为当时世界上最昂贵的"黄金地产"。

房地产投机泡沫和股市投机泡沫相互交叉、彼此推进。到 20 世纪 80 年代中后期,日经 225 指数股票平均价格已飙升到 4 万日元,不少人在短期内就从中获得了百分之百以上的暴利。

3. 泡沫的破灭

到 1989 年中期,日本货币当局一方面为了防止普遍物价上涨,另一方面意识到资产价格膨胀的严重性,于 5 月 31 日将官方贴现率提高到 3.25%,又于年末进一步提高到 4.25%,同时大藏省也采取了多项措施限制土地投机。1990 年 8 月,以"海湾危机"为契机,为防止石油价格上涨导致通货膨胀,日本中央银行采取了预防性紧缩政策,将官方贴现率提高到 6.0%。1989 年 12 月 29 日,日经平均股价最高达到 38 915.87 点,此后开始下跌,如图 11.1 所示。土地价格也在 1991 年前后开始下跌,泡沫经济开始正式破裂。到了 1992 年 3 月,日经平均股价跌破 2 万点,仅达到 1989 年最高点的一半,8 月,进一步下跌到 14 000 点左右。大量账面资产在短短的一两年间化为乌有。金融体系受到重创,并进而影响到实体经济,成为日本经济 20 世纪 90 年代持续衰退的一个重要原因。

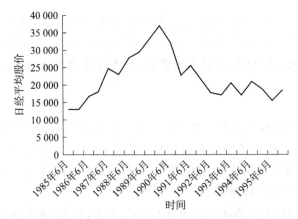

图 11.1　1985—1995 年日经平均股价

自此 20 年来,日本六大主要城市住宅用地价格跌幅达到 65%。随着房价暴跌,国民财富持续缩水,损失高达 1 500 万亿日元,相当于日本 3 年的 GDP 总和。日本经济更是萎靡不振,20 年间,日本年均 GDP 增速只有 0.75%。

日本房地产经济与股市完整演绎了泡沫从生成、推演到破灭的全过程。投机促成了泡沫的生成,各类投资者助推泡沫愈演愈烈,使得股票与房地产价格偏离基本价值而急剧上升,直到泡沫被市场发现,价格回落,泡沫最终破灭,引发严重金融危机。那么,金融市场泡沫究竟是什么呢?它有怎样的特征表现?它为什么会产生以及怎么去判断市场中是否有泡沫?这些问题都将在本章中得到解答。

11.1 金融市场泡沫概述

1. 金融市场泡沫的定义

泡沫(bubble),是指一种或一系列的金融资产在经历连续的涨价之后,市场价格大于实际价值的经济现象。其产生的根源是过度投资引起资产价格的过度膨胀,导致经济的虚假繁荣。

Kindleberger(1978)在《新帕尔格雷夫货币与金融学辞典》中对泡沫的定义是:"一种资产或一系列资产价格在一个连续过程中的急剧上涨,初始的价格上涨使人们产生价格会进一步上涨的预期,从而吸引新的买者——这些人一般是以买卖资产牟利的投机者,他们交易此资产的目的是通过交易来获利,而不是想使用它。"

Stiglitz(1990)在《有关泡沫的讨论》一文中指出:"如果价格今天很高的原因仅仅是因为投资者相信明天的销售价格将会更高——而基本面因素不能解释这样的高价格——那么就存在泡沫。"他同时指出,如果资产价格在没有任何新信息的情况下显著下降,这就能被定义为泡沫破灭。

亲历了日本地产与股市泡沫的三木谷良一(1998)认为,所谓投机泡沫就是资产价格严重偏离实体经济暴涨,然后暴跌这一过程。

泡沫会发生在社会经济的各个方面。不论是实物商品还是金融资产,都不可避免地受到泡沫的冲击。如陕西旬阳鸡血石1年价格暴涨10倍,普洱茶每100克高达22万元的拍卖价格,股票指数的异常大幅度上涨,都无一例外有着泡沫的影子。

2. 金融市场泡沫的特征

虽然历史上不同时期、不同地点在不同产品上出现了各式各样的市场泡沫,但是它们的产生、推进和发展都表现出相对一致的特点。

1)价格与价值严重背离

Garber(1990)将资产价格泡沫定义为"不能被基本面因素所解释的价格运动"。换言之,泡沫是金融资产的持续上涨,使得价格严重偏离了实际价值。这是金融市场泡沫最基本的特征,也是判别市场是否存在泡沫的重要依据。

1637年荷兰的郁金香泡沫,郁金香球茎1年总涨幅高达5 900%,单位价格超过稀有宝石;1719年南海泡沫,公司股票从129英镑狂飙至1 000英镑以上,半年涨幅达到700%;1990年日本房地产泡沫,仅东京的地价就相当于美国全国的土地价格。很显然,这些资产的价格已经疯狂地背离了本身的价值,但是投资者丝毫不关心,他们的标准只有一个:价格能涨就行。他们买入金融资产的原因仅仅是预期有另一个人会出价更高,会有更傻的人以更高的价格从他们手中接过"烫山芋",形成了典型的"博傻"模型(theory of greater fool),整个过程与价值没有任何关系。因此,市场价格巨幅上升时,它在投资者之间创造了大量的成功神话,这些神话吸引潜在的投资者,他们天真地认为同样的成功会降临在他们头上。他们往往没有投资经验,看到市场利好便纷纷涌入,想分得一杯羹。在这种情形下,即使金融资产的价格已经被炒到不合常理,投资者仍然不会收手,杠杆使得资产价格与价值的偏离程度进一步扩大,结果就是泡沫化。

2）交易量异常持续放大

泡沫的膨胀期,交易量会异常持续放大。一方面,金融资产价格的持续上涨会吸引大量投资者资金投入,并在上涨的过程中不断引发更多资金的追涨;另一方面,新资金的注入令泡沫进一步膨胀,一步步形成"正反馈"。

专栏 11.1　我国权证市场的泡沫

2005 年 8 月,中国证监会(CSRC)首次推出权证,迈出发展金融衍生品市场的重要一步。2008 年 5 月,18 只认沽权证和 29 只认购权证向公众推出,其中,32 只在上交所交易,15 只在深交所交易。本次推出的权证产品有以下几个特点。

(1) T+0 交易制度。

(2) 禁止卖空机制。

(3) 免交印花税和注册费,交易费用更低。

(4) 权证涨跌幅=标的股票涨跌幅×125%×行权比例,限制很小。

权证一经推出,成交价便大幅增长,日均成交量达到 12.6 亿元,平均年收益波动率为 248%。以产品"五粮 YGP"为例,"击鼓传花"式交易后价格居高不下。据测算,权证成交价格远远高于 BS 公式定价,甚至在某一时期超过了行权价,而看跌期权的内在价值是不可能大于行权价的。交易期间,"五粮 YGP1"的日换手率平均为 140%,最后一个交易日达到了 1 800%。这意味着,平均每份权证被买卖了 18 次,如图 11.2 所示。

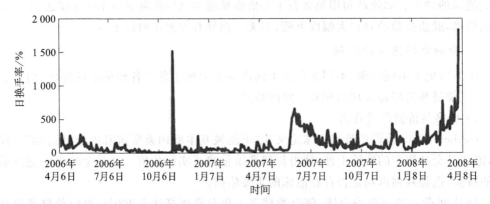

图 11.2　"五粮 YGP1"日换手率

资料来源:XIONG W, YU J. *The Chinese warrants bubble*[J]. *American Economic Review*,2011,101(6):2723-2753.

3）大量低认知水平投资者涌入

有这么一个故事:19 世纪 20 年代,美国股市一片繁荣,整个国家都处于牛市氛围。有一次,美国证券交易委员会首任主席约瑟夫·肯尼迪在纽约中心火车站一边读报,一边让一个擦鞋童给他擦皮鞋,这个擦鞋童告诉约瑟夫,他也买进了一些股票,有一个要发财的美国梦想。擦鞋童的话,让约瑟夫意识到,19 世纪 20 年代的股市牛市行情结束了。他的理由是:"如果连擦鞋童都知道进入股市买股票,那还剩下谁没进入股市呢?既然大家都已经跳进了股市,那市场就只能是下跌,没有其他路可以走了。"于是,约瑟夫·肯尼迪把他的资金从股市中撤出,从而躲过了 1929 年股灾。这个故事表明,当无论哪行哪业的人都不顾一切地冲向一个市场的时候,就说明市场的泡沫已经被吹得太大了,市场基本上已经到了顶部。

美国经济学家 DeLong 等曾提出一个著名的噪声交易者理论,这个理论假设市场上除了根据基本面价格进行交易的理性交易者以外,还存在大量非理性的噪声交易者。和理性交易者不同,噪声交易者一般不太关注资产价格的基本面信息,而是提交一些想当然的报价和交易数量,或者采用简单的追涨杀跌式的跟风交易策略。大量噪声交易者涌入市场通常会损害市场的稳定性。包括美国亚利桑那大学查尔斯·纽赛尔和德国柏林工业大学的博施-罗沙在内的许多学者都在实验室模拟情境下发现了交易者的认知水平的确会影响他们的交易策略和实验市场的价格稳定性。交易者认知水平越低,市场越容易产生泡沫。也就是说,在泡沫经济中,往往有低认知水平的非理性交易者的推动。

3. 金融市场泡沫的测度[①]

学术界对于股市泡沫的研究经历了由理性泡沫到非理性泡沫的过程,从而形成两个学派。理性泡沫是指在理性预期的框架内,市场价格相对于资产未来各期收益现金流的折现值(理论价格,也称基础价值或合理价值)的偏离。非理性泡沫模型侧重于采用人的非理性因素(群体心理、时尚、狂热)等来解释理性泡沫模型难以解释的金融市场极端波动的现象。无论从什么角度来解释泡沫,首先都需要对泡沫进行度量。主流的对泡沫的度量方法可以大致分为三类:基本面估计法、统计量检验法和价格序列分解法。

1)基本面估计法

在理性泡沫中,泡沫通常被定义为理性预期条件下市场实际价格与内在价值(理论价格)之间的差别。所以,只要能够计算出资产的内在价值,那么,股市中的价格泡沫基本上就是可度量的。然而,要想估计一项资产的内在价值,就意味着必须对该项资产的预期收益和未来利率水平作出假定。如果这些前提假设出现问题,那么对该项资产内在价值的计算就会存在偏差,如用股利现值定价模型(戈登公式)来判断是否存在泡沫就是非常困难的一件事。因此,有不少学者通过对市盈率、周超额回报率、工业生产指数、居民消费价格指数、狭义货币供应量等与股市泡沫相关的指标的计算,或通过相关指标的数理统计特性,表征不同时点股市泡沫大小的比较关系,以分析股票市场价格中的内在价值部分。

潘国陵(2000)以过去的每股税后利润预测未来的每股税后利润,又以预测的每股税后利润替代每股红利,并运用股息折现模型计算上海和深圳股市 1997—1999 年的内在价值,进而测算相应年份的股市泡沫。吴世农(2002)等在假设我国股票市场派息率为零的情况下,运用 CAPM 模型来确定股票市场的内在价值,然后计算股市泡沫的大小。徐爱农(2007)则用剩余收益模型对中国 A 股市场 1993—2006 年年初市场内在价值进行计算,并对相应年度年初市场泡沫进行测度。

基于基本面的度量方法需要得到能够反映经济基本面因素的经济变量,但是与股市

---

① 主要参考周爱民,孟庆斌. 大鱼如何吃小鱼:股市价格泡沫的度量与理性扩容速度的行为金融学分析[M]. 厦门:厦门大学出版社,2009.

价格相配合的日数据和周数据很难得到,这是该方法的局限性。

2) 统计量检验法

席勒(1981)提出了超常易变性方差检验方法,他在假设 $H_0\{$不存在股价泡沫$\}$ 之下,试图通过比较理论股价和实际股价的方差之比来进行关于价格泡沫的 F 检验。他认为 $\text{Var}(P_t) \leqslant \text{Var}(P_t^*)$ 是应该成立的,因为:$P_t = E(P_t^* \mid I_t)$,所以在掌握一定信息情况下变量的不确定性一定要小于不掌握任何信息情况下该变量本身的不确定性,所谓的超常易变性统计量:$\text{Var}(P_t)/\text{Var}(P_t^*)$,就是根据这一假设给出的。但是理论估计是很难得到的,因此他转而借助估计值来替代:

$$P_t' = \begin{cases} P_T & t = T \text{ 时,} \\ \sum_{v=1}^{T-t} \dfrac{d_{t+v}}{(1+r)^v} + \dfrac{P_T}{(1+r)^{T-t}} & t = 0, 1, 2, \cdots, T-1 \text{ 时} \end{cases}$$

该方法曾运用于以 S&P500 指数为样本的检验,检验出许多股市泡沫。结果如图 11.3 所示,其中实线为美国标普 500 真实值,虚线为预测值。

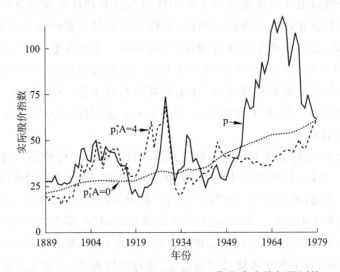

图 11.3 1889—1979 年美国标普 500 指数真实值与预测值

但是后续 Kleidon(1986)等对该方法提出了以下几点质疑。

(1) 用可计算的估计值来替换不可计算的理论价值会使得该方法的有效性遭到破坏。

(2) 当统计量拒绝原假设的时候,并不一定是因为股价泡沫的存在,即该检验方法接受假设的结论。

(3) 统计量检验的方法经常会给出大量的伪信号,检验过程很复杂。

除了超常易变性方差检验方法以外,Engle(1987)也曾提出协整检验方法,试图通过对股价过程和分红过程间的协整性检验来确定价格泡沫的程度。Diba(1988)发现如果存在理性价格泡沫,那么股票价格的一阶差分应该是非理性的。Craine(1993)提出,如果市盈率存在单位根,那么就意味着存在"非理性繁荣"。

3) 价格序列分解法

价格序列分解法致力于从价格序列中分离出理性价格来,大致可以分为两分法和三

分法。前者可以将价格序列分离成理性价格与剩余项,后者还能在剩余项中分离出理性泡沫项。下列式子是两分法的形式之一:

$$P_t = \lim_{T \to +\infty} p_t = \lim_{T \to +\infty} \frac{p_T + t}{(1+\theta)^T} + \lim_{T \to +\infty} \sum_{j=1}^{T} \frac{d_{t+j}}{(1+\theta)^T} = b_t + p_t^*$$

其中,p_t^* 为理性价格;b_t 则可以被定义为价格泡沫。这样定义的泡沫有以下两个特点。

(1) 任何一天的价格泡沫都能被其后一天的价值所证实。
(2) 价格泡沫不可能为负,否则可能会出现价格为负的情况。

4. 金融市场泡沫破灭的危害

"1929 年 10 月 24 日,黑色星期四,美国股票市场崩溃。成千上万的美国人,从一贫如洗的寡妇到腰缠万贯的大亨,都失去了他们终生的积蓄。到这天结束时,已经有 11 个金融家自杀。从这个角度看,来往穿行于华尔街的人们像一群热锅上的蚂蚁……胡佛总统打电话给参议员波默林,任命他主持复兴金融公司。在接到电话时,波默林的口袋里只有九角八分钱,而且在他前往宣誓就职的路上,就有 10 个叫花子跟他要钱。"[1]《光荣与梦想》里的这段话形象地描述了美国金融市场泡沫破灭后的大萧条景象,10 万家企业破产,全国 1/4 的人口失去工作,无数的富豪、投机者沦为乞丐。麦当劳创始人雷·克洛克被迫做了 17 年的纸杯推销员来还债,《股票大作手回忆录》里的主角杰西·利弗莫尔吞枪自杀。

泡沫的破灭一方面使得参与投资泡沫的个人财产受到极大的损失,消费需求长期萎靡,大量资金投入估值过高、投资无效的市场里,降低了资金的使用效率。更严重的是,它往往会导致金融危机的爆发,企业因为过于膨胀的负债而纷纷倒闭,社会消费与投资需求下降,又引发通货紧缩和经济衰退,给一国经济带来巨大的危害。严重的房地产危机、股市危机、银行业危机还会通过进出口贸易、跨国投资等途径席卷全球,最终会演化为社会危机、政治危机甚至引发军事危机。

11.2 金融市场泡沫的标准金融学解释

通过前面的学习,读者已经初步地了解了金融市场泡沫的含义。但是,市场中究竟有没有泡沫存在,以及为什么有泡沫存在仍然是困扰读者的一个问题。因此,本节主要从标准金融学角度来解释金融泡沫。

1. 完全理性理论

根据有效市场假设,如果交易者都是完全理性的,则他们所掌握的信息就会充分体现在对证券基本价值的估计中,证券的实际价格将会等于其基础价值。这是因为,理性交易者基于效用最大化的投资行为所决定的证券价格是正确的,恰好等于证券的基本价值,一旦市场价格偏离了证券的基本价值,理性行为主体就会通过套利策略获利,所以在有效市场的框架内是不存在泡沫的。

---

[1] 曼彻斯特. 光荣与梦想:1932—1972 年美国社会实录:上[M]. 海口:海南出版社,2004.

2. 理性泡沫理论

理性泡沫理论以市场有效性为前提，认为在理性行为和理性预期的假定下，金融资产的实际价格除反映其市场基础价值之外，还包含理性泡沫的成分，这种泡沫并不是错误定价的结果，而是理性预期和理性行为允许的资产价格对基础价值的偏离，即反映了未来。

理性泡沫理论遵循了主流经济学的研究方法，通过建立模型来证明在标准金融理论的框架内，即使个体的行为都是理性的，总体结果也可能导致证券价格与基本价值的背离，即人的理性行为也会产生泡沫。

在理性泡沫框架下，如果市场参与者是有限的，则市场不可能形成泡沫，这主要是因为理性投资者只有在确信将来能通过卖出证券获取收益的情况下才会买入证券，当投资者数目有限时，投资者难以确定在价格上升之后是否能够找到买方，因而排除了泡沫存在的可能性，如表 11.1 所示。

表 11.1　一般均衡框架内的理性泡沫存在性[①]

交易时间 参与人	无限交易时间	有限交易时间
有限市场参与人	不可能存在泡沫	不可能存在泡沫
无限市场参与人	可能存在泡沫	可能存在泡沫

理性泡沫理论的主要缺陷是对泡沫过程缺乏微观机制的描述，泡沫的生成和破裂基本上被看作外生的，没有很好地解释泡沫生成的条件、机制和导致泡沫破裂的事件。理性泡沫理论虽然是难以令人信服的，但至少意味着主流学者意识到了市场价格会持续偏离基础价值，有效市场假说的结论是不恰当的。

近年来的众多实验经济学研究发现人类的非理性交易行为容易使资产价格产生泡沫。经济学家开始放弃有效市场的假定，运用行为金融学以及博弈论等研究股票泡沫，形成了非理性泡沫理论。和投机性泡沫理论不同的是，该理论更多的是从交易者个体心理和外部因素相结合这一角度研究什么因素导致了股票泡沫。非理性泡沫理论将市场噪声和投资者差异纳入考虑范围，发现投资者噪声交易、羊群行为、有限关注等非理性行为一旦形成一致性偏差，会导致资产价格对价值系统性的偏离，推动泡沫生成。

专栏 11.2　投资者认知能力与金融泡沫——来自实验室的证据

纽赛尔在实验室中用美国心理学家弗雷德里克提出的认知反射测试来衡量被试的认知能力。该测试由三个智力测验题构成，如："一个球拍和一个球共计 1.1 元，球拍比球贵 1 元，请问球的价格是多少钱？"

如果回答者未经思考直接回答，通常会说 0.1 元，但实际答案是 0.05 元。实验组织者根据回答者的得分把他们分为高认知能力者和低认知能力者，回答正确的问题越多，表示

---

① TIROLE J. *Asset bubbles and overlapping generations*[J]. Econometrica, 1985, 53(6): 1499-1528.
WEIL P. *Confidence and the real value of money in an overlapping generations economy*[J]. *Quarterly journal of economics*, 1987, 102(1): 1-22.

认知能力越高。然后,实验组织者会把回答者分配到各个实验市场中去。市场一般分为三类:全部由高认知能力者组成的市场、全部由低认知能力者组成的市场和两者都有的混合型市场。在每个市场里,交易者都知道自己市场中高低认知能力的参与者的组成比例。

实验的结果显示主要由高认知能力交易者组成的市场一般没有泡沫,主要由低认知能力交易者组成的市场泡沫较大,而由一半高认知能力交易者、一半低认知能力交易者组成的市场泡沫最大。这个结果表明:认知能力确实是金融泡沫的重要决定因素。如果市场全部由高认知能力者组成,他们的交易策略一般会比较理性,不容易发生泡沫;而在由低认知能力者组成的市场里,交易者可能由于认知能力的局限更容易采取投机型的交易策略,从而造成泡沫。在混合型市场中,交易者可能面临更大的策略不确定性,且高认知能力交易者可能通过误导低认知能力交易者赚钱,所以价格更不稳定了。

为了验证在实际市场里,交易者预期对于资产价格也有重大影响,宗计川等在东北财经大学做了一个实验,进一步检验认知能力对于个体预期策略和模式的影响。

他们发现:如果通过认知反射测试把交易者分为高认知能力者和低认知能力者,高认知能力者在市场中更容易采用有利于市场价格稳定的适应型预期,而低认知能力者在市场中更容易采用催生泡沫的趋势跟踪型预期,也就是人们常说的"跟风"。CRT 得分低的交易者不但更可能采取跟风的预期策略,而且当他采取这一策略的时候,他跟风的"力度"也更大。

上述研究都表明:认知能力对于交易者策略和市场稳定性都有巨大影响,低认知能力的投资者往往会作出非理性的投资决策,催生市场泡沫。

资料来源:宗计川,付嘉,包特. 交易者认知能力与金融资产价格泡沫:一个实验研究[J]. 世界经济,2017,40(6):167-192.

11.3 金融市场泡沫的成因

1. 宽松的货币政策

根据经济史学家的总结,人类历史上任何一个泡沫的背后,无一例外都伴随泛滥的流动性。荷兰、英国、美国、日本这些一度的全球经济霸主,都无一例外地在其经济发展上升期,经历过不同形式的泡沫和崩盘。这主要是因为在经济发展上升期,货币政策制定者往往会采取相对宽松的货币政策,同时周边地区乃至全球的资本都会流入当地,进一步导致了流动性大泛滥,从而引发资产价格泡沫。越来越低的实际利率会导致资金大量流入金融与地产领域,吹大了资产价格泡沫。

诺贝尔经济学奖得主、经济学家史密斯的实验研究表明,如果资产总价值是一个定数,那么实验参与者拥有的钱越多,也就是整个实验市场里面的流动性越泛滥,实验市场里泡沫形成的规模就越大,持续的时间也越长。正如朱宁(2014)所指出:"因为流动性如此之大,钱多到了任何安全资产的回报都低得让投资者不愿意接受的地步(比如美国 2007—2009 年房地产危机之前的国债利率)。投资者为了追逐让他们更满意的高收益,就不得不寻求其他高风险的投资机会。在对收益的追逐过程中,人的贪婪就会一次次地压倒人的恐惧,驱使着投资者卷入一次又一次的市场波动之中。"①

这在股票市场尤为明显,因为股市中高流动性的优势会使其更容易吸引巨额资金。历史上诸多股市泡沫的膨胀过程都离不开充裕流动性的支持。

1997年亚洲金融危机爆发后,大量国际资本回流美国,而美联储1998年9月至11月连续3次降息,进一步拉低了资金成本,促成了美国股市互联网泡沫迅速膨胀。

2008年次贷危机爆发前,美联储将联邦基金目标利率从2000年5月的6.5%一路下调至2003年6月的1.0%,直至2004年6月才启动加息。长期的低利率政策大幅拉低了融资成本,这是美国房地产市场爆发性增长的重要原因,也为次贷危机埋下了伏笔。

我国2007年A股泡沫的产生也与国内流动性密切相关。2005年汇改启动之后,人民币稳步升值,一方面对外贸易持续高额顺差;另一方面国际资本通过各种渠道涌入我国,导致金融机构外汇占款余额飙升。2005年6月,外汇占款余额仅为6.26万亿元,到2007年9月底,外汇占款余额已达12.57亿元。为了对冲过多的流动性,央行一方面大幅提高存款准备金率;另一方面大量增发央行票据,2005年6月底,央行票据余额仅1.65万亿元,到2007年9月底已达3.90万亿元。

2015年我国股市泡沫的重要原因之一便是2014年以来持续的宽松货币政策。2014年至2015年6月股市暴跌前,一年期存款基准利率由3%下调至2.5%,存款准备金率由20%下调至18.5%。从时间点来看,股市暴涨开始的时点与2014年11月首次降息开始货币政策宽松周期的时点是一致的。流动性充足与实体经济投资机会缺乏,导致了"资产荒"的出现。由于坏账率飙升、房地产投资收益下滑等原因,大量银行资金不愿投向信贷,而是通过场外配资、融资融券等方式进入股市,成为股市加杠杆的主要资金来源,是导致股市泡沫的重要原因。

2. 新技术引入

泡沫往往与新技术有关,新技术蕴含的较高的不确定性可能导致不当的监管和过高的估值水平。一方面,新技术,如某些金融创新工具本身可能会存在缺陷;另一方面,短时间内,人们对新技术的认识是有缺陷的。正如朱宁指出:"泡沫的产生,首先需要有新事物的出现。泡沫的诞生往往和一种新事物、新产品、新技术,或者新的经济地区相联。由于新的技术、产品、市场的出现,人们就很难用传统的方法或者维度来评价新鲜事物。而对传统体系的否定,和对历史规律和经济学原理的挑战,就会给'新思维''新模式'提供成长的空间。"

正是因为人们难以用传统的理念来解释,泡沫才会在一段时间内保持其神秘性,而这无疑会激发更高的投机热情,引发投资者希望获得更高的收益。又由于投资者不愿意了解或承受高收益背后的高风险,或者由于这种风险本来就无法在崩盘之前估量,投资者这样一种天真而美好的"一本万利"甚至"无本万利"的愿望,往往就成为泡沫形成最好的铺路石。

———

① 朱宁. 五大因素催生和吹大经济泡沫. 东方财富网.

专栏 11.3　金融产品创新与美国次贷危机

2007年美国次级贷款泡沫产生的一个很大的动因便是资产证券化等创新衍生产品的出现。美国金融机构向低收入人群发放了大量的住房抵押贷款后，为了获取更好的流动性，分散和转移风险，将购买到的贷款打包成证券，即住房抵押贷款证券(MBS)，兜售给投行等金融机构和其他投资者。投行购买到MBS后，对基础的现金流进行重组，设计出风险和收益不同档次的担保债券凭证(CDO)，卖给各地的投资者。为了降低风险，又推出了能对冲低质量档次CDO风险的信用违约互换(CDS)产品。

这一系列衍生产品的发行，使得次级抵押贷款这一基础资产上面垒筑起越来越高的衍生品。这些金融衍生品经过层层的打包重组之后，杠杆倍数被放大到了极限。投机者大量进入衍生工具交易市场，形成巨大的次贷衍生品泡沫。随着房地产市场的降温和加息周期的到来，基准利率的上升使得抵押贷款利率随之上升，债务人无法按时偿还债务，次级贷款违约率不断增加，MBS和CDO的回报也失去了保障，对冲基金亏损日益严重，再加上先知先觉的投资者开始"用脚投票"，大量次贷衍生品的价格一泻千里，直接导致这些对冲基金的资金链断裂，最终引发了次贷危机。对冲基金的溃败很大部分是因为它们认为自己已经很好地对冲了风险，然而对冲工具的设计者并不能理解复杂衍生品的风险所在，其设计的对冲产品收益和风险严重不对称，一旦对冲产品因为市场波动不足以覆盖风险，则会进一步导致被对冲机制掩盖的金融市场系统性风险集中暴露。所以，复杂的金融衍生产品有着价格信号失灵、信息不对称、监管缺位、信用对冲等一系列天生的缺陷，它的泡沫破裂只是时间问题。

资产证券化本身的复杂性给参与主体带来了认识上的困难。美国的次级贷款进行过多次的证券化，并运用了复杂的分档、错位、叠加、合成、放大、对冲等技巧，使资产证券化的过程变得更加扑朔迷离。这种证券化的复杂性至少造成两个后果：一方面，它使得证券化的参与方以及监管机构对房贷信用风险的影响估计和监控变得十分困难；另一方面，产品的复杂化使得投资者难以凭自己的认知去匹配风险和收益，对金融资产进行过高估价，或者对风险认识不足，以致对风险视若无睹，使其不断积累。

3. 代理投资[①]

现实中大量投资行为包含委托代理关系，真正的决策者往往是投资的代理人，与全部使用自有资金投资不同，代理投资带来的一个问题是，作为代理人的投资决策者可以享受到资产价格(收益)上升带来的全部好处(upside return)，但是对资产价格(收益)下跌的风险(downside risk)只承担有限责任，投资代理人可以通过申请破产保护等方式将超过一定限度的损失转嫁给投资委托人——资金的贷出方，这就是代理投资内生的风险转嫁(risk shifting)问题。以房地产为例，当投资成功时，借款人归还贷款本息，房地产的价值超过银行本息的部分就成为借款人的投资收益，当投资失败时，借款人只承担有限责任，贷款人必须承担其余的损失。当市场上有相当一部分投资决策者是投资代理人时，

[①] 主要参考陈国进，吴锋．代理投资、金融危机与金融制度结构[J]．金融研究，2002(8):61-66.

他们内生的风险转嫁激励就会使风险资产的均衡价格超过基本价值,从而催生资产的价格泡沫。

4. 媒体偏差①

公共新闻媒体是一种重要的信息传递方式,媒体能积极地影响公众的注意力和思考方式,从而形成股市事件发生时的环境,众多投资者对经济信息的感知往往通过媒体报道所描述的拟态环境来获取,并依据环境的变化来作出判断,调节自身行动,进而作出投资决策。

媒体报道对资产价格的影响主要通过两个渠道实现:一是进行信息披露,媒体的报道会向市场提供反映公司价值的最新信息从而影响资产价格。但是媒体不可避免地会出于自己的利益或者政府政策倾向的压力而对释放的信息进行甄别和筛选,导致媒体偏见的形成。二是汇集和扩散信息的中介作用,在投资者"有限关注"的前提下,媒体报道可以提高投资者对被报道公司的关注度,缓解投资者因关注度不足导致的分散化投资不足问题,进而降低资产要求的风险补偿。如1998年5月3日,《纽约时报》报道EntreMed公司研制出一种非常具有市场潜力的新抗癌药物,导致该公司的股价从12美元迅速上涨到52美元,并且在接下来的3周内一直稳定在30美元以上。但是这项研究成果早在5周前在《自然》杂志上就已经公开发表了。

张圣平等(2014)利用百度新闻搜索得到的媒体报道数据,发现财经媒体报道对中国股票盈余惯性有着显著的影响。盈余公告之后的媒体报道虽然客观上已不包含任何新信息,但仍可引导投资者对所报道股票的注意力,影响股票的价格和交易量。首先,媒体报道加快了利好信息进入价格的速度,减小其盈余惯性;其次,媒体报道增强了多空双方的信念,公告后异常交易量上升。与此同时,媒体报道有选择性,常顺应市场的反应对利好信息"锦上添花",没有过多地"落井下石"。媒体的正向选择性报道会促使投资者对市场充满信心,参与投资,推动泡沫的膨胀。

另外,为了吸引更多投资者的关注,媒体会对信息进行加工,过滤一些有用信息或者强化某些信息,使得媒体本身不再是一个独立传播信息的中介,甚至在某些时候会成为推动市场趋势的力量。尤其是在现代社会,互联网、微博与微信等新媒体方式在人群之中迅速传播,资本市场的魔力和泡沫形成的赚钱效应被无数倍地放大了。在媒体的感召之下,很多投资者被卷入一场又一场的疯狂游戏之中,媒体的乐观情绪甚至成为投资者坚信资产价格会继续上行的背书。

如2014年年中到2015年年中我国股市大幅异常增长的时期,除了来自经济转型预期的支撑,官方舆论关于股市的表述也往往被社会舆论解释为替股市上扬背书。其中比较有代表性的包括:2014年8月,A股在开始上涨不久后陷入横盘震荡,8月18日,《人民日报》刊文《股市保持强势 望演绎空中加油行情》;2015年1月5日,新华网刊文《华尔街专家:中国A股今年将继续走牛》;2015年4月21日,人民网刊文《4 000点才是A股牛市的开端》等(表11.2)。这些无疑都使得投资者更确信价格会继续上行。

---

① 主要参考管涛,邓海清,韩会师. 泡沫的终结——透视中国股市异动[M]. 北京:中信出版社,2016.

表 11.2　2014—2015 年我国主流媒体对股市的相关报道

类别	时间	内容
牛市导向	2014/07/25	《人民日报》:外资机构齐声唱多 A 股市场
	2015/01/05	新华网:华尔街专家称中国 A 股 2015 年将继续走牛
	2015/04/08	新华网:A 股中长期仍有上涨空间和动力
	2015/04/10	人民网:A 股 4 000 点上升的基本动力不变
	2015/04/21	人民网:4 000 点才是 A 股牛市的开端
	2015/05/08	《人民日报》:管理层治理旨在慢牛,长牛势头未变
	2015/05/28	新华网:6 月股市将走慢牛行情
风险提示	2014/12/19	《人民日报》:多重因素驱动 A 股牛市,短期仍存在调整风险
	2015/04/09	新华网:潮来潮去终退去,且行且珍惜
	2015/05/04	《人民日报》:牛市也别忘风险

11.4　个体心理与金融市场泡沫

1. 有限关注

有限关注最早由卡尼曼(1973)提出,他认为个体的认知能力是有限的,需要在不同的事物上分配认知资源,分配在一个事物上的注意力必然减少个体对于另一事物的注意力,并称这种现象为有限注意。

传统的有效市场理论认为市场参与者具有完美理性和无限信息处理能力,能够及时充分地将所有公开信息反映在股价中。然而,真实的市场由许多有限注意的投资者组成,他们容易受到媒体宣传和市场情绪的影响,特别是在互联网时代的今天,投资者更是面临空前的"信息爆炸",大量新闻、消息、评论甚至谣言充斥网络渠道,使投资者不得不选择性地关注某些信息,而忽略对其他信息的处理。"当今经济社会的信息富裕问题引起了新的稀缺,因为海量信息消耗了人们大量的注意力,造成了注意力的贫穷。随着互联网技术的进步和媒体作用的加强,投资者在进行资产组合决策时所遇到的问题往往不是信息稀缺,而是信息过多和信息处理能力不足。"[①]

Baber 等(2008)认为投资者在买入股票时面临成千上万种股票选择。由于人的认知能力有限,只有那些吸引投资者关注的股票才会进入投资者选股的考虑集。也就是投资者尤其是个人投资者更倾向于购买那些引起他们关注的股票。而当面临卖出决策时,受卖空约束的个人投资者不会面临严重的注意力约束问题,因为他们通常只持有少数几只相对熟悉的股票。这种注意力约束对买卖决策的非对称影响势必导致投资者对那些被关注股票产生净买入行为。这就会引发这些受关注的股票因为过度的需求而产生泡沫,其

---

① 彭叠峰,饶育蕾,王建新. 有限注意、投资者行为与资产定价——一个研究评述[J]. 中南大学学报(社会科学版),2012,18(3):116-122.

他金融资产泡沫也是一样的道理。

2017年4月1日,我国政府印发通知,决定设立河北雄安新区,在随后1周内引发资本市场的强烈关注,部分雄安新区概念股快速上涨甚至在短短1周内已出现过度投机炒作苗头。如若不是上交所迅速地干预监管,责令相关上市公司作出澄清,发布异常波动公告,集体对市场传闻予以说明澄清,这一概念股的泡沫会持续得更久、膨胀得更大。然而,早在此通知发布半年前,包括央视等媒体已经报道过政府领导赴河北省安新县进行实地考察、主持召开河北雄安新区规划建设工作座谈会等消息。只是这些信息没有被炒热,引起市场所有投资者的注意力而已。

另外,当股价由于某些原因上涨时,投资者由于有限注意而关注上涨的股票,导致对这些股票的需求增加,促使价格进一步地上涨,进而又引起其他投资者的注意,导致股价严重超过基本价值,而如果这样的有限注意成为系统性的群体行为,就可能导致股市泡沫的产生。

在我国股票市场,投资者注意力所诱发的股票市场波动和炒作的其他现象也比比皆是。例如,2005年中国证券市场的第一只权证——宝钢权证引起了投资者广泛的关注和热情,不到3个月,上市的6只权证激发了超过100亿元的单日市场成交额,远超过同期的沪深两市股票的成交总额。Liu等(2012)发现权证的引入带动了相应标的股票的高波动率和成交额,这种投机的溢出不是基于信息,而是广大投资者热切关注所驱动的市场炒作。此外,中国股市针对一些重大的社会事件,如2003年SARS(重症急性呼吸综合征)爆发和2008年的四川地震等,会产生强烈的行业联动乃至市场震荡效应,这种过度的联动是无法完全用信息本身来解释的。

2. 过度乐观

在乐观情绪中,市场存在"自我实现的预言效应",即对未来市场预期价格上升,现实价格也会随之上升;反之,若对未来市场预期价格下降,现实价格也会随之下降。其显著的特点是预期的同质性,即经济主体对资产价格的走向具有共同的预期。正反馈交易理论认为最初的价格上涨会导致更高价格的上扬,或最初价格的下跌会导致更低价格的下降,即人们通常所说的追涨杀跌。由于投资者需求的增加,最初价格上涨的结果又反馈到了更高的价格中,信息对资产价格的初始影响被放大。

由于投资者过于乐观的情绪,使得在金融资产价格畸高的时候,投资者仍然坚信价格还会上行,总会有人以更高的出价来接手自己买入的金融资产。这也是为什么在金融资产跳崖式下跌前市场总是一如既往的狂热。正是因为大家都觉得没有泡沫,泡沫才有可能成为泡沫。如果大家都觉得经济处于泡沫而缩减自己的投资和风险敞口,泡沫也就不会成为泡沫了。

类似地,在美国、日本、我国香港地区的房地产泡沫期间,一阵阵"这一次不一样了"的说法,让多少个人、家庭、机构忘记了房价与房租比例、房价与收入比例这种简单的投资基本面的评价方法,而盲目地相信房价迟早会涨到天上。金融市场泡沫的一个重要特征就是不关注基本面,而那些关注市盈率、市净率等传统估值方法和坚持这种投资理念的像股神巴菲特这样的投资者,则在互联网泡沫时期被嘲笑为"食古不化"而"很快就会被历史淘汰"。但现实是,巴菲特还没去世,很多嘲笑他的互联网公司早就破产倒闭了。

3. 羊群行为

关于个体暗示和群体压力的心理学研究表明:个体的决策受其他人意见所影响,社会压力能诱导个人作出自己认为并不正确的决策。在存在不确定性的环境中,人们通常表现出一种群体行为,即在某段时期内同向买卖相同或者相似的金融资产的一种模仿行为。泡沫中的羊群行为往往是自发形成的、表现出非理性的特征,从而导致了意见和行动的传染。

股票等金融资产的价格也不外乎是社会活动的结果。席勒(1984)发现因为没有一个可以接受的理论来理解股票的价值,也没有可靠的方法来预测改变投资策略后的效果。投资者对股票的价格缺乏一个清晰、客观的认识,从而致使他们完全依赖社会活动过程作出投资决策。Topol(1991)发现个体投资者买卖股票通常按照他最熟悉的投资者的平均价格来报价,由此可以推测股票价格运动是通过社会来传递的。

声誉模型也非常恰当地解释了泡沫时投资者的心理。与一个另类而可能成功的策略相比,人们更愿意表现出羊群行为,成为群体失败的一员。在美国互联网泡沫破灭之前,坚持巴菲特"价值投资"理念的投资者长期被嘲笑是食古不化的落后人群,人们不愿意成为被嘲笑的另类,哪怕自己可能才是会成功的少数派。尤其是基金经理们,他们的业绩随时会被投资者用来与其他基金经理相比较。如果他们逆流而动却失败了,就会被认为能力不够,受到委托者的责备。但如果他们的行为与大多数人的一致,那么即使市场下跌,委托人也会考虑到其他人同样失败了而不去苛责他们,使其避免承担决策错误的责任。因此,即便很多精明的专业投资人,也总是试图"与泡沫一起膨胀",而不是努力避免泡沫,在价格上涨过程中,他们通常认为随大流比采取与众不同的方法更安全,循规蹈矩比特立独行犯错误的可能性更小。在1987年10月崩盘前的牛市,专业资产管理者都觉得当时的价格水平太高了——股市更可能下跌而不是上升,然而没有多少资产管理者愿意卖掉他们的股票。股票继续上涨,他们害怕由于错失良机而被看作少有的傻瓜。相反,即使市场下跌,他们也会由于人数众多而感到安慰。如果每个人都遭受同样的厄运,大家的命运就是一样的。[①]

从众心理会导致投资者不计风险地持有过度高估的资产。即使金融资产价格已经飙升到一个疯狂的高位,从众的投资者也仍然不会选择减持,继续维持着市场旺盛的需求,一步步助推泡沫不断膨胀,直到泡沫破灭。

专栏 11.4　代理投资下资产价格泡沫的形成

假设有两种资产——安全资产和风险资产,安全资产的供给是可变的,安全资产的期初价格为1,期末价值为1.5;风险资产的供给固定,风险资产期初的价格为P,期末价值为6的概率为0.25,期末价值为1的概率为0.75,风险资产期末预期价值为2.25;所有的参与者都是风险中性者。

---

① FROOT K A, SCHARFSTEIN D S, STEIN J C. Herd on the street: informational inefficiencies in a market with short-term speculation[J]. Journal of finance, 1992, 47(4): 1461-1484.

如果每个投资者都拥有1个单位的资金,可以将它投资于安全资产或风险资产,由于投资者为风险中性者,当资产市场处于均衡状态时,投资于这两种资产的边际收益相等,即 $2.25/PF=1.5/1$,整理后可得 $PF=2.25/1.5=1.5$,公式中 PF 为用自我资金投资时风险资产的价值,换言之,PF 为风险资产的基本价值,风险资产超过基本价值的部分就是泡沫。下面考察代理投资下资产价格的泡沫是如何形成的。

假设投资者借入1个单位的资金,借款利率为33%,贷款人与借款人之间就形成了投资的委托代理关系,如果贷款人不能观察到借款人(投资者)究竟是投资于安全资产还是风险资产,那么1.5是否还是风险资产的均衡价格呢?

投资者将借入的1个单位的资金投资于安全资产的收益为 $1.5-1.33=0.17$。如果风险资产的价格为1.5,投资者在期初可以购买 $1/1.5$ 个单位的风险资产,当期末风险资产的价值为6时,归还贷款本息后剩下部分为投资者的收益;当期末风险资产的价值为1时,风险资产价值全部归贷款人所有,投资者的收益为0。因此,投资于风险资产的预期收益为 $0.25(1/1.5 \times 6-1.33)+0.75 \times 0=0.67$。

当 $P=1.5$ 时,风险资产的收益0.67远远大于安全资产的收益0.17,投资者更喜欢投资于风险资产,1.5不再是风险资产的均衡价格。造成这一结果的根本原因就是投资委托代理关系内生的风险转嫁问题。1个单位的安全资产和 $1/1.5$ 个单位的风险资产期末的预期价值都是1.5。如果投资于安全资产,借款人获得0.17,贷款人获得1.33;如果投资于风险资产,借款人获得0.67,而贷款人获得 $0.25 \times 1.33+0.75 \times (1 \times 1/1.5)=1.5-0.67=0.83$。借款人的有限责任使 $1.33-0.83=0.5$ 的预期价值从贷款人转移给借款人,换言之,风险从借款人转移给贷款人。那么,在代理投资下风险资产的均衡价格是多少呢?由于风险资产的供给是固定的,代理投资下投资者对风险资产的偏好必然抬高风险资产的均衡价格,直到借款人对风险资产和安全资产投资的收益相等。根据 $0.25(1/P \times 6-1.33)+0.75 \times 0=1.5-1.33$,可得 $P=3$,即风险资产的泡沫为 $3-1.5=1.5$。

假设风险资产期末价值为9的概率为0.25,价值为0的概率为0.75,该资产的预期价值仍然为2.55,但是风险更大。根据 $0.25(1/P \times 9-1.33)+0.75 \times 0=1.5-1.33$,可得风险资产的均衡价格为 $P=4.5$。由此可见,资产风险越大,价格泡沫就越大。

11.5 金融市场泡沫的实验经济学检验

近年来,随着行为金融理论和实验经济学的兴起,越来越多的学者开始从行为金融视角出发,利用实验经济学方法,对金融市场泡沫的理论模型进行发展和完善。证券市场实验是在实验室中构造一个证券交易的环境,实验参与人作为证券交易者进行买入或者卖出证券的决策,每个交易阶段结束时交易者所持有的证券都可以获得分红。这种研究方法由 Forsythe 等人首创,继而被 Plott、Sunder、Friedman 等人进一步发展。泡沫实验的目的是检验市场泡沫是如何产生的,实验一方面可以通过设定不同实验环境来检验哪一个因素导致了市场泡沫的出现;另一方面通过控制市场的风险结构、收益结构引出交易者的偏好,考虑是否由于交易者的心理特征及风险偏好导致了泡沫的出现。[①]

史密斯等(1988)在实验室里模拟了股票市场的交易过程,在控制市场信息结构的情形下,观察了泡沫发生的整个过程。

实验流程大致如下:实验共有15轮,每轮时间为120秒。每一轮结束时,持有的股票都会获得分红。分红有四种可能:25%的概率分红60元;25%的概率分红28元;25%的概率分红8元;25%的概率不分红。究竟市场实现哪种分红,在每轮结束时会宣布。在第15轮股票分红之后,股票的赎回价值为零,持有的现金没有利息,市场没有交易费用。实验结束时,被试的总收益等于期末持有的现金总量。

每位实验者在初期将得到720元的现金和4只股票,可以用自己的现金购买其他参与者的股票,也可以向其他参与者出售自己所拥有的股票,从而使自己的现金获得增长。实验采取双向拍卖的交易机制。

在完全理性、风险中性的假设条件下,股票的价值等于未来收益流的贴现值。

每一轮股票的期望收益为

$EP = 60 \times 0.25 + 28 \times 0.25 + 8 \times 0.25 + 0 \times 0.25 = 24$

那么第1轮交易前股票的基础价值应为

$FV = 15 轮 \times 24 元 = 360(元)$

第2轮交易前股票的基础价值应为

$FV = 14 轮 \times 24 元 = 336(元)$

……

第15轮交易前股票的基础价值应为

$FV = 1 轮 \times 24 元 = 24(元)$

交易结束后,股票的赎回价值为零。

这是信息完全对称的实验环境,即有关红利分布的信息对每个交易者来说都是共同知识。他们进行了多次实验,结果显示在超过一半的实验中出现了明显的泡沫现象,而且其中一次实验的参与者全部是专业的商业人士。如图11.4所示,实验结果显示,在15个交易阶段中,成交价格往往在开始时低于基础价值,然后价格逐步上升,直至出现了价格泡沫,之后泡沫破裂,成交价格在后面几个交易阶段才收敛于基础价值即理性预期的均衡价格。

为了考察信息对证券价格的影响,研究者还设置了信息不对称的实验环境。Plott等设计了一组研究信息扩散的实验,市场中有12个交易者,分属于三种类型,每类交易者的红利都有两种可能性,两种可能性的概率是所有交易者都已知的。有关最终哪一种状态会实现的信息,只有6个交易者知道,另外6个交易者不知道。实验表明,开始的成交价格是偏离基础价值的,随着实验的进行,没有信息的交易者通过观察价格来推测哪一种状态会实现,对基础价值的偏离开始减少,市场信息可能从完全拥有信息的内幕人扩散到没有信息的人。

[①] 金雪军,杨晓兰. 证券市场泡沫实验研究综述[J]. 国外社会科学,2004(3):20-25.

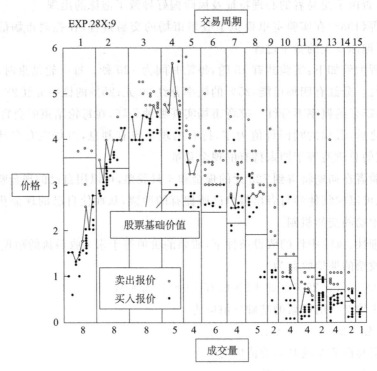

图 11.4 实验室下的股价表现

更多的学者在实验室环境下考察了不同的交易制度是否能有效抑制市场泡沫。

(1) 卖空机制:King(1993)的实验结果表明,卖空机制对泡沫的产生没有显著的影响。类似的结果也来自 Porter、史密斯,他们根据实验结果指出,卖空机制不能显著地降低泡沫量以及泡沫的持续时间。

(2) 期权交易:Forsythe 等检验了一个两阶段的资本市场(没有不确定性),发现当第一阶段的现货市场与第二阶段的期权市场相配合时,成交价格收敛于均衡价格的速度加快了。Porter 和史密斯的实验结果也表明,期权市场能够加快投资者形成共同预期的过程,从而能显著地降低市场的泡沫量,但是期权市场无法消除价格泡沫。

(3) 涨跌停制度:King 等进行了 6 次实验,实验规定价格的涨幅和跌幅不能超过单阶段期望红利的两倍。实验结果显示,价格限制制度没有阻止泡沫的出现。他们进一步指出,价格限制制度会使泡沫现象更为严重,因为价格限制让投资者感到风险降低了,从而激发他们将泡沫量提得更高,使持续时间更长。

(4) 交易费用:证券市场实验的批评者指出,实验中投资者进行交易的成本太低,仅仅是按下按钮接受或者输入报价或要价。因此,Porter 和史密斯设计了一个需要交易费用的证券市场实验,每次成交的费用是 20 美分,买方和卖方各支付 10 美分。他们的研究结果是,交易费用对泡沫的价格振幅、持续时间、股份流通量都没有明显的影响。

(5) 红利制度:这类实验主要考察红利支付频率和基础价值的变化频率是否会影响泡沫的产生。史密斯等提出了两个假设:第一,频繁地支付红利会增加泡沫产生的可能性;第二,频繁地变化基础价值也会增加泡沫产生的可能性。为了检验这两个假设,他们创造了一种实验环境,在这个环境下证券市场的分红过程非常简单,仅在时间轴的最末端才支付红利,而且基础价值保持不变。实验结果表明,即使选取了没有经验的参与人作为交易者,在 10 次实验中,仅有 1 次出现了泡沫,其他 9 次交易价格都紧密地沿循着基础价值。史密斯等认为,他们提出的这两个假设通过了实验检验。

(6) 资本所得税:Lei 等(2002)设计了一个征收资本所得税的实验市场。他们构造的市场与其他发现泡沫及其破裂的市场是类似的,唯一不同的地方是 50% 的资本所得税,也就是在每个交易阶段结束时对资本的正的利得(除了分红以外现金流的增加)征收 50% 的税收。实验得出的结论是资本所得税没有消除泡沫。

课程实验指引[①]

1. 实验背景

本实验将建立一个证券市场,每个参与人作为一名投资者,在市场中进行交易。每轮实验开始前将赋予你一定数量的账面现金作为你拥有的初始资产。你的资产会由于你的投资决策相应增减,这与你的最终得到的真实收益相挂钩。具体实验将按照如下方式进行。

2. 实验框架

本次实验共 10 轮,也就是 10 个交易周期,每轮时间为 120 秒。每 12 名参与者将被分配到同一个市场中,市场之间是相互独立、互不影响的。

3. 交易资产

所有的实验者被分为 A、B 两组,两组只存在初始禀赋的差异。A 组每名投资者在初期将得到 720 元的现金和 4 只股票,B 组每名投资者在初期将得到 1 440 元的现金和 4 只股票。实验中,要交易的资产是 1 个单位的某种股票。每一轮结束时,持有的股票都会获得分红。分红有四种可能:25% 的概率分红 60 元;25% 的概率分红 28 元;25% 的概率分红 8 元;25% 的概率不分红。究竟市场实现哪种分红,在每轮结束时会宣布。在第 10 轮股票分红之后,股票的赎回价值为零,持有的现金没有利息,市场没有交易费用。

4. 交易顺序

每个市场(每个实验小组)由 12 名投资者组成。实验开始后,在每一轮中,交易者可以自行选择在任何时间内购买股票(在买入报价的框中键入买价,并单击"买入报价"),该价格将显示在右边的卖出报价区域中,等待其他参与者以该价格卖出,或者自行在卖出报价列表中选择自己愿意支付的价格,并单击"买入"。同样地,被试可以自行选择在任何时间内卖出股票,操作与买入相反。

5. 交易机制

实验采用双向拍卖机制,即在每轮实验过程中,被试可以用自己的现金购买同一市场

[①] 实验设计参考史密斯股票泡沫实验。实验主要目的是比较市场不同的资金初始量是否会导致股东价格泡沫的差异。

上其他参与者的股票,也可以向其他参与者出售自己所拥有的股票,从而使自己的现金获得增长,每两轮之间,会有暂停页面显示该被试当前的现金与股票数目。

6. 实验报酬计算

实验报酬按照如下的方法计算。

在每轮实验结束后,电脑会根据相应的概率选择分红并向市场公布,对单个被试来说,每轮的分红收益＝该轮结束时被试持有的股票数量×该轮每只股票的分红。在第10轮股票分红后,股票的赎回价值为零。

实验的理论预测结果是B组的价格泡沫高于A组,可收集实验数据对此进行检验。

本章小结

(1) 泡沫是指一种或一系列的金融资产在经历连续的涨价之后,市场价格大于实际价值的经济现象。历史上的金融泡沫时期都表现出相似的特征,如价格与价值严重背离、交易量异常持续放大、大量低认知水平投资者涌入等。一旦破灭,泡沫会造成巨大的经济损失。

(2) 现阶段对泡沫的合理测度仍然是学术界一个争议的热点,主要有基本面估计法、统计量检验法、价格序列分解法三种方法。

(3) 导致金融市场泡沫产生与发展的原因有很多,从宏观层面来讲主要有宽松的货币政策、新技术引入、代理投资、媒体偏差等因素;从微观角度,即个体行为来看,有限关注、过度乐观、羊群行为等心理偏差是引发泡沫的重要原因。

思考题

1. 测度金融市场泡沫有哪些方法?除了本章提到的,你还知道哪些测度价格泡沫的方法?

2. 金融市场泡沫为什么会产生?监管者可以采取哪些措施抑制泡沫的产生?

3. 设计一个测量股票市场泡沫的实验,可以参考本章的课程实验指引,并对其进行改进。

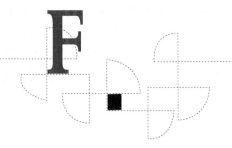

第 12 章

行为公司金融

 引导案例:四川长虹——等离子电视的失败决策

平板电视最常见的主要有两类:液晶电视和等离子电视。提及等离子电视,不得不提及国内上规模的生产等离子电视的公司——四川长虹。

当电视从 CRT(阴极射线显像管)时代向平板电视过渡时,日系电视正如日中天,此时以东芝、索尼等企业为代表的液晶电视和以松下、日立等企业为代表的等离子电视分庭抗礼。2005 年 4 月,刚上任不久的长虹集团董事长兼总经理赵勇在董事会上提出发展等离子电视技术的想法,此时等离子技术的市场占有率在 30% 左右。出于对等离子技术的看好,出身工科的赵勇认为等离子项目前景十分可观,唯技术论的他认为等离子技术能够充分创造利润和抢占市场。但是其他董事认为,相比液晶电视,等离子电视在发展上渐渐处于弱势地位,因此极力反对赵勇提出的发展计划。但对技术过度自信的赵勇认为等离子技术优势明显、投资成本较低,因此不管其他董事的意见,推动公司于 2006 年投资 25 亿美元发展等离子项目。

2007 年,四川长虹布局等离子电视的生产线,但是此时等离子电视的出货量已经远远不及液晶电视,后者在平板电视的市占率已达 90% 以上,显然赵勇的计划已被市场逐步确认为非理性的投资行为。而当四川长虹于 2008 年实现等离子电视的全面量产时,液晶电视在平板电视的市场地位已无法撼动。导致等离子电视失败的最主要原因在于松下等公司对等离子技术的死守,使得其他公司无法看到掌握等离子显示技术的希望,东芝、富士通、索尼及飞利浦等相继退出了等离子市场。与此同时,液晶电视的市场参与者越来越多,技术的进步使得原先液晶电视拖尾、颜色显示等劣势得到了很好的解决。最终,一直支持等离子电视的日立于 2009 年着手退出等离子市场,领军企业松下于 2011 年开始逐步收缩并于之后停止生产等离子电视。唯一剩下的上规模的等离子电视生产公司四川长虹也逐步将重心放在液晶电视上,液晶电视出货量于 2012 年超过等离子电视。

四川长虹在等离子电视项目上的失败投资主要源于经理人赵勇的过度自信。但赵勇作出发展等离子技术的初衷对他自身而言仍是致力于股东利益最大化的考虑,而并非传统的委托代理问题。从这个案例可以看出,经理人的过度自信将会导致公司的过度投资,进而损害公司价值。传统金融以理性为假设前提,其中却并未涉及经理人的非理性偏差。本章将从投资者非理性、经理人非理性两个视角去探究其对公司融资、投资、股利决策、并购决策的影响。

12.1 行为公司金融概述

公司金融是一门试图解释金融契约与受投资者和经理人双重影响下公司的实际投融资行为的学科。传统的公司金融要求市场是有效的,参与人是理性的,市场中的投资者能够根据自己的偏好作出理性决策,能够根据标准效用与贝叶斯规则理性反映关于公司的公开信息,而经理人能够对项目的未来前景作出无偏估计,能够充分预计理性投资者的行为并作出自己理性的决策判断。但依循传统公司金融关于理性假设的前提,公司金融中存在诸多不能作出有力解释的现象,如公司的过度投资行为、盲目收购行为、偏好发放现金股利等。

事实上,已有的大量证据表明,市场并非是完全理性的。市场的参与者存在过度自信、参考点依赖、损失厌恶、从众行为等心理偏差,而这些心理偏差致使市场的参与者不能始终作出理性的决策,进而影响到公司的财务决策。行为公司金融正是基于市场参与者非完全理性的假设前提,更多地以证据驱动的行为基础代替传统金融的理性假设,将人的行为纳入公司的财务决策,结合心理学与行为认知学对投资者和公司经理人的行为偏差作出合理的解释。

如图12.1所示,如果按照投资者是否理性、经理人是否理性两个维度来进行分类,第一个象限就是传统公司金融模型的研究范畴,其他三个象限是行为公司金融理论的研究范畴。本章内容将梳理投资者非理性与经理人非理性分别给公司的融资行为、投资行为、股利分配及并购决策所带来的影响,并对个别重要的现象作出解释。

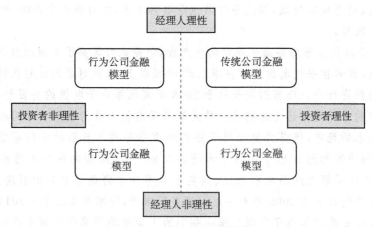

图 12.1 行为公司金融框架

注:横向坐标表示投资者是否理性,纵向坐标表示经理人是否理性。

专栏 12.1 投资者情绪与管理者过度自信

投资者情绪与管理者情绪其实存在相互影响的关系,如图 12.2 所示。

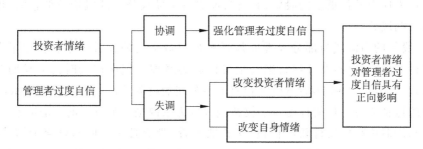

图 12.2 投资者情绪塑造管理者过度自信

首先,管理者与投资者对企业的预期收益和风险都有自己的主观认知,而管理者能够感知投资者的乐观或者悲观情绪。如果管理者与投资者对企业的预期收益和风险的主观认知一致,那么他们就处于协调关系;反之,如果投资者与管理者的认知不一致,并且被管理者所察觉,那么管理者就会产生认知失调。

如果二者处于协调关系,管理者的过度自信得到投资者的"支持",因此将得到强化。如果二者处于失调关系,管理者便会产生减少或者消除失调的压力,管理者可以选择改变投资者情绪或者改变自身情绪。但是由于投资者情绪是投资者总体错误在资本市场上的反映,是一种系统性偏差,因此管理者是很难去改变或者诱导投资者情绪的,他们更多的是受投资者情绪的影响,也就是说高涨的投资者情绪会导致管理者的过度自信。

资料来源:花贵如,刘志远,许骞. 投资者情绪、管理者乐观主义与企业投资行为[J]. 金融研究,2011(9):178-191.

12.2 非理性对融资行为的影响

公司的融资主要分为内源融资与外源融资两种方式,不同融资方式的选择所积累的融资结果构成了公司的资本结构。经理人在融资方式的选择上考虑的核心问题是公司的融资成本。在理性假设与融资成本最低的最优资本结构的前提下,传统公司金融诞生了优序融资理论、权衡理论等。通常,传统公司金融认为,公司的融资行为与一定的投资行为相对应,即认为公司仅会在存在投资需求的情况下采取适当的融资行为。但是,现实中公司大都倾向于采用权益融资。特别是在我国股票市场,公司争先恐后 IPO 排队上市是一种常态。此外,公司的再融资需求存在用于补充流动性运营资金等原因,而并不是因为有投资项目的落地实施。

1. 投资者非理性对融资行为的影响

投资者非理性将会引起市场的非有效,将对公司的融资时机选择、回购时机选择以及资本结构三个方面产生影响。

1) 企业融资的"市场时机假说"

市场上存在一定的理性投资者,但是大部分投资者的非理性占据了主导,使得市场存在系统性的偏差,并不是完全有效的。Stein 在 1996 年基于"市场是非理性,经理人是理性"的假设,提出了著名的"市场时机假说":当市场的乐观情绪导致公司的股价被高估时,理性的经理人应当发行更多的股票;而当悲观的情绪导致公司的股价被低估时,理性的经理人应当回购股票。

显然,股价的高低成为部分经理人是否进行权益融资的关键因素。相比于真正需要投资而进行的融资行为,部分权益融资也可以成为经理人把握市场时机为长期股东谋利的一种形式。Graham 和 Harvey(2001)对上市公司的财务总监的匿名调查显示,2/3 的人认为股票的低估或者高估的程度对于权益融资行为来说是非常重要的考虑因素。

公司利用股价高估发行新的权益,从长期来看,股价必然会回归价值中枢,这也就意味着市场投资者认购的权益回报率会很低。不管是首次公开发行还是再融资行为,只要伴随经理人的市场择机行为,相比于大小匹配的可比公司来说,这些公司的权益回报率就会较低,也从侧面印证了经理人的理性市场时机选择能力。

2) 回购时机选择

在非理性的市场中,当公司的股价被低估时,公司原定的增发计划往往会推迟,直至股价上涨至一个合理的水平。更直接的是,理性的经理人会采取回购股票的措施。例如,在股灾的情况下,市场会出现大量的回购行为。Hong,Wang 和 Yu 在 2008 年指出历史的股灾时期尤其是 1987 年的 10 月和 2001 年的 9 月是公司回购潮的集中时期。

与市场融资时机选择相对,当股价被低估时,公司的经理人会认为股票足够便宜,便会采取回购行为。同时,这也是保证股东股权集中度的有效措施,如在 2015 年下半年的股灾中,部分公司由于股票过于便宜而遭到其他法人主体的"举牌"[①],如若上市公司本身采取适当回购行为,则能够在一定程度上避免该类问题。

更为重要的一点是,从信号理论角度来看,上市公司的回购股票行为被视为公司股票被市场低估的信号。以股灾为例,因为上市公司高管本身对公司的经营要比普通投资者更了解,所以上市公司高管主动增持股票的价格往往被视为普通投资者购买上市公司股票的安全边际。

3) 基于行为观的资本结构理论

一家公司的资本结构是长时间融资活动所积累的结果,通过投资项目的资金募集、并购项目的融资或者基于其他的目的,而市场时机在一定程度上是这些融资活动的决定因素。Baker 和 Wurgler 在 2002 年基于市场时机假说提出了基于行为观的资本结构理论。相比于决定资本结构的其他因素,市场时机会对资本结构产生持续的影响,资本结构是理性的经理人根据市场时机不断融资所积累的结果。

专栏 12.2 2015 年股灾中的回购行为

在熊市中,上市公司估值往往被低估,公司便会择机启动股票回购。与此同时,回购股票的行为也被视为稳定股价的有效措施之一。2015 年上半年,我国 A 股市场走出了波澜起伏的行情,上证指数于 6 月中旬创下了自 2008 年以来的新高,达到 5 178 点。但是,

---

① 举牌是指某法人主体连续增持某上市公司股票超 5% 的行为。

此后,缺乏经济基本面支撑的股市在配资高杠杆的影响下开始经历疯狂的下跌过程,7月初上证指数回到 3 500 点附近。为了稳定股价,各上市公司不断发布高管预计增持公告及回购股票的公告,主要目的在于顺应监管层要求稳定市场情绪和股价,如表 12.1 所示。

表 12.1　2015 年下半年股灾中部分上市公司回购行为

公司	公告时间	具体回购措施
万科 A	2015-07-06	以不超过 13.7 元/股回购不超过 100 亿元
盛和资源	2015-07-07	以不超过 19.24 元/股回购不超过 1 亿元
常宝股份	2015-07-09	以不超过 10.28 元/股回购不超过 2 亿元
海通证券	2015-07-09	回购 A 股价格不超过 18.8 元/股,回购 H 股不超过港币 17.18 港元/股,回购总金额不超过 216 亿元
海普瑞	2015-07-10	以不超过 30.17 元/股回购不超过 10 亿元
伊利股份	2015-07-10	以集合竞价方式,回购价格不超过 18.13 元/股,金额不超过 10 亿元
南京高科	2015-07-13	以不超过 16.41 元/股回购不超过 5 亿元
鲁泰 A	2015-07-14	回购 A 股价格不超过 15 元/股,回购 H 股不超过港币 11.8 港元/股,回购总金额不超过 10 亿元
徐工机械	2015-07-14	以不超过 20 元/股回购不超过 5 亿元
美的集团	2015-07-14	以不超过 48.54 元/股回购不超过 10 亿元

资料来源:Wind 公告。

2. 经理人非理性对融资行为的影响

经理人是理性的、假设主要是基于其对公司的经营信息具备更充分的认识,但部分经理人在面对市场时,有时也会受到自身心理偏差的影响,如过度自信和乐观,进而作出不理性的决策。Graham 在 1999 年便通过调查指出,财务总监存在明显的过度自信倾向,2/3 的人反映在互联网泡沫破灭前还认为自己所在公司股价被低估。

从经理人非理性角度来考虑,过度自信、乐观的经理人会表现出优序融资行为。优序融资理论是基于信息不对称的一种融资顺序理论,该理论主要认为权益融资对外更多传递了公司经营的负面信息,因此在融资选择上,经理人会逆向选择,优先考虑内源资本,其次是债务融资,最后是股权融资。其解释如下。

1) 过度乐观、自信的经理人更偏好内源资本

虽然投资者是理性的,但过度自信的经理人认为市场低估了公司的基础价值,为了避免让长期投资者受到损失,经理人往往不愿意采取外部融资的方式,进而表现出内源融资优先于外源融资的偏好。

2) 过度乐观、自信的经理人对债务的偏好要优先于股权

过度乐观、自信的经理人会对公司的 EBIT(息税前利润)的增长率存在较高估计,而对公司的 EBIT 波动性估计过低,因此经理人认为选择债务融资能够为长期投资者获取更大的利益。

参考点依赖也是经理人非理性的一种表现,它会对经理人的融资定价产生影响。以 IPO 价格为例,经理人往往考虑两个因素以确定价格。一是以询价区间的中间值为参考

点计算上市首日收盘价涨幅所带来的未实现的收益;二是IPO定价过低所遭受的实际损失。若收益足够大,经理人往往会忽略损失而允许IPO定价过低现象存在。从投资银行角度来看,上市首日让认购的投资者充分获利能够使得投资银行的声誉大大提高,而受参考点依赖影响的经理人也接受其制定的IPO价格,因此时常会出现IPO短期折价现象。可以说,以参考点依赖为代表的经理人非理性行为给IPO短期折价提供了一种可能的解释。

12.3 非理性对投资行为的影响

1. 投资者非理性对投资行为的影响

投资者的非理性情绪和行为会影响公司的股价,而理性的经理人能够区分股票的基础价值与市场价格,在非理性的市场中,经理人主要考虑以下三个目标:①最大化基础价值;②提高市场价格(在有效市场中该目标与第一个目标一致);③利用错误定价进行择机与迎合。如果理性的经理人考虑得足够长远,在股价被低估时,不受融资约束的公司的投资水平不会受到影响,而受到融资约束的公司可能会减少投资。此外,不排除部分短视的经理人通过适时择机增加长期投资人的利益,这时公司的投资决策也将会发生一定变化。总体来看,历来研究主要围绕融资约束情况下的股权融资渠道理论和融资不受约束情形下的投资迎合渠道理论。

1) 股权融资渠道理论

投资者非理性的情绪会引起股票错误定价,而股票的错误定价会对理性的经理人的投资决策产生影响。对于非股权依赖型的公司来说,眼光长远的经理人会通过市场时机选择进行融资,但并不会改变既有的实际投资计划。而股权依赖型的公司在受到融资约束时,经理人则不得不放弃一些具备投资价值的项目。

基于上述思想,Baker等在2003年提出了股权融资渠道理论。该理论认为,外部融资约束程度高的公司对股价波动的敏感性要高于外部融资约束程度较低的公司。也就是说,公司在面临外部融资约束时,对于具备投资价值的项目,公司也无能为力,这是公司股权依赖性所致。

2) 投资迎合渠道理论

投资者情绪一方面可以通过股权融资渠道影响投资,另一方面也可以通过迎合渠道影响投资。一些学者指出,股权融资渠道理论仅适用于融资约束的大前提下,在融资不受约束时,股权融资渠道有效性受到质疑,投资迎合渠道理论由此而生。

投资迎合渠道理论认为,经理人受到短期外部治理压力的影响,会做出迎合投资者情绪的行为。投资者情绪高涨,对项目的盈利性就更为看好;如若经理人拒绝该类项目的投资,投资者很可能通过卖出股票的方式表达不满,因此投资水平会与投资者情绪呈现强相关性。

不仅是市场压力,股权激励政策也是经理人迎合行为的动因之一。经理人为了能够达到限制性股权激励的解锁条件,往往会忽视公司的长期利益,更加注重短期业绩的经理人会存在更多的迎合行为。对于主动迎合投资者的经理人来说,研发投入相比于其他投资方式更具主观性与不确定性,因此往往成为经理人调节投资水平迎合投资者的重要工具。

2. 经理人非理性对投资行为的影响

经理人表现出经验法则偏好、过度自信及乐观、声誉维护等非理性的偏差时,会对公司的投资决策产生一定的影响。

经理人在面临资本预算方法的选取时,尽管 NPV 方法被认为是有效市场中最合适的资本预算方法,但大多数经理人可能更偏好简单原则。Graham 和 Harvey 在 2001 年做过的调查显示,超过一半的财务总监会选择不需要资本投入成本或者现金流预测的投资期回收法。

从过度自信与乐观的非理性经理人层面来看,主要从两个方面影响投资决策:一方面,过度自信会影响公司融资决策进而影响投资决策,过度自信的经理人认为公司价值被低估而不愿对外融资,极可能因融资约束而错失投资良机;另一方面,过度自信的经理人可能会高估投资项目的收益,更容易投资实际上风险较高或者净现值为负的项目,引发过度投资。

此外,经理人出于对自身声誉的维护也会对公司投资决策产生影响。例如,经理人会存在证实偏差的心理,过度自信的经理人投资了未经考证的项目造成亏损,出于对自身声誉的维护,会继续加大对亏损项目的投资,希望扭转亏损的局面。与此同时,声誉效应还可能引发经理人的羊群行为,精明的经理人具备项目的信息优势,而较差的经理人为掩饰自身能力会选择跟从精明的经理人进行投资,并且声誉越高,投资从众的倾向越严重。

12.4 非理性对股利分配的影响

股利是公司基于投融资所创造的利润给予投资者的回报。美国经济学家 Miller 和 Modigliani 在 1961 年提出的 MM 定理中指出,在完美的资本市场条件下,公司的价值仅仅与其盈利能力相关,而与收益的分配形式无关,这即是著名的"股利无关假说"。但在现实中,大部分投资者更加倾向于具有高分红的公司,对高分红的公司给予更高的溢价。Black 基于此在 1976 年提出了著名的"红利之谜",认为相对于现金股利,资本利得征收的税率更低,因此是股利分配的更优选择,但实际上股份公司更愿意采取现金股利的方式,且投资者乐于投资这样的公司。行为公司金融从非理性的视角对红利之谜和一些现象作出了解释。

1. 投资者非理性对股利政策的影响

从投资者非理性角度出发,可以解释红利之谜的代表性观点有心理账户理论、股利迎合理论等。

1) 心理账户理论

心理账户理论是指投资者在无意中将资本利得与现金股利放入了不同的心理账户,其中现金股利的心理账户属于风险厌恶的账户,而资本利得账户属于风险偏好的账户。

现实中，资本利得并不能替代现金股利。资本利得账户未来面临非常高的不确定性，即使两个账户都能完全反映公司当前的经营和股价，为防止未来的不确定导致资本利得账户的损失，损失厌恶的投资者会更倾向于现金股利账户。此外，停止现金股利支付对部分依赖现金股利用于消费的投资者来说是极大的损失。

2）股利迎合理论

股利迎合理论是指经理人为了获得短期股价提升而迎合偏好现金股利的投资者的一种理论，最早由 Baker 和 Wurgler 于 2004 年提出。该理论指出，公司支付股利是对风险的一种释放，可以减少股票持仓带来的未来不确定性，因此投资者较为偏好支付股利的公司，并给予较高的溢价。而经理人为了获得短期股价的提升，会出现股利迎合的需求，因此一些公司会倾向于发放现金股利。

在实际中，也常常出现在某一年支付股利的公司相比不支付股利的公司获得更高的市场溢价时，第二年原本不支付股利的公司便开始转向支付股利的情况，从侧面支持了股利迎合理论。

我国股票市场在 2000 年之前上市公司以国有企业为主，大部分企业上市的根本目的就是获得资金来源，加上股民早期投机心理更为严重，因此采取现金分红的公司比例较低。但在 2000—2001 年，监管当局将上市公司的再融资与现金分红挂钩的新政策出台之后，现金分红的公司比例开始迅速上升。此外，通过转增股本既可以保持决策者的自由现金流，并降低股利支付水平，同时又满足了投资者对股利分配的要求，近年来该比例逐渐上升。图 12.3 显示了我国 A 股采取不同股利分配政策的公司数量，现金分红的比例有显著上升趋势。每年在上市公司年报公布时，宣布高比例现金分红、高比例转股的上市公司，往往会受到投资者特别的关注，上市公司股利政策的选择在一定程度上迎合了投资者对现金分红、转增股本的偏好。

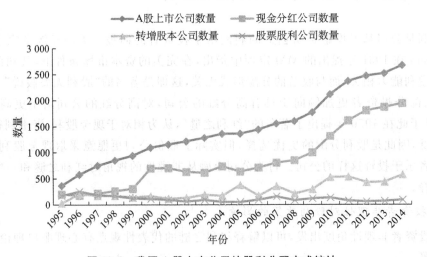

图 12.3　我国 A 股上市公司按股利分配方式统计

数据来源：国泰安数据库。

> **专栏 12.3　管理者的双重迎合**
>
> 近年来,我国上市公司对股票送转的热情高涨,送转比例不断攀升,上市公司如何进行股票送转决策?徐龙炳和陈历轶(2018)从公司内部和外部两个方面探索了管理者在股票送转决策中的参照系选择以及迎合路径。他们发现管理者有两个进行决策的参照系:第一,公司内部可参考因素中,名义股价是管理者送转决策的参照系,送转意愿和比例跟随名义股价同向变化,为的是迎合投资者的名义价格幻觉;第二,公司外部可参考因素中,同类公司送转比例是管理者送转决策的参照系,送转意愿和比例跟随同类公司送转比例同向变化,为的是迎合投资者的参考点效应。这表明,理性管理者为了最优化股票送转决策,存在对投资者名义价格幻觉和参考点效应这两种非理性偏好的双重迎合。
>
> 资料来源:徐龙炳,陈历轶. 股票送转与管理者双重迎合[J]. 金融研究,2018(5).

2. 经理人非理性对股利政策的影响

从投资者非理性的角度出发,红利之谜可以得到很好的解释。但非理性的经理人在面对理性的市场时,很容易受到经验法则的影响,或者过度看好公司未来的发展前景而做出减少分红等举措。

1) 过度自信或乐观会引起分红减少

如果经理人对于未来的现金流和资产比投资者乐观,他会认为分红支出更加可持续。如果他看中未来的投资机会,那么他将会减少分红,保留内部的留存收益用于再投资,因此过度自信或乐观的经理人会主动控制分红或者减少分红。

此外,过度自信的经理人减少股利支付也符合其倾向过度投资的逻辑。过度自信的经理人对项目的前景估计和未来现金流流入都过于乐观,但在信息不对称的前提下,过度自信的经理人认为投资者低估了公司价值,因此不愿进行成本过高的外部融资,而使用内部的留存收益意味着公司将降低股利支付。

2) 运用启发式或羊群行为进行股利分配

公司制定股利政策应当结合公司的长远发展考虑,合理平衡股利和留存收益再投资的比例。但现实中,经理人在制定股利政策时很容易运用启发式或者受市场中其他公司股利分配决策的影响。

公司的财务主管在制定股利政策时倾向于稳定的股利支付,并不会轻易改变股利支付的水平,主要是稳定的支付水平有利于吸引投资者。经理人在进行股利分配决策时,容易受行业优秀公司股利支付水平的影响,因此市场中公司的股利支付水平会呈现出较为集中的状态,这也可以解释为什么业绩较差的公司选择较高的股利支付水平。

12.5　非理性对并购行为的影响

公司价值及规模的扩大存在两条路径:内生增长与外延式扩张。相比来说,外延式扩张速度更加快,因此资本市场并购浪潮不断,大公司吞并小公司在全世界范围内普遍存在,随着资本逐渐积聚,并购的金额也呈现出不断递增的趋势。而之所以发生并购行为,传统金融最主流的解释是协同效应的产生,包括经营上、财务上的协同。现实中常常出现并购发生后,并购公司在业绩上并没有呈现协同效应带来的增长,反而较之前的公司价值有所减少。此外,部分并购行为从长期来看损害了公司的价值,是无效率的并购。

1. 投资者非理性对并购行为的影响

投资者的非理性情绪及市场非有效会导致公司发生错误定价,理性的经理人会充分利用市场时机进行并购,如当市场情绪高涨导致并购公司股价被高估时,并购公司的经理人则往往采取换股并购而非现金并购的方式。同样地,当市场情绪低迷引起并购公司的股价被低估时,其往往会选择被低估的公司进行收购。而利用公司自身股价被高估进行的收购,在未来的并购收益会表现很差。

1) 并购的市场时机模型

并购的市场时机模型是指因市场非有效而引起股价被高估的公司会进行资产收购,但其并不是为了协同效应,而是为长期股东保留当前股价被高估的受益。该理论最早由 Shleifer 和 Vishny 于 2003 年提出,他们指出当被高估的并购公司对目标公司进行收购,尤其是带有现金资产的目标公司,并购公司能够为其股东以硬资产来充当高估股价下跌的缓冲垫。与此同时,如若同时产生协同效应,缓冲效应将具备可持续性。

此外,一旦公司股价被高估,经理人愿意出更高的收购溢价,因为任何低估值的资产的注入都有利于其自身股价下跌的部分缓冲。并且,股价越被高估,注入资产的动机越强,对标的公司的出价可能越高,并购的数额也会随之增加。

2) 并购收益表现欠佳

面对投资者非理性的情绪,经理人往往会在市场情绪高涨时做出短期迎合投资者的并购行为,资本市场的投资者也偏好收购的公告,能够进一步推动估值的提升。但是,在并购行为发生后,等资本市场的情绪冷却,接下来几期公司的并购收益会逐步体现,从表现上看会远差于预期。

并购收益的较差表现也从侧面印证了并购公司在做出并购行为的择时行为。在市场情绪高涨时,并购公司会降低并购标的的筛选标准,会将一些原本并不能产生协同效应的公司纳入并购的范围,这一类并购行为在公告时可能会刺激股价继续上涨,但并不利于公司的长远发展。

专栏 12.4 失败的并购案例

兼并收购对企业来说意义重大。并购能够使企业的发展获得协同效应,扩大生产经营规模,降低成本,提高市场份额。但是并不是所有的并购都能够有这样的效果,也存在不少失败的并购案例,其中一个较为典型的例子就是 TCL。

TCL 集团股份有限公司是一家从事家电、信息、通信、电工产品研发、生产及销售的大型控股企业。但是纵观 TCL 的几次海外并购案例,可谓是"完美的失败"。从 2002 年到 2006 年,TCL 先后收购德国施耐德公司、法国汤姆逊公司的全球彩电业务以及法国阿尔卡特公司的手机业务。

TCL 本来想通过这些并购进入海外市场,利用外国企业的技术优势,进一步提高彩电以及手机的市场占有率,但是结果却事与愿违。从 2005 年开始,一直盈利的 TCL 公司陷入亏损的泥潭。2005 年欧洲彩电业务亏损超过 8 000 万美元,TCL2005 年前三季度亏损达到 11.39 亿元人民币,净利润同比下降 379%,而造成亏损的主要原因是 2004 年的两个大型并购项目。随后,合资公司在欧洲和北美市场销售份额持续恶化,汤姆逊退出彩电销售,TCL 与汤姆逊并购失败;在 TCL 与阿尔卡特的并购中,由于剧烈的文化冲突、互信机制的缺失,业务整合失败,合资公司出现巨额亏损,销售人员离职过半,研发人员也纷纷选择离开,大批原阿尔卡特员工对并购选择了"用脚投票",这次并购也趋于失败。

管理层对并购协同效应的高估和对风险的低估是 TCL 并购失败的主要原因,管理层的过度自信在这些失败的兼并收购中发挥了很大的作用。TCL 没有意识到其收购汤姆逊彩电业务获得的 CRT 技术早已落后于主流的平板液晶电视;而 TCL 虽然收购了阿尔卡特的手机业务,却并没有获得其核心的专利技术。在并购阿尔卡特之前,TCL 并没有聘请专业的咨询机构进行分析,甚至 CEO 因为忙于汤姆逊事务而将并购移交给其他管理层。TCL 管理层仅看到了并购在战略上带来的好处,却忽视了潜在的风险,在并购前没有对这个重大的事件做好充足的调查,在并购后管理层没有采取同化策略导致了文化整合的失败。

2. 经理人非理性对并购行为的影响

传统公司金融认为,公司经理人受到委托代理关系、机会主义行为等影响,会对公司资产配置效率产生重大影响。然而,部分行为公司金融学者指出,即使不存在委托代理问题,公司经理人配置资产的效率仍会受自身心理偏差的影响,包括过度自信、过度乐观等现象。

过度自信的经理人认为自己能够在并购中将管理做好,实现协同效应,但是往往过度低估了公司在并购中文化整合的难度,最终往往成为倒霉的赢家,并购效益低下。事实上,目前并没有充分的证据表明并购为社会创造了价值。Grubb 和 Lamb 于 2000 年便指出大部分的并购行为都侵害了股东的长期利益,成功率仅仅为 20%。最主要的原因是经理人过度自信或者过度乐观,高估自己的能力,对并购的标的公司给予过高的估值,进行了不利于公司估值的并购。

更特别地,经理人有时会表现出过度自信这一心理偏差,Aktas 在 2010 年指出过度自信的经理人将更可能成为并购者。过度自信的经理人有时需要对失去自我控制进行额外的补偿,因此倾向于从事高风险活动保持自信的作风,给予目标公司更高的收购溢价。

12.6 未来展望

行为公司金融打破传统理性假设框架,从投资者非理性、经理人非理性两个视角对公司的金融决策作出解释,取得了较大的成功。但是,作为新兴的学科分支,行为公司金融仍然任重道远。

相比于传统公司金融,行为公司金融缺乏完整的理论框架与体系。传统公司金融的主流理论 MM 定理、CAPM 理论等已深入人心,而行为公司金融在模型的解释力上仍显不足,缺乏能够真正挑战主流的传统公司金融的,真正具备代表性的理论模型。

行为公司金融从投资者非理性、经理人非理性两个视角单独分析所得出的结论往往相斥。例如,在针对融资决策的讨论中,非理性投资者所带来的影响可能是外部融资的市场时机选择,而非理性经理人所带来的结果则是内源资本的优先选择。同时将投资者非理性、经理人非理性纳入考虑,得到更清晰的结论是行为公司金融发展的未来方向之一。

延伸阅读 12.1　性别与公司金融决策:男性经理人更加过度自信

Huang 等(2012)在 Journal of Financial Economics 发表的一篇文章中指出公司金融决策与经理人的性别存在一定关联,男性经理人相比于女性经理人在公司金融决策上表现得更加过度自信。文章主要以并购决策为例,发现男性经理人相比于女性经理人会采取更多的并购和发行更多的债务。并且,从收益上看,男性经理人进行的并购收益要低于女性经理人2%,而债务融资的回报也要低于女性经理人。此外,女性经理人对于公司盈利的预测区间相比于男性经理人更为宽泛,她们更倾向于较早去执行股票期权。上述证据均指明,在公司的金融决策中,男性经理人要比女性经理人更为过度自信。

资料来源:HUANG J,KISGEN D J. Gender and corporate finance:are male executives overconfident relative to female executives? [J]. Journal of financial economics,2012,108(3):822-839.

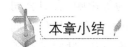

本章小结

(1) 行为公司金融主要基于市场参与者非完全理性的假设前提,更多地以证据驱动的行为基础代替传统金融的理性假设,将人的行为纳入公司的财务决策,结合心理学与行为认知学试图对投资者和公司经理人的行为偏差作出合理的解释。

(2) 投资者非理性将对公司的融资时机选择、回购时机选择以及资本结构三方面产生影响。经理人非理性将使公司产生优序融资行为,并影响公司的融资定价。

(3) 股权融资渠道理论和投资迎合渠道理论是解释投资者非理性对投资行为产生影响的两大主流观点。当经理人表现出经验法则偏好、过度自信及乐观、声誉维护等非理性的偏差时,会对公司的资本预算方法选择、投资水平等产生影响。

(4) 从投资者非理性角度出发,心理账户理论、股利迎合理论等是解释红利之谜的代表性观点。过度自信或乐观的经理人在面对理性的市场时,容易受到经验法则的影响,或者过度看好公司未来的发展前景而做出减少分红的举措。

(5) 在非理性的市场中,存在并购的市场时机行为,但该类并购在未来的收益会不尽如人意。即使不存在委托代理问题,公司经理人配置资产的效率仍会受自身心理偏差的影响,包括过度自信、过度乐观等现象。

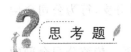

思考题

1. 分析企业融资市场时机假说的提出背景及带来的影响。

2. 收集国内外某家上市公司回购股票的背景,并分析前后的股价表现。

3. 比较牛市、熊市上市公司资产负债率的变化,并思考可能的原因。

4. 比较分析股权融资渠道理论与投资迎合渠道理论的分析前提和逻辑。

5. 收集并分析一家上市公司历年来的股利政策,并研究股利调整前后的股价变化。

6. 查找 A 股市场中换股并购、现金并购的实际案例,分析并购前后特定窗口期的股价变动情况。

第四部分

行为金融学前沿

第四部分

行为金融学的应用

第 13 章

大数据挖掘与行为金融

 引导案例：芝麻信用背后的大数据

芝麻信用是独立的第三方信用服务机构，是蚂蚁金服生态体系内的重要组成部分。芝麻信用通过大数据以及云计算等技术客观呈现个人和企业的信用状况，已经形成芝麻信用评分、芝麻信用元素表、行业关注名单、反欺诈等全产品线。人与人、人与商业之间的关系正因为信用而变得简单。

> **芝麻信用评估技术**

芝麻信用基于阿里巴巴的电商交易数据和蚂蚁金服的互联网金融数据，并与公安网等公共机构以及合作伙伴建立数据合作，与传统征信数据不同，芝麻信用数据涵盖信用卡还款、网购、转账、理财、水电煤缴费、租房信息、住址搬迁历史、社交关系等。芝麻信用运用云计算以及大数据挖掘技术，通过机器学习模型算法，对各维度数据进行综合处理和评估，在用户身份特质、信用历史、行为偏好、履约能力、人脉五个维度客观呈现个人信用状况的综合评分。其五个维度包含的内容举例如下。

身份特质：在使用相关服务过程中留下的足够丰富和可靠的个人基本信息。评估你的身份信息是否真实全面可靠，如学历、职业资格、公安实名认证、信息稳定性等。数据来源于实名认证系统。

信用历史：过往信用账户还款记录及信用账户历史，主要包括信用卡还款历史、微贷还款记录、水电煤缴费等。具体而言，房贷、车贷、信用卡是否按时还款；预订酒店、打车是否未告知商家而擅自取消，诸如此类的网络行为都将影响个人的信用分数。数据来源于支付宝账户数据与征信系统的数据。

行为偏好：在购物、缴费、转账、理财等活动中的偏好及稳定性，如账户活跃度、消费层次、缴费层次、消费偏好等。淘宝购物行为、理财与转账行为等均将影响芝麻信用。数据来源于淘宝、支付宝等其他蚂蚁金服平台。

履约能力：稳定的经济来源和个人资产，主要考量：用户是否具有足够的财富和综合能力来偿还贷款或履行约定。支付账户余额、余额宝余额、车产信息、房产信息等数据能在一定程度上反映个人的还款能力。数据来源于支付宝、余额宝等平台。

人脉：好友的身份特征以及跟好友互动程度。主要衡量三方面的因素：关系圈、朋友圈信用水平以及社交影响力。数据来源于阿里巴巴社交系统、微博等其他网络社交平台。

▶ **芝麻信用的应用**

从信用卡、消费金融、融资租赁、抵押贷款，到酒店、租房、租车、婚恋、分类信息、学生服务、公共事业服务等，芝麻信用已经在上百个场景为用户、商户提供信用服务。

随着时代的发展，大数据正在悄悄地改变人们的生活。大数据在行为金融中又还有哪些有趣的应用呢？在本章中，将介绍大数据在投资者关注、投资者情绪、社会互动、个人信用风险评估等行为金融研究中的应用，为你揭开大数据神秘的面纱。

13.1 大数据时代的崛起[①]

1. 大数据的概念与特征

大数据本身是一个抽象的概念，从字面上来看，它表示数据规模的庞大，但它的实质含义并没有如此简单。针对大数据，目前存在多种不同的理解和定义。

作为各种学术和应用领域最广泛引用的一个定义，维基百科将大数据定义为无法在合理时间内通过传统的数据库工具对其内容进行抓取、管理、处理并整理成为人类所能解读的信息的数据集合。

麦肯锡在报告 *Big data：the next frontier for innovation，competition and productivity* 中指出："大数据指的是所涉及的数据集规模已经超过了传统数据库软件获取、存储、处理和分析的能力。这是一个被故意设计成主观性的定义，并且是一个关于多大的数据集才能被认为是大数据的可变定义，即并不定义大于一个特定数字的 TB（太字节）才叫大数据。因为随着技术的不断发展，符合大数据标准的数据集容量也会增长；并且定义随不同的行业也有变化，这依赖于一个特定行业通常使用何种软件以及相关的数据集有多大。因此，当下的大数据在不同行业中的范围可以从几十 TB 到几 PB（拍字节）。"

研究机构 Gartner 对大数据给出了这样的定义：大数据是需要新处理模式才能具有更强的决策力、洞察发现力和流程优化能力的海量、高增长率与多样化的信息资产。

根据以上定义，可以发现大数据是一个宽泛的概念，它不仅仅是容量非常大的数据集合。从本质上来讲，它离不开维克托·迈尔-舍恩伯格和肯尼斯·库克耶提出的 4V 特征：规模性（volume）、多样性（variety）、高速性（velocity）、价值性（value）。

第一，规模性。数据体量大是大数据区分于传统数据最显著的特征。随着信息化技术的高速发展，数据开始爆炸性增长。目前来看，大数据所处理的数量级基本上都在几十 TB 到几 PB。有关数据表明，淘宝网近 4 亿的会员每天产生的商品交易数据约 20 TB；Fa-

---

[①] 本节主要参考樊重俊，刘臣，霍良安. 大数据分析与应用[M]. 上海：立信会计出版社，2016.

cebook 约 10 亿的用户每天产生的日志数据超过 300 TB；百度每天通过云计算平台处理的数据超过 1.5 PB。然而，到 2012 年为止，人类生产的所有印刷材料的数据量仅为 200 PB。

第二，多样性。简单理解，多样性就是指数据的类型多样。大数据的数据类型早已不只是标准化的结构化编码数据，还包括网络日志、搜索引擎、视频、社交媒体论坛、电子邮件、图片、音频等各种复杂的非结构化数据。

第三，高速性。速度是区分大数据和传统数据的一个重要特征。在巨大数据量面前，能够做到数据的实时分析，快速地处理、传送和存储。大数据处理遵循"1 秒定律"，可从各种类型的数据中快速获得高价值的信息。

第四，价值性。大数据的商业价值高，但价值密度低。尽管拥有海量的大数据，但是发挥价值的仅是其中非常小的一部分。当然，仅仅这一小部分的数据的价值也是巨大的。

在大数据中寻找价值就好比"沙里淘金"，因此必须利用数据挖掘、机器学习、人工智能方法进行深度分析，挖掘出对未来趋势与模式分析有价值的数据，运用于交通、金融、医疗等各个领域，以创造更大的价值。

2. 大数据的产生与发展

2010 年，全球进入 Web 2.0 时代，Twitter（推特）、Facebook（脸书）、博客、微博、微信等社交网络将人类带入自媒体时代，互联网数据激增。随着新型移动设备的普及以及物联网技术的推广，更多实时获取的视频、音频、电子标签、传感器等数据也被联入互联网，数据量进一步暴增。根据美国市场调查公司 IDC 的预测，人类产生的数据量正在呈指数级增长，大约每两年就能翻一番，并且这样的增长速度将会一直持续至 2020 年。可以说，人类已经真正进入到一个数据的世界、数据的时代。

最早提出大数据时代到来的是全球知名咨询公司麦肯锡，麦肯锡称："数据，已经渗透到当今每一个行业和业务智能领域，成为重要的生产因素。人们对于海量数据的挖掘和运用，预示着新一波生产率增长和消费者盈余浪潮的到来。"

2012 年 5 月，联合国发布了一份大数据白皮书，总结了各国政府如何利用大数据更好地服务民众，指出大数据对于联合国和各国政府来说是一个历史性的机遇，联合国还探讨了如何利用包括社交网络在内的大数据资源造福人类。

自 2012 年以来，国内互联网企业和运营商率先启动大数据技术的研发与应用，如新浪、百度、腾讯、阿里巴巴、中国移动等企业纷纷启动了大数据试点应用项目，推进大数据的发展。

大数据时代已经真正到来。大数据时代对人类的数据处理能力提出了新的挑战，也为人们获得更深刻、全面的洞察能力提供了前所未有的空间和潜力。在不久的将来，大数据将改变人们的生活、工作和思维方式，带来一场大数据的革命。

3. 大数据在金融行业中的应用

大数据的研究与应用已经在互联网、商业智能、咨询与服务以及医疗服务、零售业、金融业、通信等行业显现，并产生了巨大的社会价值和产业空间。目前，大数据应用在各行各业的发展呈现"阶梯式"格局：互联网行业是大数据应用的领跑者，金融、零售、电信、公共管理、医疗卫生等领域的应用正在不断丰富,社会价值和经济价值得到进一步体现。

在金融行业中,大数据的应用范围比较广泛。目前,金融行业大数据的应用主要体现在精准营销、风险管控、决策支持三个方面。

1) 基于大数据的精准营销

简单来说,精准营销就是在合适的时间、合适的地点,将合适的产品以合适的方式提供给合适的人。大数据能够达到这个目的。

对于如今的金融机构来说,能否利用大数据迅速有效地找到用户、理解用户、服务用户,占得先机和商机,是形成差异化竞争优势的关键所在。例如,中国招商银行利用客户刷卡、存取款、电子银行转账、微信评论等行为数据的研究,挖掘不同客户的产品偏好,每周给客户发送具有针对性的广告,提供给客户最有可能感兴趣的产品和其他信息。又如,民生银行在2014年6月上线"阿拉丁"大数据在线平台,整合了民生银行100多个业务系统源数据[包括柜员系统、实物黄金、ATM(自动取款机)、手机银行等]。依据"阿拉丁"平台和专业金融技术工具,民生银行目前能够准确计算出每位客户的利润贡献度,做到个性化定价和个性化服务,提高产品精准营销能力。

2) 基于大数据的风险管控

金融的风险管控,是指依据客户消费和现金流提供信用评级或融资支持,以及利用客户社交行为记录实施信用卡反欺诈。金融风险管控对银行的业务经营至关重要,对金融秩序的稳定具有重大的积极意义。在很多情况下,金融机构可以利用大数据监测账户的行为模式,预防金融欺诈行为的发生,从而避免不必要的损失,降低经营风险。例如,"空头支票"需要钱在两个独立账户之间来回快速转账;特定形式的经济欺诈牵涉两个合谋经纪人以不断抬高的价格售出证券,直到不知情的第三方受骗购买证券,使欺诈的经纪人能够快速退出。对于诸如此类的欺诈事件,都可以借助大数据进行即时监测。

3) 基于大数据的决策支持

应用大数据技术收集、处理、分析金融数据,并对数据进行挖掘提取,寻找其中有价值的信息,从而帮助公司作出及时准确的决策。

例如,阿里信贷在面对中小企业和个人贷款难问题时,基于淘宝网的企业交易数据,开发了信用评估大数据应用,能够自动分析判断是否给予企业贷款。再看一个典型的案例,美国创业公司 ZestCash,主要是给信用记录差或者没有信用卡历史的客户提供个人贷款服务。它和一般银行最大的不同在于其所依赖的大数据处理和分析能力。大多数美国银行依靠 FICO 信用卡记录得分作出贷款与否的决策,这种个人信用评级法只考虑了15~20个变量。而 ZestCash 公司的信用评分模型采用了数千条信息线索,因此它能更加全面准确地评估个人的信用。

大数据不仅有助于作出正确的贷款决策,还能帮助投资者作出准确的投资决策。华尔街"德温特资本市场"公司对接 Twitter,分析全球 3.4 亿 Twitter 账户的言论,进而判断社会情绪。公司根据社会情绪来决定股票的买入和卖出,获得了较高的收益率。

专栏 13.1 金融行业的大数据应用概括

Hussain 和 Prieto(2016)概括了金融行业三个主要的大数据应用场景,分别是市场操纵检测、声誉风险管理以及零售经纪业务。表 13.1 所示为这三大应用场景的具体内容。

表 13.1 金融行业的大数据应用场景

名称	市场操纵检测
摘要	检测虚假谣言
简介	金融市场会受谣言的影响。很多时候谣言的目的是干扰和误导其他市场参与者。一个典型的例子就是市场试探和哄抬股价。市场试探是指非法传播上市公司的虚假信息;哄抬股价是指发布虚假的上市公司报告,吸引其他市场参与者购买股票,导致价格上涨
商业目标	识别虚假谣言,评估新信息是否可靠
名称	声誉风险管理
摘要	对银行向客户提供的咨询服务的声誉风险暴露进行评估
简介	一个负面看法可能会对银行的生存和发展产生不利的影响。违约概率(发行人信用风险)、价格波动以及在限制性市场上交换特定金融产品的难度都会增加与经纪业务和咨询服务相关的声誉与操作风险。银行和金融机构通常会向第三方提供金融产品。这意味着第三方所提供产品的性能会对银行与客户之间的关系产生实质性的影响
商业目标	监测第三方的声誉,以及识别第三方声誉毁损对银行客户之间关系的影响
名称	零售经纪业务
摘要	发现主题趋势,监测新闻事件,优化投资组合/资产分配
简介	零售经纪和市场数据行业的发展趋势是提供更多的可操作数据。他们的重点不再是基于历史数据,如关键数字或绩效数据,而是寻找具有预测性并易于理解的信号。因此,通过文本情感分析技术,获取情绪因子,已经得到了很大的应用
商业目标	自动收集和评价各种金融信息

资料来源:HUSSAIN K,PRIETO E. *Big Data in the finance and insurance sectors*[M]. New Horizons for a Data-Driven Economy. Springer,Cham,2016:209-223.

13.2 社交网络大数据挖掘

随着互联网时代的到来,科技的变革使互联网技术得到了快速发展,不仅给人们的生活带来了巨大的改变,而且加快了社会发展的步伐。根据中国互联网络信息中心(CNNIC)在京发布的第 43 次《中国互联网络发展状况统计报告》,截至 2018 年 12 月,中国互联网用户数量已达到 8.29 亿,互联网普及率达 59.6%。

国内社交网络发展迅速,出现了如豆瓣网、新浪微博、知乎等一大批知名社交网站。根据国内知名的移动大数据服务商 QuestMobile 发布的年度报告——"2016 年度 App 价值榜",微信的月度活跃用户数已突破 8.5 亿,并且同比增长 23%,位居 APP 百强榜第一位;QQ 的月度活跃用户数超过 6.5 亿,位居第二名,但同比开始下跌;微博的月度活跃用户已达到 3.4 亿,同比增长 46%。

在这样的背景下,互联网社交网络已经成为人们获取与传递信息的重要途径,也是社交生活中最重要的组成部分。然而,传统的数据分析方法已无法处理社交网络大数据,因此必须借助大数据挖掘技术来探索和开发社交大数据的奥秘。

数据挖掘是指从数据库的大量数据中揭示出隐含的、先前未知的并有潜在价值的信息的非平凡过程。数据挖掘是一种决策支持过程,它主要基于人工智能、机器学习、模式识别、统计学、数据库、可视化技术等,高度自动化地分析企业的数据,作出归纳性的推理,从中挖掘出潜在的模式,帮助决策者调整市场策略,减少风险,作出正确的决策。本节介绍四类主要的数据挖掘技术:网络爬虫技术、自然语言处理(natural language processing,HLP)、文本情感分析以及社会网络分析。

1. 网络爬虫技术

网络爬虫,又称网络蜘蛛,是按照一定规则能自动且快速获取网络数据的脚本程序或工具软件。网络爬虫是大数据分析的第一步。由于社交网络大数据的体量之"大",传统的人工收集方法已经无法满足需求,而网络爬虫技术能帮助克服这一困难,实现自动且快速地获取数据,带来极大的便利。

在现有的技术条件下,有两种方式可以实现网络爬虫。

第一,使用现成的爬虫软件。这类软件已经集成了大部分爬虫的常用功能,能够解决复杂的网页结构类型,基本可以满足大部分的爬虫需求,适合新手操作。例如,集搜客(Gooseeker)爬虫软件,无须任何编程码,它就能帮你抓取网页文本、图片、视频等各种网页信息。当然,灵活性不高、速度慢也是现成爬虫软件的普遍劣势。

第二,学习编程语言,编写爬虫脚本。在这里,推荐大家运用 Python 实现爬虫。Python 是目前主流的爬虫编程语言。Python 主要有四种途径可以实现爬虫功能:Scrapy 爬虫框架、BeautifulSoup 模块库、Mechanize 模拟浏览器以及 Selenium 浏览器。

值得注意的是,通过网络爬虫,只能获取在互联网上公开并且可以访问到的网络信息,而无法获取网站后台信息(如个人用户隐私)。

2. 自然语言处理

自然语言,就是指人们日常交流使用的语言。广义的自然语言处理包含所有用计算机处理自然语言的操作,具体指词频统计、提取文本信息、文本分类、理解句子与文章含义等功能。

在学术研究中,面对海量的社交网络大数据,自然语言处理技术显得尤为重要。Pablo 等(2016)发表在国际权威期刊上的研究论文就运用了自然语言处理技术。他们基于美国的推特平台,利用自然语言处理技术筛选出提到联邦公开市场委员会会议的推特帖子,研究推特内容能否预测股票收益。研究表明,推特情绪能够预测股票收益。

具体在技术实现方面,Python 编译环境下的自然语言工具包(NLTK)可以实现文本分析的功能。自然语言工具包提供了大量的文本分析工具,包括获取语料库、文本分类和语义解释等其他处理自然语言的操作。早在 2001 年,自然语言工具包就已经被开发出来了。之后,该模块不断发展壮大,如今已成为主流的自然语言处理工具。

3. 文本情感分析

文本情感分析,又称意见挖掘,是指通过计算技术对文本的主客观性、观点、情绪、极性的挖掘和分析,对文本的情感倾向作出分类判断。文本情感分析是自然语言理解领域的重要研究分支。

行为金融领域主要将文本情感分析技术应用于投资者情绪的研究中。其中最具代表性的文献就是 Antweiler 和 Frank(2004)的研究。他们获取了雅虎财经的 150 万条帖子,首先随机抽取了 1 000 条帖子进行人工分类,作为训练数据集,然后采用朴素贝叶斯算法将剩余的测试数据集自动分成看空、看多、中立三类,由此构建投资者看涨指数与意见分歧指数,他们发现前一天的发帖量与第二天的收益率呈显著的负相关关系,同时投资者意见分歧指数与交易量呈显著的正相关关系。

目前,主要有基于情感词典和基于机器学习这两种技术方法对文本进行情感分析研究。

基于情感词典的分析方法。其基本思路是首先对具有情感倾向性的代表性词汇进行情感标注(一般分为"积极""中立"和"消极"三类情感),构建一个情感词典。然后运用已经分类的情感词典对句子中的词语进行分类,进一步采用统计技术来评估文本内容的情感。

基于机器学习的方法。其基本思想是运用机器学习模型对文本情感进行自动分类。在机器学习中比较成熟且常用的分类方法有支持向量机(support vector machine)、朴素贝叶斯(Naive Bayes)和最大熵模型(maximum entropy)等。在机器学习中,数据被分为训练集与测试集。一般将文本的情感分为三类:"积极""消极"与"中立"。需要事先对训练集进行人工分类,在训练集数据的基础上选择机器学习算法进行训练,再将模型应用到测试集中,最终实现测试集文本情绪的自动分类。

4. 社会网络分析

社会网络分析是一种独特的社会研究方法,用于研究社会网络中行动者之间的关系,这里的行动者包括人、社区、群体、组织、国家等。它是借助图论和矩阵等数学理论对社会关系结构及其属性加以分析的一套定量分析方法,主要从规模、紧密程度、聚类分析以及节点中心性四个方面来分析社会网络。

社会网络由节点和连线组成,通常人们用节点表示社会的行动者,而用节点之间的连线表示行动者之间的相互关系。基于节点和连线的社会网络表现了行动者在社会环境中的相互作用,这种模式也反映了社会结构。

社会网络分析方法受到越来越多学者的青睐与关注,目前在社会学领域发展出了社会学习、社会传染、社会互动、网络博弈等若干个重要的研究方向。

近年来,经济学家也开始关注社会网络问题,将社会网络分析方法应用到经济学研究中,尤其在行为金融领域,社会网络为投资者行为分析提供了一般性的分析框架,深化了对群体行为的认知,推进了行为金融理论的发展。

1) 社会网络规模

社会网络规模是指社会网络中所有行动者的数目,一般情况下,社会网络规模越大,社会网络的复杂性也越高。现实社会网络的规模一般不是很大,基本上均小于 1 000。而基于互联网社交平台的社会网络规模庞大,复杂性较高,规模可能在几千或者几万的数量级。

2) 社会网络紧密程度

社会网络紧密程度是指社会网络中各节点之间关系的复杂程度。社会网络的紧密程度越高,网络对其行动者的影响就越大。网络密度与平均路径长度这两个指标可以衡量社会网络的紧密程度。社会网络密度越大,平均路径长度越短,表明社会网络的紧密程度越高。

3) 社会网络聚类分析

物以类聚,人以群分。聚类分析就是研究社会网络是否存在聚类效应,即同一个社交网络中的行动者之间的关系是否紧密。用聚类系数来衡量一个社会网络的聚类效应,它是所有节点聚类系数的平均值。通过聚类分析,可以发现社会网络的子群体(社区),该子群体中的联系比其他行动者之间的联系更加紧密。

4) 社会网络节点中心性

节点中心性是指节点在网络中的重要程度,衡量该节点在网络中是否重要或者居于怎样的地位。它是判断节点在网络中重要性的指标。节点中心性指标有四种:点度中心性、接近中心性/亲密中心性、中介中心性/中间中心性以及特征向量中心性。节点中心性最主要应用于专家的发现和意见领袖的识别。意见领袖在网络中具有重要的地位和影响力,对社会网络中的信息传播和行为传染起着重要的作用。

专栏 13.2　朴素贝叶斯算法简介

朴素贝叶斯算法是应用最为广泛的文本分类模型之一。学过概率论的同学一定都知道贝叶斯定理:

$$P(B_i \mid A) = \frac{P(B_i)P(A \mid B_i)}{\sum_{j=1}^{n} P(B_j)P(A \mid B_j)}$$

看上去贝叶斯公式只是把 B 的后验概率转换成了 A 的后验概率＋B 的边缘概率的组合表达形式,因为很多现实问题中 $P(B|A)$ 或 $P(A \cap B)$ 很难直接观测,但是 $P(A|B)$ 和 $P(B)$ 却很容易测得,利用贝叶斯公式可以方便我们计算很多实际的概率问题。

朴素贝叶斯算法正是基于贝叶斯定理与特征条件独立假设的条件概率模型。它的核心思想是用新的观测值去更新条件概率。通过贝叶斯公式和特征条件独立假设,我们不难推导出:

$$P(T_1 \mid W_N) = P(T_1) * \exp\left[\sum_{i=1}^{N} \ln\left(\frac{P(W_i \mid T_1)}{P(W_i \mid T_2)}\right)\right]$$

其中,N 为词条总数;W_i 为第 i 个词条;T_1、T_2 为两种不同的类别。

13.3　基于大数据挖掘的投资者关注研究

1. 投资者关注的含义

关注是心理学上的一个概念。德国著名心理学家 Wundt 首先在心理学中引入了关注的研究。在注意力成为心理学研究的初期,学者们主要关注点在于人们是否能同时关注两个或两个以上的事物,也就是关注能不能被分开,这实际上是有限关注理论的前声。卡尼曼(1973)从心理学角度提出了有限关注理论,指出对一事物的关注必然以牺牲对另一事物的注意为代价。他认为人们是能同时做两件事情的,但是如果需要的关注度资源超过所能提供的,那么做第二件事情的时候,就会使第一件事情效率下降。

在经济学研究中,Hirshleifer(2003)首次对关注给予了经济学解释,他认为关注主要包括两个内在过程:其一是编码过程,即对外部环境刺激进行内部化处理,如投资者看到了公司的盈余公告;其二是对意识思维进行处理的过程,如投资者对公司盈余公告进行分析。

投资者关注是如何影响股票市场的呢?在股票市场中,传统金融理论认为,新的信息可以及时反映到资产价格中。而实际上,投资者并不能够对信息进行及时准确的解读,这种现象无法被有效市场假说理论所解释。例如,Ball和Brown(1958)首次发现了盈余公告后持续漂移现象。行为金融理论认为,投资者关注的不足导致对盈余信息解读的不完全是出现市场异象的原因。具体而言,人们在处理多类信息时,存在着精力和能力的局限性,导致投资者无法快速充分地理解新的信息,进而导致资产定价的偏差。这在行为金融中被称为有限关注理论。有限关注理论认为,投资者关注作为投资者特定的心理现象,会对投资者决策产生重大的影响,继而影响股票的价格和成交量,造成股票市场短期的剧烈波动。

2. 投资者关注的传统度量方式

公众注意力衡量了一只股票受投资者关注的广泛程度,受到越多的投资者关注,那么股票的公众注意力就越高。投资者关注理论的研究属于新兴领域,在该领域的研究中,难题之一便是对投资者关注度的度量问题。目前学术界尚未有统一的标准,多数学者通过各种间接指标(金融资产的交易行为和价格特征)来衡量投资者的关注度。传统的投资者关注度代理变量主要有以下五种。

第一,异常收益率。异常收益率是指某种证券的实际收益率与市场预期收益率之间的差值。正常情况下,异常收益率接近于零。当股票的异常收益率显著为正或负时,认为投资者对该股票产生了更多的关注。异常收益率越高,投资者关注就越高。国内学者许柳英和陈启欢(2005)将异常收益率作为投资者关注的代理变量,研究了投资者关注对投资者投资决策的影响。

第二,异常交易量。与异常收益率类似,异常交易量是指某种证券的实际交易量与市场预期交易量之间的差值。异常高的交易量,代表了更多投资者的参与,也就是投资者的高关注度。因此异常交易量也可以作为投资者关注的一个代理变量。

第三,股票换手率。换手率指在一定时间内市场中股票转手买卖的频率,代表了市场的活跃程度。目前来看,国内外多数学者将换手率作为投资者关注的衡量指标。Loh(2009)以分析师荐股公告作为研究事件,以前3个月的平均换手率作为投资者关注度的代理指标,发现投资者关注减轻了市场对分析师荐股公告的反应不足。权小锋(2010)等采用换手率指标来衡量投资者关注,实证检验了投资者关注度对盈余公告效应的影响,结果表明,投资者关注能够减弱盈余公告效应。

第四，股票涨停板。Seasholes 等(2007)认为，涨停板事件能够吸引投资者的关注。他们根据股票涨停当日以及下一日的账户交易数据设计了一个买卖不平衡变量，将其作为投资者关注的代理变量。他们认为，如果涨停板事件增加了投资者关注，那么买卖不平衡变量值就是正的。研究结果表明，股票涨停板事件带来了新的投资者，增加了投资者关注，因此涨停板事件可以作为投资者关注的代理变量。

第五，广告投入。Grullon 等(2004)认为，公司的广告投入费用也能作为投资者关注的代理变量。广告，作为公司的宣传手段，在拓宽产品销售渠道的同时，使公司通过电视、杂志、广播、网络等方式被投资者所知晓，提高公司知名度，进而增加投资者关注度。他们的研究表明，广告投入越多，股票的投资者越多，股票流动性也越好。

虽然传统的投资者关注指标能在一定程度上量化投资者的关注度，但是也存在一定的局限性。这些指标只是金融资产交易行为的具体表现，因此并不能直接反映投资者的关注心理，往往会存在很大的偏误。

3. 数据挖掘的应用

通过上一节的学习可以知道，投资者关注的传统度量指标均是间接指标，并不能直接反映公众注意力的分布和强弱，需要寻找更加直接准确的度量方式来衡量投资者关注。所幸的是，网络大数据为对投资者关注的直接度量提供了数据支持，可以利用大数据挖掘技术，直观地观测到投资者对公司的关注情况，进而获取投资者关注指标。

1) 基于媒体报道的投资者关注

在股票市场中，媒体作为最主要的信息传播媒介，在公司与投资者之间搭建起了一座信息沟通的桥梁。当然，在传播信息的同时，媒体报道也能引发投资者的关注。因此，媒体报道也可以作为投资者关注度的代理变量，包括媒体报道有无、媒体报道数量等指标。

国内学者饶育蕾等(2010)基于网络媒体数据，利用数据挖掘技术考察了媒体关注度和股票收益之间的关系。她认为，互联网媒体已经成为我国投资者获取信息的主要渠道，因此网络媒体的新闻报道往往能够引导投资者的关注。饶育蕾运用网络编程检索技术，自动获取新浪网特定时段内各家上市公司的新闻报道数目，剔除新闻数目为零的公司，构建了一个公众注意力指标：$AT_{i,t} = \dfrac{N_t - \text{rank}_{i,t}}{N_t}$，其中 rank 表示上市公司 i 在时段 t 期的新闻报道数目在所有上市公司中的排名，N 表示 t 期所有上市公司的总数。研究发现，媒体对于上市公司的关注度越高，则下个月的股票收益越低。饶育蕾运用"过度关注弱势"理论来解释这种现象，她认为过度关注导致过度交易与过度反应，进而造成收益率的长期反转。

2) 基于搜索引擎的投资者关注

不难发现，媒体关注度指标存在些许缺点：第一，媒体报道的数量与投资者关注可能并不是高度相关的，即不能保证大部分投资者会阅读媒体新闻；第二，不同新闻媒体对投资者的影响力不尽相同，不能一概而论。

随着 21 世纪互联网技术的飞速发展，搜索引擎也逐渐成为获取信息的重要渠道。投资者通过搜索引擎可以快速查询自己关注的信息，如上市公司介绍、公司公告、媒体报道等。普通网民对上市公司的一次搜索,正代表了投资者对上市公司的一次关注。因此,可以通过搜索引擎构建投资者关注指标。这类指标也正好弥补了媒体关注度的缺陷。

互联网搜索引擎公司为获取搜索量数据提供了方便快捷的工具。2006 年 5 月,Google 公司正式推出 Google Trends,普通网民可以随时查询某一关键词在某一时段内的搜索量以及变化趋势。国外 Da(2011)等最先采用 Google 搜索指数作为投资者关注的代理变量。经过实证研究,他们发现 Google 搜索指数与交易量、异常收益率、媒体报道等间接的代理变量存在一定的相关性,并且它更能体现中小投资者的关注度。同时,他们发现基于 Google 的投资者关注度与股票收益呈正相关关系。2007 年 11 月,国内百度公司的百度搜索指数(Baidu index)正式上线。自此,百度搜索指数被广泛应用到国内的投资者关注研究中。俞庆进和张兵(2012)将百度搜索指数作为投资者关注指标,研究了投资者有限关注与股票收益之间的关系。他们发现,投资者关注在短期内会促进股票价格的上涨,而随着时间的推移会在长期内发生反转。

专栏 13.3　投资者本地偏好与股票收益

俗话说:"老乡见老乡,两眼泪汪汪。"从古至今,家乡情结一直是人类情感世界中最丰富、最珍贵的一个部分。一个有趣的现象是,研究者们竟然在股票市场中也发现了这种家乡情结。也就是说,投资者更愿意关注和购买自己家乡的股票。

董大勇和肖作平在 2011 年观察到了投资者本地偏好现象。他们利用 A 股中注册地位于四川和辽宁的企业与东方财富发帖者的 IP 地址,发现了两个有趣的现象:第一,比起外省的股票,四川和辽宁的网民更喜欢交流本省的股票,并且如果公司的业务本地化水平越高,他们被本省网民讨论的频率也越高;第二,投资者本地偏好对股票价格具有正向的影响。

我们在 2016 年也对投资者本地偏好现象进行了研究。我们将样本量扩大到了全国,以投资者在东方财富网股吧对创业板上市公司发表的 90 多万条帖子为研究对象,通过 IP 地址识别,构建本地关注指标;并利用计算机文本挖掘技术,提取网络发帖所体现的情绪倾向,构建投资者情绪指标。实证结果显示,本地关注对股票收益率的影响取决于投资者情绪,当投资者持积极情绪时,本地关注对股票收益率有显著的正向影响;当投资者持消极情绪时,该影响显著为负。这个特点在上市公司样本数量较多的北京、广东、江苏、上海、浙江这五个区域都存在,并与整体样本的特征基本一致。

资料来源:杨晓兰,沈翰彬,祝宇. 本地偏好、投资者情绪与股票收益率:来自网络论坛的经验证据[J]. 金融研究,2016(12):143-158;董大勇,肖作平. 证券信息交流家乡偏误及其对股票价格的影响:来自股票论坛的证据[J]. 管理世界,2011(1):52-61.

13.4　基于大数据挖掘的社会舆情研究

1. 社会舆情的含义

"舆"字,在我国古代被理解为车,"舆人"就是造车工的意思。到了汉代,所有与统治阶级相对应的普通民众都可以被称为"舆人"。因此,自从唐代出现"舆情"二字后,其含义并没有随着时代的发展而发生变化。在《现代汉语词典》(第7版)中,"舆情"的意思是"公众的意见和态度"。总的来说,社会舆情,是指社会民众以媒介为载体对社会公共事务所持有的情绪、意愿、态度和意见的总和。社会公共事务既包括社会事件、社会热点问题、社会冲突、社会活动,也包括公众人物的言行举止等。

现如今,网络舆情是社会舆情的一种主要表现形式。网络舆情是以网络这种媒介为传播载体的一种社会舆情,具体指公众通过互联网公开表达的对某一社会问题或社会现象的具有一定影响力和倾向性的共同意见。

网络舆情在其传播方式和效果上有很多自身特点。中国舆情网认为网络舆情的特点具体表现在以下几个方面。

(1) 开放性。互联网给予了所有人发表意见和参政议政的权利,使每个人成为信息的发布者。同时,由于大部分互联网平台不需要实名制,网民可以客观真实地表达自己的意见和观点。

(2) 多元性。网络舆情的主题极为宽泛,话题的确定往往是自发的、随意的。从舆情主体的范围来看,网民分布于社会各阶层和各个领域;从舆情的话题来看,涉及政治、经济、文化、军事、外交以及社会生活的各个方面;从舆情来源上看,网民可以在不受任何干扰的情况下预先写好言论,随时在网上发布,发表后的言论可以被任意评论和转载。

(3) 突发性。互联网能对突发事件作出快速反应,凭借星星之火就能形成燎原之势,能迅速聚集网民的看法形成公众意见,造成强大的舆情声势。

(4) 偏差性。由于网民的文化水平和生活状况不尽相同,导致部分言论缺乏理性判断,容易情绪化,甚至很多网民将互联网当成宣泄压力的场所,因此极易出现片面、偏激的言论。

毋庸置疑,作为一种社会的共同价值取向,社会舆情必然会对股票市场产生影响。其对股票市场的影响机制与投资者情绪类似。社会舆情会影响投资者的行为决策,进而对股票市场产生影响。

2. 社会舆情的传统度量方式以及数据挖掘的应用

在网络没有那么发达的年代,量化社会舆情是一项非常困难的任务。研究者只能通过问卷调查或者访问调查的方式,获得个人对社会公共事务的意见和态度,将所有意见聚集起来,进行量化社会舆情。然而,这种研究方法的弊端显而易见,不仅耗时耗力,而且研究的数据样本量远远不够。

现如今,网络舆情在社会舆情中占有主导地位。所幸的是,随着数据挖掘技术的发展,网络舆情的量化极大地降低了收集数据的成本,并且克服了问卷调查样本量不足的缺陷。肖欣荣等(2016)曾做过一个简单的研究。从2014年10月起,微博大V但斌在微博上多次谈论中国平安股票,其更是在2014年12月26日发布一则强烈看好中国平安的微博。该微博被转发422次、评论107条、点赞113次。随后在2015年前5个月内,中国平安股票价格上涨幅度超过50%。肖欣荣的研究发现,在但斌于2014年10月持续谈论中国平安后,百度搜索关键词"但斌新浪博客"和"中国平安"的移动趋势指数之间的相关度持续走高,并与同期中国平安股票的走势高度相关。国外学者Johan(2011)等进行了一项有关公众情绪和股票收益的研究。他们基于国外社交平台Twitter,运用谷歌情感分析工具(Opinion Finder)和六维情感分析工具GPOMS来分析文本情绪,得到积极、消极、平静、警惕、确信、重要、友好和快乐七个情绪指标,实证结果表明公众情绪对道琼斯指数变化有显著的积极影响。他们还发现,神经网络模型引入公众情绪后,股市收益的预测准确率得到了显著提高。

专栏 13.4　新浪财经—数据平台:微博舆情与市场热点

2015年6月中旬,新浪财经推出了基于沪深交易所Level2行情的新一代行情系统,除了Level2十档行情、逐笔交易数据和资金流向等常见数据外,还包含新浪财经独家的微博大数据股票分析和市场热点追踪分析功能。

微博大数据股票分析通过对新浪微博每天数以亿计的博文进行计算,分析每一条微博中提到的股票以及博文作者或转发者对某只股票是看多还是看空,构建个股的微博舆情指标,并以直观的方式展示给用户。

同样,市场热点分析追踪功能利用新浪微博的博文数据,基于关键词对每一条博文进行热门主题的分类,根据微博的数量、转发、评论等指标,挖掘最新的市场热点。

13.5　基于大数据挖掘的社会互动研究

1. 社会互动的含义

什么是社会互动?社会科学领域对这个问题还没有形成统一的答案。社会互动一词最早来源于社会学。早在1908年,德国著名社会学家齐美尔就从互动的角度研究社会学,认为互动形式是社会互动的核心。巴克(1984)认为社会互动是一方或多方的反应,取决于或依赖于另一方所说所做的程度,社会情景则随着这种程度而变化。近年来,经济学家也开始关注社会互动的研究,Durlauf和Loannides(2010)从经济学视角出发,将社会互动定义为"个体之间的相互依赖性,在这些相互依赖性之下,一个社会经济行为人的偏好、信念及其面临的预算约束受到其他行为人的特征和选择的直接影响"。

总结借鉴前人的研究:社会互动是个体、群体之间沟通信息、交流感受的过程,并且这个过程会对互动双方产生不同程度的影响。

国外学者Manski认为,在新经济社会学理论体系下,个人的行为分析既要考虑一般经济行为理论中的偏好、风险因素,又要考虑个人所在的社会群体对他们的影响。也就是说,应该把社会互动理论纳入一般经济行为理论的体系。

同样在股票市场中,投资者的个人决策也将受到个人所在的社会群体的影响。对于投资者而言,信息是投资者决策的关键因素,而社会互动在传递信息方面发挥着重要的作用。由于投资者自身精力有限,他们无法关注市场上的所有信息,只能借助他们的社交网络,如朋友、亲戚、邻居等,以获取相关信息,进而作出决策。

社会互动是投资者行为的重要影响因素,而投资者行为又决定了股票市场的表现。

由此可见，社会互动会影响投资者的信息感知和解读，进而影响股票市场。

2. 社会互动的传统度量方式

自从经济学研究将社会互动概念纳入其分析框架，越来越多的实证研究探讨了社会互动与经济行为之间的关系。由于社会互动的原始数据难以获取、指标难以构建等特点，过去的学者主要通过设计实验或问卷调查的方式来衡量社会互动。

1) 设计实验

设计实验，包括实验经济学和仿真模拟两种模式，是以实验经济学理论为基础，尽可能地模拟真实的社会互动情景，进而研究社会互动与经济行为之间的关系。在变量比较复杂的情况下，实验通常能够精准地控制相关变量，形成控制组和实验组，进而比较两组的不同结果，得出结论。

目前来看，该方法在国外比较流行。Duflo、Salganik、Tae-Seok 等很多国外学者运用实验的方法展开社会互动的研究。Duflo 和 Saez(2003)在一家公司进行了一项有趣的实地实验，首先向一部分员工发送邀请函，告知他们参加退休计划信息交流会将会获得金钱奖励，由此设置实验组和对照组，观察实验组和对照组中的员工是否会加入 TDA 退休计划。实验结果表明，同伴效应是影响是否加入 TDA 退休计划的重要因素；同时，社会互动是个人获取信息的主要渠道。也就是说，个人决策会受到社会互动的显著影响。

2) 问卷调查

除了设计实验之外，国内外大量学者还通过问卷调查的方式量化社会互动指标。他们大多采用春节拜访、邻居关系、参加集体活动、人际关系等指标作为社会互动的代理变量。

国内学者李涛在这方面做了一些研究，他有两篇有关社会互动与金融投资的代表性论文。在《社会互动、信任与股市参与》这篇论文中，李涛调查了广东省7个城市共2 059 名18岁以上的、有广东省户口并居住满1年的城市居民，根据问卷中的相关问题，分别构建了两组社会互动指标、两组居民参与股市指标以及一个居民信任程度指标。两组社会互动指标分别是春节拜年总人数和人际交往程度的主观评价。前者是居民社会关系的客观事实，后者是居民对自己的主观评价。两组居民参与股市指标分别是居民是否拥有股票和居民金融资产中股票资产的重要性。前者代表居民参与股市的可能性，后者代表居民参与股市的程度。李涛发现，社会互动和信任都推动了居民参与股市。在另一篇论文《社会互动和投资选择》中，李涛认为，内生互动对个体投资选择的影响反映在获得信息、交流感受、社会规范三个方面。因此，他利用2005年中国12个城市的投资者行为调查数据，分别构建了获得信息、交流感受、社会规范和情景互动四个变量，研究社会互动对投资者投资决策的影响。李涛的研究证明：第一，积极的社会互动推动了个体当前和未来期望的广泛的投资项目参与；第二，社会互动对个体当前和未来期望的投资参与的积极作用主要是通过内生互动的社会规范机制来实现的；第三，内生互动带来的感受交流和信息获得分别推动了个体当前对保险金和未来期望对债券的投资，而情景互动降低了个体未来购买股票的期望。

毋庸置疑，设计实验和问卷调查这两种方法有一定的局限性。一方面，变量值与实际情况可能存在偏差。这两种方法是基于一部分人或者小规模群体获取的指标,无法代表整个社会群体。另一方面,它们都需要消耗大量的人力、物力,成本太高。因此,需要寻找更加便捷有效的方式来衡量社会互动。

3. 数据挖掘的应用

随着互联网技术的快速发展,特别是网络社交平台的大规模普及,网络社交平台已逐步取代传统的社交网络,成为投资者传递信息的主要途径。人们不再拘泥于通过传统社交网络获取信息的方式,而更多的是通过网络互动更加快速便捷地获取信息。投资者不仅能在网络上接收信息,还可以发起信息,主动与他人交流,进而形成大规模的基于互联网的社交网络。基于互联网背景下的社会互动是以互联网为平台的一种互动方式,称为网络互动。

网络大数据为社会互动的度量提供了有利的条件。截至目前,国内外已有大量学者利用大数据挖掘技术来衡量社会互动。编者也曾做过一项社会互动的研究,基于新浪财经博客平台,运用网络爬虫、文本情感分析以及社会网络分析等技术,探讨社会互动与股票市场之间的关系。首先,通过网络爬虫技术抓取了新浪财经博客2013年12月至2015年11月的14多万条博文,包括博文内容、博主ID、发表时间、阅读、转发、喜欢、收藏等数据;同时抓取了新浪博客平台所有博主的相互关注信息。其次,利用机器学习算法进行文本情感分析,构建投资者情绪指标。再次,运用Gephi软件构建所有博客博主的社会网络,计算每一位博主的节点中心性。最后,通过以上所有数据,可以构建四类社会互动变量:博主互动诉求、博主影响力、互动覆盖范围和互动程度。表13.2展示了四类社会互动变量的含义。

表 13.2 四个社会互动变量的含义

社会互动变量	变量定义	变量符号
博主互动诉求	每周博客数量	IA1
	每周博客数量 * 情绪指数	IA2
博主影响力	每周博主中心性	II1
	每周博主中心性 * 情绪指数	II2
互动覆盖范围	每周博客阅读量	IC1
	每周博客阅读量 * 情绪指数	IC2
互动程度	每周博客评论/转发/收藏/点赞量	IL1
	每周博客评论/转发/收藏/点赞量 * 情绪指数	IL2

资料来源:杨晓兰,王伟超,高媚,《股市政策对股票市场的影响——基于投资者社会互动的视角》,工作论文,2019年

经过模型检验,发现社会互动对股市收益率和波动率具有积极作用,社会互动会放大股市的政策效应。

专栏 13.5 通过社会网络识别意见领袖

在数据获取步骤中,我们已经获取了博主之间的相互关注信息。然后我们使用Gephi

软件绘制新浪博客的社会网络结构。图 13.1 展示了新浪博客 1 277 位博主相互关注的社会网络。在社会网络中,节点代表博主个体,节点之间的连线代表博主之间的关系。节点的颜色越深,节点的形状越大,代表节点的特征向量中心性越大,也就是越重要。通过统计,我们找到了排名前九位的意见领袖,分别是但斌、巴曙松、侯宁、李大霄、管清友、花荣、蓝鲸财经记者工作平台、洪榕、水皮。

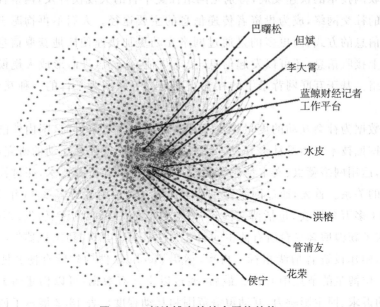

图 13.1 新浪博客的社会网络结构

资料来源:杨晓兰,王伟超,高媚,《股市政策对股票市场的影响——基于投资者社会互动的视角》,工作论文,2019 年

13.6 基于个人行为数据挖掘的信用风险评估

1. 个人信用风险评估概述[①]

什么是信用风险?《巴塞尔协议》是如此定义的:信用风险是交易对象无力履约的风险,即债务人未能在债务合同约定期限内归还其欠款,从而对经济主体未来活动产生损失的风险。顾名思义,个人信用风险是信用风险的一种,有别于一般企业的信用风险,具体指个人作为债务人未能在债务合同约定期内归还其欠款的风险。

信用风险的成因又是什么呢?简单来说,个人信用风险主要是由于借款人和贷款人之间的信息不对称,由此引发道德风险而产生的。其中,交易双方之间的信息不对称是诱因,而道德风险是信用风险形成的重要因素。在当前个人征信系统不完善、数据缺乏的情况下,贷款人往往无法对借款人的信用、风险类型和偿还资金的概率作出可靠的判断。同时,由于这种明显的信息不对称,道德风险就成了信用风险形成的重要因素。借款人可能

---

① 本部分主要参考 MBA 智库百科。

会故意隐瞒个人信息，或者将贷款用于风险较高的投资，进而造成信用风险。

目前存在的传统的个人信用风险评估方法主要有 5C 要素分析法、财务比率综合分析法以及多变量信用风险判别模型等。

1) 5C 要素分析法

5C 要素分析法是金融机构对客户做信用风险分析时所采用的专家分析法之一。它主要集中在借款人的道德品质(character)、还款能力(capacity)、资本实力(capital)、担保(collateral)和经营环境条件(condition)五个方面进行全面的定性分析以判别借款人的还款意愿和还款能力。有些银行将其归纳为"5W"要素，即借款人(who)、借款用途(why)、还款期限(when)、担保物(what)及如何还款(how)。还有的银行将其归纳为"5P"要素，即个人因素(personal)、借款目的(purpose)、偿还(payment)、保障(protec-tion)和前景(per-spective)。无论是"5C""5W"或是"5P"要素法，在内容上都大同小异，它们的共同之处都是将每一要素逐一进行评分，使信用数量化，从而确定其信用等级以作为其是否贷款、贷款标准的确定和随后贷款跟踪监测期间的政策调整依据。

2) 财务比率综合分析法

由于信用危机往往是由财务危机引致而使银行和投资者面临巨大的信用风险，及早发现和找出一些预警财务趋向恶化的特征财务指标，可判断借款或证券发行人的财务状况，从而确定其信用等级，为信贷和投资提供依据。基于这一动机，金融机构通常将信用风险的测度转化为企业财务状况的衡量问题。因此，一系列财务比率分析方法也应运而生。财务比率综合分析法就是将各项财务分析指标作为一个整体，系统、全面、综合地对企业财务状况和经营情况进行剖析、解释与评价。这类方法的主要代表有杜邦财务分析体系和沃尔比重评分法，前者是以净值报酬率为龙头，以资产净利润率为核心，重点揭示企业获利能力及其前因后果；而沃尔比重法是将选定的七项财务比率分别给定各自的分数比重，通过与标准比率(行业平均比率)进行比较，确定各项指标的得分及总体指标的累计分数，从而得出企业财务状况的综合评价，继而确定其信用等级。

3) 多变量信用风险判别模型

多变量信用风险判别模型是以特征财务比率为解释变量，运用数量统计方法推导而建立起的标准模型。运用此模型预测某种性质事件发生的可能性，及早发现信用危机信号，使经营者能够在危机出现的萌芽阶段采取有效措施改善企业经营，防范危机；使投资者和债权人可依据这种信号及时转移投资、管理应收账款及作出信贷决策。目前国际上这类模型的应用是最有效的，也是国际金融业和学术界视为主流的方法。概括起来有线性概率模型、Logit 模型、Probit 模型和判别分析模型。其中判别分析模型最受青睐，Logit 模型次之。

2. 个人行为数据挖掘的应用

由于信息不对称和道德风险的存在，依赖于财务指标的传统的信用风险评估模型在很多情况下也无法准确评估个人的信用风险。自 21 世纪以来，互联网的快速普及，越来越多的学者开始研究基于个人行为数据的信用风险评估模型，越来越多的互联网公司也开始利用互联网行为数据开展互联网征信业务。

由于个人行为数据的稀缺性，国内只有少数学者对此展开了研究。国内学者张万军（2015）构建了基于大数据的个人信用风险评估模型。他认为互联网的个人行为数据具有以下三个特点：第一，数据的稀疏性较强；第二，数据覆盖面广；第三，单变量的风险区分能力弱。因此他通过将用户在互联网上网购、交易、社交等平台的商誉和行为数据进行整合与分析，将分散在不同网络平台和信贷机构的局部信息加工融合成为具有完整视图效果的全局信息。深度挖掘互联网大数据信息，将用户商誉和行为信息转化为信贷评级依据，提出大数据环境下的个人信用风险评估模型——CreditNet 研究框架。

CreditNet 模型的用户属性基础数据依托国内某著名的大数据服务平台，该平台已经与 1 500 家商家进行业务合作，其中线上与线下各种零售商和品牌商户等大约 700 家，线上媒体和社区等约有 800 家，与其开展合作的各类金融机构达到 70 家左右；积累了 4 亿～5 亿用户的消费数据、阅读习惯、社交记录和资产信息等方面的数据。

CreditNet 模型分为三个阶段：针对第一阶段，张万军将用户画像的概念引入个人信用风险评估模型中，从身份信息核查标签、稳定性信息标签、金融申请信息标签、重要资产信息标签、商品消费信息标签、媒体阅览信息标签六大维度近 1 000 个子项构建用户信用画像，有效解决了大数据的稀疏性以及风险区分能力弱的缺点。针对第二阶段，张万军结合随机森林模型和 Logistic 模型，构建 RF-L 模型，为个人信用风险评估奠定模型基础。针对第三阶段，他运用 AdaBoost 集成学习算法，改进优化了第二阶段的模型，增强了 CreditNet 模型的评估效果。

同时，国内业界也对基于大数据的个人信用风险评估进行了研究和实践。2015 年，8 家机构成为中国首批商业征信机构，拿到个人征信牌照，这其中包括芝麻信用管理有限公司和腾讯征信有限公司。近年来，阿里巴巴和腾讯公司都积累了大量的互联网用户行为数据，这为征信业务的开展提供了得天独厚的条件。据芝麻信用发布的报告显示，截至 2017 年 3 月，芝麻信用免押模式已经深入八大行业，包括酒店、租房、民宿、租车、共享单车、医疗、便民服务以及农业设备租赁，同时全国 381 个城市已接入信用免押服务，有近 2 000 万人使用过信用免押服务，中国的城市正在向"信用城市"升级。

专栏 13.6 芝麻信用与 FICO 评分模型的区别

表 13.3 展示了芝麻信用评分模型与 FICO 评分模型的区别。

表 13.3 芝麻信用评分模型与 FICO 评分模型的区别

芝麻信用评分模型	FICO 评分模型
用户信用历史	人口统计学信息
行为偏好	历史贷款还款信息
履约能力	历史金融交易信息
身份特质	人民银行征信信息
人脉关系	

FICO 评分是美国 Fair Isaac 公司开发的信用评分系统，也是目前美国应用得最广泛的一种。FICO 评分系统得出的信用分数范围在 300～850 分，分数越高，表明客户的信用

风险越小,它采集客户的人口统计学信息、历史贷款还款信息、历史金融交易信息、人民银行征信信息等,通过逻辑回归模型计算客户的还款能力,预测客户在未来一年违约的概率。

(1) 人口统计学信息:如客户年龄、家庭结构、住房情况、工作类别及时间等。

(2) 历史贷款还款信息:过去6个月或12个月的付款方式、逾期次数等。

(3) 历史金融交易信息:过去6个月或12个月的平均月交易笔数、金额等。

(4) 银行征信信息:过去12个月中新开的账户总数、所有账户的总额度、账户是否逾期等。

不同的是,阿里巴巴推出的芝麻信用分则是以大数据分析技术为基础,采集多元化数据,包括传统的金融类交易、还款数据,第三方的非金融行为数据,以及互联网、移动网络和社交网络数据等,根据用户信用历史、行为偏好、履约能力、身份特质、人脉关系五个维度,帮助贷款方从多个方面考察个体的还款能力、还款意愿,作出合理、全面的信用评分。

本章小结

(1) 大数据是指无法在合理时间内通过传统的数据库工具对其内容进行抓取、管理、处理并整理成为人类所能解读的信息的数据集合。

(2) 数据挖掘是指从数据库的大量数据中揭示出隐含的、先前未知的并有潜在价值的信息的非平凡过程。数据挖掘是一种决策支持过程,它主要基于人工智能、机器学习、模式识别、统计学、数据库、可视化技术等,高度自动化地分析企业的数据,作出归纳性的推理,从中挖掘出潜在的模式,帮助决策者调整市场策略,减少风险,作出正确的决策。

(3) 投资者关注是指投资者对特定事件曝光所产生的关注行为。

(4) 社会舆情是指社会民众以媒介为载体对社会公共事务所持有的情绪、意愿、态度和意见的总和。

(5) 社会互动是指个体之间的相互依赖性,在这些相互依赖性之下,一个社会经济行为人的偏好、信念及其面临的预算约束受到其他行为人的特征和选择的直接影响。

(6) 个人信用风险是信用风险的一种,有别于一般企业的信用风险,具体指个人作为债务人未能在债务合同约定期内归还其欠款的风险。

思考题

1. 大数据的概念、特点是什么?请举例说明大数据在金融行业中的应用。

2. 大数据挖掘技术具体有哪些?行为金融研究是如何应用这些技术的,试着举例加以说明。

3. 投资者关注、社会舆情以及社会互动的含义是什么?如何运用数据挖掘技术来衡量这些指标?请详细说明。

4. 相对于传统的信用风险评估模型,芝麻信用有哪些优势?请具体说明。

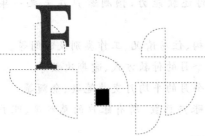

第 14 章

互联网金融中的行为金融

 引导案例：比特币的前生今世

2017年5月12日，一个名叫"WannaCry"的勒索病毒通过Windows系统的漏洞感染了全球近百个国家的大量计算机，成为迄今为止最大规模的一次勒索病毒攻击事件。无论是校园网用户还是机场、银行、加油站、医院等企业单位，都无一幸免。中毒用户的文件全部被加密，并需支付高额赎金才能得以恢复。

在这场大规模的病毒攻击事件中，黑客声称只接受比特币作为付款方式。这让人不禁疑惑：作为一种虚拟的电子货币，比特币是如何跨越国界，成为一种独特的支付货币？

2009年，比特币由一个名为中本聪的人设计产生，是一种虚拟的电子货币。接入网络的电脑下载比特币程序，并奉献出一定的CPU（中央处理器）运算能力来不断地计算由该程序产生的数学题，最先解出题目的电脑用户将获得一定数量的比特币作为奖励。在该规则下，所有的比特币将在2140年被挖掘完毕，达到2 100万个的最终值。

相比于传统的流通货币，比特币有着明显的特色。

全球性：比特币广泛分布于网络环境中，没有中央银行，任意一台接入互联网的电脑都可以进行管理。因此，比特币的流通范围遍布全球，自由而灵活。

私有性：用户通过私钥来管理比特币，而私钥可能被隔离保存在任何介质上，这保证了比特币的私有性与安全性。

低成本：一方面，比特币的交易费用很低，免税，免监管；另一方面，支付比特币没有额度与手续限制，隐藏成本较低。

跨平台：用户在任何平台都能够运行程序并挖掘比特币，并比较不同硬件的运算能力。

比特币从产生至今，经历了一个泡沫发生发展的过程。在创立之初，比特币的价格仅为5美分。随着比特币的理念逐渐地得到传播并逐步为人们所接受，比特币的价值开始上涨。在对比特币未来走势乐观估计的影响下，越来越多的人追加了资金的投入。不断上涨的价格增加了人们的投资热情,即使有部分投资者认为价格已过高,仍会有更多的投资者进入并推动价格上涨。由此,比特币的价格水涨船高,泡沫最终形成。2017年6月13日,比特币的价格首次突破了3 000美元的大关,达到3 012.05美元,是2016年年末价格的两倍以上,是其创立之初价格的6万多倍。

在疯狂的比特币市场上,个体投资者的心理偏差演变成了群体性的偏差,并使市场产生了异常的表现。随着投资者的持续蜂拥而入,人们早已不考虑比特币的内在价值是多少,而是以一种投资套利的心态,希望能够在狂热的市场中赚取高额收益,并让更晚进入的投资者"接盘",从而加速了比特币价格的泡沫化。

可以说,比特币的价格泡沫是一次披上互联网外衣的"郁金香泡沫",生动展现了互联网金融(internet finance)领域存在的各类市场异象。

本章将从互联网金融概述出发,介绍互联网金融的主要模式及发展现状,并根据现有的研究成果,分众筹(crowd funding)、P2P网贷(peer-to-peer lending)、亲社会网贷(pro-social lending)与其他互联网金融模式四块,介绍不同互联网金融模式下的行为金融现象。在互联网金融领域,羊群行为、个人特征与信息不对称是最显著的三大行为金融特征。因此,本章在介绍不同互联网金融模式下的行为金融时,都会在不同程度上涉及上述三大特征,同时介绍各类互联网金融模式下特有的行为金融现象。

14.1 互联网金融概述

根据中国人民银行等十部门发布的《关于促进互联网金融健康发展的指导意见》,互联网金融是指传统金融机构与互联网企业利用互联网技术和信息通信技术实现资金融通、支付、投资和信息中介服务的新型金融业务模式。互联网金融以互联网工具为依托,积极扮演好资金融通、支付和信息中介服务的角色。

目前的"互联网+金融"格局,主要由传统金融机构与非金融机构组成。传统的金融机构主要是将传统的金融业务同互联网相结合,并衍生出各类APP软件;非金融机构则基于互联网技术进行各类金融运作,如P2P网络借贷、众筹、手机理财APP及第三方支付平台等。

1. 主要模式

综合来看,目前互联网金融的发展模式有众筹、P2P网贷、亲社会网贷、第三方支付、数字货币、大数据金融、信息化金融机构、互联网金融门户(the internet financial portal)八大类。

众筹,意指大众筹资或群众筹资,指的是创业企业、艺术家或个人,通过创意或项目展示,来向网友募集项目资金的融资模式。

P2P网贷,即点对点信贷,指的是基于互联网平台将众多的借、贷双方进行匹配,既帮助借款人以较为合理的利率筹集资金,也帮助贷款人合理控制贷款风险。

亲社会网贷,即有利于社会的网络贷款行为,指的是出于各种公益目的,如帮助社会弱势群体、协助发展中国家发展经济等,并借助互联网平台所构建的网络贷款融资模式。

第三方支付,是指非金融机构作为收、付款人的支付中介所提供的网络支付、预付卡、银行卡收单以及中国人民银行确定的其他支付服务。

数字货币指的是可用于真实的商品与服务交易的虚拟货币,比特币是其中的一种代表币种。

大数据金融是基于客户的海量数据进行全方位的分析,获取客户交易与消费的准确信息,进而预测客户行为,最终服务于金融机构及金融服务平台。

信息化金融机构,指的是通过互联网技术的运用,对银行、证券及保险等金融机构实现信息化的统一经营与管理。

互联网金融门户,指的是利用互联网进行金融产品销售以及提供第三方服务的网络平台。

基于上述八大发展模式,目前互联网金融表现出低成本、高效率、广覆盖、快发展、弱管理、高风险等显著特点。

2. 发展现状

近年来,在国家政策扶持、经济发展、互联网迅速普及的大背景下,我国的互联网金融产业获得了极大的发展,成就显著。其中,众筹、P2P网贷、第三方支付、数字货币与互联网金融门户的发展成果最为突出。

1) 众筹

在众筹领域,来自社会各界的资金正被广泛地应用于灾害重建、竞选造势、创业筹资、艺术设计、软件开发及科学研究等各行各业,从学术界到文艺界,从草根创业到国家大事,都有着众筹的影子。如图14.1所示,近年来,我国众筹市场交易规模增长迅速,已从2012年的人民币1.9亿元增长到2016年的人民币175亿元。截至2016年年底,全国众筹平台数量共计511家,其中正常运营的众筹平台有415家,平台下线或众筹业务下架的有89家,转型平台共计7家。① 据网贷之家资料显示,淘宝众筹、京东众筹、众筹网、苏宁众筹和人人天使分列2016年国内众筹平台的前五位。

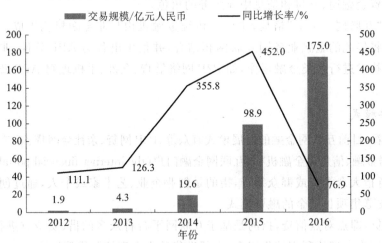

图14.1 2012—2016年中国众筹市场交易规模

资料来源:搜狐财经。

---

① 资料来源:宇博智业市场研究中心,《2016—2021年众筹行业市场竞争力调查及投资前景预测报告》。

2) P2P 网贷

近年来,P2P 网贷领域经历了一个从混乱到有序,从高潮到低谷再回归理性的过程。2005 年,P2P 网贷平台在英国创立并迅速传入我国。2010 年前后,随着利率市场化、银行脱媒及民间借款的火爆,P2P 网贷在我国迅速发展,由于监管和法规的不健全,大量伪劣产品充斥市场,造成了我国金融秩序的混乱,P2P 网贷进入低谷。之后,随着法律法规逐步健全,行业监管逐步到位,我国的 P2P 网贷行业发展迎来了良性竞争、健康发展的阶段。据网贷之家数据显示,2016 年全年网贷行业成交量为 20 638.72 亿元,同比增长了 110%。其中,北京、上海、广东和浙江四地的网贷成交量占到了全国的 88.65%,显示出较强的"马太效应"。如表 14.1 所示,根据网贷平台发展指数排名,陆金所、宜人贷、点融网、人人贷和拍拍贷是目前影响力较大的 P2P 网贷平台。

表 14.1　2016 年 12 月网贷平台发展指数评级

排名	平台名	发展指数
1	陆金所	70.43
2	宜人贷	69.88
3	点融网	69.13
4	人人贷	68.66
5	拍拍贷	67.66
6	微贷网	65.86
7	搜易贷	63.96
8	爱钱进	63.7
9	开鑫贷	62.98
10	投哪网	62.92

资料来源:网贷之家、盈灿咨询。

注:发展指数由成交(8%)、人气(13%)、技术(5%)、杠杆(13%)、流动性(5%)、分散度(16%)、透明度(16%)、品牌(13%)和合规性(11%)九大因素构成。

3) 第三方支付

作为一种新型的支付模式,国内第三方支付平台主要是以互联网为媒介的互联网支付和以手机为媒介的移动支付。支付工具则以手机扫描二维码、NFC(近距离无线通信技术)近场支付为主。自 2010 年以来,我国第三方支付市场的交易规模保持着年均 50%以上的增速,已然成为全球的领跑者。2016 年,我国第三方支付的交易规模已经达到了 57.9 万亿元,同比增长了 85.6%,其中移动支付交易规模为 38.6 万亿元,约为美国的 50 倍。① 如图 14.2 所示,按市场份额进行划分,2016 年我国第三方移动支付市场形成了三大梯队。具体来看,支付宝和财付通分别占据了 52.3%和 33.7%的市场份额,组成了第一梯队。拉卡拉、易宝、联动优势、连连支付、平安付、百度钱包、京东支付和快钱② 8 家有名的

---

① 数据摘自必达咨询所著《2016 中国第三方移动支付市场研究报告》。
② 拉卡拉、易宝、联动优势、连连支付、平安付、百度钱包、京东支付和快钱的市场份额分别为 2.7%、2.2%、2.1%、1.4%、1.2%、1.1%、1.0%、0.9%。

支付企业共同占据了13%的市场份额,形成第二梯队。其余的支付企业则组成第三梯队。

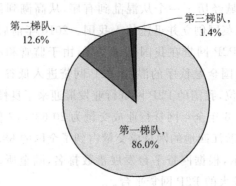

图14.2　2016年中国第三方移动支付市场份额

资料来源:必达咨询《2016中国第三方移动支付市场研究报告》。

4) 数字货币

近年来,数字货币获得了极大的发展空间。CoinMarketCap的数据显示,截至2017年6月,虚拟货币的种类已达885种之多,其中交易量活跃的有430余种,总市值超过1 000亿美元。在众多的数字货币中,最具代表性的当属比特币。此外,基于比特币设计的各类竞争币(在比特币机制上有所改进和变化的虚拟货币),如以太坊(ETH)、瑞波币(Ripple)和莱特币(LTC)等也正迅猛发展起来,迅速占领了一定的市场份额。截至2017年6月,比特币市值约占整个市场的38%,而以太坊、瑞波币和莱特币三者共同占到了约43%的市场份额。

随着数字货币进一步的规范化,未来数字货币必将获得进一步的发展。正如周小川所说:"数字货币的发展、区块链等新技术会在未来产生一些当前人们难以想象或者预测的影响。"

5) 互联网金融门户

随着互联网金融行业的发展,互联网金融门户网站如雨后春笋般涌现出来。根据商业模式划分,目前互联网金融门户网站可分为两类:第一类是垂直财经门户网站,可以凭借其专业化的信息提供,吸引诸多高端深度财经信息用户,如网贷界、东方财富、和讯网、金融界等;第二类是综合门户财经网站,可以凭借门户网站知名度和客户忠诚度,进入互联网金融信息服务行业,以开设财经频道的方式,细分其网站用户,如新浪财经、搜狐财经、腾讯财经等。现阶段,互联网金融门户可分为P2P网贷类门户、信贷类门户、保险类门户、理财类门户和综合类门户五大类,且无论是在内容还是形式上,都更加精细全面,并且同金融大数据的联系越发紧密。

专栏 14.1　P2P平台如何催缴还款? 基于行为理论的机制设计

行为经济学理论中有一个内疚厌恶效应(guilt aversion),是指在工作场景或者社会活动中人们会努力达到他人的期望,以降低自身内疚感。来自杜宁华、李玲芳等(2019)在一个自然实验中应用了内疚厌恶理论,探索如何提高P2P贷款平台的还款率。他们收集了一个贷款平台在10个月里贷款申请人的还款数据。这些贷款人通常被要求按月分期支付还款。一旦出现逾期不还,平台会自动向贷款人发送催缴短信。在这个自然实验里,逾期的贷款人被随机分为三个组,分别收到三种不同内容的催缴短信。

三种催缴还款的短信内容如下:

1. 中性:***你好,由[平台名称]向你借的借款已到还款日期,请登录平台官网充值还款。

2. 正向期待:***你好,由[平台名称]向你借的借款已到还款日期,请登录平台官网充值还款。相信你一定会履行承诺,不让帮助了你的[平台名称]失望!

3. 后果威慑:***你好,由[平台名称]向你借的借款已到还款日期,请登录平台官网充值还款。再次提醒你按时还款,否则[平台名称]会向你采取行动!

实验结果显示,第二种短信,即表达了"正向期待"的短信产生了最好的催缴效果,该组的还款率最高;而"后果威慑"型短信并没有产生显著的提高还款率的效果。该研究表明正向期待短信启动了还款人的内疚感,增加了还款概率。利用行为理论进行机制设计在互联网金融领域具有广泛的应用空间。

资料来源:Ninghua Du, Lingfang (Ivy) Li, Xianghua Lu, and Tian Lu:Pro-Social Compliance in P2P Lending:A Field Experiment[J], Management Science(2019,forthcoming).

14.2 P2P 网贷中的行为金融

P2P 网贷借助互联网平台将借、贷双方结合起来。由于借、贷双方在网贷中所处的地位不同,接受到的信息量有限,在信息不对称和个人心理差异的影响下,P2P 网贷领域表现出一系列有趣的市场异象,主要包括羊群行为、面孔效应、社会关系、个人特征及信息不对称五方面。

1. 羊群行为

羊群行为又称从众行为、群体行为,指的是同大多数人一样思考、感觉、行动的人类社会现象。大量的研究表明,羊群行为普遍存在于我国的 P2P 网贷市场中。Zhang 等 (2012)研究发现,在 P2P 网贷中,存在着理性与非理性这两类羊群行为。非理性的羊群行为指的是贷款者被动地做出模仿其他贷款者的行为,理性的羊群行为则指贷款者主动观察其他贷款者的决策行为,进而推测借款者的信用,并基于公开可观测的借款者特征来作出最优的行为选择。理性的羊群行为相比于非理性的羊群行为,能够更优地预测贷款的表现。基于网站数据的实证研究发现,理性的羊群行为在网贷市场上普遍存在。

网贷市场上的羊群行为显著地影响到了投资者的投资行为。Ceyhan 等(2011)研究发现,投资者在投标过程中存在着羊群行为,大多数投标数目的峰值产生在一个相近的时间点上。Herzenstein 等(2011)则发现,羊群行为强烈的项目,往往有着更佳的还款表现。此外,投资者的羊群效应也往往对借款订单的成功率产生较大的影响。

合理对待网贷市场上普遍存在的理性羊群行为,借款者应当通过项目内容、形式的设计,吸引更多投资者的目光,争取更多的投资人数;而投资者则应当关注有更多投标人数的项目,以保证贷款能够更及时地得以收回。

2. 面孔效应

P2P 网贷中,往往要求借款者提供自己的照片。因此,外貌特征往往影响到信贷的决策行为。

外貌对信贷的影响,往往是因为其影响了贷款人对借款者的主观信任程度。杨晓兰(2014)基于大学生的实验室研究发现,外貌上更具信任感和更开心的人,往往能够获得更好的贷款表现。另有学者在 MkurK 上招募任务执行人,对美国 P2P 平台 Prosper 网站上借款申请人的外貌进行量化,发现外貌可信任度高的借款申请人,得到贷款的利率低于平均水平。[1] 在网贷中,外貌往往能促成投资者对借款者形成第一印象。投资者从外貌中主观地了解到借款者的可信任水平及潜在的还款意愿、还款能力,进而凭借这些主观判断作出决策,形成面孔效应。

3. 社会关系

在 P2P 网贷中,存在着错综复杂的社会关系。社会关系往往影响到借贷双方的信任程度、借款意愿水平与信息不对称程度,进而影响贷款的实际过程。

朋友作为一种较为亲密的社会关系,改变了贷款过程中信息获取的程度与获取的难易程度,进而影响到整个贷款发生过程。基于 Liu 等(2015)研究发现,友谊在 P2P 网站中起到了重要的作用,借款人的朋友是借款人筹资的重要渠道之一,即存在渠道效应(pipe effect)。现实中的密友相较于一般朋友,现实中的一般朋友相较于网络朋友,对借款筹资发挥着更加显著的作用。同时,朋友间的借款会降低第三方潜在投资者的投资意愿,从而产生棱镜效应(prism effect)。此外,投资人更愿意跟随朋友,特别是密友进行投资,产生明显的羊群效应(herding effect)。

基于社区贷款的研究发现,P2P 网贷市场中存在着多层级声誉效应(multilevel reputation effect)。首先,进行高质量结构信息提供的社区,往往代表着更高的声誉水平,有助于贷款利率的降低。其次,进行高质量行为信号提供的社区,被认为有着更高的声誉水平,能保证贷款获得更低的利率。最后,拥有低质量个人信号的借款人,更能够借助社区的行为信号提高声誉,并从中受益。[2]

基于对群组关系与关系型借贷的研究发现,网络借贷关系中存在着套牢问题(hold up problem)。贷款人一旦掌握了借款人的私人信息,会垄断这部分的信息优势,并不会由于借款人违约风险的降低而降低借贷的利率。总的来说,套牢问题的存在使得私人群组的加入与关系型借贷并不能给予借款人更低的利率优势。[3]

4. 个人特征

借款人的个人特征如智力、口才等,能够反映出一定的可信任程度,代表了其潜在的

---

[1] DUARTE J, SIEGEL S, YOUNG L. *Trust and credit: the role of appearance in peer-to-peer lending*[J]. *Review of financial studies*, 2012, 25(8): 2455-2484.

[2] COLLIER B, HAMPSHIRE R C. *Sending mixed signals: multilevel reputation effects in peer-to-peer lending markets*. Proceedings of the 2010 ACM conference on Computer supported cooperative work, 2010.

[3] EVERETT C R. *Group membership, relationship banking and loan default risk: the case of online social lending*. Banking and Finance Review, 2015.

还款能力,进而影响到 P2P 网贷市场。

语言中蕴含着借款人丰富的个人信息,直观地反映出一个人的能力与水平,进而影响其借款表现。一般而言,借款人展示的身份特征越多,信息披露越多,越能够成功获得借款。此外,就具体的身份特征而言,诚实可靠与成功的身份特征能够显著地增加筹资比例并获得利率上的优势,而明显的宗教信仰特征会降低获得融资的概率。诚信可靠与道德的特征往往带来较好的还款表现,而提及经济困难的借款人则存在违约还款风险。[②] 此外,借款申请的语言长度反映了借款人的信用与申请的努力程度,投资者能够根据语言长度很好地识别借款人的信用风险。而语言内容具有明显的迷惑性,投资者对语言内容的认识存在着一定的偏差。[①]

学历也是影响借款人借贷行为的重要特征。基于廖理等(2015)的研究发现,高学历的借款人具有较高的如约还清率与较低的信用风险水平,但高学历本身并未能获得更好的借款条件。这说明教育具有规范受教育人行为、降低违约概率的作用,但学历并不是借贷市场中考虑的主要因素。

借款人的学习行为也是影响借贷关系的一个重要因素。投资者过往的投资经验能够显著影响其当前的投资行为。一方面,存在学习行为的投资者能够主动调整自己的投资时机。一般而言,随着投资经验的累积,投资者更会等到借款标的的晚期再进行投资。另一方面,存在学习行为的投资者也能够主动调整自己的投资选择。一般而言,随着投资经验的累积,投资者更会选择信用等级高的标的进行投资。[②]

借款人的身份特征及现实的社会关系会大大影响其借贷行为。借款人拥有的朋友类型,朋友是否具备贷款记录以及他们参与借款人借款申请的投标与否,都会显著地影响借款成功率、借款利率以及违约的概率。一般而言,基于"名誉成本"(social stigma cost)的影响,有违约倾向的借款人会尽量避免在 P2P 平台上建立朋友关系。而借款人一旦在平台上拥有了朋友,将保持较高的信誉水平并相应地降低借款利率和违约概率。[③]

5. 信息不对称

在 P2P 网贷中,借贷双方间存在着信息不对称的情形,主要体现在信息甄别与信息披露两方面。

贷款者为了缓解借款过程中的信息不对称度,保证贷款能够安全、及时地收回,会对借款者的信用能力进行甄别。Iyer 等(2009)发现,贷款者有一定的推断同一信用等级内借款者信用差异的能力,并给予高信用评分的借款者以更低利率的优惠。借款者信息中的一些标准银行变量(如现有负债、负债额、收入负债比、过去 6 个月的信用问询次数等),对贷款者的信用甄别能力影响较大。

[①] 廖理,吉霖,张伟强.语言可信吗?借贷市场上语言的作用——来自 P2P 平台的证据[J].清华大学学报,2015.

[②] 主要参考:王正位,向佳,廖理,等.互联网金融环境下投资者学习行为的经济学分析[J].数量经济技术经济研究,2016.

[③] LIN M, PRABHALA N, VISWANATHAN S. *Judging borrowers by the company they keep: friendship networks and information asymmetry in online peer-to-peer lending*[J]. Management science, 2013, 59(1): 17-35.

借款者在利用P2P平台筹措资金过程中,也会被要求具体的信息披露,以降低信息不对称性。Michels(2012)研究发现,借款人披露不可验证的信息,能够显著地降低借款利率,增加竞标的人数。信用等级越低的借款人,越会受到不可验证信息披露的影响。此外,信息披露程度越高,往往意味着更低的信用违约率。

14.3 众筹中的行为金融

众筹,是以团购和预购的形式,向网络投资者募集项目资金的一种融资模式。由于项目的筹资者与投资者在信息掌握程度、个人特征及社会关系等方面的差异,众筹过程中同样存在着一系列的市场异象,主要体现在信息不对称、个人特征及社会互动三方面。

1. 信息不对称

在众筹过程中,筹资者获得足额项目资金的关键是对项目的陈述及引起投资者的关注,而投资者进行投资的最主要依据是以项目为基础的各类信息。众筹过程中主客观上的各类因素,影响了众筹中投融双方的信息掌握程度,产生了各类极富差异的众筹行为。

众筹参与者有着一定的隐私偏好,不愿个人信息被公开。Burtch等(2015)的研究发现,减少众筹过程中的信息控制能够很好地提高众筹的参与意愿,但会使众筹金额的平均值减小。在众筹中提示有关投资者的隐私问题,会通过启动效应①(priming effects)引起投资者对隐私的担忧。因此,改变众筹网站的设计机制,增加对相关人员信息隐私的保护,将对众筹过程产生显著的影响。

众筹项目的质量参差不齐,而投资者往往无法获得足够多的准确信息。将众筹分成商品众筹模式与股权众筹模式两类进行考虑发现,在信息不对称及产品质量不确定的情形下,商品众筹模式的融资机会会减少,而股权众筹模式下的融资机会则会上升。可见信息不对称程度大大影响了投资者对产品质量的信心,并将关注度从商品融资转移到了股权融资中。②

信号传递理论能够对众筹行为很好地作出解释。众筹中的中介平台通过展示创业项目的信息,显示项目的质量,在一定程度上缓解了投融双方的信息不对称性,进而影响到项目融资绩效。郑海超等(2015)研究发现,众筹过程中主动发布项目更新信息,在项目介绍中突出团队实力、团队规模以及同投资人(特别是领头人)积极沟通等行为,都能够释放出正面的信号,提高相应的融资绩效。此外,线下路演也是传送融资信号的一大有效途径。

2. 个人特征

众筹行为深受投融双方个人特征的影响,这种影响表现在投融双方主客观的各方面。
地理因素能够对项目融资产生很深的影响。比如投资者的投资时间选择。项目发起

---

① 启动效应是指由于之前受某一刺激的影响而使其以后对同一刺激的影响变得敏感的心理现象。
② BELLEFLAMME P, LAMBERT T, SCHWIENBACHER A. Crowdfunding: tapping the right crowd [J]. Journal of business venturing, 2014, 29(5): 585-609.

者的当地人更愿意选择在项目融资的前期进行投资,而外地人则更偏好于在项目融资的后期进行投资。这是由于本地的投资者同项目发起者有着更紧密的社交关系,对项目的信息掌握程度更加充分,因此可以更早地做出融资的行为。[①]

众筹行为同时表现出了国别的差异,这其中各国的文化差异扮演了重要的角色。Zheng(2014)对比了中美的众筹平台,发现中国企业的社会资本对众筹绩效的影响更加强烈。这种差异同中美间的文化环境差异有关。中国社会强调"关系文化",有着显著的集体主义观念和"熟人"理念,这让中国的众筹行为更为重视义务和责任感,使得社会资本在众筹绩效中发挥了极大的作用。

众筹项目本身存在着一系列个性特征,反映了融资方的个人特点,进而影响到投资者的投资决策。黄健青等(2015)对国内众筹平台"追梦网"进行研究,基于顾客价值理论分析发现,项目回报、发起人历史发起项目数量、发起人网站积分、图片数量、项目的分享数量和评论数量的提升,都能够增加项目筹资的成功率。而项目的目标筹资额则对项目筹资成功率有着负面的影响。投资者往往是从一个顾客的角度,审视众筹项目这一产品的质量好坏,而众筹项目及融资方的系列个体特征,往往在投资者的投资决策中起到关键作用。

专栏 14.2 众筹的中美差异

首先,项目类型有差异。美国的众筹项目集中体现在创意项目,以科技产品为主导。而我国多为各类企业融资或者是实体行业投资项目,创意类项目较少。

其次,投融资环境不同。相比于美国复杂而多层次的融资市场,我国金融产品相对匮乏,特别缺乏针对中小企业及创业型企业的金融产品。正是基于上述原因,股权众筹模式在中国被快速复制。

最后,监管环境不同。美国的众筹环境较为成熟,已经出台了各类法案使众筹合法化。而我国众筹的法律法规尚需加以完善,监管尚需进一步加强。

资料来源:http://www.renrentou.com/.

3. 社会互动

社会互动影响了众筹投融资双方间信息的相互了解程度及可信任度,不同程度的社会互动导致投融资双方作出一系列不同的价值取向和收益判断,产生多样的众筹行为。众筹项目中的社会互动主要包括投融资双方的社交关系以及项目本身的自反馈效应两个方面。

良好的社交关系往往使得投融资双方间有着频繁、友好且持续的社会互动,能够令投资方掌握更丰富的众筹项目信息,减少了其信息识别的难度,增加了项目融资的成功率。Agrawal等(2015)对众筹平台 Sellaband 上的所有投资记录数据进行研究发现,众筹项目投融资双方间的社交关系越紧密(表现为彼此更加了解,地理距离更为相近),投融资双方的社会互动过程便越顺畅,投资者对项目的识别过程也更为迅速,会更早地做

[①] AGRAWAL A,CATALINI C,GOLDFARB A. *Crowdfunding:geography,social networks,and the timing of investment decisions*[J]. *Journal of economics & management strategy*,2015,24(2):253-274.

出投资行为。

而就众筹平台本身而言,良好的平台机制结构设计,能够改善平台同投资者间的社会互动状况,进而增加成功融资的概率。众筹平台的诸多机制均对融资项目成功有着正面影响。首先,"筹资达到目标才能拨付资金"的阈值机制降低了项目发起人欺诈的可能性;其次,尽职的调查机制和质量信号能够剔除不切实际的冒险项目;最后,众筹社区的反馈机制能够降低投融资双方的信息不对称,进而提高参与双方的积极性。众筹机制的上述机制,使得投融资双方间的社会互动更加正面而紧密:一方面,使该项目能够得到更合理的评估,降低欺诈和违约风险,并利用"负反馈效应"淘汰劣质项目;另一方面,让优质的项目获得更多投资者的关注与支持,从而加强了众筹的"正反馈效应"。基于众筹平台"点名时间"的实证研究发现,筹资金额较小,具有优质信号的项目有着更良好的社会互动关系,更容易成功进行融资。①

延伸阅读 14.1 众筹中的群组制度

Hildebrand 等(2017)研究了众筹的群组制度。作者认为,众筹的群组组长往往能够获得推荐回报的机制,会使得部分组长在众筹标的的推荐上基于自身利益最大化而非标的风险出发,从而使得其他投资者难以识别组长推荐标的的真实风险,进而加剧众筹市场的信息不对称程度。利用 Prosper 众筹平台(Prosper.com)上的数据,作者研究了不同种类的群组,分析不同群组组长推荐标的的风险差异,进而研究不同群组的激励模式。首先,作者将 Prosper 平台中的群组分为有回报群组和无回报群组,并将研究集中于有回报群组在回报机制取消前后的表现,以验证订单获得组长投标在不同情况下的风险揭露能力。其次,文章对订单成功率、利率和违约率分别采用 logit、tobit 和 cox 模型进行研究,并引入双重差分法分析不同群组的订单表现。最终实证研究的结果表明,无回报群组中组长投标能够增加成功率,降低利率和违约率;有回报群组中组长投标能够增加成功率并降低利率,但只有在取消回报或组长拥有足够份额下才能降低违约率。

资料来源:HILDEBRAND T,PURI M,ROCHOLL J. Adverse incentives in crowdfunding[J]. Management science,2017,63(3):587-608.

14.4 亲社会网贷中的行为金融

亲社会网贷是按照社会希望的方式进行网络贷款的一种互联网金融筹资模式。相比于 P2P 网贷,亲社会网贷更具有公益的性质,贷款的对象往往面向社会弱势群体以及发展中国家和地区,贷款的利率较低,还款压力较少,同"普惠金融"有共通的特点;相比于众筹,亲社会网贷并不以投资为最根本的目的,同时还关注融资方的现实需求。亲社会网贷本身的网贷属性以及所独有的公益性质,使得其既有同 P2P 网贷和众筹相类似的行为金

---

① 黄玲,周勤. 创意众筹的异质性融资激励与自反馈机制设计研究——以"点名时间"为例[J]. 中国工业经济,2014(7):135-147.

融特征,也有着独属于自己的不同特点。

有关亲社会网贷的研究大多借助 Kiva 平台进行。Kiva 是一家非营利私对私小额贷款机构,以向发展中国家的创业者提供小额贷款,进而消除贫困为目标。Kiva 的资金来源于有空闲资金的个人,这些投资者并不注重经济回报,而更在意精神回馈,因而能够以从事慈善事业的心态去提供资金帮助。Kiva 通过网络获取资金,并以免息或极低的利息给予小额贷款机构资金,并借由这些机构贷款给穷人。

基于 Kiva 的研究发现,在亲社会网贷中,社会认同、个人特征与羊群行为是最明显的行为金融特征。

1. 贷款动机分析

亲社会网贷贷款人(资金提供方)的贷款动机主要基于贷款人贷款陈述语言进行研究分析。在广泛的研究中,学者往往将贷款人关于贷款原因的陈述语句进行量化:先随机选择小部分贷款陈述语句进行语意概括,提炼贷款人提供贷款的动机,并形成一定的分类标准,再分别借助人工判读和机器学习的方法,将海量的贷款人陈述语句全部进行标准化分类,最终得到量化的文本分类数据,进行实证研究。基于上述方法,Liu 等(2012)研究发现,不同的贷款动机能够显著地影响贷款人的贷款频率与贷款额度。出于利他主义和外部原因的贷款人往往提供贷款的频率较低,而看好平台发展和出于宗教信仰目的的贷款人有着更高的投资频率和更大的贷款额度。此外,加入团队的贷款人往往有着共同的价值追求和稳定明确的贷款目标,能够比不加入团队的贷款人提供更大的贷款数额。

专栏 14.3　Kiva 贷款的文本分类

在 Liu 等(2012)所写的"*I loan because…*":*understanding motivations for pro-social lending* 一文中,作者先从众多的贷款人贷款陈述语句中随机抽取 200 条进行语意分类,共分成了利他主义(general altruism)、同情(empathy)、互惠(reciprocity)等十类,之后雇用了学生按照相同的标准将全部的 5 250 条陈述语句依据语意分成十类。为了保证分类结果准确,作者又采用了机器学习的方法,采用朴素贝叶斯、最大熵和支持向量机等不同的计算机算法进行语义分类。

最后的语义分类结果显示,出于利他主义、社会责任和社会规范(Social responsibility and social norms)动机提供贷款的投资者人数最多,而出于同情、互惠动机的贷款人最少。

资料来源:LIU Y,CHEN R,CHEN Y,et al. "*I loan because…*":*understanding motivations for pro-social lending*[C]. Acm international conference on web search & data mining,2012:503-512.

2. 社会认同

社会认同对个人有着激励作用,往往能够改变个人的办事风格,提高个人的办事效率。反映在亲社会网贷领域,社会认同能够让一群人为了共同的目标去投融资,提高网贷的规模与成功率。亲社会网贷中的社会认同可分为群体身份与团队竞争两部分。

一方面,有群体身份的贷款人在一个共同的群体中会进行相互学习,进而增加对群体身份和群体目标的认同,提供更多的贷款数额。另一方面,加入团队的贷款人相比于没有加入团队的贷款人,能够提供更多的贷款额度。这是因为,有群体身份以及加入团队的贷款人,接触到了明确的贷款目标,并为了目标的实现在内部进行信息的协调,从而在社会认同的激励下,会显著地增加贷款的数额。

3. 个人特征

投融资双方的个人特征会显著地影响到亲社会网贷行为,文化差异和地理距离是表现最为突出的两类特征。

基于文化和地理因素,亲社会网贷行为上存在三大效应:首先是文化效应,贷款人同借款人间的文化差异越大,彼此之间的信任便会越少,贷款人会降低贷款意愿,从而使贷款交易减少。文化差异主要是通过影响借贷双方间的信任程度发生作用的,而第三方机构信托机制能够降低文化效应的影响。其次是地理效应,贷款人同借款人间的地理距离越大,贷款人往往对借款人越不熟识,这也会降低贷款人的贷款意愿,从而使贷款交易减少。最后是替代效应,地理距离和文化差异是可以相互替代的,导致存在着缓和效应,即随着地理距离的变大,文化因素对贷款行为的影响会下降,反之亦然。这是因为,随着距离的扩大,贷款人更不容易了解借款人所在国家的文化,从而导致文化意识的缺失(文化盲目性),而在没有文化意识的条件下,一般认为个人会倾向于认为彼此间的文化是相似的。

除了上述两大特征外,借款人所在国是否发生自然灾害,以及贷款人所在国的人口多样性和外国出生居民数等借贷双方外部特征,也会显著地影响到贷款的数额。①

4. 羊群行为

亲社会网贷中的贷款人同样表现出明显的羊群行为。吴佳哲(2015)在 Kiva 平台上随机选取了 1 000 笔原始借款数据进行分析发现,亲社会网贷中的贷款人行为存在显著的羊群效应,且偏好"已筹集百分比"较高的借款项目。此外,"借款期限""借款金额"和"还款方式"等因素也会对贷款人的行为产生显著的影响。

从信息不对称角度来看,借款人的信息缺乏真实性保障以及贷款人融资缺乏专业性,导致了借贷双方间存在严重的信息不对称性,进而产生了严重的羊群行为。一方面,信息不对称使得贷款人不了解亲社会贷款平台的项目信息,为了规避风险,贷款人倾向于投资已获取较大融资金额以及融资速度较快的项目,从而表现出羊群行为。另一方面,贷款人往往缺乏专业的投资经验,为了保证获取理想的投资回报,贷款人偏好采取模仿策略提供贷款,从而产生羊群效应。

基于亲社会网贷中普遍存在羊群行为这一现实,网贷平台应当从网页设计、信息挖掘等方面提高平台质量,确保提供的信息更为充足全面,便于贷款人了解,从而使贷款人在信息更为充分的情况下更乐意去提供更多的资金,进而增加贷款项目的融资成功率。

延伸阅读 14.2　社交网络中的羊群行为

在互联网金融中,社交网络正发挥着日益重要的作用,深刻影响着投资者的投资活

---

① BURTCH G,GHOSE A,WATTAL S. Cultural differences and geography as determinants of online prosocial lending[J]. Management information systems quarterly,2014,38(3):773-794.

动。Cao 等(2014)分析了在存在社交网络的情形下,基金经理基于信息获取的羊群行为。

首先,基于 Kyle(1985)的经典模型,文章建立了基于信息获取的羊群行为模型,研究发现当基金经理的信号为互补性信号时,基金经理人之间便会发生羊群行为,但是竞争的存在导致交易同一只股票的基金经理不能超过 3 个。

其次,在存在社交网络和信息共享机制的情况下,羊群行为能够在任意数量的基金经理人之间发生,信息的共享扩大了羊群行为的参数集,而带噪声的信息共享又会进一步扩大羊群行为的参数集。

最后,在动态交易情形下,羊群行为发生的参数区间缩小,而在连续时间交易情形下,激烈的竞争使得经理单独投资的收益总是大于羊群行为的收益。一般而言,在不存在社交网络时,经理人们不会发生羊群行为。

该文存在的不足之处是,出于模型简化的考虑,仅仅考虑了交易单只股票的情形,忽略了经理对多只股票拥有多个信号的情形。此外,该文仅仅考虑了共享同质信息的情形,而忽略了对不同个体分享异质信息的情形。

资料来源:CAO H H,YE,D. Social network, herding and competition[C]. China international conference in finance.

14.5 其他互联网金融模式中的行为金融

1. 第三方支付

第三方支付离不开网络的技术支持,而网络上层出不穷的安全事件一直影响威胁着第三方软件的发展,也使得第三方支付软件的使用者面临较高的使用成本。

以余额宝为例的研究发现,用户对网络安全风险的感知程度能够影响互联网金融资产的定价。曾建光(2015)采用余额宝被盗相关主题的百度大数据来衡量互联网金融投资者的网络安全感知程度,同时设置了多个有关于余额宝收益率的变量,进而构建了实证模型进行研究发现,投资者的网络安全风险感知程度越高,风险补偿越多。同时,从不同的终端考虑,相比于 PC 端(个人计算机),移动互联网端的投资者往往要求更多的风险补偿。此外,针对余额宝的研究进一步发现,阿里巴巴在美上市之前、基金经理人采用激进投资策略时、市场资金面宽松情境下、投资者为使用非苹果智能手机的投资者以及投资者为 PC 端女性投资者时,投资者的风险感知程度同风险补偿之间的正相关关系得到加强。

第三方支付正处于飞速发展的过程中,随着其规模越来越庞大,越来越突出的安全问题增加了第三方支付的使用成本,影响了其本身的资产定价。如何制定及时有效的政策以及提升监管效率,将是第三方支付未来发展所面临的一大突出难题。

2. 数字货币

近年来,数字货币逐步兴起,价格水涨船高,随着各类数字货币的实际价值逐步被现实价格所超过,数字货币领域的泡沫也逐渐显现出来。

一开始,数字货币数字化的产生方式及对抗现有货币体系的设计初衷吸引了一小部分人进行投资并传播。随着越来越多的人开始了解和信任数字货币,更多的投资者将其作为了一种可信赖的投资工具。随着购买投资数字货币的人越来越多,在专家乐观预测及新闻媒体的大肆炒作下,数字货币市场的羊群效应便逐渐显现。数字货币的需求量越来越高,推动了一批又一批的投资者进入数字货币领域,并使得数字货币的价格开始超越价值。在狂热的投资热情下,看多的势力完全盖过了看空的群体,从而进一步推动了数字货币市场的升温,市场泡沫逐步形成。

近期以来,数字货币依旧有着升温的趋势,泡沫还在持续。邓雪莉(2015)认为,数字货币之所以产生巨大的泡沫,是"个体投资者行为模式中的心理偏差演化成了系统性的群体偏差,最后导致了异常的市场表现,然后又通过正反馈机制影响个体的信念,强化了行为偏差,最终引发非理性的市场狂热"。对数字货币市场进行监管与规范,是下一阶段数字货币发展的重中之重。

专栏 14.4　互联网金融中的"情绪黏性"与心理账户

互联网金融市场中,常常可以依据投资者的"情绪黏性"与心理账户制定可行的投资策略。

投资者情绪,主要反映了投资者在投资行为中的主观意愿,对股市预测能产生重要的作用。一般而言,投资者情绪指标可分为直接指标、间接指标和情绪代理变量三类。直接指标往往通过调查问卷等方式来获取;间接指标有换手率、市盈率、市净率等反映投资者心理变化的变量;情绪代理变量包括天气、气压、云层覆盖率等外部环境因素。金辉(2016)基于投资者情绪的研究发现,互联网金融板块上存在着投资者的"情绪黏性",即投资者因为倾向于习惯性操作、过度自信以及从众行为,不能及时地根据客观事实转变主观态度,在改变投资策略上具有一定的滞后性,但这种"情绪黏性"持续时间较短。

不同投资者的预期收益存在差异,因此他们在投资过程中会设置多个心理账户,并在决策时做出一些违背经济运算法则的非理性行为。胡国生(2015)基于储蓄(S)和投资(I)构建了货币盈余(P),并引入价值函数$Y(*)$和决策权重函数$\rho(*)$构造了心理账户函数。继而对心理账户进行分析发现,基于安全角度的考虑,目前投资者投资比例与金额有限,普通大众总在收益与安全之间进行权衡,存在一种尝试心理,并倾向于做出从众的行为。为消除投资者目前普遍存在的心理账户,政府需要参与监管,整个互联网金融市场也亟待完善。

资料来源:金辉. 互联网金融股票投资中的投资者"情绪黏性"[J]. 中国集体经济,2016(21):88-89.
胡国生. 基于行为金融的互联网金融分析[J]. 武汉金融,2015(1):58-59.

课程实验指引[①]

1. 实验背景

本实验将建立一个 P2P 网贷市场,每个参与人作为一名贷款人或借款人,在市场中进

---

① 本实验基于 trust game 设计,实验目的在于检验借款人和贷款人之间的信任关系。

行交易。在每轮实验开始前,贷款人都会被赋予一定数量的账面现金作为其拥有的初始资产。贷款人同借款人的资产会根据其在实验中的投资决策相应增减,并同最终获得的收益相挂钩。具体而言,实验将按照如下的方式进行。

2. 实验周期

本实验共10轮,也就是有10个交易周期。在10个交易周期中获得的实验收益,将同每个贷款人和借款人最终所获得的报酬相挂钩。

3. 交易资产

每个贷款人在每轮实验开始前,都有账面现金资产30点。在实验中,每个贷款人可以从账面现金资产中选择投资 y 点($0 \leqslant y \leqslant 30$)给借款人,借款人自动获得 $3y$ 点的资产后可以选择返还 x 点($0 \leqslant x \leqslant 3y$)给贷款人。在每轮结束后,贷款人拥有的现金资产为 $30-y+x$ 点,借款人拥有的现金资产为 $3y-x$ 点。

4. 交易顺序

在每轮实验中,每个参与人的贷款人或借款人身份保持不变,贷款人同借款人两两随机分成一组进行实验。实验开始后,每一轮贷款人都将同不同的借款人分为一组。具体的分组方式将由系统随机决定。

5. 交易机制

在实验开始前,每个借款人将输入自己的性别信息。

在实验的第一轮,贷款人在作出决策前,将看到自己配对的借款人的性别信息,并基于该信息选择投资多少点数给借款人。借款人基于贷款人投资后自动获得的3倍点数,再选择留存与返还的点数。

从第二轮开始至第十轮,在每一轮中,贷款人在作出决策前,都将看到自己配对的借款人的性别信息以及借款人上一轮留存与返还的点数信息(借款人上一轮的决策历史记录),并基于上述信息选择投资多少点数给借款人。借款人再基于贷款人投资后自动获得的3倍点数,选择留存与返还的点数。

在每一轮中,贷款人匹配到的借款人都是不同的。每一轮结束后,贷款人和借款人都会知道本轮他们最终拥有的现金资产是多少点。

6. 实验报酬计算

实验报酬按照如下的方法计算。

在每一轮实验中,贷款人从30点账面现金资产中投资 y 点给借款人,并获得借款人返还的 x 点资产,最终每轮拥有的现金资产是 $30-y+x$ 点。借款人从在贷款人投资 y 点后自动获得 $3y$ 点资产,选择返还 x 点给贷款人后,最终每轮拥有的现金资产为 $3y-x$ 点。

下面举一个简单的例子来说明实验报酬的计算方法。

如果在某一轮中,贷款人从30点账面现金资产中投资20点给借款人,借款人自动获得60点现金资产后返还30点资产给贷款人。那么,最终贷款人将获得30点-20点+30点=40点的现金资产,借款人将获得60点-30点=30点的现金资产。

最终,在10轮实验中,将随机抽取1轮,得到该轮交易结束后贷款人和借款人拥有的现金资产,并按照一定比例,将实验中的点数化为人民币,计算得到每个贷款人和借款人在该轮实验中的收益,这也是每个贷款人和借款人在本实验中得到的最终报酬。

本章小结

(1) 互联网金融是指传统金融机构与互联网企业利用互联网技术和信息通信技术实现资金融通、支付、投资和信息中介服务的新型金融业务模式。

(2) 综合来看,目前互联网金融的发展模式有众筹、P2P网贷、亲社会网贷、第三方支付、数字货币、大数据金融、信息化金融机构、互联网金融门户八大类。

(3) P2P网贷领域,主要存在羊群行为、面孔效应、社会关系、个人特征及信息不对称五方面的行为金融特征。面孔效应指的是外貌会影响贷款人对借款人的主观信任程度及最终的贷款决策。渠道效应指的是借款人的朋友是借款人筹资最为重要的渠道之一。棱镜效应指的是朋友间的借款会降低第三方潜在投资者的投资意愿。

(4) 众筹领域,主要存在信息不对称、个人特征及社会互动三方面的行为金融特征。启动效应指的是由于之前受某一刺激的影响而使其以后对同一刺激的影响变得敏感的心理现象。

(5) 亲社会网贷领域,主要存在社会认同、个人特征与羊群行为三方面的行为金融特征。文化效应指的是贷款人同借款人间的文化差异越大,彼此之间的信任便会越少,贷款人会降低贷款意愿,从而使贷款交易减少。地理效应指的是贷款人同借款人间的地理距离越大,贷款人往往对借款人越不熟识,这也会降低贷款人的贷款意愿,从而使贷款交易减少。替代效应指的是地理距离和文化差异是可以相互替代的,导致存在着缓和效应,即随着地理距离的变大,文化因素对贷款行为的影响会下降,反之亦然。

(6) 在第三方支付和数字货币领域,同样存在着各类行为金融特征。

思考题

1. 各类互联网金融模式有哪些共同的行为金融特征?
2. P2P网贷中的羊群行为有哪些表现?请举例说明。
3. 众筹中的个人特征有哪些表现?请举例说明。
4. 试说明P2P网贷、众筹与亲社会网贷这三类互联网金融模式在行为金融特征上表现出的共同点与区别。
5. 如何看待数字货币存在的泡沫问题?如何衡量数字货币中存在的泡沫规模?

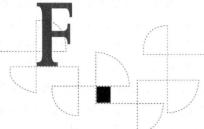

第 15 章

决策、不确定性和大脑：神经金融学

 引导案例：大脑是怎样产生金融决策行为的

如果你发现刚刚卖出的股票大涨，或者发现没有买的股票收益却很高，你会感觉后悔吗？你会想要再把它买入吗？后悔是一种主观负面情绪，每个人的后悔体验不尽相同，因此现实中很难去定量衡量后悔。Frydman 和 Camerer(2016)却通过神经科学的方法得出了投资者后悔情绪与其股票交易行为之间的联系。

Strahilevitz、Barber 和 Odean(2011)发现了"回购效应"(repurchase effect)，相比于在股票卖出后价格下降时买回该股票，投资者更不可能在同一股票卖出后价格上涨时买回该股票。于是，Frydman 和 Camerer(2016)通过神经金融学实验检验了后悔情绪对个人投资者回购行为的影响，从后悔理论的角度解释了"回购效应"。在实验中，股票的价格被设置成正自相关的，这就意味着，当投资者卖出股票后发现股票价格上涨了，由于股票价格的正自相关性，股票价格在未来依然会涨，理性投资者应该买回该股票；而投资者卖出股票后发现股票价格下跌了，由于股票价格的正自相关性，股票价格在未来依然会跌，理性投资者不应该买回该股票。因此在这样的实验设计下，理性投资者应该拥有与"回购效应"相反的表现。然而实验结果表明，被试表现出比遵循理性决策情况下更强的"回购效应"。他们使用功能性磁共振成像(functional magnetic resonance imaging, fMRI)记录下被试发现他们刚卖出的股票价格上涨时的大脑活动的数据，在大脑有关报酬机制的脑区中发现了后悔信号。被试后悔信号越强，其"回购效应"越强。因此，他们通过神经科学的方法定量衡量了投资者后悔情绪，并发现后悔显著影响投资者后续的交易行为。

15.1 神经金融学简介

金融决策一直是金融学、心理学、神经科学等诸多学科领域的学者共同探索的主题。

新古典主义经济学将人的大脑看作一个黑箱，提出"理性经济人"假设，并在此基础上建立理性选择模型，但却严重忽视了大脑的活动以及心理对个体金融决策行为的影响。尽管主流金融学对诸多实际问题都作出了合理的解释，但是金融市场仍然存在诸多异象，对主流金融学理论提出了一定的挑战。20世纪80年代，行为金融学应运而生，它通过借鉴大量心理学的研究成果来研究个体金融决策行为，指出人是有限理性的。而神经金融学作为一门新兴的交叉学科，它更为深入地研究大脑活动，通过借鉴心理学、神经科学以及金融学领域的诸多成果，试图揭示大脑在作出复杂金融决策时的细节，以及大脑活动和个体金融决策之间的关系，由此建立一种更加准确与完善的决策模型。神经金融学的研究结果表明，同一类型金融决策往往与大脑某个特定区域活动息息相关。这对于深入理解金融决策中人们完整的认知、思考及决策过程具有重要的意义。

神经金融学是一门将金融学和神经科学与心理学相结合而形成的新兴交叉学科，其在行为金融学的基础上，继续补充完善传统金融学理论，从神经学层面为人的决策行为提出佐证。神经金融学通过神经科学的工具来研究金融市场中的决策行为，从基础的生理层面挖掘对决策有重要影响的生理学变量，并借此对人们的金融决策行为，尤其是传统金融学无法解释的内容作出科学合理的解释。此外，神经金融学也为行为金融学的一些理论建立了初步的神经学基础。

神经金融学主要的研究内容是利用神经科学的设备，来研究与金融学密切相关的主题，如风险、情绪、博弈、价值、动机、过度自信、各类偏差和异象等。神经金融学希望通过理解大脑活动的内在机制，对金融行为作出更合理、更基础的解释。基于面临选择时的大脑活动，神经金融学正试图提供一个新的经济决策模型。神经金融学使用的工具，允许通过分析作出这些选择时的大脑活动情况理解人们的经济决策行为。通过观察大脑的内部活动，可以建立更加实际的决策模型，并能够解释比传统标准模型更广泛的个体经济行为。

神经金融学运用的神经科学设备主要有功能性磁共振成像、事件相关电位（event-related potential，ERP）、经颅直流电刺激（transcranial direct current stimulation，tDCS）、经颅磁刺激（transcranial magnetic stimulation，TMS）、脑磁图（MEG）等，此外也会结合心理测量、神经药理学、荷尔蒙测定等多种手段。神经科学方面的设备和手段的迅速发展，大大激发了神经金融学研究者探究大脑内在机制及其与人们金融决策行为之间的关系的兴趣。在神经金融学的发展中，技术的发展起到了重要作用，"新的工具定义了新的科学领域，并消除了旧有边界"[①]。表15.1简单介绍了几种常用的神经金融学设备的作用原理。

神经金融学近年来发展迅速，众多学者投身此领域，借助交叉学科强大的创新能力，已经取得了不少成果，陆续在国际尖端杂志诸如 Science，Nature 等发表。然而，人类行为有着令人困惑的复杂性和异质性。神经金融学仍然需要漫长的努力去寻找、探索金融决策行为时的大脑活动的内在机制和规律。

---

① CAMERER C F, LOEWENSTEIN G, PRELEC D. Neuroeconomics: how neuroscience can inform economics[J]. Journal of economic literature, 2005, 43(1): 9-64.

表 15.1　几种常用的神经金融学设备的作用原理

英文简称	fMRI	ERP	tDCS	TMS
全称	功能性磁共振成像	事件相关电位	经颅直流电刺激	经颅磁刺激
作用原理	神经细胞活化时会消耗氧气，而氧气要借由神经细胞附近的微血管以红血球中的血红素运送过来。故可通过血氧浓度依赖（BOLD）来侦测脑中的反应区域	通过平均叠加技术从头颅表面记录大脑诱发电位来反映认知过程中大脑的神经电生理改变	利用恒定、低强度直流电（1～2 mA）调节大脑皮层神经元活动，阳极刺激通常能增强刺激部位神经元的兴奋性，阴极刺激则降低，伪刺激多作为一种对照刺激	磁信号可以无衰减地透过颅骨而刺激到大脑神经，高频（>1 Hz）磁信号主要是兴奋的作用，低频（≤1 Hz）磁信号则是抑制的作用

15.2　不确定性相关的金融决策

不确定性下的决策行为是经济学领域重要的研究命题。现实中的金融行为经常涉及不确定条件下的决策问题，投资者要选择何时买卖哪只股票，但股票价格却不可预测，公司 CEO 要决定投资哪个项目，但项目的回报率却并不确定。

Knight（1921）区分了两种不同类型的不确定性，即状态分布概率已知的"风险"和状态分布概率未知的"模糊性"。大量行为实验研究表明，人们在风险场景和模糊场景下的行为模式存在显著的差异。关于风险决策和模糊性决策的区别最早始于 Ellsberg（1961）的研究，Ellsberg 进行了下面的实验，要求被试在明确知道概率的情境和不知道概率的情境二者之间进行选择，发现被试严格偏好于已知概率的决策问题。这一研究结果违背了 Savage 公理，否认了主观概率的存在性，被后人称为 Ellsberg 悖论，从而将风险决策和模糊性决策区别开来。

近年来，一些学者依靠神经科学的工具，表明大脑中可能存在一个神经回路或者大脑的某一特定区域决定了不确定条件下人们的决策行为。在神经金融中，研究者们通过各种不同的实验范式，如表 15.2 中的 Rogers'risk task（Rogers 等，1999；Fecteau 等，2007a）、balloon analog risk task（BART；Lejuez 等，2002；Fecteau 等，2007b）、赌博实验（Hsu 等，2005）和彩票实验（Holt and Laury，2002；Ye 等，2015），来研究大脑具体的某一区域与风险态度的关系。

表 15.2　风险态度实验简介

实验范式	简介
Rogers'risk task	被试面前有 6 个箱子，箱子有红色和蓝色，红色箱子和蓝色箱子数量可能是 5∶1，4∶2，3∶3。实验进行 n 轮，每一轮被试要求选出最可能含有"胜利令牌"（winning token）的箱子的颜色。而"胜利令牌"在每个箱子里的可能性是相同的。因此，每一轮中红色箱子和蓝色箱子的个数之比就决定了猜中"胜利令牌"的可能性，即代表风险程度。如果猜中了，被试将会获得奖励；如果猜错了，被试也要承担损失。奖励的数额可能是 90∶10，80∶20，70∶30，60∶40，被试可以看到奖励数额。最高的奖励往往连接的是更高风险的选择。例如，一轮中是 5 个蓝色箱子、1 个红色箱子，选择蓝色猜中的可能性更高，但是蓝色对应的奖励的数额会更小。而如果被试猜错了，损失的数额跟奖励的数额一样。

续表

实验范式	简介
balloon analog risk task	被试通过推入泵(pump)来充气球,气球随时可能爆炸。被试在每一次推入泵的时候决定继续推入泵充气球还是停止。被试收益依据推入的泵的数量计入临时收益账户,一个泵 x 元。如果被试在气球爆炸前停止继续推入泵,则累计泵的价值转入最终收益账户;如果气球在被试推入泵的过程中爆炸,则被试该轮收益清零。风险随着泵的推入而不断增加,而每个气球爆炸的时点不同
赌局实验	每一轮被试需要选择参加赌局,还是选择固定收益。如果被试选择固定收益,则此轮实验结束;如果被试选择参加赌局,即以一定概率获得更高的收益,但也可能没有收益。赌局通过改变概率大小和收益大小,来改变风险程度
彩票实验	实验中有一系列问题,每个问题都由两个不同风险程度(可通过改变概率和收益进行设计)的彩票组成。对于每个问题,被试都需要在两个彩票中作出选择

延伸阅读 15.1　tDCS 刺激前额叶皮质可以降低风险厌恶程度

医学的研究告诉我们,大脑的每个脑区对应着人体不同的功能。那么,大脑什么部位会影响人们在决策时的风险厌恶程度呢?

Ye(2015)等通过 tDCS 设备在被试的背外侧前额叶皮质(DLPFC)分别施加右侧阳极刺激/左侧阴极刺激,左侧阳极刺激/右侧阴极刺激和伪刺激,而被试在刺激前后分别要完成一个内容完全相同但顺序不同的 16 个彩票选择任务。每个彩票选择任务中,被试需要从一个各有 50% 机会获得(损失)一定数额 A 或 B 的风险选项与一个各有 50% 机会获得(损失)一定数额 C 或 D 的风险选项中作出选择。

实验结果发现,在收益情境下,tDCS 右侧阳极刺激/左侧阴极刺激会使得被试更加风险偏好,然而在损失情境下,tDCS 右侧阳极刺激/左侧阴极刺激会使得被试更加风险厌恶。

资料来源:YE H,CHEN S,HUANG D,et al. Modulating activity in the prefrontal cortex changes decision-making for risky gains and losses:a transcranial direct current stimulation study[J]. Behavioural brain research,2015,286:17-21.

神经科学领域新兴技术的发展为不确定性下金融决策行为的神经基础研究提供了必要的手段。诸多研究发现,在人们进行不确定性下的风险决策时,大脑的背外侧前额叶皮质和眶额叶皮质(OFC)的活动与人们的风险厌恶程度、模糊性厌恶程度有显著的因果关系。

Hsu(2005)等建立了牌局赌博、常识赌博和信息知晓者对手赌博三个场景,利用功能性核磁共振成像技术研究风险决策和模糊性决策下的脑成像的不同特征,发现"模糊性"条件下人们的决策行为和眶额叶皮质有关。他们的研究从行为学和神经科学双重层面表明风险决策与模糊性决策之间存在显著的不同。Huettel(2006)等发现被试的模糊性偏好也受到前额叶皮质区域的影响,值得一提的是,研究还发现这一区域还与行为冲动性有关,为前额叶皮质为何会影响模糊性偏好提供了可能的解释机制。Knoch(2006)等使用与 tDCS 相类似的经颅磁刺激刺激右侧背外侧前额叶皮质,发现接受这一刺激的被试和没有接受这一刺激的被试相比,表现出显著的风险寻求的行为特征。Fecteau(2007)等研究了模糊性下的决策行为的神经基础,设计了三个实验组:第一组通过tDCS对背外侧前额叶皮质进行左侧阴极/右侧阳极刺激,第二组左侧阳极/右侧阴极刺激,第三组则是伪刺激,并且设置了只进行tDCS刺激单侧背外侧前额叶皮质的控制组实验。研究发现接受双边背外侧前额叶皮质刺激的第一组和第二组的决策行为比没有接受刺激的第三组更加的风险保守,而接受单边刺激的控制组模糊性决策行为与没有接受刺激的第三组没有显著区别。

专栏 15.1 风险厌恶和模糊性厌恶

人们在风险场景和模糊性场景下的决策行为模式的差异究竟是源于同一种偏好在不同场景下的表现,还是风险和模糊性本身就是两个完全不同的偏好?为了解决这个问题,我们利用实验经济学方法和经颅直流电刺激(tDCS)设备,分别刺激背外侧前额叶皮质(DLPFC)和眶额叶皮质(OFC),探究这两个脑区各自与风险、模糊性下决策的因果关系,以检验它们是源于同一种偏好在不同场景下的表现,还是两个完全不同的偏好。

实验任务共48个决策任务,其中24个风险决策、24个模糊性决策。每次决策任务开始后,计算机会随机在一个有着红球和蓝球的罐子里抽出一个球。在风险决策中,罐子里的红球个数和蓝球个数均已知。在模糊性决策中,只知道罐子里有几个球,但红球和蓝球各自的个数未知。在每个决策任务中,被试面临两种选择:①选择进行猜球颜色游戏,球的颜色只有红色和蓝色。若猜的球的颜色与计算机抽取的球的颜色相同,可以获得一个高的收益,反之则收益为0。②选择低的固定收益。如果被试选择1,则进入后续选择球的颜色;如果被试选择2,则该决策任务完成,进入下一个决策任务。每个决策任务完成后,不告知被试是否猜对了球的颜色,实验的报酬是出场费加上48个决策任务中随机挑选的两轮实验收益之和。在经颅直流电刺激(tDCS)刺激前后,被试均需要完成一次实验任务。

实验结果表明,背外侧前额叶皮质(DLPFC)的活动仅会影响被试在风险场景下的决策行为,而眶额叶皮质(OFC)的活动仅会影响被试在模糊性场景下的决策行为。这一结果在一定程度上支持了风险厌恶和模糊性厌恶可能本身便是两种不同的偏好。

资料来源:杨晓兰等. *Modulating the activity of the DLPFC and OFC has distinct effects on risk and ambiguity decision-making: a tDCS study*[J]. Frontiers in psychology,2017,8;1417.

专栏 15.2 为什么通常年轻人爱冒险,老年人却很保守?来自神经科学的证据

在现实生活中,我们常常会有这样的深刻感受,年轻人总是更爱冒险,即使面对极大的不确定性,仍然愿意"试一试",而年纪较大的人却偏保守,更喜欢稳妥的结果,不轻易冒险。事实上,大量的实证研究已经发现人们的风险容忍程度随着年龄的增长而降低。为什么不同年龄的个体会有明显的风险态度差异?

Grubb(2016)等让52位18~88岁的成年人在一个固定收益选项(得到5美元)和一个不确定收益选项(可能得到5~120美元,概率未知)之间作出选择。结果和经验发现类似,他们发现年纪大的被试比年轻的被试更多选择固定收益选项,即更加风险厌恶,而且被试的风险厌恶程度随着年龄的增长而增长。到底是什么变量决定了这种风险态度变化

呢？他们将这些数据输入一个模型，结果发现这主要是由右后顶叶皮层的灰质数量驱动的，而不是年龄。根据相关的数据，当人们在做风险决策时，大脑右后顶叶皮层处于活跃状态，而这一脑区的灰质数量与风险偏好相关。随着年龄增长，人们倾向于做更少的风险决策，但是这与因年龄增长而增加的智慧相关，还是和大脑结构相关，一直不为人所知。这些发现表明，在正常衰老过程中，大脑发生的变化对人类决策模式和风险态度的影响可能大于此前预期。

资料来源：GRUBB M A, TYMULA A, GILAIEDOTANS, et al. *Neuroanatomy accounts for age-related changes in risk preferences*[J]. Nature communications, 2016, 7: 13822.

15.3 情绪相关的金融决策

情绪会影响人们的金融决策行为，但由于情绪很难被定量测量，传统金融学实验研究难以将其纳入考虑范围。但行为金融学一直将情绪作为影响人们决策的重要变量。正如引导案例中提到的研究，神经金融的研究工具可以在一定程度上定量测量各种情绪，在很大程度上开拓了情绪相关的金融决策研究领域。

1. 后悔

后悔理论认为当决策者发现其他可选择的结果优于自己选择的结果时，会产生后悔情绪（Bell, 1983; Loomes 和 Sugden, 1982、1987）。而后悔在人们的决策过程中扮演了重要的角色。如果被试预期到某种决策会导致将来的后悔，他们就会避免选择这些选项以使得自己的后悔最小化。后悔也往往会导致更加谨慎的选择。神经科学研究证实了后悔情绪影响决策的理论假设，并进一步探讨了其对应的神经机制。

神经影像学的研究发现，眶额叶皮层、背侧扣带前回（anterior cingulate cortex）、内侧前额叶（medial prefrontal cortex）以及海马（hippocampus）前部等，均会在被试体验到后悔情绪时被激活。

Camille（2004）等在《科学》杂志上发表了一篇关于眶额叶皮层在后悔情绪体验中的作用。他们设计了一种简单的转盘赌博任务，每个转盘由黑色和灰色两种颜色组成，涂色部分的大小代表两种颜色各自的概率，两种颜色各自代表一定的金额。他们分别让健康被试和眶额叶皮层受损被试选择两个具有不同风险概率的转盘中的一个。当被试选定其中一个转盘后，转盘上的箭头会开始旋转，箭头最终停留在哪个颜色，被试就可以获得该颜色对应的金额。同时，被试在每次转盘赌博任务中都要通过回答量表来报告自己的情绪。实验结果发现，当被试得知自己选择的转盘收益不如另外一个放弃的转盘的收益时，健康被试会体验到较为强烈的后悔情绪，而眶额叶皮层受损被试则不会产生后悔情绪，具体表现为皮肤电反应（skin conductance response, SCR）的缺失。由此可见，眶额叶皮层在后悔情绪中起到了重要的作用。关于后悔的众多神经经济学研究从神经水平支持了后悔理论，使得后悔理论有了更坚实的神经学基础，而不再仅仅是理论上的合理解释。

2. 共情

共情由美国著名心理学家罗杰斯提出，指体验别人内心世界的能力，换句话说，对别人的情绪、思维等的理解以及对别人行为的推测,也就是俗话说的"感同身受"。Gladstein 在 1983 年提出共情的两成分理论,指出共情分为情绪共情和认知共情。情绪共情,指的是对他人情绪的一种感受。脑成像的相关实验结果认为,他人的情绪可以激发自身与这种情绪相关脑区的活动,从而将他人的情感表征转化成个体自身的情感表征,因此使得个体对他人的情绪"感同身受"。因此,情绪共情的神经活动与诱发共情的情绪性质有关。而认知共情,指的是对他人目的、企图、信仰的理解。情绪共情可以产生利他行为的动机,认知共情则有助于选择最合适的办法去帮助别人。因此,共情这一情绪对于社会和谐、构建情感纽带有着一定的意义。

Singer(2004)等将感受他人痛苦的能力称为共情,对配偶进行电击,发现女性被试在配偶被电击时,情感加工相关的脑区(双侧前岛叶、前扣带回吻部)和自己被电击时一样被激活,且其共情问卷得分越高,激活的程度越高。

共情不仅在疼痛、公平等情绪中有所体现,在金融决策中,共情同样作用非凡。Mobbs(2009)等研究发现,人们能够对他人得到的金钱奖励感同身受,从而产生愉悦感,而对和自己相似度(similarity)越高的人,这种金钱奖励的共情越强烈。Ma 等(2011)将被试每 3 人分为一组进行风险投资决策(图 15.1),其中被试 A 与 B 是朋友,A 与 C 不相识。在实验 1 中,被试 A、B、C 都要做投资任务。而在实验 2 中,被试 A 不需要做投资任务,仅 B、C 做投资任务。两个实验中的被试 A 将做脑扫描,通过事件相关电位记录其脑电位的变化。实验发现在 A 自己参与投资的情况下,A 观察朋友 B 和陌生人 C 投资得失时,A 大脑中事件相关脑电位的"反馈相关负波"(feedback related negativity,FRN)(这个负波反映了对得失感知)没有差异。然而,当不让被试 A 参与投资,A 观察到朋友 B 投资失利比看到陌生人 C 投资失利,诱发了更为明显的反馈相关负波。由此可见,共情在金融行为中也不乏多见,然而现实的金融决策更为复杂,社会关系、竞争状态等都会影响其结果。

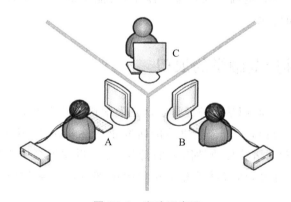

图 15.1　实验示意图

3. 焦虑

个人的焦虑情绪会影响到金融决策。一般而言,相比于低焦虑的人,一个高焦虑的人在作出决策时,往往会受到多方面因素的困扰,难以冷静细致地聚焦问题,而易于作出低效率的决策。试想一下,一个因家庭失败、工作不顺而处于离婚、离职边缘,倍感焦虑的男性A,和一个家庭和睦,工作业绩出色,没有很大生活压力与事业焦虑的男性B,在面对股市投资时,谁更能够作出理性的决策,谁又易于孤注一掷,作出低效率的决定呢? 神经科学已经给出了一定的证据,表明焦虑情绪能够显著地影响到个人的金融决策。

焦虑情绪会影响个人的注意力。Barhami(2005)等在电脑屏幕上分别给高焦虑和低焦虑的人展示包含生气、害怕、悲伤、快乐等情绪以及面无表情的脸,并要求参与者集中注意力于这张面孔图案上,以最快的速度指出随机出现在面孔上下左右任意方位的目标形状。结果显示,高焦虑的人对面孔上出现的目标形状反应更慢。基于ERP波形的分析发现,处于高焦虑中的人的身体反应机能并无大的改变,但其大脑活动更容易被面孔情绪特征所干扰,因而产生低效率的行为表现。

大量神经科学研究已经发现,焦虑情绪会深刻地影响到大脑的活动,甚至影响到整个大脑进行决策的最终过程。Li(2015)等对于焦虑症患者的临床研究发现,焦虑患者的前额皮质(prefrontal cortices)会变得异常活跃,由此给出了焦虑影响个人决策的生理学解释。活跃的前额皮层阻碍了人们去集中注意力,也影响了人们对自身表现进行评估的效率。反映在金融决策领域,焦虑的情绪下,投资者无法集中精力去思考投资策略,同时也无法很好地基于外部信息去及时调整自身的决策行为,从而影响其进行金融决策的效率与正确性。因此,某种程度上来说,焦虑是金融投资者的头号敌人。克服焦虑,舒缓压力,是每个金融投资者必谙的要义。

4. 其他

诸多情绪都会影响人们的金融决策行为,如同情、愤怒、高兴、愧疚、恐慌等。当对某些人表现出同情的时候,可能就不会单纯地以自己的利益为目的,而倾向于帮助他人。如果很高兴,可能会倾向于相信期望发生的事件更容易发生,从而使得期望的事件发生的可能性比不处于高兴状态时更高。在积极情绪中,可能会低估风险的程度,而在消极情绪中,可能会高估风险的程度。

15.4 神经金融学的展望

作为建立在金融学、心理学和神经科学这三大学科基础之上的一门新兴交叉学科,神经金融学方兴未艾。目前,对于金融决策的研究正在逐步深入,从完全理性的传统经济学,到考虑个体心理和情绪等异质性因素的行为金融,再发展至生理层面,神经金融学有着广阔的发展前景。此外,诸多缺乏相关神经金融实验的金融学研究,有着巨大的发展空间。

神经金融学伴随着神经科学工具的发展迅速崛起,通过大脑的活动来解释、预测金融决策行为,成为金融决策理论研究的重要组成部分,对于进一步剖析金融决策的神经决定机制有一定的意义,同时也有助于完善现有的金融决策模型。相对于行为金融学,神经金融学的优势之一是可以为情绪等异质性且难以捕捉记录的因素提供神经证据。神经金融学研究既可以在一定程度上验证已有的金融学理论,同时也为建立新的、更完善的金融学理论奠定了神经学基础。

神经金融学研究也有一定的实际应用价值,如有助于治疗赌博上瘾、冲动购物等临床症状,也为在商业交往中建立良好合作关系以及制定更有效的奖惩措施以提高人们的工作效率等发挥重要的指导作用。

然而,神经科学研究本身也有其局限性。例如,脑成像的 fMRI 技术,只是通过血氧浓度等指标作为神经活动的间接衡量指标,无法直接观察脑区的活动。更重要的是,神经科学研究是一种相关研究而不是因果性研究,大脑的活动模式与特定的心理功能和行为之间的高度相关并不表示二者必然具有因果联系。经颅直流电刺激和经颅磁刺激技术可以研究特定大脑区域与相应金融决策行为之间的因果关系,但它们只对大脑的皮层结构起作用,无法到达更深层的大脑结构,使得这些研究手段应用有所限制。此外,神经科学研究结果解释没有严格的规范,如何科学且合理地对其进行解释仍然是神经金融学目前面临的障碍。尽管已有大量的相关文献发表,但很多研究结果仍然有待日后进一步的实验重复验证。神经科学研究对实验环境和实验操作技术要求较高,环境的影响以及实验操作的细节都有可能会影响实验的结果,且由于神经科学研究成本较高,尤其是功能性磁共振成像,被试样本量均较小,结果存在一定的偶然性。

课程实验指引

欢迎参加实验! 如果你在实验说明所描述的规则下认真进行了决策,你将在实验中得到收入。实验结束后,你的实验所得是 20 元的参与费和你在实验中的收益加总。

在本次实验中,你总共需要进行 48 次决策,左上角的数字是决策的题目号,决策的顺序由计算机随机打乱。

每次决策,你都可以选择进行猜球游戏或者选择固定收益。若你选择猜球游戏,请在决策时单击"左边"选项,然后选择"红球"或者"蓝球",则计算机将根据随机概率抽取一球,再进入下一轮决策。若你选择固定收益,请在决策时单击"右边"选项,则进入下一轮决策。

实验界面中,红色圆表示红球,蓝色圆表示蓝球。圆上方的数字表示红球和蓝球的数量。每个圆正上方的数字分别表示该颜色球的数量。若只出现一个数字在两个圆的中间,则表示红球和蓝球数量的总和。

圆下方的数字表示点数。

当你选择进行猜球游戏时:若点数为正,且你选择的颜色与计算机抽取的颜色相同,你将获得对应点数的筹码,否则你的收益为 0。

当你选择固定收益时:你将 100% 获得对应点数的筹码。

图 15.2 表示红球和蓝球一共有 15 个,但是红球和蓝球的具体数目不知道。

若你选择"左边"选项,你需要选择球的颜色。如果你选择的颜色和计算机随机抽取的球的颜色是相同的,则你将获得 24 点筹码,否则你的收益将为 0。

若你选择"右边"选项,你将 100% 获得 9 点筹码。

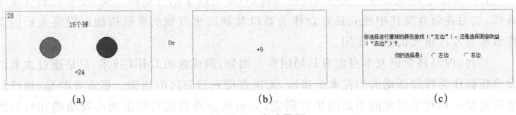

图 15.2 实验界面

本实验是一个风险态度测试实验,可借助神精科学仪器,研究风险偏好的神经机制。

本章小结

(1) 神经金融学是一门将金融学和神经科学与心理学相结合而形成的新兴交叉学科。它通过神经科学的工具来研究金融市场中的决策行为,从基础的生理层面挖掘对决策有重要影响的生理学变量,从神经学层面为人的决策行为提出佐证。

(2) 在人们进行不确定性下的金融决策时,大脑的背外侧前额叶皮质和眶额叶皮质的活动与人们的风险厌恶程度、模糊性厌恶程度有显著的因果关系。

(3) 情绪会影响人们的金融决策行为。神经金融的研究工具可以在一定程度上定量测量各种情绪,在很大程度上开拓了情绪相关的金融决策研究领域。

(4) 目前,对于金融决策的研究正在逐步深入,从完全理性的传统经济学,到考虑个体心理和情绪等异质性因素的行为金融,再发展至生理层面,神经金融学有着广阔的发展前景。

思考题

1. 神经金融学主要使用的神经科学设备有哪些?它们各自的作用原理是什么?
2. 哪些情绪会影响人们的金融决策行为?请举一些例子,说明这些情绪将会怎样影响行为。
3. 神经金融学有哪些现实的应用领域?请举例说明。

附录

神经金融研究仪器

主要参考文献

[1] 阿科特,迪弗斯.行为金融学:心理、决策和市场[M].北京:机械工业出版社,2012.
[2] 阿伦森.社会性动物[M].郑日昌,等译.北京:新华出版社,2001.
[3] 巴克.社会心理学[M].天津:南开大学出版社,1986.
[4] 陈国进,吴锋.代理投资、金融危机与金融制度结构[J].金融研究,2002(8):61-66.
[5] 陈昆玉,王跃堂.行为公司金融理论发展评介——源起、心理学基础及研究进展[J].生产力研究,2007,12:139-140,146.
[6] 崔巍.行为公司金融:理论研究及在我国的实践意义[J].中国软科学,2010,4:128-134.
[7] 邓建平,曾勇.上市公司股票更名效应的实证研究[J].闽南师范大学学报(哲学社会科学版),2006,20(3):1-6.
[8] 邓雪莉.互联网金融市场中的群体行为与金融泡沫——基于行为金融学的剖析[J].商情,2015,31.
[9] 丁荣余,张兵.中国证券市场星期效应逐渐消失的经验证据[J].管理工程学报,2005,19(3):145-150.
[10] 董大勇,肖作平.证券信息交流家乡偏误及其对股票价格的影响:来自股票论坛的证据[J].管理世界,2011(1):52-61.
[11] 樊重俊,刘臣,霍良安.大数据分析与应用[M].上海:立信会计出版社,2016.
[12] 奉立城.中国股票市场的"周内效应"[J].经济研究,2000(11):50-57.
[13] 管涛,邓海清,韩会师.泡沫的终结——透视中国股市异动[M].北京:中信出版社,2016.
[14] 韩国文,任伟红.我国封闭式基金折价的实证分析及行为金融学解释[J].中国软科学,2004(4):59-64.
[15] 何兴强,李涛.不同市场态势下股票市场的非对称反应——基于中国上证股市的实证分析[J].金融研究,2007(8a):131-140.
[16] 花贵如,刘志远,许骞.投资者情绪、管理者乐观主义与企业投资行为[J].金融研究,2011(9):178-191.
[17] 黄健青,陈欢,李大夜.基于顾客价值视角的众筹项目成功影响因素研究[J].中国软科学,2015(6):116-127.
[18] 黄玲,周勤.创意众筹的异质性融资激励与自反馈机制设计研究——以"点名时间"为例[J].中国工业经济,2014(6):135-147.
[19] 吉戈伦尔,托德,ABC研究组.简捷启发式[M].刘永芳,译.上海:华东师范大学出版社,2002.
[20] [法]古斯塔夫·勒庞.乌合之众:大众心理研究[M].北京:中央编译出版社,2004.
[21] 姜付秀,张敏,陆正飞,等.管理者过度自信、企业扩张与财务困境[J].经济研究,2009(1):131-143.
[22] 蒋金锋.我国股票市场指数效应的实证研究[D].长沙:中南大学,2008.
[23] 蒋玉梅,王明照.投资者情绪与股票收益:总体效应与横截面效应的实证研究[J].南开管理评论,2010,13(3):150-160.
[24] 金雪军,杨晓兰.证券市场泡沫实验研究综述[J].国外社会科学,2004(3):20-25.
[25] 兰垠.公司行为金融学:管理者的非理性——一个综述[J].世界经济情况,2007,3:71-75.
[26] 李爱梅,凌文辁.心理账户:理论与应用启示[J].心理科学进展,2007,15(5):727-734.

[27] 李广子,唐国正,刘力.股票名称与股票价格非理性联动——中国 A 股市场的研究[J].管理世界,2011(1):40-51.

[28] 李涛,郭杰.风险态度与股票投资[J].经济研究,2009(2):56-67.

[29] 李涛.社会互动、信任与股市参与[J].经济研究,2006(1):34-45.

[30] 李涛.社会互动与投资选择[J].经济研究,2006(8):45-57.

[31] 李志生,陈晨,林秉旋.卖空机制提高了中国股票市场的定价效率吗?——基于自然实验的证据[J].经济研究,2015(4):165-177.

[32] 廖理,吉霖,张伟强.语言可信吗?借贷市场上语言的作用——来自 P2P 平台的证据[J].清华大学学报,2015(4):413-421.

[33] 林慧婷,王茂林.管理者过度自信、创新投入与企业价值[J].经济管理,2014(11):94-102.

[34] 林立,张菡.公司并购决策研究综述——基于行为公司金融角度[J].现代商贸工业,2009,15:154-155.

[35] 刘斌才.上海证券市场"指数效应"的实证检验[J].对外经贸,2004(4):29-30.

[36] 刘力,田雅静.没有信息,也有反应:中国 A 股市场股票名称变更事件的市场反应研究[J].世界经济,2004(1):44-50.

[37] 刘维奇,刘新新.个人和机构投资者情绪与股票收益——基于上证 A 股市场的研究[J].管理科学学报,2014,17(3):70-87.

[38] 陆磊,刘思峰.中国股票市场具有"节日效应"吗?[J].金融研究,2008(2):127-139.

[39] 路磊,黄京志,吴博.基金排名变化和羊群效应变化[J].金融研究,2014(9):177-191.

[40] 潘国陵.股市泡沫研究[J].金融研究,2000(7):71-79.

[41] 彭叠峰,饶育蕾,王建新.有限注意、投资者行为与资产定价——一个研究评述[J].中南大学学报(社会科学版),2012,18(3):116-122.

[42] 饶育蕾,彭叠峰,成大超.媒体注意力会引起股票的异常收益吗?——来自中国股票市场的经验证据[J].系统工程理论与实践,2010,30(2):287-297.

[43] 饶育蕾,盛虎.行为金融学[M].北京:机械工业出版社,2010.

[44] 沈艺峰,吴世农.我国证券市场过度反应了吗?[J].经济研究,1999(2):21-26.

[45] 施莱费尔.并非有效的市场[M].北京:中国人民大学出版社,2003.

[46] 石荣丽,阳浙江.中国证券投资基金"羊群行为"实证研究[J].经济论坛,2004(7):93-94.

[47] 宋军,吴冲锋.基于分散度的金融市场的羊群行为研究[J].经济研究,2001(11):21-27.

[48] 宋双杰,曹晖,杨坤.投资者关注与 IPO 异象——来自网络搜索量的经验证据[J].经济研究,2011(s1):145-155.

[49] 孙光国,赵健宇.产权性质差异、管理层过度自信与会计稳健性[J].会计研究,2014(5):52-58.

[50] 孙力强,吕鹏.短视损失厌恶的行为金融理论简评[J].中南财经政法大学学报,2008(1):81-85.

[51] 孙培源,施东晖.基于 CAPM 的中国股市羊群行为研究[J].经济研究,2002(2):64-70.

[52] 谭洪涛,蔡利,蔡春.公允价值与股市过度反应——来自中国证券市场的经验证据[J].经济研究,2011(7):130-143.

[53] 唐国豪,姜富伟,张定胜.金融市场文本情绪研究进展[J].经济学动态,2016(11):137-147.

[54] 汪炜,周宇.中国股市"规模效应"和"时间效应"的实证分析——以上海股票市场为例[J].经济研究,2002(10):16-21,30,94.

[55] 王晓翌,陈乾坤.行为金融的本地偏好理论研究综述[J].中南财经政法大学学报,2011(1):50-55.

[56] 王正位,向佳,廖理,等.互联网金融环境下投资者学习行为的经济学分析[J].数量经济技术经济研

究,2016(3):95-111.

[57] 威廉·曼彻斯特.光荣与梦想:1932—1972年美国社会实录:上[M].海口:海南出版社,2004.

[58] 魏星集,夏维力,孙彤彤.基于BW模型的A股市场投资者情绪测度研究[J].管理观察,2014(33):71-73.

[59] 吴佳哲.基于羊群效应的P2P网络借贷模式研究[J].国际金融研究,2015(11):88-96.

[60] 吴世农,许年行,蔡海洪,等.股市泡沫的生成机理和度量[J].财经科学,2002(4):6-11.

[61] 伍岩然,韩立岩.不完全理性、投资者情绪与封闭式基金之谜[J].经济研究,2007(3):117-129.

[62] 希勒.非理性繁荣[M].北京:中国人民大学出版社,2001.

[63] 辛自强.经济心理学经典与前沿实验[M].北京:北京师范大学出版社,2014.

[64] 徐爱农.中国股票市场泡沫测度及其合理性研究[J].财经理论与实践,2007,28(1):34-39.

[65] 徐龙炳,陈历轶.股票送转与管理者双重迎合[J].金融研究,2018(5).

[66] 徐巍,陈冬华.自媒体披露的信息作用——来自新浪微博的实证证据[J].金融研究,2016(3):157-173.

[67] 杨晓兰,高媚,朱淋.社会互动对股票市场的影响——基于新浪财经博客的实证分析[J].证券市场导报,2016(7):50-58.

[68] 杨晓兰,金雪军.我国股票市场熔断机制的磁力效应:基于自然实验的证据[J].金融研究,2017(9):161-177.

[69] 杨晓兰,沈翰彬,祝宇.本地偏好、投资者情绪与股票收益率:来自网络论坛的经验证据[J].金融研究,2016(12):143-158.

[70] 易志高,茅宁.中国股市投资者情绪测量研究:CICSI的构建[J].金融研究,2009(11):174-184.

[71] 游家兴,吴静.沉默的螺旋:媒体情绪与资产误定价[J].经济研究,2012(7):141-152.

[72] 游家兴.谁过度反应,谁反应不足——投资者异质性与收益时间可预测性分析[J].金融研究,2008(4):161-173.

[73] 余明桂,李文贵,潘红波.管理者过度自信与企业风险承担[J].金融研究,2013(1):149-163.

[74] 余明桂,夏新平,邹振松.管理者过度自信与企业激进负债行为[J].管理世界,2006(8):104-112.

[75] 俞庆进,张兵.投资者有限关注与股票收益——以百度指数作为关注度的一项实证研究[J].金融研究,2012(8):152-165.

[76] 曾建光.网络安全风险感知与互联网金融的资产定价[J].经济研究,2015(7):131-145.

[77] 张圣平,于丽峰,李怡宗.媒体报导与中国A股市场盈余惯性——投资者有限注意的视角[J].金融研究,2014(7):154-170.

[78] 张万军.基于大数据的个人信用风险评估模型研究[D].北京:对外经济贸易大学,2015.

[79] 赵静梅,吴风云.数字崇拜下的金融资产价格异象[J].经济研究,2009(6):129-141.

[80] 郑海超,黄宇梦,王涛,等.创新项目股权众筹融资绩效的影响因素研究[J].中国软科学,2015(1):130-138.

[81] 周爱民,孟庆斌.大鱼如何吃小鱼:股市价格泡沫的度量与理性扩容速度的行为金融学分析[M].厦门:厦门大学出版社,2009.

[82] 朱莉琪,皇甫刚.不确定情境中的决策心理——适应与认知[J].心理科学进展,2003,11(5):481-485.

[83] 宗计川,付嘉,包特.交易者认知能力与金融资产价格泡沫:一个实验研究[J].世界经济,2017,40(6):167-192.

[84] ABREU M,MENDES V. *Information,overconfidence and trading:do the sources of information*

matter? [J]. Journal of economic psychology, 2012, 33(4): 868-881.

[85] ACEMOGLU D, ZILIBOTTI F. Was prometheus unbound by chance? Risk, diversification, and growth[J]. Journal of political economy, 1997, 105(4): 709-751.

[86] AGGARWAL R, RIVOLI P. Seasonal and day-of-the-week effects in four emerging stock markets [J]. The financial review, 1989, 24(4): 541-550.

[87] AGRAWAL A, CATALINI C, GOLDFARB A. Crowdfunding: geography, social networks, and the timing of investment decisions[J]. Journal of economics & management strategy, 2015, 24(2): 253-274.

[88] ANDERSON L R, HOLT C A. Information cascades in the laboratory[J]. American economic review, 1997, 87(5): 847-862.

[89] ANTWEILER W, FRANK M Z. Is all that talk just noise? The information content of internet stock message boards[J]. The journal of finance, 2004, 59(3): 1259-1294.

[90] BAKER M, STEIN J, WURGLER J. When does the market matter? Stock prices and the investment of equity-dependent firms[J]. Quarterly journal of economics, 2003, 118: 969-1006.

[91] BAKER M, STEIN J. Market liquidity as a sentiment indicator[J]. Journal of financial markets, 2004, 7(3): 271-299.

[92] BAKER MALCOLM, WURGLER J. Market timing and capital structure[J]. Journal of finance, 2002, 57: 1-32.

[93] BAKER M P, RUBACK R S, WURGLER J. Behavioral corporate finance: a survey[J/OL]. Social science research network, 2004.

[94] BAKER M P, WURGLER J. Investor sentiment and the cross-section of stock returns[J]. Journal of finance, 2006, 61(4): 1645-1680.

[95] BALL R, BROWN P. An empirical evaluation of accounting income numbers[J]. Journal of accounting research, 1968, 6(2): 159-178.

[96] BANZ R W. The relationship between return and market value of common stocks[J]. Journal of financial economics, 1981, 9(1): 3-18.

[97] BARBER B M, ODEAN T. All that glitters: the effect of attention and news on the buying behavior of individual and institutional investors[J]. Review of financial studies, 2008, 21(2): 785-818.

[98] BARBER B M, ODEAN T. Boys will be boys: gender, overconfidence, and common stock investment [J]. Quarterly journal of economics, 2001, 116(1): 261-292.

[99] BARBER B M, ODEAN T. Trading is hazardous to your wealth: the common stock investment performance of individual investors[J]. Journal of finance, 2000, 55(2): 773-806.

[100] BARBERIS N, SHLEIFER A, VISHNY R W. A Model of investor sentiment[J]. Journal of financial economics, 1998, 49(3): 307-343.

[101] BARHAIM Y, LAMY D, GLICKMAN S. Attentional bias in anxiety: a behavioral and ERP study [J]. Brain and cognition, 2005, 59(1): 11-22.

[102] BELL D E. Risk premiums for decision regret[J]. Management science, 1983, 29(10): 1156-1166.

[103] BELLEFLAMME P, LAMBERT T, SCHWIENBACHER A. Crowdfunding: tapping the right crowd[J]. Journal of business venturing, 2014, 29(5): 585-609.

[104] BENARTZI S, THALER R H. Myopic loss aversion and the equity premium puzzle[J]. Quarterly journal of economics, 1995, 110(1): 73-92.

[105] BEN-DAVID I, GRAHAM J R, HARVEY C R. *Managerial overconfidence and corporate policies* [J/OL]. NBER Working Paper No. 13711, 2007.

[106] BENREPHAEL A, KANDEL S, WOHL A. *Measuring investor sentiment with mutual fund flows* [J]. *Journal of financial economics*, 2012, 104(2): 363-382.

[107] BIAIS B, HILTON D, MAZURIER K, et al. *Judgemental overconfidence, self-monitoring, and trading performance in an experimental financial market* [J]. *Review of economic studies*, 2005, 72(2): 287-312.

[108] BIKHCHANDANI S, HIRSHLEIFER D A, WELCH I. *A theory of fads, fashion, custom, and cultural change as informational cascades* [J]. *Journal of political economy*, 1992, 100(5): 992-1026.

[109] BIKHCHANDANI S, SHARMA S. *Herd behavior in financial markets* [J]. *IMF staff papers*, 2000, 47(3): 279-310.

[110] BOLLEN J, MAO H, ZENG X. *Twitter mood predicts the stock market* [J]. *Journal of computational science*, 2011, 2(1): 1-8.

[111] BOUDREAUX K J. *Discounts and premiums on closed-end mutual funds: a study of valuation* [J]. *Journal of finance*, 1973, 28(2): 515-522.

[112] BREEDEN D T. *An intertemporal asset pricing model with stochastic consumption and investment opportunities* [J]. *Journal of financial economics*, 1979, 7(3): 265-296.

[113] BRENNER M, IZHAKIAN Y, SADE O. *Ambiguity and overconfidence* [J/OL]. SSPN. Working Papers, NO. 1773663, 2011.

[114] BROWN G W, CLIFF M T. *Investor sentiment and asset valuation* [J]. *The journal of business*, 2005, 78(2): 405-440.

[115] BROWN N C, WEI K D, WERMERS R. *Analyst recommendations, mutual fund herding, and overreaction in stock prices* [J]. *Management science*, 2014, 60(1): 1-20.

[116] BURRELL O K. *Possibility of an experimental approach to investment studies* [J]. *Journal of finance*, 1951, 6(2): 211-219.

[117] BURTCH G, GHOSE A, WATTAL S. *Cultural differences and geography as determinants of online prosocial lending* [J]. *Management information systems quarterly*, 2014, 38(3): 773-794.

[118] BURTCH G, GHOSE A, WATTAL S. *The hidden cost of accommodating crowdfunder privacy preferences: a randomized field experiment* [J]. *Management science*, 2015, 61(5): 949-962.

[119] CAI H, CHEN Y, FANG H. *Observational learning: evidence from a randomized natural field experiment* [J]. *American economic review*, 2009, 99(3): 864-882.

[120] CAMERER C F, LOEWENSTEIN G, PRELEC D. *Neuroeconomics: how neuroscience can inform economics* [J]. *Journal of economic literature*, 2005, 43(1): 9-64.

[121] CAMILLE N, CORICELLI G, SALLET J, et al. *The involvement of the orbitofrontal cortex in the experience of regret* [J]. *Science*, 2004, 304(5674): 1167-1170.

[122] CELEN B, KARIV S. *Distinguishing informational cascades from herd behavior in the laboratory* [J]. *The American economic review*, 2004, 94(3): 484-498.

[123] CEYHAN S, SHI X, LESKOVEC J. *Dynamics of bidding in a P2P lending service: effects of herding and predicting loan success* [C]. Proceedings of the 20th international conference on World wide web. ACM, 2011: 547-556.

[124] CHANG E C,CHENG J W,KHORANA A. *An examination of herd behavior in equity markets: an international perspective*[J]. Journal of banking & finance,2000,24(10):1651-1679.

[125] CHOPRA N,LAKONISHOK J,RITTER J R. *Measuring abnormal performance: do stocks overreact?* [J]. Journal of financial economics,1992,31(2):235-268.

[126] CIPRIANI M,GUARINO A. *Noise trading in a laboratory financial market: a maximum likelihood approach*[J]. Journal of the european economic association,2005,3(2/3):315-321.

[127] COLLIER B,HAMPSHIRE R C. *Sending mixed signals: multilevel reputation effects in peer-to-peer lending markets*[J]. Proceedings of the 2010 ACM conference on computer supported cooperative work. ACM,2010:197-206.

[128] COOPER M J,DIMITROV O,RAU P R. *A rose.com by any other name*[J]. Journal of finance, 2001,56(6):2371-2388.

[129] COVAL J D,MOSKOWITZ T J. *Home bias at home: local equity preference in domestic portfolios* [J]. Journal of finance. 2010,54(6):2045-2073.

[130] CRAINE R. *Rational bubbles: a test*[J]. Journal of economic dynamics and control,1993,17(5/6): 829-846.

[131] CROSON R,GNEEZY U. *Gender differences in preferences*[J]. Journal of economic literature, 2009,47(2):448-474.

[132] DANIEL K,HIRSHLEIFER D,SUBRAHMANYAM A. *Investor psychology and security market under-and overreactions*[J]. Journal of finance,1998,53(6):1839-1885.

[133] DA Z,ENGELBERG J,GAO P. *In search of attention*[J]. The journal of finance,2011,66(5): 1461-1499.

[134] DA Z,ENGELBERG J,GAO P. *The sum of all fears: investor sentiment and asset prices*[J]. Review of financial studies,2015,28(1):1-32.

[135] DEAVES R,LÜDERS E,LUO G Y. *An experimental test of the impact of overconfidence and gender on trading activity*[J]. Review of finance,2010,13(3):555-575.

[136] DE BONDT W F,THALER R H. *Does the stock market overreact*[J]. Journal of finance,1985, 40(3):793-805.

[137] DE LONG J B,SHLEIFER A,SUMMERS L H,et al. *Noise trader risk in financial markets*[J]. Journal of political economy,1990,98(4):703-738.

[138] DESHMUKH S,GOEL A M,HOWE K M. *CEO overconfidence and dividend policy*[J]. Journal of financial intermediation,2013,22(3):440-463.

[139] DIBA B T,GROSSMAN H I. *The theory of rational bubbles in stock prices*[J]. Economic journal, 1988,98(392):746-754.

[140] Dimson, Elroy and Marsh, Paul and Staunton, Mike, *The Worldwide Equity Premium: A Smaller Puzzle*[C]. Chapter 11 of R Mehra(Ed),Handbook of the Equity Risk Premium,2006.

[141] DOUKAS J A,MILONAS N T. *Investor sentiment and the closed-end fund puzzle: out-of-sample evidence*[J]. European financial management,2004,10(2):235-266.

[142] DUARTE J,SIEGEL S,YOUNG L. *Trust and credit: the role of appearance in peer-to-peer lending*[J]. Review of financial studies,2012,25(8):2455-2484.

[143] DUFLO E,SAEZ E. *The role of information and social interactions in retirement plan decisions: evidence from a randomized experiment*[J]. Quarterly journal of economics,2003,118(3):815-

842.

[144] DURLAUF S N, IOANNIDES Y M. *Social interactions*[J]. *Annu. Rev. Econ.*, 2010, 2(1): 451-478.

[145] ELLSBERG D. *Risk, Ambiguity, and the Savage Axioms*[J]. *Quarterly journal of economics*, 1961, 75(4): 643-669.

[146] ENGELBERG J, MANSKI C F, WILLIAMS J. *Comparing the point predictions and subjective probability distributions of professional forecasters*[J]. *Journal of business & economic statistics*, 2009, 27(1): 30-41.

[147] ENGLE R F, YOO B S. *Forecasting and testing in co-integrated systems*[J]. *Journal of econometrics*, 1987, 35(1): 143-159.

[148] EVERETT C R. *Group membership, relationship banking and loan default risk: the case of online social lending*[J]. *Banking and finance review*, 2015, 7(2).

[149] FAMA E F, FISHER L, JENSEN MC, ROLL R. *The adjustment of stock prices to new information*[J]. *International economic review*, 1969, 10(1): 1-21.

[150] FECTEAU S, KNOCH D, FREGNI F, et al. *Diminishing risk-taking behavior by modulating activity in the prefrontal cortex: a direct current stimulation study*[J]. *The journal of neuroscience*, 2007, 27(46): 12500-12505.

[151] FECTEAU S, PASCUALLEONE A, ZALD D H, et al. *Activation of prefrontal cortex by transcranial direct current stimulation reduces appetite for risk during ambiguous decision making*[J]. *The journal of neuroscience*, 2007, 27(23): 6212-6218.

[152] FELLNERROHLING G, KRUGEL S. *Judgmental overconfidence and trading activity*[J]. *Journal of economic behavior and organization*, 2014(107): 827-842.

[153] FISHER K L, STATMAN M. *Investor Sentiment and Stock Returns*[J]. *Financial analysts journal*, 2000, 56(2): 16-23.

[154] FRANK C. *The behavior of stock prices on Fridays and Mondays*[J]. *Financial analysts journal*, 1973, 29(6): 67-69.

[155] FRENCH K R, POTERBA J M. *Investor diversification and international equity markets*[J]. *The American economic review*, 1991, 81(2): 222-226.

[156] FRENCH K R. *Stock returns and the weekend effect*[J]. *Journal of financial economics*, 1980, 8(1): 55-69.

[157] FROOT K A, SCHARFSTEIN D S, STEIN J C. *Herd on the street: informational inefficiencies in a market with short-term speculation*[J]. *Journal of finance*, 1992, 47(4): 1461-1484.

[158] FRYDMAN C, CAMERER C F. *Neural evidence of regret and its implications for investor behavior*[J]. *Review of financial studies*, 2016, 29(11): 3108-3139.

[159] GAO Z, REN H, ZHANG B. *Googling investor sentiment around the world*[J]. *Journal of financial and quantifative analysis*, 2018(11).

[160] GARBER P M. *Famous first bubbles*[J]. *Journal of economic perspectives*, 1990, 4(2): 35-54.

[161] GARCIA D. *Sentiment during recessions*[J]. *Journal of finance*, 2012, 68(3): 1267-1300.

[162] GERVAIS S, GOLDSTEIN I. *Overconfidence and team coordination*[J/OL], SSRN working paper, No. 470787, 2003. Social Science Research Network, 2003.

[163] GERVAIS S, HEATON J B, ODEAN T. *Overconfidence, compensation contracts, and capital budgeting*[J]. *Journal of finance*, 2011, 66(5): 1735-1777.

[164] GERVAIS S,HEATON J B,ODEAN T. *The positive role of overconfidence and optimism in investment policy*[J/OL]. SSRN working paper,NO. 361200,2002.

[165] GERVAIS S,ODEAN T. *Learning to be overconfident*[J]. Review of financial studies,2001,14(1):1-27.

[166] GIGERENZER G,HOFFRAGE U,KLEINBÖLTING H. *Probabilistic mental models:a brunswikian theory of confidence*[J]. Psychological review,1991,98(4):506.

[167] GLASER M,WEBER M. *Overconfidence and trading volume*[J]. Geneva risk & insurance review,2007,32(1):1-36.

[168] GOEL A M,THAKOR A V. *Overconfidence,CEO selection,and corporate governance*[J]. Journal of finance,2008,63(6):2737-2784.

[169] GRAHAM J R,Harvey C R. *The theory and practice of corporate finance:Evidence from the field*[J]. Journal of financial economics,2001,60:187-243.

[170] GRIFFIN D,TVERSKY A. *Heuristics and biases:the weighing of evidence and the determinants of confidence*[J]. Cognitive psychology,2002,24(3):411-435.

[171] GRINBLATT M,KELOHARJU M. *Sensation seeking,overconfidence,and trading activity*[J]. Journal of finance,2009,64(2):549-578.

[172] GRINBLATT M,TITMAN S,WERMERS R. *Momentum investment strategies,portfolio performance,and herding:a study of mutual fund behavior*[J]. American economic review,1995,85(5):1088-1105.

[173] GRUBB M A,TYMULA A,GILAIEDOTAN S,et al. *Neuroanatomy accounts for age-related changes in risk preferences*[J]. Nature communications,2016,7:13822.

[174] GRULLON G,KANATAS G,WESTON J P. *Advertising,Breadth of Ownership,and Liquidity*[J]. Review of financial studies,2004,17(2):439-461.

[175] GRULLON G,WANG F A. *Closed-end fund discounts with informed ownership differential*[J]. Journal of financial intermediation,2001,10(2):171-205.

[176] HARRIS M,RAVIV A. *Differences of opinion make a horse race*[J]. Review of financial studies,1993,6(3):473-506.

[177] HARUVY E,NOUSSAIR C N. *The effect of short selling on bubbles and crashes in experimental spot asset markets*[J]. Journal of finance,2006,61(3):1119-1157.

[178] HAYWARD M L,HAMBRICK D C. *Explaining the premiums paid for large acquisitions:evidence of CEO hubris*[J]. Administrative science quarterly,1997,42(1):103-127.

[179] HEATON J B. *Managerial optimism and corporate finance*[J]. Financial management,2002,31:33-45.

[180] HERZENSTEIN M,DHOLAKIA U M,ANDREWS R L. *Strategic herding behavior in peer-to-peer loan auctions*[J]. Journal of interactive marketing,2011,25(1):27-36.

[181] HIRSHLEIFER D. *Limited attention,information disclosure,and financial reporting*[J]. Journal of accounting and economics,2003,36(1):337-386.

[182] HIRSHLEIFER D A,LOW A,TEOH S H. *Are overconfident CEOs better innovators*[J]. Journal of finance,2012,67(4):1457-1498.

[183] HIRSHLEIFER D A,LUO G Y. *On the survival of overconfident traders in a competitive securities market*[J]. Journal of financial markets,2001,4(1):73-84.

[184] HIRSHLEIFER D A,SHUMWAY T. *Good day sunshine:stock returns and the weather*[J]. *Journal of finance*,2003,58(3):1009-1032.

[185] HOLT C A,LAURY S K. *Risk aversion and incentive effects*[J]. *The American economic review*,2002,92(5):1644-1655.

[186] HONG H,WANG JIANG,YU JAILIN. *Firms as buyers of last resort*[J]. *Journal of financial economics*,2008,88:119-145.

[187] HONG H G,KUBIK J D,SOLOMON A. *Security analysts' career concerns and herding of earnings forecasts*[J]. *The RAND journal of economics*,2000,31(1):121-144.

[188] HONG H G,KUBIK J D,STEIN J C. *The only game in town:stock-price consequences of local bias* [J]. *Journal of financial economics*,2008,90(1):20-37.

[189] HONG H G,STEIN J C. *A unified theory of underreaction,momentum trading and overreaction in asset markets*[J]. *Journal of finance*,1999,54(6):2143-2184.

[190] HSU M,BHATT M,ADOLPHS R,et al. *Neural systems responding to degrees of uncertainty in human decision-making*[J]. *Science*,2005,310(5754):1680-1683.

[191] HUANG A H,ZANG A,ZHENG R. *Evidence on the information content of text in analyst reports*[J]. *The accounting review*,2014,89(6):2151-2180.

[192] HUANG RONGBING,RITTER J. *Testing theories of capital structure and estimating the speed of adjustment*[J]. *Journal of financial and quantitative analysis*,2009,44:237-271.

[193] HUCK S,OECHSSLER J. *Informational cascades in the laboratory:do they occur for the right reasons?* [J]. *Journal of economic psychology*,2000,21(6):661-671.

[194] HUETTEL S A,STOWE C J,GORDON E M,et al. *Neural signatures of economic preferences for risk and ambiguity*[J]. *Neuron*,2006,49(5):765-775.

[195] IYER R,KHWAJA A I,LUTTMER E F P,et al. *Screening in new credit markets:can individual lenders infer borrower creditworthiness in Peer-to-Peer lending?* [J/OL]. SSRN working paper, NO. 1570115,2009.

[196] JEGADEESH N,TITMAN S. *Returns to buying winners and selling losers:implications for stock market efficiency*[J]. *Journal of finance*,1993,48(1):65-91.

[197] JENTER D,LEWELLEN K. *CEO preferences and acquisitions*[J]. *Journal of finance*,2015,70(6):2813-2852.

[198] KAHNEMAN,D. *Attention and effort*[M]. Englewood Cliffs,New Jersey:Prentice-Hall,1973.

[199] KAHNEMAN D, TVERSKY A. *Choices, values, and frames*[J]. *American psychologist*,1984,39(4):341-350.

[200] KAHNEMAN D,TVERSKY A. *Prospect theory:an analysis of decision under risk*[J]. *Econometrica*,1979,47(2):263-291.

[201] KAHNEMAN D, TVERSKY A. *The simulation heuristic*[C]//KAHNEMAN D,SLOVIC P,TVERSKY A. Judgement Under Uncertainty:Heuristics & Biases,1982. *Judgement under uncertainty:heuristics and biases*. New York:Cambridge University Press,1982:201-208.

[202] KAMSTRA M J,KRAMER L A,LEVI M D. *Losing sleep at the market:the daylight saving anomaly:reply*[J]. *The American economic review*,2000,90(4):1005-1011.

[203] KAUL A,MEHROTRA V,MORCK R. *Demand curves for stocks do slope down:new evidence from an index weights adjustment*[J]. *Journal of finance*,2000,55(2):893-912.

[204] Kazim Hussain and Elsa Prieto, Big Data in the Finance and Insurance Sectors[C]. Chapter 12 of J. M. Cavanillas et al. (eds.), New Horizons for a Data-Driven Economy, Springer International Publishing. 2016.

[205] KEIBER K L. *Managerial compensation contracts and overconfidence*[J/OL]. Social science research network, 2002.

[206] KELLY F. *Why you win or lose: The psychology of speculation*[M]. Boston: Houghton Mifflin, 1930.

[207] KEYNES J M. *The general theory of employment, interest and money*[M]. Macmillan Cambridge University Press. Harcourt, Brace. 1936.

[208] KIM M K, BURNIE D A. *The firm size effect and the economic cycle*[J]. Journal of financial research, 2002, 25(1): 111-124.

[209] KINDLEBERGER C P. *Manias, panics and crashes: a history of financial crises*[M]. New York: Basic Books, 1978.

[210] KIVETZ R. *Advances in research on mental accounting and reason-based choice*[J]. Marketing letters, 1999, 10(3): 249-266.

[211] KLEIDON A W. *Variance bounds tests and stock price valuation models*[J]. Journal of political economy, 1986, 94(5): 953-1001.

[212] KNIGHT F H. *Risk, uncertainty, and profit*[M]. Boston: Houghton Mifflin, 1921.

[213] KNOCH D, GIANOTTI L R, PASCUALLEONE A, et al. *Disruption of right prefrontal cortex by low-frequency repetitive transcranial magnetic stimulation induces risk-taking behavior*[J]. The Journal of neuroscience, 2006, 26(24): 6469-6472.

[214] KUMAR A, LEE C M. *Retail investor sentiment and return comovements*[J]. Journal of finance, 2006, 61(5): 2451-2486.

[215] LAKONISHOK J, SHLEIFER A, VISHNY R W. *The impact of institutional trading on stock prices*[J]. Journal of financial economics, 1992, 32(1): 23-43.

[216] LAMBERT J, BESSIERE V, GOALA G N. *Does expertise influence the impact of overconfidence on judgment, valuation and investment decision?* [J]. Journal of economic psychology, 2012, 33(6): 1115-1128.

[217] LANGER E J. *The Illusion of Control*[J]. Journal of personality and social psychology, 1975, 32(2): 311-328.

[218] LARRICK R P, BURSON K A, SOLL J B. *Social comparison and confidence: when thinking you're better than average predicts overconfidence (and when it does not)*[J]. Organizational behavior and human decision processes, 2007, 102(1): 76-94.

[219] LARWOOD L, WHITTAKER W. *Managerial myopia: self-serving biases in organizational planning*[J]. Journal of applied psychology, 1977, 62(2): 194-198.

[220] LEE C M, SHLEIFER A, THALER R H. *Investor Sentiment and the Closed-End Fund Puzzle* [J]. Journal of finance, 1991, 46(1): 75-109.

[221] LEJUEZ C W, READ J P, KAHLER C W, et al. *Evaluation of a behavioral measure of risk taking: the balloon analogue risk task (BART)*[J]. Journal of experimental psychology: applied, 2002, 8(2): 75-84.

[222] LIBERMAN V. *Local and global judgments of confidence*[J]. Journal of experimental psychol-

ogy: learning, memory and cognition, 2004, 30(3): 729-732.

[223] LIN M, PRABHALA N R, VISWANATHAN S. *Judging borrowers by the company they keep: friendship networks and information asymmetry in online peer-to-peer lending*[J]. Management science, 2013, 59(1): 17-35.

[224] LIN Y, HU S, CHEN M. *Managerial optimism and corporate investment: some empirical evidence from taiwan*[J]. Pacific-basin finance journal, 2005, 13(5): 523-546.

[225] LIU D, BRASS D J, LU Y, et al. *Friendships in online peer-to-peer lending: pipes, prisms, and relational herding*[J]. Management information systems quarterly, 2015, 39(3): 729-742.

[226] LIU H, COLMAN A M. *Ambiguity aversion in the long run: repeated decisions under risk and uncertainty*[J]. Journal of economic psychology, 2009, 30(3): 277-284.

[227] LIU S. *Changes in the nikkei 500: new evidence for downward sloping demand curves for stocks* [J]. International review of finance, 2010, 1(4): 245-267.

[228] LIU Y, CHEN R, CHEN Y, et al. *"I loan because...": understanding motivations for pro-social lending*[C]. Acm international conference on web search & data mining, 2012: 503-512.

[229] LI Y, WANG W, LIU T, et al. *Source analysis of P3a and P3b components to investigate interaction of depression and anxiety in attentional systems*[J]. Scientific reports, 2015, 5(1): 17138.

[230] LOH R K. *Investor attention and the under reaction to stock recommendations*[J]. Financial management, 2010, 39(3): 1223-1252.

[231] LOOMES G, SUGDEN R. *Regret theory: an alternative theory of rational choice under uncertainty*[J]. The economic journal, 1982, 92(368): 805-824.

[232] LOOMES G, SUGDEN R. *Some implications of a more general form of regret theory*[J]. Journal of economic theory, 1987, 41(2): 270-287.

[233] MALKIEL B G. *The valuation of closed-end investment-company shares*[J]. Journal of finance, 1977, 32(3): 847-859.

[234] MALMENDIER U, TATE G A, YAN J. *Overconfidence and early-life experiences: the effect of managerial traits on corporate financial policies*[J]. Journal of finance, 2011, 66(5): 1687-1733.

[235] MALMENDIER U, TATE G A, YAN J. *Overconfidence and early-life experiences: the effect of managerial traits on corporate financial policies*[J]. Journal of finance, 2011, 66(5): 1687-1733.

[236] MALMENDIER U, TATE G A. *Behavioral CEOs: the role of managerial overconfidence*[J]. Journal of economic perspectives, 2015, 29(4): 37-60.

[237] MALMENDIER U, TATE G A. *CEO overconfidence and corporate investment*[J]. Journal of finance, 2005, 60(6): 2661-2700.

[238] MALMENDIER U, TATE G A. *Who makes acquisitions? CEO overconfidence and the market's reaction*[J]. Journal of financial economics, 2008, 89(1): 20-43.

[239] MA Q, SHEN Q, XU Q, et al. *Empathic responses to others' gains and losses: an electrophysiological investigation*[J]. NeuroImage, 2011, 54(3): 2472-2480.

[240] MARCH J G, SHAPIRA Z. *Managerial perspectives on risk and risk taking*[J]. Management science, 1987, 33(11): 1404-1418.

[241] MAUG E, NAIK N. *Herding and delegated portfolio management: the impact of relative performance evaluation on asset allocation*[J]. Quarterly journal of finance, 2011, 1(2): 265-292.

[242] MCCLURE S M, LAIBSON D, LOEWENSTEIN G, et al. *Separate neural systems value immediate*

and delayed monetary rewards[J]. Science,2004,306(5695):503-507.

[243] MCGRATTAN E R,PRESCOTT E C. Average debt and equity returns: puzzling? [J]. The American economic review,2003,93(2):392-397.

[244] MEHDIAN S,PERRY M J. The reversal of the monday effect: new evidence from US equity markets[J]. Journal of business finance & accounting,2001,28(7/8):1043-1065.

[245] MEHRA R,PRESCOTT E C. The equity premium: a puzzle[J]. Journal of monetary economics, 1985,15(2):145-161.

[246] MERTON R C. A simple model of capital market equilibrium with incomplete information[J]. Journal of Finance,1987,42(3):483-510.

[247] MICHELS J. Do Unverifiable disclosures matter? Evidence from peer-to-peer lending[J]. The accounting review,2012,87(4):1385-1413.

[248] MILLER D T,ROSS M. Self-Serving Biases in the Attribution of Causality: Fact or Fiction? [J]. Psychological bulletin,1975,82(2),213-225.

[249] MOBBS D,YU R,MEYER M,et al. A key role for similarity in vicarious reward[J]. Science, 2009,324(5929):900.

[250] MOORE D A,HEALY P J. The Trouble With Overconfidence[J]. Psychological review,2008, 115(2):502-517.

[251] NEAL R,WHEATLEY S M. Do Measures of Investor Sentiment Predict Returns? [J]. The Journal of financial and quantitative analysis,1998,33(4):523-547.

[252] NORD W R,BOTTOM W P. Heuristics and biases: the psychology of intuitive judgment book [M]//The calibration of expert judgement: heuristics and biases beyond the laboratory,2004.

[253] Nöth M,Weber,M. Information aggregation with random ordering: cascades and overconfidence [J]. The economic journal,2003,113(484):166-189.

[254] ODEAN T. Volume, volatility, price, and profit when all traders are above average[J]. Journal of Finance,1998,53(6):1887-1934.

[255] OLIVER B R. The impact of management confidence on capital structure. Social Science Electronic Publishing,2005.

[256] PABLO D A,ANDREW W L. The wisdom of twitter crowds: predicting stock market reactions to FOMC meetings via twitter feeds[J]. Journal of portfolio management,2016,42(5):123-134.

[257] RABIN M. Risk aversion and expected-utility theory: a calibration theorem [J]. Econometrica, 2000,68(5):1281-1292.

[258] ROGERS R D,OWEN A M,MIDDLETON H,et al. Choosing between small, likely rewards and large, unlikely rewards activates inferior and orbital prefrontal cortex[J]. The journal of neuroscience,1999,19(20):9029-9038.

[259] ROLL R. The hubris hypothesis of corporate takeovers[J]. The journal of business,1986,59(2): 197-216.

[260] SANDRONI A,SQUINTANI F. Overconfidence and asymmetric information: the case of insurance[J]. Journal of economic behavior and organization,2013:149-165.

[261] SCHARFSTEIN D S,STEIN J C. Herd behavior and investment[J]. The American economic review,1990,80(3):465-479.

[262] SCHMELING M. Institutional and individual sentiment: smart money and noise trader risk? [J].

International journal of forecasting, 2007, 23(1): 127-145.

[263] SCHRAND C M, ZECHMAN S L. *Executive overconfidence and the slippery slope to financial misreporting*[J]. *Journal of accounting and economics*, 2012, 53(1): 311-329.

[264] SCOTT B. *Scientific investment analysis—science or fiction?* [J]. *Financial analysts journal*, 1967, 23(1): 93-97.

[265] SEASHOLES M S, WU G Y J. *Predictable behavior, profits, and attention*[J]. *Journal of empirical finance*, 2007, 14(5): 590-610.

[266] SHILLER R J, FISCHER S, FRIEDMAN B M. *Stock prices and social dynamics*[J]. *Brookings papers on economic activity*, 1984(2): 457-510.

[267] SHILLER R J. *Do stock prices move too much to be justified by subsequent changes in dividends?* [J]. *American economic review*, 1981, 71(3): 421-436.

[268] SHLEIFER A. *Do demand curves for stocks slope down*[J]. *Journal of finance*, 1986, 41(3): 579-590.

[269] SIECK W R, YATES J F. *Overconfidence effects in category learning: a comparison of connectionist and exemplar memory models*[J]. *Journal of experimental psychology: learning, memory and cognition*, 2001, 27(4): 1003-1021.

[270] SIMON H A. *Rational choice and the structure of the environment*[J]. *Psychological review*, 1956, 63(2): 129-138.

[271] SINGER T, SEYMOUR B, ODOHERTY J P, et al. *Empathy for pain involves the affective but not sensory components of pain*[J]. *Science*, 2004, 303(5661): 1157-1162.

[272] SMITH V L, SUCHANEK G L, WILLIAMS A W. *Bubbles, crashes, and endogenous expectations in experimental spot asset markets*[J]. *Econometrica*, 1988, 56(5): 1119-1151.

[273] SMITH V L. *Rational choice: the contrast between economics and psychology*[J]. *Journal of political economy*, 1991, 99(4): 877-897.

[274] SOLL J B, KLAYMAN J. *Overconfidence in interval estimates*[J]. *Journal of experimental psychology: learning, memory and cognition*, 2004, 30(2): 299-314.

[275] SOLOMON D H, SOLTES E, SOSYURA D. *Winners in the spotlight: media coverage of fund holdings as a driver of flows*[J]. *Journal of financial economics*, 2014, 113(1): 53-72.

[276] STARMER C. *Developments in non-expected utility theory: the hunt for a descriptive theory of choice under risk*[J]. *Journal of economic literature*, 2000, 38(2): 332-382.

[277] STATMAN M, THORLEY S, VORKINK K. *Investor overconfidence and trading volume*[J]. *Review of financial studies*, 2006, 19(4): 1531-1565.

[278] STATMAN M. *Behavioral finance: finance with normal people*[J]. *Borsa Istanbul review*, 2014, 14(2): 65-73.

[279] STEIN J C. *Rational capital budgeting in an irrational world*[J]. *Journal of business*, 1996, 69: 429-455.

[280] STEWART M C, Majluf N S. *Corporate financing and investment decisions when firms have information that investors do not have*[J]. *Journal of financial economics*, 1984, 13: 187-221.

[281] STIGLITZ J E. *Symposium on bubbles*[J]. *The journal of economic perspectives*, 1990, 4(2): 13-18.

[282] STRAHILEVITZ M A, ODEAN T, BARBER B M. *Once burned, twice shy: how naive learning,*

[282] ... counterfactuals, and regret affect the repurchase of stocks previously sold[J]. Journal of marketing research, 2011, 48: 102-120.

[283] SVENSON O. Are we all less risky and more skillful than our fellow drivers[J]. Acta psychologica, 1981, 47(2): 143-148.

[284] TAYLOR S E, BROWN J D. Illusion and well-being: a social psychological perspective on mental health[J]. Psychological bulletin, 1988, 103(2): 193-210.

[285] TEIGEN K H, JORGENSEN M. When 90% confidence intervals are 50% certain: on the credibility of credible intervals[J]. Applied cognitive psychology, 2005, 19(4): 455-475.

[286] THALER R. Mental accounting matters[J]. Journal of behavior decision making, 1999(12): 183-205.

[287] THALER R H. Mental accounting and consumer choice[J]. Marketing science, 2008, 27(1): 15-25.

[288] THALER R H. Toward a positive theory of consumer choice[J]. Journal of economic behavior and organization, 1980, 1(1): 39-60.

[289] TIROLE J. Asset bubbles and overlapping generations[J]. Econometrica, 1985, 53(6): 1499-1528.

[290] TRINUGROHO I, SEMBEL R. Overconfidence and excessive trading behavior: an experimental study[J]. International journal of biometrics, 2011, 6(7).

[291] TVERSKY A, KAHNEMAN D. Advances in prospect theory: cumulative representation of uncertainty[J]. Journal of risk and uncertainty, 1992, 5(4): 297-323.

[292] TVERSKY A, KAHNEMAN D. Judgment under uncertainty: heuristics and biases[J]. Science, 1974, 185(4157): 1124-1131.

[293] TVERSKY A, KAHNEMAN D. Rational choice and the framing of decisions[J]. The journal of business, 1986, 59(4): 251-278.

[294] TVERSKY A, KAHNEMAN D. The framing of decisions and the psychology of choice[J]. Science, 1981, 211(4481): 453-458.

[295] WEBER E U, BLAIS A, BETZ N E. A domain-specific risk-attitude scale: measuring risk perceptions and risk behaviors[J]. Journal of behavioral decision making, 2002, 15(4): 263-290.

[296] WEIL P. Confidence and the real value of money in an overlapping generations economy[J]. Quarterly journal of economics, 1987, 102(1): 1-22.

[297] WEINSTEIN N D, KLEIN W M. Resistance of personal risk perceptions to debiasing interventions [J]. Health psychology, 1995, 14(2): 132-140.

[298] WEINSTEIN N D. Unrealistic optimism about future life events[J]. Journal of personality and social psychology, 1980, 39(5): 806-820.

[299] WERMERS R. Mutual fund herding and the impact on stock prices[J]. Journal of finance, 1999, 54(2): 581-622.

[300] XIONG W, YU J. The Chinese warrants bubble[J]. American economic review, 2011, 101(6): 2723-2753.

[301] YANG X, ZHU L. Ambiguity vs risk: an experimental study of overconfidence, gender and trading activity[J]. Journal of behavioral and experimental finance, 2016(9): 125-131.

[302] YANG X. The role of photographs in online peer-to-peer lending behavior[J]. Social behavior and personality, 2014, 42(3): 445-452.

[303] YAO S, LUO D. The economic psychology of stock market bubbles in China[J]. The world econo-

my,2009,32(5):667-691.

[304] YE H,CHEN S,HUANG D,et al. *Modulating activity in the prefrontal cortex changes decision-making for risky gains and losses: a transcranial direct current stimulation study*[J]. Behavioural brain research,2015,286:17-21.

[305] ZAROWIN P. *Does the stock market overreact to corporate earnings information?* [J]. The journal of finance,1989,44(5):1385-1399.

[306] ZHANG J,LIU P. *Rational herding in microloan markets*[J]. Management science,2012,58(5):892-912.

[307] ZHENG H,LI D,WU J,et al. *The role of multidimensional social capital in crowdfunding: a comparative study in China and US*[J]. Information & management,2014,51(4):488-496.

教师服务

感谢您选用清华大学出版社的教材！为了更好地服务教学，我们为授课教师提供本书的教学辅助资源，以及本学科重点教材信息。请您扫码获取。

❯❯ 教辅获取

本书教辅资源，授课教师扫码获取

❯❯ 样书赠送

财政与金融类重点教材，教师扫码获取样书

 清华大学出版社

E-mail: tupfuwu@163.com
电话：010-83470332 / 83470142
地址：北京市海淀区双清路学研大厦 B 座 509

网址：https://www.tup.com.cn
传真：8610-83470107
邮编：100084